Apprendre
à devenir médecin

Bilan
d'un changement pédagogique
centré sur l'étudiant

Apprendre
à devenir médecin

Bilan
d'un changement pédagogique
centré sur l'étudiant

Jacques E. Des Marchais

et collaborateurs

Université de Sherbrooke

1996

Révision et édition du manuscrit: Jean-Claude Leclerc
Anne-Hélène Pénault
Marc Bernier
Marie-France Jarry
Diane Goulet

Page couverture: Alain Lajeunesse

Composition: Iris Montréal Ltée
Impression: Imprimerie Gagné

ISBN: 2-7622-0115-2

Dépôt légal: 1er trimestre 1996
Bibliothèque nationale du Québec
Bibliothèque nationale du Canada

Imprimé au Canada.

À Gilles Pigeon,
doyen de la Faculté de médecine
de l'Université de Sherbrooke
de 1971 à 1979 et de 1983 à 1987,
pour sa clairvoyance et sa perspicacité
à reconnaître les problèmes fondamentaux
de la pédagogie médicale,
pour son courage et sa détermination
à entreprendre le changement.

À Pierre Jean,
mon ami,
mon maître de recherche en 1967,
mon collègue de 1981 à 1986
à l'Unité de recherche et de développement
en éducation médicale de l'Université de Montréal,
pour son goût contagieux des écrits bien faits.

PRÉFACE

Quelle belle histoire de floraison de faculté de médecine que nos amis de Sherbrooke nous racontent, tout simplement, de A à Z! Une histoire vraie et entière, une histoire vécue et à rebondissements, enfin une histoire de caractère, de courage, et de conviction.

Tout a commencé il y a dix ans dans une grande simplicité. Ils ont fait le point sur la situation de leur formation médicale, constaté les besoins d'adaptation et d'évolution et - hop - ils se sont engagés sereinement mais sans hésitation et avec détermination sur la route du changement, du changement institutionnel.

Devenir un médecin, quelle vocation! Apprendre à devenir un médecin, quelle entreprise! C'est une oeuvre dont ils ont su mesurer la charge et l'importance. Il s'agissait de mobiliser en un grand mouvement cohérent le formidable potentiel universitaire pour recréer un des principaux acteurs - sinon le principal - du système de santé. Il fallait savoir en toute lucidité et en connaissance du contexte ce que «médecin» veut dire, et la place qu'il peut occuper sur l'échiquier de la santé, avant de se lancer dans un projet éducatif d'envergure.

À Sherbrooke, ce projet n'allait pas de soi. Il a été mûrement pensé et en fin de compte, les sentiers battus n'ont pas nécessairement été reparcourus tandis que l'option pour l'innovation pédagogique était prise. Ils ont pris un cap et tracé un itinéraire! Ils voulaient pour le Québec un «bon docteur», qui soit un perpétuel apprenant, sensible aux besoins de la communauté locale, et humaniste. Au cours du temps et en dépit des péripéties de parcours, ils ont maintenu le cap.

Ils ont explicité les transformations qu'ils entendaient faire pour arriver au but collectivement recherché, de façon à permettre à chacun des acteurs engagés dans le projet éducatif de bien en mesurer les implications : étudiants, enseignants, chercheurs, prestateurs de soins et gestionnaires.

On a expliqué, lancé la réforme, soutenu l'effort, encouragé les pionniers des premiers jours, relancé les indécis et entraîné de nouveaux adeptes, tout au long de la longue marche, jusqu'à ce que l'oeuvre nouvelle prenne enfin forme. L'oeuvre se voulait une entreprise humaine. Certes, elle le fut, mais l'enthousiasme des pionniers ne les a pas privés de méthodes rigoureuses pour planifier et ordonnancer sa mise en oeuvre et en surveiller les résultats avec un esprit critique.

Le lecteur, réformateur en puissance, apprendra à moindres frais comment convaincre ses partenaires du bien-fondé de la cause, éviter la résistance des uns, contenir la réticence des autres, rassurer les inquiets et ranimer les premiers élans. Les réformateurs de Sherbrooke narrent leur histoire avec humour et autocritique. Ils reconnaissent volontiers que leur détermination les a quelquefois poussés dans des situations contradictoires. Ainsi, ont-ils été amenés à vouloir évaluer dans le détail l'acquisition de toute compétence chez tout le monde, au risque d'atomiser une approche qu'ils voulaient pourtant globale, comme dans le cas de la relation entre le malade et l'étudiant, par exemple.

Mais ils se rendent compte des insuffisances et reconnaissent volontiers que beaucoup reste à faire, soit par eux, soit par d'autres qui suivront. Quand ils se risquent à donner des conseils, ils le font sans céder à l'arrogance de celui qui croit pouvoir parler au nom de l'expérience accumulée, mais plutôt avec la simplicité de ceux qui veulent apprendre en échange de l'histoire contée. Ils savent que l'amélioration de la santé et du bien-être de leurs concitoyens ne dépend pas que d'eux, et que leurs efforts conjugués à ceux des autres partenaires actifs dans l'organisation de l'action sanitaire seront facteurs de progrès.

Y a-t-il meilleur encouragement à entreprendre que d'entendre des histoires racontées avec passion?

Celle de Sherbrooke est de celles-là !

Charles Boelen[1]
Genève, 1994

---

1. Le Docteur Charles Boelen est médecin chef de l'Unité Développement par l'Éducation des Ressources Humaines pour la Santé, Organisation mondiale de la Santé, Genève, Suisse.

REMERCIEMENTS

Plusieurs dizaines d'autres collègues auraient pu participer à la publication de ce livre. Ils ont tantôt été des instigateurs de changement, tantôt des légitimateurs, tantôt des agents internes, tantôt des adopteurs précoces. Il faudrait en remercier un très grand nombre. Nous en mentionnerons quelques-uns.

Le docteur Gilles Pigeon, doyen de la Faculté de médecine de 1983 à 1987, a mis en place toutes les conditions favorables à un changement éducatif majeur qu'il a guidé d'une main de magicien. Le docteur Paul Montambault a agi comme directeur du programme prédoctoral, personne-ressource, conceptualisateur, responsable de l'unité de biologie médicale. Le docteur André Plante, interniste, fidèle compagnon de toutes les étapes, a été le maître du Comité de validation des problèmes de la première édition, le concepteur de l'unité d'intégration de la troisième année et le président du Comité du programme de 1990 à 1993. Le docteur Réjean Hébert, responsable de l'unité de croissance-développement-vieillissement, a utilisé le premier une démarche systématique pour identifier l'arbre des concepts d'une unité. Il a aussi mené une étude de validation sur la grille d'évaluation par les tuteurs. Le docteur Denis Bergeron, radiologiste, participant à l'unité des sciences neurologiques, a été un animateur précieux du programme de formation des tuteurs. Le docteur Jacques Allard et le regretté docteur Théodore Tahan ont mis sur pied le stage d'APP en communauté, durant la deuxième année. Le docteur Raymond Pageau a rédigé dans le bulletin d'information de la Faculté des articles favorisant l'adoption du nouveau programme au cours de sa première année d'implantation. Le docteur Patrick Loisel, orthopédiste, est devenu le coordonnateur de la phase préclinique au cours des années 1988-1990.

Comment ne pas mentionner mon collègue indéfectible, le docteur Bertrand Dumais, qui, de 1985 à 1992, s'est dépensé corps et âme pour la réussite de cette réforme. «Il faut que ça marche, Jacques», disait-il lorsque nous partagions nos inquiétudes. Sans lui et son pouvoir de susciter les adhésions, le cours des choses aurait peut-être pris une autre tournure... Merci d'avoir révisé chacun des chapitres de ce livre.

Ma reconnaissance s'adresse également au docteur Michel A. Bureau, doyen de 1988 à 1995. Celui-ci a hérité à son arrivée à la Faculté de médecine, en janvier 1988, d'un nouveau programme qui n'avait que trois mois de vie. Il a rapidement fait comprendre aux récalcitrants que ce changement ne pouvait être qu'un succès pour l'Université de Sherbrooke et que notre Faculté devait profiter de cette innovation. Il a contribué à l'éclosion du programme, assurant la disponibilité des ressources nécessaires, y compris la transformation de trois amphithéâtres en salle de réunion de petits groupes en 1991-1992, un projet de deux millions de dollars.

À tous nos collègues enseignants qui nous ont fait confiance dans les premiers temps, puis à ceux de la deuxième vague, à tous ceux qui ont accepté de se laisser imbiber par les idées nouvelles, à tous ceux dont la contribution a permis à la Faculté de médecine de l'Université de Sherbrooke de faire un grand bond en avant dans l'implantation d'une pédagogie centrée sur l'étudiant, merci!

Un merci tout à fait spécial à cette cohorte d'étudiantes et d'étudiants de 1987-1991, les premiers qui ont osé l'aventure du nouveau programme : David Barbeau, Steven Bartlett, Charles Beaurivage, Sylvie Bélanger, Pierre Bélisle Jr, Sylvie Béliveau, Colette Bellavance, François Bénard, Bruno Bernardin, Natasha Bird, Martine Bissonnette, Manon Blackburn, Annick Brady, André Carpentier, Maryse Cayouette, Chantal Chiasson, Geneviève Clermont, Julie Cloutier, Bernard Contré, Jean-François Côté, Catherine Demers, Luc Deneault, Béatrice Des Marchais, Pascale Desautels, Sonia De Serres, Sylvie Dragon, Stéphane Dubuc, Nancy Duhaime, Éric Dupras, David Fortin, Chantal Fréchette, Patrick Fredette, Jean-Guy Gagnon, Sophie Galarneau, Pascale Garnier, Pascale Gaudet, Isabelle Germain, Anick Giguère, Caroline Godbout, Brigitte Grandmont, Caroline Gravel, Charles Guité, Patrick Houle, Diane Huppé, Julie Hurteau, Diane Jolin, Chantal Joron, François Joubarne, Marie Jutras, Sophie Laberge, Carole Laforest, Doan Trang Lam Tu, France Larivière, Line Lavoie, Jean Leblanc, Marc-André Lemieux, Daniel Lévesque, Francis Lévesque, Sylvie Lévesque, Patrick Liang, Chemir Mamode, France Marchand, Pascale Maurice, Hans McLelland, Danielle Ménard, Sophie Michaud, Nathalie Monarque, Mario Morency, Roger Mortimer, Bich Ngoc Nguyen, Frédéric Ouellet, Paul Ouellette Jr, Jacinthe Paradis, Sylvie Parent, Bonavent Pek, Monic Pichette, Céline Pinsonneault, Johanne Pouliot, Nathalie Provost, Josée Quesnel, Stéphane Ricard, Isabelle Roby, Martin Rouillard, Frédérick Savaria, Édith St-Jean, Nathalie Saint-Louis, Annie St-Martin, Stéphane Tremblay, Nancy Vasil, Marie-Christine Veilleux, Christian Viens, Minh Ha Vo et Catherine Znojkiewicz.

Enfin, un dernier merci à mesdames Hélène Grosjean et Sylvie Blanchet qui, de 1989 à 1996, ont retranscrit les versions successives de ces chapitres à tellement de reprises qu'elles ne croyaient pas voir leur tâche se terminer.

Et maintenant, place à l'histoire!

TABLE DES MATIÈRES

Préface...7
par Charles Boelen

Remerciements...9

Table des matières...11

Introduction..15
par Jacques E. Des Marchais

PREMIÈRE PARTIE   **Le projet de réforme**..................................**21**

Chapitre 1   Un changement de programme, une démarche
planifiée...21
par Jacques E. Des Marchais

DEUXIÈME PARTIE   **Le contenu de la réforme** **45**

Chapitre 2   Le programme de formation préclinique,
ses orientations, ses activités,
son administration..45
*par Bertrand Dumais, Jean-Pierre Bernier
et Jacques E. Des Marchais*

Chapitre 3   L'apprentissage par problèmes :
le véhicule de la
réforme pédagogique...83
par Bertrand Dumais et Jacques E. Des Marchais

Chapitre 4   L'apprentissage des habiletés cliniques 119
par Guy Lacombe et Jacques E. Des Marchais

Chapitre 5   L'évaluation des apprentissages des étudiants....151
*par Jacques E. Des Marchais, Robert Black
et Nu Viet Vu*

Chapitre 6   Intégrer l'apprentissage de l'humanisme médical ...185
par Daniel J. Côté et Jacques E. Des Marchais

Chapitre 7   La réforme de l'externat :
le défi de l'apprentissage clinique 215
*par Bernard Charlin, Martine Chamberland
et Jacques E. Des Marchais*

TROISIÈME PARTIE **Les conditions de la réforme............241**

Chapitre 8   Former les enseignants à une pédagogie
centrée sur l'étudiant.............................241
par Paul Grand'Maison et Jacques E. Des Marchais

Chapitre 9   Former les enseignants à la fonction
de tuteur 259
par Monique Chaput et Jacques E. Des Marchais

Chapitre 10   La rémunération du corps professoral
et le financement du nouveau programme..........301
par Jacques E. Des Marchais et Henry Haddad

QUATRIÈME PARTIE **L'évaluation de la réforme 325**

Chapitre 11   Le système d'évaluation du programme............325
par Jacques E. Des Marchais

Chapitre 12   Le nouveau programme vu par les étudiants......367
*par Michel Beaudoin, avec la collaboration de
Nathalie Cauchon, Béatrice Des Marchais, David
Fortin, François Belzile et Caroline Giguère*

Chapitre 13   Problématiques persistantes d'une nouvelle
                     culture socio-éducative 385
                     par Jean-Pierre Bernier et Jacques E. Des Marchais

Épilogue   Lettre à Charles 411
                     par Jacques E. Des Marchais

INTRODUCTION

Jacques E. Des Marchais

Dimanche 29 septembre 1985. Le doyen Gilles Pigeon me tend la main, enthousiaste. Je viens d'accepter le poste de vice-doyen aux études de la Faculté de médecine de l'Université de Sherbrooke. Un mandat spécifique y est rattaché : implanter pour septembre 1987 la réforme du programme des études médicales prédoctorales.

Où en est ce projet? Sa planification à peine engagée ne dépasse guère le stade des grandes orientations : un programme centré sur l'étudiant, une démarche qui éduque plutôt qu'elle n'entraîne. Implanter un nouveau programme en moins de deux ans, est-ce possible? Les pionniers ont parfois des rêves irréalistes!

Au cours des cinq mois précédant ma nomination, j'ai cherché à identifier les conditions préalables au changement au sein de la Faculté. Certaines sont évidentes : un noyau de professeurs enthousiastes, prêts à modifier le programme; un milieu qui se veut innovateur; une direction déterminée à mener à terme la réforme du programme prédoctoral; un nombre suffisant de petites salles pour implanter la démarche d'apprentissage par problèmes. L'Université de Sherbrooke offre une occasion unique de développement professionnel. Je décide d'accepter, avec toute l'incertitude et l'excitation que comporte une grande aventure.

Septembre 1987. Prise de la photo souvenir des 100 étudiantes et étudiants de 1re année. Le nouveau programme démarre. Il attire déjà d'excellents candidats. On leur promet un programme de haute qualité. Ils nous font confiance. La planification de la première année est à peine complétée. Au Salon des professeurs, l'anxiété est presque palpable. La Faculté prend un tournant qui marque l'aboutissement du projet de réforme du programme prédoctoral annoncé par le doyen Pigeon en janvier 1984. Les étudiants ont le goût du nouveau programme, et cette cohorte de la promotion 1991, prémices du changement, nous en aurons besoin pour en compléter l'implantation.

Janvier 1990. Ces mêmes étudiants entreprennent l'externat. Le premier cycle d'implantation de la phase préclinique est complété. À peine ce premier rêve est-il en train de se réaliser qu'un autre déjà s'ébauche : faire connaître notre expérience à la communauté internationale, une entreprise qui requiert le concours de tout le corps professoral.

Octobre 1991. De la première cohorte (1987-91), 86 étudiants reçoivent leur diplôme de M.D. après avoir réussi les examens québécois et canadien de certification. Les premiers «anciens» du nouveau programme prennent le chemin de la vie clinique de résidence.

UN PROJET FACULTAIRE

Des séminaires pour visiteurs sont organisés dès la deuxième année du programme, mais conçus comme un des mécanismes d'évaluation formative externe. Maintes fois on y entendra : «Vous discutez de vos problèmes d'implantation avec une étonnante ouverture d'esprit.» Un projet de réforme d'un cursus prédoctoral, transformé en un changement pédagogique majeur, entraîne notre Faculté de médecine dans un véritable projet de société et fait naître une nouvelle culture socio-éducative.

Au milieu des années 50, la *Case Western Reserve University School of Medicine* avait réussi à transformer un cursus traditionnel en un programme qui intègre la matière selon les systèmes et appareils de l'organisme humain. Au début des années 90, la Faculté de médecine de l'Université de Sherbrooke sera la deuxième des 1 400 facultés établies dans le monde à transformer complètement son cursus, cette fois, en un programme d'apprentissage par problèmes. L'intérêt ne résidera pas tant dans le développement de nouvelles méthodes pédagogiques que dans la modification majeure d'un système d'enseignement médical, rendue possible, faisable et durable.

Durant les années 1986-89 la fièvre de l'innovation circule dans les corridors de la Faculté. Trois années déterminantes, surtout pour les professeurs, qui doivent délaisser la chaire du maître pour la chaise du tuteur. L'apprentissage par problèmes (APP) devient le véhicule de la réforme pédagogique, et le demeurera.

La méthode d'APP (chapitre 3) permet de faire éclater le monolithisme et la rigidité où sont figés le cursus, ses méthodes pédagogiques et l'évaluation de l'apprentissage des étudiants. Le changement de méthode pédagogique, auquel les enseignants doivent, non sans difficulté, s'adapter, est guidé par un changement d'orientation philosophique : faire des études médicales prédoctorales un programme centré sur l'étudiant, axé sur les besoins des communautés et favorisant une médecine consacrée au patient (chapitre 2). Pour qu'un tel programme fonctionne, il faut que le corps professoral adhère à une philosophie éducative en accord avec les méthodes proposées. La préparation pédagogique du corps professoral, un préalable essentiel à un tel changement, et la formation à la fonction de tuteur prennent donc une large place dans l'implantation du programme (chapitres 8 et 9). Changement de méthode pédagogique, changement de rôle pour le professeur, changement des modalités d'évaluation des étudiants, transformation du contenu des cours en «problèmes», autant d'exigences susceptibles de remettre en question l'enseignement traditionnel. Oui, la Faculté de médecine est vraiment saisie de la fièvre de l'innovation!

UN NOUVEAU PROGRAMME

L'adoption de la méthode d'APP a une telle influence qu'elle entraîne la modification de toutes les autres composantes du programme. L'enseignement des habiletés cliniques est complètement renouvelé : intégration de la maîtrise des habiletés spécifiques à chacune des unités, et progression dans l'acquisition d'habiletés reliées à la relation médecin-patient dans une approche humaniste (chapitre 4). Les activités mises sur pied favorisent l'adoption de comportements humanistes (chapitre 6).

Tout enseignant sait que pour la formation des étudiants les méthodes et les techniques d'évaluation sont déterminantes, tout autant que les méthodes pédagogiques. Le chapitre 5 est consacré à l'évaluation des apprentissages; il examine les effets de l'implantation de l'APP sur l'évaluation.

UN PROJET COLLECTIF

En 1986-87, les adversaires de la réforme prétendent que son implantation mettrait en faillite la Société des médecins de l'Université de Sherbrooke* et entraînerait une diminution importante de la productivité en recherche fondamentale. Ils craignent même que les programmes de formation postdoctorale en spécialités ne soient affectés, tant le nouveau programme prédoctoral doit drainer de ressources. Mais grâce au système de reconnaissance de l'activité universitaire, l'implantation du programme permet de mesurer les coûts et les impacts institutionnels de la réforme (chapitres 10, 11, 12, 13). La Société des médecins continuera de progresser financièrement. Les crédits de recherche augmentent de 30 %, et les programmes de résidence poursuivent leur croissance. Et la réforme pédagogique participera au développement de notre Faculté à d'autres égards.

«*The team is the leader*», note un éminent professeur évaluateur lors de la visite conjointe du *Liaison Committee on Medical Education* et du Comité d'agrément des facultés de médecine du Canada en février 1989. «Une telle réforme peut-elle s'opérer à partir de la base ou à partir de la direction administrative?» La liste des auteurs de cet ouvrage fournit une partie de la réponse.

• Bertrand Dumais, 62 ans**, professeur de cardiologie au Département de médecine, est l'un des piliers de la Faculté. Il laissera la direction du Centre de formation continue pour assumer celle du programme de doctorat en médecine. Son leadership et son influence le destineront à faire partie de tous les ateliers de formation pédagogique, de construction de problèmes, de formation de tuteurs, etc. Près de la base, il est aussi l'âme du programme prédoctoral.

---

* La Société des médecins de l'Université de Sherbrooke regroupe tous les professeurs cliniciens à temps plein de la Faculté, qui ont convenu de déposer la totalité de leurs revenus professionnels, en exlucisivité, dans une société qui veille ensuite au partage des honoraires et des profits (chapitre 10).

** En date du 1er juin 1995.

- Guy Lacombe, 36 ans, professeur de médecine interne et de gériatrie, deviendra «Monsieur habiletés cliniques». Il va penser, planifier, implanter presque seul tout le programme des habiletés cliniques, y compris la mise sur pied d'ECOS (l'examen clinique objectif et structuré). Éducateur-né, il est un membre fidèle du groupe restreint des agents internes de la réforme.

- Bernard Charlin, 45 ans, est chirurgien oto-rhino-laryngologiste. Une formation pédagogique à titre d'animateur du programme de base de développement pédagogique en fera le coordonnateur de la phase clinique de l'externat. S'intéressant à la planification systémique des apprentissages, il relève le défi de donner une suite, au cours de l'externat, à la démarche d'APP de la phase préclinique (chapitre 7).

- Martine Chamberland, 33 ans, jeune diplômée de la Faculté de médecine de Sherbrooke, commence sa vie d'enseignante au Service de médecine interne après avoir obtenu une maîtrise en pédagogie médicale à l'*University of Southern California*. Elle est naturellement désignée pour élaborer une méthode d'apprentissage du contenu cognitif de l'externat. Elle développera le fondement théorique des séances d'apprentissage au raisonnement clinique.

- Paul Grand'Maison, 44 ans, directeur du Département de médecine familiale, dirige depuis cinq ans le Bureau de développement pédagogique au moment de la planification de la réforme. Il fait déjà partie des comités qui, de 1983 à 1985, jettent les bases des orientations philosophiques du nouveau programme. Leader naturel, agent interne de changement, sa participation au programme de formation pédagogique donne des lettres de noblesse à la pédagogie médicale.

- Henry Haddad, 56 ans, professeur de gastroentérologie, vice-doyen aux affaires professorales et étudiantes pendant 11 ans, est aussi l'un des piliers de la Faculté. Ses sages commentaires donnés à des moments stratégiques aux comités décisionnels facilitent l'implantation de la réforme. Intéressé aux questions administratives, il contribue à présenter le système de rémunération (chapitre 10).

- Daniel J. Côté, 38 ans, est anesthésiste. Après un mandat comme directeur du programme de formation postdoctorale en anesthésie, il manifeste un intérêt pour la pédagogie médicale. On le retrouve à diverses tâches reliées à l'implantation du programme : stage d'immersion clinique, programme de base de développement pédagogique, enseignement d'habiletés cliniques, évaluation du programme de l'externat. Il allie de façon remarquable l'interrogation cognitive au souci de la personne humaine. Il prendra en charge la rédaction du chapitre 6, sur l'humanisme.

- Monique Chaput, 52 ans, andragogue rattachée à temps partiel à la Faculté, réalisera le programme de formation des tuteurs. Sa présence est synonyme de cohérence en éducation, de programme centré sur l'étudiant et d'évaluation formative. Elle transmet à nombre d'entre nous les habiletés d'animation de petits groupes.

- Nu Viet Vu, 46 ans, enseigne en éducation médicale au Département de pédagogie médicale, au *Southern Illinois School of Medicine*, Springfield, États-Unis. Dès 1986, elle est consultante pour l'évaluation des apprentissages des étudiants. À titre de deuxième professeure visiteuse en pédagogie médicale, elle jettera les bases du chapitre 5, sur l'évaluation des étudiants.
- Jean-Pierre Bernier, 46 ans, nommé depuis coordonnateur de la phase préclinique, est neurologue de formation; c'est une personnalité importante de la Faculté. À son entrée en fonction en 1990, il comprend rapidement les enjeux de l'implantation du nouveau programme. Ce clinicien représente un atout précieux au moment de la relève de la première équipe.
- Robert Black, 49 ans, psychométricien, est l'homme de la statistique et des examens à la Faculté. Seul auparavant dans son bureau d'analyste, il deviendra un membre précieux de l'équipe prédoctorale et participera à ses projets de recherche.
- Michel Beaudoin, étudiant de la première cohorte, dirigera le groupe d'étudiantes et d'étudiants - Nathalie Cauchon, Béatrice Des Marchais, David Fortin, François Belzile et Caroline Giguère - qui ont enquêté auprès de leurs camarades pour connaître leur opinion de «consommateur».
- Jacques E. Des Marchais, 55 ans, chirurgien orthopédiste est pédagogue médical depuis sa formation en 1974 à la *Michigan State University*. Le doyen Pigeon lui confie en 1986 la tâche de chef de chantier de la réforme du programme d'études médicales prédoctorales à titre de vice-doyen aux études.

LA CONSTRUCTION DE L'OUVRAGE

Les principaux acteurs de la réforme du programme d'études prédoctorales de la Faculté de médecine de l'Université de Sherbrooke ont participé à la rédaction de cet ouvrage. Leur perception est tout à fait subjective, leur démarche est ouverte et, afin d'assurer la validité des écrits, chaque chapitre a été revu par quatre ou cinq enseignants qui ont vécu de très près les événements; certains chapitres ont en outre été relus par quelques collègues d'autres universités.

Notre objectif ultime est d'être informatif et analytique. Il s'agit de la description d'un cas. Nos solutions ne sont peut-être pas transférables à d'autres milieux; tant de variables modifient le contexte socio-politique des milieux de formation. Cependant, les principes fondamentaux demeurent les mêmes puisque notre histoire raconte la mise en oeuvre d'une solution un peu radicale, globale et continue aux problèmes auxquels la pédagogie médicale fait face. Le lecteur est donc invité à suivre une démarche tout autant de réflexion que d'information.

PREMIÈRE PARTIE

LE PROJET DE RÉFORME

CHAPITRE 1

UN CHANGEMENT DE PROGRAMME, UNE DÉMARCHE PLANIFIÉE

Jacques E. Des Marchais

«Une évolution est souvent une révolution sans en avoir l'r.»

Albert Brie

INTRODUCTION

En mai 1985, le doyen Gilles Pigeon m'invite à participer, à titre de chef de chantier, à la réforme du programme d'études médicales prédoctorales. Un point m'apparaît clair : une réforme doit s'opérer le plus possible selon les règles d'un changement planifié. Les spécialistes prétendent qu'une telle démarche est possible[1,2]; certaines expériences personnelles m'ont enseigné différents principes de changement et me permettent de corroborer cette assertion.

En 1966, en effet, j'ai la chance de participer au changement de programme prédoctoral d'une jeune faculté de médecine africaine. L'entreprise s'avère un succès parce que l'université et les trois gouvernements concernés y trouvent leur avantage. En 1974, je participe à la planification d'un programme postdoctoral centré sur un regroupement d'objectifs[3]. L'implantation piétine. J'y apprends qu'un changement proposé par la base a besoin d'être récupéré par la direction pour se réaliser.

En 1976, je suis associé à l'implantation d'un stage d'immersion clinique[4]. Conçu selon une pédagogie ouverte, ce stage remet en question certains enseignements prodigués en sciences du comportement, ce qui en retarde l'adoption. J'apprends que, dans une faculté traditionnelle, il y a peu de place pour l'innovation pédagogique. Toute tentative de modification soulève des résistances, parfois très vives. En 1981, je mets sur pied une unité de recherche en éducation médicale, une innovation dans le milieu où je travaille. Après cinq ans, l'unité a encore de la difficulté à s'insérer dans son milieu[5.]. J'apprends qu'au sein d'une organisation, l'implantation d'une nouvelle unité repousse les frontières des autres structures, qui doivent lui faire une place[6].

Ainsi donc, tout processus de changement est complexe et ne peut aboutir s'il ne bénéficie pas de conditions propices. Qu'il touche une personne, un système social ou un programme d'études, tout changement implique une première étape de dégel, la modification des liens du système en place, une deuxième étape d'instabilité, puis une troisième de recristallisation, pour aboutir à une nouvelle structure stable[7].

Adaptées de Levine[6] , les quatre étapes de la démarche choisie sont : l'identification d'un besoin, le choix d'une solution, son implantation et son adoption durable au sein du système social. Ces étapes sont bien connues dans les démarches de la vie courante; exemple : choisir de changer ou de rénover une maison. L'analogie va nous permettre de cerner les étapes d'une démarche planifiée d'un changement de programme.

Dès le début de l'implantation, un programme d'évaluation interne est mis sur pied. Journées de réflexion, bilans annuels, rencontres d'étudiants et rapports, ateliers de visiteurs, de formation de tuteurs ou de construction de problèmes, visites d'évaluation externe, dont une, conjointe, du Comité d'agrément des facultés de médecine du Canada et du *Liaison Committee on Medical Education* : autant d'occasions d'identifier et de préciser les étapes parcourues et d'élaborer, de modifier et de planifier les étapes à franchir. Le Comité de coordination du programme deviendra le creuset de cette démarche.

Tous les trois mois, de 1986 à 1989, je relate dans un journal de bord les événements reliés à cette implantation. Commentés par le collègue Dumais, ces rapports permettront de dégager les éléments stratégiques de l'expérience.

Ces exercices de planification précèdent même ma décision de choisir Sherbrooke, lorsque le doyen Pigeon, en septembre 1985, me délègue avec Dumais à la troisième réunion du *Network of Community Oriented Educational Institutions for Health Sciences*. Durant deux semaines, nous y ferons une planification détaillée de l'implantation d'un programme d'apprentissage par problèmes (APP), un précieux exercice de simulation qui, des années durant, va nourrir notre action. Six mois plus tard, Dumais accepte la direction du programme. Lui aussi a décidé de faire de cette réforme son grand projet de vie professionnelle.

À côté de l'action, des moments privilégiés de réflexion et d'analyse nous sont réservés. Sans vouloir la généraliser, l'histoire de notre expérience nous apparaît précieuse.

ÉTAPE 1 : PERCEVOIR LE BESOIN DE CHANGEMENT

Beaucoup d'administrateurs de faculté ont vécu au cours de leur mandat les étapes ici relatées. Ils ont vu naître et mourir des intentions de changement. Ils ont reçu des rapports et proposé des plans d'action. Puis l'administration change, l'histoire recommence.

Les comités externes d'agrément des facultés connaissent bien ces exercices. Mais à Sherbrooke, de pareils événements ont débouché sur l'implantation d'une réforme.

PROCÉDER AU DIAGNOSTIC

La Faculté de médecine de Sherbrooke accueille ses premiers étudiants en 1966. Dès 1969, elle définit ses objectifs institutionnels, qu'elle révise en 1972. La Faculté veut contribuer à l'amélioration de la santé de la population et au progrès des services de santé grâce à l'enseignement par appareils et systèmes intégrés de l'organisme humain, selon le modèle de la *Case Western Reserve*[8], et identifie des objectifs à atteindre. L'étudiant devra acquérir une formation lui permettant de comprendre et d'agir efficacement sur les aspects sociaux et économiques de la santé. Il pratiquera l'autoenseignement pendant et après son cours de médecine. La mémorisation fera place au raisonnement scientifique. L'étudiant développera une attitude et un jugement capables de lui permettre de saisir toutes les facettes des problèmes qu'il rencontrera. Les méthodes d'enseignement multidisciplinaire y concourront. Grâce à une gamme variée d'options, l'étudiant pourra suivre son intérêt propre dès la première année; et cette différenciation en chercheur, enseignant, administrateur, praticien spécialisé, ou médecin de famille, pourra être partiellement complétée après les quatre années du cours.

En 1969, le programme d'études prédoctorales s'appuie sur des enseignements multidisciplinaires et laisse une large place aux sciences de la santé communautaire. Le document de planification de la réforme de 1987 fait précisément référence à ces objectifs afin d'établir un lien cohérent entre le projet de réforme et l'évolution historique de notre Faculté. Ces idées correspondent justement à celles qui sont énoncées dans l'introduction du rapport de l'*Association of American Medical Colleges*, le fameux *GPEP Report* (Tableau 1)[9].

Tableau 1
EXTRAIT DE L'INTRODUCTION DU GPEP REPORT[9]

Each patient expects the physician to respond to the patient's personal concerns and problems on the basis of professional knowledge.

Today's physician - and tomorrow's - is most likely to have acquired full knowledge of a medical specialty and to be challenged throughout his or her years of practice to keep pace with the expansion of science and technology in that specialty.

The Association of American Medical Colleges [...] affirms that all physicians, regardless of specialty, require a common foundation of knowledge, skills, values, and attitudes.

We believe that every physician should be caring, compassionate, and dedicated to patients - to keeping them well and to helping them when they are ill. Each should be committed to work, to learning, to rationality, to science, and to serving the greater society. Ethical sensitivity and moral integrity, combined with equanimity, humility, and self-knowledge, are quintessential qualities of all physicians. The ability to weigh possibilities and to devise a plan of action responsive to the personal needs of each patient is vital. Although every physician may not possess these ideal attributes in full measure, each physician is obligated to strive to attain and maintain these attributes.

Notre proposition de réforme devrait donc découler de la philosophie et des objectifs de la Faculté et s'inscrire dans la continuité d'autres travaux de révision. Déjà, une révision des objectifs avait permis, en 1982, de préciser certains apprentissages du futur diplômé : adaptabilité au changement, formation en sciences biologiques, socio-économiques et humaines, développement de valeurs et d'attitudes souhaitables de la part de professionnels de la santé, acquisition de la capacité d'apprendre, de résoudre des problèmes, d'adopter une démarche critique et scientifique, et de travailler en équipe multidisciplinaire. Ces valeurs faisant largement consensus au sein de la Faculté, il était inutile de chercher à en définir de nouvelles.

En dix ans, notre Faculté se penchera à plusieurs reprises sur son programme d'études prédoctorales. Différents rapports placeront le corps enseignant devant la nécessité d'une révision. En 1982, une Commission de révision entreprend une étude auprès des responsables des cours, afin de préciser les contenus jugés essentiels. Elle conclut qu'il faut augmenter de 30 % la durée du cursus. Cette première tentative avorte.

À la même époque, un autre comité réaffirme les objectifs de 1969 révisés en 1972, et recommande d'alléger le programme afin de former l'étudiant à mieux apprendre par lui-même:

«Le cours de médecine resterait d'une durée de 4 ans, mais exige d'être allégé. Beaucoup de cours magistraux représentent plutôt un collage qu'un programme, par manque de définition d'un tout [...]. Il devient urgent pour la Faculté de médecine de retrouver auprès de sa clientèle éventuelle une image d'originalité et d'excellence par un contenu dynamique et un encadrement motivé [...]. Le rôle de professeur mérite d'être valorisé par les autorités de la Faculté et soutenu par des ressources humaines en pédagogie médicale.»

La Faculté identifie ainsi les caractéristiques de la «curriculopathie» qui affecte le cursus de l'époque[10, 11]. Multiples, les causes sont liées à la discordance entre l'évolution des sciences biologiques et celle des problèmes de santé des sociétés modernes. La médecine est maintenant divisée en de multiples disciplines dont la croissance phénoménale conduit à une hypertrophie des contenus, souvent le reflet direct de la puissance de certains départements. Les enseignements sont centrés sur des microdomaines scientifiques et conduisent à diverses distorsions curriculaires. Finalement, le système devient rigide, centré sur le professeur et imperméable à toute modification majeure. Seules peuvent s'implanter les innovations pédagogiques dépendant du bon vouloir d'enseignants généreux. On aboutit à une maladie chronique du programme traditionnel. Les contenus sont excessifs, les enseignements passifs, confinés aux leçons magistrales, les évaluations centrées uniquement sur la mémoire. Il n'y a pas de cohérence entre les enseignements cliniques et ceux des sciences fondamentales.

En 1983, notre Faculté dresse une nouvelle liste de problèmes curriculaires similaire à celle de l'année précédente : contenu surchargé, pauvreté des techniques pédagogiques, évaluation incohérente par rapport aux objectifs, absence d'ancrage sur les problèmes de la communauté, vie étudiante dégradée... Comme celui qui se rend compte que sa maison ne correspond plus à ses besoins, le corps enseignant réalise que le programme doit être modifié pour répondre aux besoins modernes d'une société en transformation rapide.

ENTREPRENDRE UNE DÉMARCHE DE CHANGEMENT

En juin 1983, le docteur Pigeon accepte de nouveau le mandat de doyen et dès 1984, il donne le signal d'un nouveau départ pour la révision du programme.

> «La plupart des facultés de médecine de l'Amérique du Nord ont fait ou font une révision. Les professeurs de notre Faculté, dans leur majorité, pensent que le programme des études médicales prédoctorales ne répond plus aux besoins actuels et futurs de la Faculté. Une orientation, une révision en profondeur du curriculum, processus continu, s'impose et sera entreprise sans retard.»

Ce message est sans équivoque. Quelques mois plus tard, un nouveau comité dépose un premier rapport : *Orientation de la Faculté pour la révision du curriculum, document de réflexion*. On y constate que le programme favorise davantage le «*training*» que la formation des étudiants. Sa révision devrait permettre aux futurs médecins de faire face aux multiples changements qui se dessinent dans la société. On rappelle que le programme d'études prédoctorales n'a pas comme but ultime de produire un médecin praticien, objectif plutôt de la formation postdoctorale. En ce qui concerne le programme prédoctoral, le rapport ajoute:

> «C'est le seul moment du continuum de la formation médicale au cours duquel l'étudiant peut à la fois apprendre à développer les habiletés et les qualités indispensables à sa pratique ultérieure, tout en apprenant à se servir de connaissances existantes pour résoudre des problèmes dans un contexte de soutien pédagogique; par conséquent, l'étudiant a droit à l'hésitation, à l'erreur et à un rythme d'apprentissage individuel».

> «Les avantages d'une telle formation au niveau de l'étudiant se retrouveraient dans une indépendance d'esprit, une autonomie personnelle, une créativité, une estime de soi plus développée. Le problème éducatif principal n'est pas donc pas de socialiser nos étudiants mais de les éduquer.»

Le doyen insiste pour que chacun des départements et des services de la Faculté et du Centre hospitalier universitaire discute du rapport en réunion départementale et lui communique par écrit ses réactions. Ce débat élargi permet à l'ensemble des intéressés de partager leurs perceptions. Ce premier rapport conduit à la révision des objectifs généraux de la formation prédoctorale et du profil du futur médecin.

Pour donner suite aux réactions, la direction relance les travaux du Comité de révision. Un deuxième rapport recommande cette fois de reconnaître une série de principes directeurs dans la conception d'un nouveau programme :

> Le programme devra être orienté en fonction des besoins de la société québécoise et permettre aux futurs médecins d'acquérir une conception globale de la médecine; il mettra

l'accent sur la promotion de la santé, l'acquisition du raisonnement scientifique et de l'habileté à résoudre des problèmes; il favorisera la mise en pratique d'une approche multidisciplinaire dans la recherche de solutions aux problèmes de santé; il mettra l'accent sur l'évaluation formative et l'auto-évaluation; il permettra l'orientation des choix de carrière vers des disciplines diversifiées; les méthodes pédagogiques permettront de susciter et de maintenir l'esprit de découverte et d'auto-apprentissage; et l'apprentissage des méthodes de gestion du temps et des ressources devra être possible.

Les départements et services doivent à nouveau faire connaître leurs réactions par écrit. Déjà le noyau des professeurs qui participent aux travaux du Comité de révision est activement engagé dans le processus de changement. Déjà aussi le milieu facultaire commence à se situer par rapport aux besoins exprimés en 1982-83. L'autorité reconnaît que «la maison ne convient plus aux besoins». Mais «quel type de maison doit-on prévoir? S'agit-il de déménager, de louer, d'acheter, de construire, ou de rénover...?» Après analyse, on le constate, ce sont à la fois les enseignants de la base et les autorités qui ont identifié les besoins. Cependant, à cette deuxième étape, c'est la direction de la Faculté qui a directement stimulé le changement. Stratégiquement, le doyen semble soucieux d'engager toute la Faculté à chacune des étapes et d'imprimer un rythme soutenu à la démarche.

VALIDER L'ORIENTATION DU CHANGEMENT

En 1984-85, le doyen invite des consultants de réputation internationale à se joindre aux enseignants de la Faculté pour discuter en profondeur des orientations de la révision du programme. Il s'agit là d'un processus de validation externe. La démarche est fructueuse : un grand nombre de professeurs confrontent leurs opinions avec celles de spécialistes qui peuvent situer le projet de Sherbrooke par rapport aux tendances internationales.

La même année, l'Association des facultés de médecine nord-américaines publie son rapport sur l'éducation professionnelle générale du médecin à l'aube du 21e siècle, le *GPEP Report*[9]. D'abord les réformateurs de Sherbrooke se sentent quelque peu «court-circuités», mais en même temps le bien-fondé de leur réflexion est confirmé par cette puissante organisation qui recommande à l'ensemble des changements de même nature. La diffusion du *GPEP Report* permet d'expliciter les nouveaux concepts éducatifs de façon plus articulée, pour mieux éclairer et convaincre un plus grand nombre d'enseignants. Le *GPEP Report* vise l'amélioration des programmes afin de promouvoir l'apprentissage et le développement personnel de chaque étudiant. Ce sont déjà nos grandes orientations facultaires.

Notre projet de réforme reprendra les six éléments de la recommandation n° 3 du *GPEP Report*, sur l'acquisition des habiletés d'apprentissage (Tableau 2). Encore une fois, la même stratégie de diffusion est utilisée. Une copie du *GPEP Report* est envoyée personnellement à chaque enseignant. De nouveau, le doyen demande à chacun des départements de lui transmettre par écrit ses réactions.

Nos besoins facultaires de changement, validés par des consultants externes, sont ainsi inscrits dans leur contexte nord-américain. Tous les enseignants savent que l'Association américaine contribue beaucoup au *Liaison Committee*, qui lui-même procède, à intervalles de cinq à sept ans, à l'évaluation externe des facultés de médecine et décide de leur agrément. Une cohérence certaine s'établit définitivement sous la pression du changement que tout enseignant ressent à cause de la stratégie du doyen.

Tableau 2
RECOMMANDATIONS POUR L'ACQUISITION
D'HABILETÉS D'APPRENTISSAGE[9]

1. Évaluer les étudiants sur leur capacité d'apprendre de façon autonome et leur fournir des occasions de le faire.

2. Réduire les heures d'activités inscrites au calendrier scolaire pour encourager l'apprentissage autonome d'objectifs atteignables.

3. Réduire le nombre d'heures de leçons magistrales, sans les remplacer par d'autres activités déterminées.

4. Offrir des expériences qui favorisent l'apprentissage indépendant et actif et la solution de problèmes.

5. Utiliser l'évaluation subjective des professeurs pour mesurer la capacité d'analyse et de résolution de problèmes des étudiants.

6. Incorporer les applications de l'informatique à l'éducation médicale.

En conclusion, au cours de cette étape, d'autres activités s'avéreront nécessaires, notamment des ateliers d'introduction à la pédagogie des sciences de la santé et un programme de formation de base en pédagogie médicale, qui augmenteront la perception du besoin de réforme chez un plus grand nombre d'enseignants (chapitre 8). Il aura fallu deux ans (de 1983 à 1985) et trois comités pour identifier de façon articulée le besoin même de changement.

ÉTAPE 2 : CHERCHER ET CHOISIR LA SOLUTION

L'étape des débats philosophiques est terminée. Il faut maintenant un leader dynamique et crédible pour planifier et implanter une réforme réaliste et réalisable au sein de notre Faculté. Il ne suffit pas de vouloir réaménager une maison ou de la rénover. Il faut trouver le constructeur qui aura la capacité de comprendre nos rêves et qui exécutera le projet en tenant compte de nos ressources et de notre échéancier.

CHERCHER UNE SOLUTION

Engager un chef de chantier

En 1985, devenu vice-doyen aux études de la Faculté, j'ai le mandat d'implanter le nouveau programme d'études prédoctorales dès septembre 1987. En plus, le vice-doyen supervise les programmes de formation postdoctorale et d'éducation continue, le développement pédagogique, et les programmes de baccalauréat en biochimie et en sciences infirmières. Il fait donc partie de tous les comités importants : cabinet du doyen, assemblée des directeurs des départements et services, comité des espaces, etc. Le poste comporte une autorité déléguée et son titulaire jouit d'une influence réelle.

Constituer un noyau d'innovateurs

Une commission constituée du doyen, du vice-doyen, du président de la Commission de révision, d'un professeur de sciences fondamentales et d'un collègue prend, à compter de ce moment, la direction du projet. D'emblée, nous nous référons au cadre théorique du changement[6] afin de situer nos travaux dans une démarche planifiée. En prévoyant les prochaines étapes de développement, nous précisons encore ce cadre de référence. À partir de ce moment et pendant sept années, Bertrand Dumais et moi-même continuerons de suivre cette démarche stratégique.

Un *Comité du canevas,* constitué du premier noyau d'agents internes de changement, voit sa composition s'élargir pour répondre à des objectifs précis. Il s'agit d'assurer la représentation des diverses forces politiques de la Faculté, dont un regroupement de professeurs et de pédagogues engagés dans l'innovation. Le Comité comprend 18 professeurs, quatre étudiants et trois personnes-ressources, tous nommés personnellement par le doyen. Son mandat est net : «Développer un projet de réforme de curriculum applicable aux conditions spécifiques de Sherbrooke».

CHOISIR UNE SOLUTION

Planifier un système de reconnaissance

Durant les mêmes années 1984-86, la direction de la Faculté met en place un nouveau système de reconnaissance des activités universitaires : l'enseignement-apprentissage, la recherche, la gestion et les activités professionnelles. Ce système (chapitre 10) sert de base d'appréciation pour la promotion des professeurs. Les activités d'enseignement et les innovations jugées supérieures ou exceptionnelles, selon les collègues, contribueront dorénavant à l'accession au rang d'agrégé ou de titulaire. Ce choix institutionnel est stratégique au moment où s'amorce un changement éducatif majeur. L'investissement demandé aux professeurs pour la mise en route du nouveau programme peut devenir rentable.

Décider des buts et du modèle de la réforme

En janvier 1986, le Comité du canevas a quatre mois pour élaborer une proposition de changement en contexte sherbrookois. Il réalisera son mandat en cinq temps.

Temps 1 : Le Comité étudie les rapports antérieurs et résume les forces et faiblesses du programme actuel. Un consensus se dégage. La formation doit mener à une compétence identique à celle des diplômés des autres facultés et passer le test des examens provinciaux ou nationaux. Le programme doit, après l'obtention du grade de M.D., permettre la poursuite de la formation postdoctorale soit en médecine clinique, en médecine familiale ou en spécialité, soit en recherche ou en administration des sciences de la santé. On souhaite un apprentissage axé sur la communauté, soucieux d'humanisme, fondé sur la résolution de problèmes et favorisant l'autonomie de l'étudiant. Ce seront là les quatre caractéristiques du projet de programme (Tableau 3).

Tableau 3
CARACTÉRISTIQUES DU PROGRAMME DES ÉTUDES PRÉDOCTORALES
À LA FACULTÉ DE MÉDECINE DE L'UNIVERSITÉ DE SHERBROOKE (1986)

CARACTÉRISTIQUES CENTRÉES SUR LES PATIENTS

1. UN APPRENTISSAGE AXÉ SUR LA COMMUNAUTÉ
- un programme conçu, administré et orienté de façon à répondre aux besoins et aux problèmes de santé de la société québécoise;
- une exposition précoce et continue de l'étudiant au sein même de la communauté de façon à stimuler son apprentissage;
- une stratégie éducative qui favorise une approche globale par la prise en considération des aspects biologiques, psychologiques et sociaux d'un patient tout en intégrant les soins préventifs, curatifs et de réadaptation.

2. UN APPRENTISSAGE SOUCIEUX D'HUMANISME
- un système éducatif qui incite l'étudiant à enrichir son sens de l'humanisme en développant le respect des valeurs, l'art de la communication avec le patient et sa famille et l'échange avec les confrères;
- des activités éducatives qui permettent à l'étudiant d'identifier et d'améliorer ses comportements empathiques.

CARACTÉRISTIQUES CENTRÉES SUR L'ÉTUDIANT

3. UN APPRENTISSAGE PAR PROBLÈMES
- un apprentissage axé sur la maîtrise d'une démarche d'analyse et de solution de problèmes, rendant l'étudiant habile à formuler des questions, à produire des hypothèses, à trouver et à analyser les informations nécessaires à la compréhension du problème en intégrant les sciences fondamentales et cliniques pour permettre, le cas échéant, une prise de décision adéquate.

4. UN APPRENTISSAGE FAVORISANT L'AUTONOMIE
- un choix de méthodes pédagogiques et de méthodes d'évaluation favorisant l'autonomie progressive de l'apprentissage pour que l'étudiant acquière, dès les premières années, des habitudes d'autoévaluation et d'autoapprentissage. Ainsi, il devrait être capable, tout au long de sa pratique future, d'identifier ses besoins éducatifs et d'utiliser les ressources appropriées pour maintenir sa compétence.

Temps 2 : Les membres du Comité reçoivent une documentation détaillant les quatre caractéristiques du projet. Chacun doit en acquérir une compréhension approfondie et homogène et en percevoir toutes les conséquences, car il doit en choisir une au développement de laquelle il souhaiterait contribuer.

Temps 3 : Faisant l'analyse de neuf programmes innovateurs provenant de quatre continents, les membres du Comité, divisés par groupes de deux, doivent en résumer les caractéristiques en se disant : «Voici le meilleur programme; inutile pour Sherbrooke d'essayer d'en développer un nouveau!» Puis ils sont regroupés en triades de façon à comparer trois programmes étrangers et trois caractéristiques différentes du projet sherbrookois.

Temps 4 : Durant trois semaines, chaque triade prépare sa version d'un nouveau programme.

Temps 5 : Les triades présentent sept propositions pour discussion. Finalement, un *canevas du nouveau cursus,* non définitif, devient la base du projet de réforme (chapitre 2).

Ce n'est qu'à ce moment que sont rédigés de façon formelle les trois buts de la réforme (Tableau 4), qui découlent des quatre caractéristiques du projet de programme.

Tableau 4
LES BUTS DE LA RÉFORME PÉDAGOGIQUE

1. *Favoriser l'autonomie de l'apprentissage.* Comme suite aux conclusions des divers rapports sur la révision du programme et en congruence avec elles, une plus grande liberté et une plus grande responsabilité seront laissées à l'étudiant dans ses processus d'apprentissage. L'autonomie apparaît comme le premier but visé par ce projet de changement de programme. Bien avant le *GPEP Report*, les diverses facultés de médecine nord-américaines ont inscrit comme l'un des objectifs de leur programme l'acquisition par l'étudiant d'attitudes et d'habitudes d'autonomie de l'apprentissage. Ce but nous apparaît primordial pour ce projet de réforme.

2. *Permettre des apprentissages axés sur la communauté.* La Faculté de médecine de Sherbrooke a toujours été reconnue pour son souci particulier des sciences de la santé communautaire. À l'occasion de la révision du cursus, on voudrait permettre aux étudiants un contact beaucoup plus précoce et continu avec les diverses communautés entourant la Faculté. Cette orientation permettrait de construire un programme qui répondrait davantage aux besoins de la société québécoise en favorisant une approche globale des divers aspects des problèmes de santé.

3. *Développer le sens de l'humanisme.* Partageant les soucis des nombreux éducateurs médicaux et de plusieurs corps intermédiaires de nos sociétés, le projet de nouveau programme voudrait proposer à l'étudiant des activités éducatives qui lui permettraient d'enrichir son sens de l'intégrité et du respect des valeurs, et d'acquérir des comportements de compassion dans le but de l'aider dans ses relations avec les patients, leur famille et les communautés.

ÉTAPE 3 : PLANIFIER L'IMPLANTATION DE LA SOLUTION

La prochaine étape consiste à préciser les plans de l'ouvrage. Le canevas du programme a été tracé à grands traits. Sa présentation à l'Assemblée facultaire a été bien accueillie, mais les enseignants le trouvent trop général.

SPÉCIFIER LA SOLUTION

L'été 1986 fournit l'occasion de préparer un document[12] où l'on retrouve les orientations, les caractéristiques et les buts du programme ainsi qu'un canevas décrivant les grandes lignes des contenus des unités d'enseignement, la progression de l'apprentissage par phase et les directives pour l'implantation des nouvelles méthodes pédagogiques.

Le Comité du canevas n'a pas proposé de nouvelle répartition de la matière, jugeant qu'il serait plus facile d'effectuer la réforme pédagogique en maintenant la division de la matière par systèmes et appareils, en vigueur depuis la fondation de la Faculté. Le contenu du programme de quatre ans demeure donc essentiellement le même sauf en ce qui concerne l'orientation vers la communauté et le développement de l'approche humaniste. Les «systèmes et appareils» deviennent les «unités" et les responsables sont chargés d'en réviser les contenus.

Les principales modifications sont :
- une réduction importante du contenu de l'ancienne première année de sciences fondamentales, qui se transforme en une unité de biologie médicale de onze semaines, les autres contenus de sciences fondamentales devant être intégrés aux quatorze unités subséquentes;
- l'ajout d'un stage d'immersion clinique;
- la modification de la séquence des unités d'enseignement; l'intégration des sciences fondamentales aux problèmes; l'introduction de périodes pour l'étude de problèmes prioritaires de santé; l'ajout de deux nouvelles unités, l'une consacrée au processus *croissance-développement-vieillissement*, l'autre aux maladies infectieuses; et la définition d'une unité d'intégration de douze semaines pour l'étude de problèmes multidisciplinaires.

Ces additions deviennent possibles grâce à une réduction d'environ 30 % de la durée des anciennes unités. Des apprentissages préalables à l'externat sont introduits au premier trimestre de la troisième année. L'externat est prolongé de douze semaines. Les stages réguliers obligatoires demeurent les mêmes, mais sont réduits d'une semaine chacun. Les stages à option passent de quatorze à dix semaines. Cependant, trois stages obligatoires de quatre semaines sont ajoutés : santé communautaire, médecine familiale et soins aigus de première ligne.

Le projet de réforme propose aussi un changement majeur dans les méthodes pédagogiques, autant dans le type de méthode que dans la répartition du temps, ce qui devrait permettre :
- l'intégration des sciences fondamentales et cliniques;
- l'intégration des habiletés cliniques au contenu des apprentissages d'une unité;
- l'intégration des aspects bio-psycho-sociaux et des soins préventifs à l'analyse des problèmes;

• une représentation adéquate de tous les âges de la vie d'une personne dans le choix des problèmes cliniques de chaque unité.

L'apprentissage par problèmes, l'APP, devient le véhicule qui permettra au changement de s'opérer. L'APP se distingue des méthodes utilisées dans les cursus traditionnels par certaines caractéristiques (Tableau 5).

Par le choix des problèmes, on peut s'assurer que les apprentissages sont axés sur la communauté et incluent une dimension humaniste. La méthode d'APP favorise l'acquisition d'aptitudes à l'autoapprentissage. Devenus plus actifs grâce à elle, les étudiants participent à la définition des objets d'étude, à la gestion des sources d'information qui en découlent et à l'organisation de leurs heures de travail.

La réduction des heures consacrées aux activités structurées transforme le calendrier-horaire de l'étudiant. Sa semaine-type est modifiée pour laisser une large part à des périodes d'étude indépendante (chapitre 2).

Les méthodes et les moments d'évaluation sanctionnelle sont complètement modifiés pour tenir compte de la nouvelle philosophie. La pondération des évaluations, auparavant centrée sur la mémorisation, accorde désormais un poids prépondérant à la capacité d'appliquer des connaissances et d'analyser des problèmes (chapitre 5).

Tableau 5
CARACTÉRISTIQUES D'UN CURSUS CONVENTIONNEL
ET D'UN PROGRAMME BASÉ SUR L'APPRENTISSAGE PAR PROBLÈMES

	Cursus conventionnel	Apprentissage par problèmes
Accent sur	la transmission des connaissances	l'acquisition des connaissances
Structuré en fonction	de la description des disciplines	de l'intégration des disciplines
Séquence cognitive	les faits et les théories précèdent leur application	l'application se fait en même temps que l'assimilation des faits et des théories
Centré sur	le professeur	l'étudiant
Détermination des sujets	les professeurs sont seuls responsables	les étudiants contribuent à définir les sujets d'apprentissage
Préoccupation	couverture du contenu	couverture du contenu et processus des apprentissages
Évaluation	sanctionnelle	formative et sanctionelle

En fait, le projet initial sera implanté avec très peu de modifications. L'APP devient, selon une stratégie consciente, l'unique objet du changement, quitte à mettre temporairement en veilleuse les deux autres buts de la réforme, le renforcement du lien communautaire et le développement de l'humanisme. Du reste, lors des premières présentations du canevas, les enseignants reprocheraient au projet de donner trop de place aux dimensions sociales de la médecine. On va former des médecins aux «pieds nus», à la chinoise! Réactions de résistance, en particulier de la part des enseignants de sciences fondamentales. Quoi qu'il en soit, des ressources limitées ne permettent pas de faire tous les virages en même temps. Nous comptons sur des vagues subséquentes et de nouvelles marges de manoeuvre pour empêcher la rigidité de s'installer à nouveau dans le cursus.

PROMOUVOIR L'ACCEPTATION DE LA RÉFORME

Durant l'année universitaire 1986-87, une suite d'actions ne laisse aucune équivoque sur la volonté politique du doyen. Même si aucune décision officielle n'a encore été prise, tout se met en branle pour implanter la réforme dès septembre 1987. Dans une tournée de deux mois, nous rencontrons chacun des 37 départements et des services, tant cliniques que de sciences fondamentales, afin d'expliquer le projet décrit au Document n° 1[12].

Certaines rencontres sont houleuses, les objections ont libre cours sur la forme et sur le contenu du programme autant que sur les principes. Jamais nous n'opterons pour une attitude de confrontation. Au contraire, nous voulons demeurer à l'écoute, avec patience, compréhension et tolérance. Les objections sont discutées en fonction des tendances de la pédagogie médicale, du cadre de référence de l'apprentissage par problèmes, des décisions facultaires sur la «curriculopathie» et du mandat de réformer le programme d'études prédoctorales.

À moins d'un an de la date fatidique d'implantation - nous sommes en septembre 1986 - l'inquiétude, l'anxiété même gagne le corps professoral. Cette période d'instabilité durera presque deux ans! Années cruciales : celle qui précède l'implantation et celle de l'implantation elle-même. Nous ne manquons aucune occasion de sensibiliser nos collègues aux avantages du changement. Le projet de réforme alimente les discussions, de la cafétéria de l'hôpital au Salon des professeurs. Les plus récalcitrants soutiennent que les programmes de recherche seront compromis et que la Société des médecins* ira vers la faillite! Plusieurs collègues en autorité et certains directeurs de département nous prodiguent des conseils de prudence... Nous abordons la phase cruciale d'une aventure déjà bien amorcée. Il faut préparer les troupes.

L'implantation de la réforme exige la collaboration d'un corps professoral bien formé. Le rôle du professeur, dans sa tâche d'enseignement, sera profondément modifié puisque les leçons magistrales feront place à des apprentissages en petits groupes. Il nous faut tous nous familiariser avec le rôle de tuteur, de facilitateur de l'apprentissage. L'utilisation de la méthode socratique, où le professeur fait cheminer l'étudiant en le questionnant, suppose l'acquisition de nouvelles compétences. Le professeur Henk Schmidt, de

Maastricht (Pays-Bas), est engagé pour initier les enseignants à la méthode d'APP (chapitre 8). En 1986-87, la Faculté engage une consultante en éducation des adultes pour le programme de formation des tuteurs.

L'APP accorde une grande responsabilité à l'étudiant. Le professeur doit donc bien connaître les principes sur lesquels s'appuie l'acte d'apprendre. Il faut multiplier les ateliers d'introduction à la pédagogie des sciences de la santé. La majorité des professeurs de la Faculté et la presque totalité des futurs intervenants de la première année sont attirés par une profusion de programmes de formation pédagogique.

ENTREPRENDRE LA PLANIFICATION DE L'IMPLANTATION

En juin 1986, la préparation des unités d'APP de la première année démarre. L'implantation du nouveau programme repose dorénavant sur le travail du corps professoral. Formés de spécialistes du contenu, tant cliniciens que fondamentalistes, aidés par un enseignant de médecine familiale et, le plus souvent, par un des promoteurs du projet, les «comités d'unité» se mettent en marche.

Dans le but d'accroître la visibilité du projet de réforme et de motiver chaque groupe d'enseignants à y contribuer, la Faculté décide de procéder à des «lancements» pour mettre en marche les comités d'unité. C'est ainsi que ces comités sont conviés, douze à quinze mois avant le trimestre qu'ils ont à révolutionner, à une rencontre à la fois informative et sociale où sont expliqués le mandat et les étapes de construction de l'unité.

Trois lancements ont lieu au cours de 1986-87. Chaque fois, le doyen invite les enseignants à développer un programme de grande qualité. Une démarche en douze étapes leur est alors proposée (Annexe 1). On peut faire l'économie de trois étapes si les problèmes d'une unité sont déjà construits (chapitre 2).

Les comités ne travaillent pas en vase clos. Après le lancement, ils sont invités à participer à un atelier d'un jour sur la construction de problèmes. Leur production est suivie de près par un Comité de validation. Ensuite le Comité de coordination du programme en vérifie non seulement le contenu, mais la structure et la cohérence par rapport à l'APP et aux principes philosophiques de la réforme. Chaque responsable d'unité doit justifier ses choix, expliquer sa séquence de problèmes et apporter les modifications qui s'imposent. Cette façon de travailler sera privilégiée tout au long de l'implantation de la réforme.

Les locaux - Quatre amphithéâtres construits au début des années soixante sont, 25 ans plus tard, rendus désuets par l'introduction de l'APP. On a besoin de locaux plus petits, au moins douze salles pour la première année d'application du nouveau programme, et deux ou trois fois plus les années subséquentes. Nous réussissons à réserver les locaux nécessaires pour le travail des étudiants en petits groupes, du moins pour la première année.

L'évaluation des étudiants - Avec l'apprentissage par problèmes, il est impératif de modifier la façon d'évaluer les étudiants, jusque-là centrée uniquement sur la mémoire. On demande l'aide de Nu Viet Vu, qui travaille à la *Southern Illinois University* avec Howard

Barrows, l'un des pionniers de l'APP. C'est ainsi qu'un comité d'évaluation identifie, en janvier 1987, les intentions de l'évaluation et les conditions de sa mise en oeuvre (chapitre 5). Mais les enseignants se sentent démunis face à l'évaluation. Comment assurer une cohérence entre la méthode d'apprentissage et son évaluation? Comment utiliser des techniques valides et fiables, qui tiennent compte de la difficulté des enseignants à produire des outils d'évaluation?

D'emblée, deux points paraissent évidents. Premièrement, le tuteur peut sûrement porter un jugement sur la démarche de l'étudiant, sur sa capacité d'analyser les problèmes et de communiquer avec ses pairs. D'où la décision d'accorder une pondération suffisante à l'évaluation de l'étudiant par les tuteurs. Deuxièmement, il serait logique que l'évaluation porte sur la capacité de l'étudiant à analyser des problèmes comme on le fait en tutorial*. D'où la nécessité de transformer les questions à réponses ouvertes et courtes en «questions d'analyse de problèmes», les QAP.

Il aura fallu seize mois pour planifier de façon suffisamment précise la réforme du programme au point de pouvoir procéder à l'implantation de la première année. Tout est à faire en même temps : préparer le terrain pour la maison, la formation pédagogique des professeurs; préciser les plans de l'ouvrage, choisir les matériaux, construire les problèmes, rencontrer les membres de la famille, les professeurs, pour leur démontrer qu'ils trouveraient profit à cette rénovation. Toute cette démarche est basée sur la participation du plus grand nombre possible de professeurs.

ÉTAPE 4 : ADOPTER LA SOLUTION
En Amérique du Nord, les programmes d'études ne dépendent pas directement des ministères de l'éducation nationale, ni des grandes associations disciplinaires, comme c'est souvent le cas dans certains pays d'Europe. Au Québec, c'est l'université qui répond elle-même de la qualité de ses programmes devant le ministère de l'Enseignement supérieur et de la Science, les organismes d'agrément des corporations professionnelles et le grand public. L'université détermine les contenus des programmes et les modalités d'évaluation; elle admet les étudiants et leur décerne les grades et les diplômes; elle approuve officiellement les programmes et veille au maintien de leur qualité. Avant d'être implanté, notre nouveau programme doit être lui aussi approuvé par les autorités de l'Université de Sherbrooke.

---

* L'emploi de l'adjectif «tutorial» est rare. Voir la définition qu'en donne Littré (*Dictionnaire de la langue française*, édition intégrale, tome 7, Paris, Gallimard Hachette). Le mot est ici utilisé comme substantif dans un sens emprunté à son équivalent anglais. Voir *Webster's Third New International Dictionary*, Springfield, Mass., Merriam-Webster Inc., 1986 : «Tutorial : n. a class or seminar that is conducted by a tutor for a single student or a small number of students and that consists mainly of discussion or individual instruction.» Ici, le substantif «tutorial» est utilisé dans le sens suivant : «Discussion structurée d'un problème par un petit groupe de cinq à douze étudiants et d'un enseignant, appelé tuteur, dans le but de l'analyser ou de le résoudre en faisant appel aux connaissances antérieures et en identifiant des objectifs d'étude.»

FAIRE LA RONDE DES DÉCISIONS OFFICIELLES

Le doyen mène la ronde des différentes instances universitaires où le projet doit être présenté pour acceptation officielle.

Le Conseil de la Faculté de médecine, composé de représentants des étudiants, du corps professoral, de la direction de la Faculté et des hôpitaux affiliés, avise le doyen dans l'administration des affaires de la Faculté. Les directeurs de département n'en font pas partie d'office. Voilà pourquoi la Faculté instituera une Assemblée des directeurs de département et de service (ADDS), organisme non officiel ayant un simple rôle consultatif auprès du doyen mais qui, à toutes fins utiles, détient une bonne partie du pouvoir. En janvier 1987, le Cabinet du doyen accepte officiellement le projet du nouveau programme en vue de sa présentation à l'ADDS.

Lors de cette réunion, les directeurs expriment leurs inquiétudes sur ce nouveau système qui risque d'hypothéquer le temps des professeurs, de nuire aux programmes de formation postdoctorale, de compromettre la recherche et même d'entraîner une forte diminution de la pratique clinique et, conséquemment, des revenus de la Société des médecins. Mais en fin de compte, le nouveau proramme est accepté.

Quelques semaines après, l'Assemblée facultaire, qui regroupe l'ensemble des professeurs cliniciens et fondamentalistes**, à temps plein et à temps partiel, se réunit. On y sent moins d'intérêt. Plusieurs sont absents ou expriment encore leur résistance, mais somme toute, le milieu accepte de passer à l'action.

Au Conseil de la Faculté, les membres se préoccupent moins des ressources que de l'évaluation de l'apprentissage des étudiants et de leurs problèmes d'adaptation. Les représentants étudiants craignent que leurs collègues fassent les frais de l'expérimentation du programme. Finalement, on accepte le changement, à condition qu'on fasse rapport des diverses étapes d'implantation. Le projet est adopté pour être ensuite soumis au Conseil universitaire.

Ce conseil guide les administrateurs de l'Université en matière de programmes d'études. S'il juge que le projet correspond à une modification *majeure* du programme, il faudra non seulement le soumettre aux instances universitaires locales, mais aussi au Conseil des universités du Québec. Or, notre vice-recteur à l'enseignement estime qu'il s'agit d'une modification *mineure*, le contenu du programme d'études prédoctorales n'étant pas substantiellement modifié, ni sa durée, ni ses méthodes d'évaluation, qui conservent la promotion par année et la notation en usage. Une telle décision nous facilite la vie, mais soupçonne-t-on à quel point le programme va modifier la manière d'apprendre et la façon d'enseigner?

Il reste une dernière instance à convaincre, le Conseil d'administration de l'Université. Un document complémentaire, élaboré d'urgence, lui prouve que l'implantation du nouveau programme n'exigera pas de nouvelles ressources financières pendant une

---

**Enseignants en sciences «fondamentales».

période de deux ans, exigence de dernière heure du rectorat. Le Conseil d'administration donne le feu vert.

Nous sommes en avril 1987. Une première cohorte de cent étudiants accepte l'offre de s'inscrire au nouveau programme pour le 1er septembre. Il faut maintenant repenser toutes les composantes de l'ancien système. Les vieux meubles ne conviennent plus.

IMPLANTER LA SOLUTION

Dans le Document n° 1 sur le projet de réforme[12], nous avons évalué les ressources en temps professoral exigées par le système d'APP et par l'enseignement magistral. En comparant les deux, on observe que l'apprentissage par problèmes pourrait exiger plus de temps professoral. Les leçons magistrales de l'ancien programme ne requièrent que 1 645 heures/enseignants; mais comme on accorde à l'enseignant, pour chaque heure de leçon, deux heures de préparation, il faut en fait près de 5 000 heures/enseignants pour transmettre la matière par leçons magistrales. En comparaison, une fois les problèmes d'APP mis au point, les tutoriaux devraient demander peu de temps de préparation. Il faut donc mettre 3 120 heures en regard de 5 000, soit une diminution hypothétique d'environ 40 % (ce calcul tient pour acquis que les autres activités demeurent les mêmes). En réalité, chaque tutorial prendra trois heures au lieu des deux calculées. Très tôt, nous réaliserons aussi qu'il faut diminuer le nombre d'étudiants par groupe, de dix à huit, ce qui exigera plus de tuteurs.

Au début, le recrutement des tuteurs se fait de manière individuelle afin d'attirer les enseignants susceptibles de faciliter l'implantation de l'APP. Les enseignants des sciences fondamentales se retrouvent presque tous à l'unité de biologie médicale, seulement 35 % d'entre eux participent aux autres unités. Très tôt, l'ADDS réagit à ce mode de recrutement. Il nous faut trouver une meilleure politique de nomination des tuteurs.

En mai 1989, l'ADDS acceptera la liste des tuteurs de la prochaine année, établie par les responsables du programme, à condition qu'elle soit d'abord proposée aux directeurs des départements et des services. Ceux-ci auront la possibilité de suggérer d'autres tuteurs ou d'en déplacer certains vers d'autres unités. De cette manière, tous pourront participer aux enseignements prédoctoraux et bénéficier des «unités de reconnaissance des activités universitaires qui y sont rattachées» (chapitre 10).

À la rentrée 1987, les cent étudiants de la première cohorte sont présents. Ils deviendront vite l'un des atouts les plus précieux du changement de programme. Les installations physiques du Centre hospitalier universitaire de Sherbrooke, où loge la Faculté de médecine, facilitent les contacts. Le corridor du 2e étage réunit au même niveau les services cliniques et les bureaux administratifs de la Faculté. C'est un lieu privilégié pour prendre le pouls de la réforme, comme le Salon des professeurs!

L'implantation de l'unité de biologie médicale représente le plus grand défi de cette opération. Plusieurs enseignants de sciences fondamentales ne sont pas du tout convaincus du bien-fondé de la méthode d'APP. Ils ont accepté à contrecoeur d'assumer le rôle de tuteur.

La matière enseignée dans l'unité n'est pas intégrée et ne semble pas liée aux réalités cliniques. Traverserons-nous cette étape? Certains disent aux étudiants «qu'ils n'apprennent rien avec cette méthode d'APP». Par contre, d'autres s'émerveillent : «Ils sont incroyables, ces étudiants. Auparavant, je leur enseignais pendant quinze heures; ils ne posaient que des questions banales. Cette fois, je n'ai construit qu'un seul problème. Je les ai vus balbutier au premier tutorial, puis partir étudier pendant deux jours. Lorsqu'ils sont revenus, quelles questions intelligentes ils ont soulevées! Ils avaient plus appris qu'en 15 heures de leçons magistrales!» Puissance d'une méthode pédagogique qui permet aux étudiants d'apprendre la matière et d'en discuter intelligemment.

Le premier trimestre est difficile. Les étudiants se démoralisent en se faisant constamment dire : «Il vous faut apprendre en dix semaines ce que les étudiants des années précédentes apprenaient en un an!» La méthode d'APP est implantée, mais la construction du programme, surtout celle des problèmes, laisse à désirer (chapitre 11).

Expérimenter l'APP

Tout au long de cette période d'implantation, un même phénomène se vérifie constamment: Les enseignants ne perçoivent vraiment la puissance de l'APP, l'autonomie que cette méthode procure à l'étudiant, l'équilibre émotif qui leur sera nécessaire, que le jour où eux-mêmes deviennent tuteurs. En dépit des ateliers d'initiation, de la formation des tuteurs, des témoignages de leurs collègues, seule l'expérimentation de l'APP peut convaincre les enseignants de faire confiance à cette méthode.

Qu'on le veuille ou non, les premiers étudiants tirent avantage à expérimenter le programme puisque souvent ils servent d'instructeurs aux professeurs dans les ateliers de formation pédagogique. Ce sont aussi les étudiants qui, par leurs réactions, leurs commentaires, leurs exigences et leurs critiques, vont modeler le comportement des tuteurs et permettre l'assimilation du nouveau système de formation. Cette interaction illustre pourquoi certains promoteurs du changement de cursus proposent une stratégie qui fait appel à des filières parallèles[13]; ils comptent sur les étudiants pour entraîner le corps enseignant.

Plusieurs professeurs, en particulier ceux qui se sentent davantage responsables de la transmission des contenus, attendent d'observer par eux-mêmes comment les étudiants apprendront «leur matière» avant d'adopter le programme. C'est ainsi qu'environ 80 % d'entre eux vont, au moment de l'enseignement de leur unité, adopter le nouveau programme et même parfois en devenir les promoteurs. Il aura donc fallu parcourir une séquence complète de quatorze unités avant que l'implantation, première édition, permette à la majorité des professeurs de se situer face à l'APP.

L'implantation de l'unité des problèmes multidisciplinaires au cours de la 3e année (unité 14) sera très révélatrice à cet égard. S'il est vrai que l'APP favorise le développement, dans la tête de l'étudiant, d'un «logiciel» complexe de connaissances lui permettant d'analyser des problèmes cliniques et stimulant l'acquisition de comportements autonomes,

Photo de classe
1er septembre 1987, le nouveau programme débute. La première cohorte, le cabinet du doyen Pigeon et la direction du programme reprennent la tradition de la photo de classe.

les étudiants devraient être capables, au terme d'une phase préclinique d'APP, de discuter intelligemment de problèmes multidisciplinaires complexes, comme lors des conférences de confrontation anatomo-pathologique. L'unité 14 en fera la preuve. Les étudiants épatent les professeurs par leur analyse structurée de conditions pathologiques difficiles.

SUIVRE L'IMPLANTATION

Une fois implantée, une réforme majeure est loin d'être acquise, car dès le début de son application, la régression vers l'enseignement traditionnel et l'érosion du nouveau système commencent. L'énergie de la mise en chantier a été consumée et on doit lui trouver un substitut. Cette évolution se reflétera dans l'évaluation du programme (chapitre 11) et dans les interrogations des promoteurs de la réforme (chapitre 13).

LE POINT TOURNANT

De septembre 1987 à juin 1990, l'expérimentation de l'APP, quatrième étape de la planification stratégique d'un changement éducatif majeur, aura exigé la participation d'un grand nombre d'enseignants, à titre de constructeurs d'unités ou de tuteurs. Le point tournant de la réussite a été l'expérimentation de la méthode d'APP elle-même.

On peut rassembler dans le tableau qui suit les actions collectives qui, de 1983 à 1990, ont permis à notre milieu de franchir les différentes étapes menant à un changement éducatif majeur. Le présent chapitre couvre surtout les trois premières étapes. Les prochains rendront compte plus spécifiquement des actions menées à compter de 1987.

LES ÉTAPES D'UNE PLANIFICATION STRATÉGIQUE DE CHANGEMENT

I. PERCEVOIR LE BESOIN	ACTIONS 1983-1985
* Procéder au diagnostic * Entreprendre une démarche * Valider l'orientation	– Réviser les buts de la Faculté – Identifier la «curriculopathie» – Diffuser l'énoncé politique du doyen – Produire des rapports sur la réforme – Inviter des consultants externes – Diffuser le *GPEP Report*
II. CHERCHER ET CHOISIR LA SOLUTION	ACTIONS 1985-1986
* Chercher une solution * Choisir la solution et la développer	– Engager un chef de chantier – Constituer un noyau d'innovateurs – Planifier un système de reconnaissance – Décider des buts et du modèle de la réforme – Mettre sur pied un Comité du canevas
III. PLANIFIER L'IMPLANTATION DE LA SOLUTION	ACTIONS 1986-1987
* Spécifier la solution * Promouvoir l'acceptation de la réforme * Entreprendre la planification de l'implantation	– Préciser les plans des unités d'APP – Affirmer sa volonté politique – Rencontrer les départements et les services – Former les tuteurs d'APP – Construire les unités d'APP et l'évaluation des apprentissages
IV. ADOPTER LA SOLUTION	ACTIONS 1987-1990
* Faire la ronde des décisions officielles * Implanter la solution * Suivre l'implantation	– Proposer l'adoption par les comités facultaires et la direction de l'Université – Engager les tuteurs d'APP – Mettre en marche le programme le 1er septembre 1987 – Expérimenter l'APP – Prévoir les objets à évaluer

CONCLUSION

En suivant le déroulement d'un changement éducatif majeur, le lecteur pourrait penser que les étapes ont été franchies de façon séquentielle. Malgré les apparences et en dépit du caractère planifié de notre démarche, les étapes se sont chevauchées. Ainsi, la construction des unités de la première année débutera en même temps que va se poursuivre l'explication de la proposition de changement et se préciser le contenu de l'ensemble du programme. Les innovateurs précoces ne craignent pas de se mettre à la tâche. On peut donc concevoir le processus de changement mis en place comme une série de boucles se chevauchant les unes les autres. L'échéancier aura contraint à tout faire en même temps. Une réforme d'un programme d'études prédoctorales est un événement périlleux[14].

Toutefois, trois événements majeurs viendront confirmer la viabilité et la vitalité de la réforme pédagogique. Au printemps 1989, pour la première fois de leur histoire, le Comité d'agrément des facultés de médecine canadiennes et le *Liaison Committee on Medical Education* attribuent conjointement à notre programme un agrément complet de sept ans sans condition, même s'il inclut l'implantation de l'APP. L'Université de Sherbrooke et sa Faculté de médecine, qui attire 45 % des fonds de recherche de l'établissement, voient leur performance en recherche progresser davantage que celle de toutes les autres universités canadiennes au cours de la période 1982-89, rapporte *Science Watch*[15]. En septembre 1990, les étudiants qui choisissent Sherbrooke pour y entreprendre leur programme de formation prédoctorale se classent parmi les meilleurs jamais recrutés.

RÉFÉRENCES

1. Bennis, W. G., K. D. Benne et R. Chin. *The Planning of Change*, Winston, Holt, Renehart, 1985.

2. Havelock, R. *The Change Agent's Guide to Innovation in Education*, Englewood Cliffs, New Jersey, Educational Technology Pub., 1973.

3. Des Marchais, J. E. «Integrated Curriculum Model for a Residency Program», *The Canadian Journal of Surgery*, vol. 24, 1981, p. 46-49.

4. Des Marchais, J. E. «Essai précoce d'une profession : stage d'immersion clinique en cours d'études médicales», *Revue d'éducation médicale*, vol. 5, n° 9, 1982, p. 23-31.

5. Des Marchais, J. E., P. Jean et P. Delorme. «Basic Training Program in Medical Pedagogy : a 1 year program for medical faculty», *Canadian Medical Association Journal*, vol. 142, 1990, p. 734-740.

6. Levine, A. *Why Innovation Fails*, Albany, State University of New York Press, 1980.

7. Collerette, P. et G. Delisle. *Le changement planifié*, Montréal, Éd. Agence d'Arc, 1984.

8. Bussigel, M. N., B. M. Barzansky et G. G. Grenholm. «Case Western Reserve University School of Medicine», in *Innovation Processes in Medical Education*, New York, Praeger, 1988.

9. Association of American Medical Colleges. *Physicians for the Twenty-First Century. The GPEP Report, Report of the Panel on the General Professional Education of the Physician and College Preparation for Medicine*, Washington, 1984.

10. Guilbert, J. J. «Les maladies du curriculum», *Revue française d'éducation médicale*, vol. 4, n° 6 1981, p. 13-16.

11. Abrahamson, S. «Diseases of the Curriculum», *Journal of Medical Education*, vol. 53, 1978, p. 951-957.

12. Faculté de médecine, Université de Sherbrooke. *Document n° 1 : Le programme des études médicales prédoctorales*, janvier 1987.

13. Kantrowitz, M., A. Kaufman, S. Mennin, T. Fülop et J. J. Guilbert. *Innovative Tracks at Established Institutions for the Education of Health Personnel*, Genève, Publications de l'Organisation mondiale de la santé, n° 101, 1987.

14. Barrows, H. S. et M. J. Peters. *How to Begin Reforming the Medical Curriculum*, Springfield, Southern Illinois University School of Medicine, 1984.

15. *Science Watch*, vol. 7, juin 1990.

ANNEXE 1

Étapes de réalisation du mandat d'un comité d'unité lors de la période initiale d'implantation du nouveau programme

1. Identifier le *contenu* (la matière, le «domaine à couvrir») de l'unité. Cet exercice peut prendre la forme d'une table ou d'une grille de contenu de quelques pages; il s'agit de mettre l'accent sur les principes et les mécanismes à maîtriser plutôt que sur les seuls faits à mémoriser en s'assurant que les sciences fondamentales sont intégrées aux problèmes cliniques.

   À la phase préclinique, l'accent porte sur les mécanismes, les concepts qui expliquent les symptômes, les signes, l'évolution et la conduite et non sur la liste de symptômes, de signes, d'investigations et de prescriptions à mémoriser.

   La notion de spirale propose des apprentissages continus tout au long des quatre années du programme. Plus question de vouloir tout enseigner lors des deux premières années.

2. Vérifier la *pertinence* du contenu soit avec l'aide d'un médecin d'une autre discipline, soit grâce à l'appréciation de praticiens de milieux non universitaires. Il s'agit de faire en sorte que des problèmes cliniques touchant tous les âges de la vie d'une personne soient adéquatement représentés. Il faut en outre favoriser l'intégration des aspects préventifs et psycho-sociaux et ajouter une portée humaniste aux problèmes choisis.

3. Transformer la table de contenus en concepts et en mécanismes que l'étudiant doit acquérir. Ainsi la liste des concepts peut être élaborée.

4. Lire le dossier intitulé *Critères de choix pour l'identification des problèmes pour l'apprentissage par problèmes*, comprenant deux articles de psychologie cognitive et deux articles de santé communautaire.

5. Développer une série de *problèmes* dont l'analyse permettra à un groupe d'étudiants d'acquérir les concepts proposés.

6. Préciser la *séquence* des problèmes en justifiant un cheminement logique de l'acquisition des connaissances et de la maîtrise des concepts et en tenant compte du fait qu'une nouvelle connaissance doit se greffer sur une matière déjà connue et permettre d'établir de nouveaux liens entre les connaissances.

7. Identifier la liste de concepts qui ne seraient pas couverts par les problèmes d'APP et développer des *activités d'apprentissage (en particulier d'autoapprentissage)* pour permettre l'acquisition de ces concepts.

8. Planifier des activités d'*évaluation formative* tout au long de l'unité.

9. Planifier un programme d'activités pour stimuler la motivation des étudiants dans leur démarche d'apprentissage.

10. Compléter le *Cahier de l'unité* qui décrit la liste des problèmes, le matériel de soutien, la séquence des problèmes, les activités d'autoapprentissage, les volumes de références, les autres ressources, les évaluations formatives, le calendrier hebdomadaire de l'ensemble des activités et les modalités de l'évaluation finale. (Le *Cahier du tuteur* comprend de plus la liste des concepts et les listes de mécanismes qui doivent être maîtrisés.)

11. Préparer l'*examen final* pour mesurer la maîtrise des concepts, l'acquisition d'une banque de connaissances, la capacité d'appliquer les notions apprises à l'analyse et à la solution des problèmes de l'unité.

12. Identifier les problèmes qui devraient être abordés lors de l'unité d'*intégration* de problèmes multidisciplinaires.

DEUXIÈME PARTIE

LE CONTENU DE LA RÉFORME

CHAPITRE 2

LE PROGRAMME DE FORMATION PRÉCLINIQUE, SES ORIENTATIONS, SES ACTIVITÉS, SON ADMINISTRATION

Bertrand Dumais, Jean-Pierre Bernier
et Jacques E. Des Marchais

*«L'éducation est ce qui survit
lorsque ce qui a été appris
a été oublié.»*

B.F. Skinner

Au début des années 80, la Faculté sent le besoin d'opérer des changements majeurs dans son cursus prédoctoral. On veut adapter le programme de formation aux nouvelles tendances de l'éducation médicale et aux transformations de la société québécoise. Cette cure de rajeunissement pourrait respecter le plan d'ensemble de l'ancien cursus tout en introduisant d'importantes modifications dans la séquence des différentes composantes; c'est la solution retenue pour la refonte de l'externat (chapitre 7). Quant à la réforme de la formation préclinique, les responsables du programme adoptent l'approche qui consiste à faire table rase de l'ancien édifice pour en bâtir un nouveau. L'approche est radicale et sans compromis.

Lorsqu'on choisit de se construire soi-même une nouvelle maison, ce qui est le cas de la réforme de la formation préclinique, de nombreux processus parallèles doivent se mettre en branle. Le premier consiste en une démarche d'autoévaluation. Y a-t-il moyen de faire mieux avec les ressources dont nous disposons en comparaison des standards de l'éducation médicale? Pouvons-nous faire mieux compte tenu des talents dont dispose la communauté universitaire et de la collaboration possible de compétences extérieures sympathiques à nos préoccupations? Quels buts fixer pour assurer le succès de notre entreprise? Nous estimons que notre projet de changement de programme de formation doit donner à l'ensemble de l'édifice un sur-croît de validité, c'est-à-dire que nos étudiants doivent être formés dans des contextes et selon des principes présentant des traits qui s'apparentent à la pratique médicale future.

L'étape suivante consiste à s'asseoir devant la table à dessin pour élaborer une maquette. Cette approche systématique implique de déterminer des buts, puis des orientations qui deviennent des objectifs généraux à atteindre; il faut ensuite élaborer des méthodes pédagogiques et agencer une séquence d'activités spécifiques qui se succéderont selon un calendrier précis; les activités seront orchestrées de façon cohérente grâce à une structure administrative adaptée.

LES BUTS DU PROGRAMME

Former un médecin compétent est forcément le but ultime de tout programme d'enseignement en médecine. À la Faculté de l'Université de Sherbrooke, nous voulons qu'à la fin de sa formation, en plus des compétences de diagnostic et de traitement des malades, notre diplômé se distingue par trois grandes qualités : la maîtrise de l'autoformation, la préoccupation réelle des problèmes de santé de la communauté québécoise et la manifestation constante de comportements humanistes dans sa vie professionnelle. Cette triade devient donc le point d'ancrage du nouveau programme[1]. Au cours des années d'implantation de la réforme, elle servira de guide aux décisions de la Faculté.

La maîtrise de l'autonomie de l'apprentissage

Dans une société en constante évolution, surtout dans un domaine scientifique où les connaissances et les techniques progressent et se renouvellent à un rythme accéléré, la capacité de «s'autoformer» nous apparaît comme un facteur déterminant de l'adaptation à l'environnement. Cette forme d'autonomie s'acquiert graduellement selon une démarche personnelle, volontaire, consciente. En éducation, on peut considérer «l'autoformation», le *self-directed learning* des Anglo-Saxons, selon deux perspectives complémentaires : les buts et les processus de l'apprentissage. Pour nous, le plus important, c'est que «l'autoformation» soit inscrite parmi les buts de la formation médicale, non seulement prédoctorale, mais surtout postdoctorale, que ce soit en médecine familiale ou en médecine spécialisée. Par conséquent, au terme de sa formation, le médecin autonome devrait manifester un ensemble d'attitudes propices à «l'autoformation» (Tableau 1).

Tableau 1
ATTITUDES PROPICES À L'AUTOFORMATION

RESPONSABILITÉ : la conscience de la nécessité de prendre les moyens de développer et de maintenir sa compétence.

OUVERTURE : la disponibilité à saisir les occasions d'apprendre.

MOTIVATION : le désir d'identifier ses besoins et d'élaborer des stratégies pour y répondre.

ORGANISATION : la priorité accordée à l'apprentissage dans la gestion harmonieuse de son temps.

DISCIPLINE : la volonté de développer des habiletés d'autoévaluation et d'autoapprentissage.

CONFIANCE : l'assurance dans sa capacité d'apprendre de façon efficace.

Ces attitudes se révèlent par une gamme d'habiletés spécifiques[2] (Tableau 2).

Ainsi comprise, l'autoformation ne devrait-elle pas faire partie des objectifs caractérisques de tout système éducatif, puisqu'un professionel se définit par sa capacité d'autonomie dans l'action? Beaucoup d'étudiants qui s'apprêtent à commencer leurs études médicales ont dû déjà entreprendre une démarche d'autodétermination, souvent plusieurs années avant l'entrée en faculté pour se qualifier à l'admission, abandonnant d'autres choix de carrière; ils ont fait les efforts nécessaires pour y arriver.

Tableau 2
HABILETÉS SPÉCIFIQUES CARACTÉRISTIQUES DE L'AUTOFORMATION

Autoévaluation et identification de ses besoins.

Formulation précise de questions d'apprentissage.

Recherche et utilisation des ressources appropriées.

Choix d'activités éducatives pertinentes et efficaces.
Identification et rejet rapide du matériel non pertinent.
Application critique des acquisitions nouvelles aux problèmes cliniques.
Évaluation des étapes.

La préoccupation réelle pour les problèmes de santé de la communauté

Les futurs médecins sont formés dans les facultés de médecine et les centres hospitaliers universitaires (CHU) qui s'y rattachent, eux-mêmes situés, pour la plupart, dans les grands centres urbains. Les professeurs qui y enseignent sont presque tous des chercheurs en sciences fondamentales ou des cliniciens souvent ultraspécialisés. Les premiers sont préoccupés de faire progresser le savoir dans des domaines importants, mais souvent éloignés des problèmes de santé immédiats; les seconds traitent des patients souffrant de maladies souvent graves, rares et aux interrelations complexes, à l'aide d'une technologie diagnostique sophistiquée, coûteuse et peu répandue en dehors des centres hospitaliers «tertiaires» (soins ultra-spécialisés). Il est inéluctable que ces enseignants aient tendance à valoriser des sujets et des contextes répondant à leurs intérêts professionnels. Les diplômés risquent donc de terminer leur formation sans s'être familiarisés avec les environnements communautaires où ils sont appelés à exercer leur profession et sans connaître les nombreux problèmes auxquels ils feront face. Les professeurs de faculté, à l'exception des spécialistes en santé communautaire, ont aussi tendance à concentrer leurs efforts davantage sur la maladie que sur la santé, et à privilégier le modèle curatif aux dépens du modèle préventif.

Certains analystes de la formation constatent un écart progressif entre l'activité quotidienne des facultés-CHU et les problèmes de santé des communautés. Pour y remédier, il existe deux approches : doter les futurs médecins des connaissances et procédures dont ils ont besoin pour contribuer de façon efficace à la solution des problèmes de santé de leur communauté, ou prodiguer un enseignement médical, surtout clinique, «au sein de la communauté», le *community-based* des Anglo-Saxons. Cette dernière stratégie permet d'encoder dans le cerveau du médecin non seulement les connaissances pertinentes, mais les ressources matérielles et humaines disponibles.

Comme les deux approches ont du bon, nous n'avons pas hésité à enrichir notre réforme en nous inspirant de l'une et de l'autre. Notre souhait, c'est qu'une fois sa formation terminée, l'étudiant ait acquis les bases sur lesquelles s'appuyer pour devenir un *médecin* capable de contribuer activement à la *promotion de la santé*. En plus de faire preuve de compétence dans le traitement de ses patients, le diplômé doit se préoccuper de la préservation de leur santé et de la prévention de la maladie chez eux. Il doit participer, dans la mesure de ses compétences, à une certaine planification des services de santé. Il doit être en mesure de dispenser à ses patients et à leur famille un «enseignement» approprié. Il doit favoriser l'application de mesures de prévention. Cette éducation inclut la promotion de styles de vie sains, en particulier l'identification et le contrôle des facteurs de risque conformément aux données de l'épidémiologie scientifique.

Sans être un spécialiste, ni un chercheur en santé communautaire, le diplômé manifeste sa disponibilité à coopérer à l'identification des besoins de santé de la population qu'il dessert. Il est disposé à offrir sa collaboration responsable à la collecte des données nécessaires à la formulation de priorités. Il s'efforce de sensibiliser ses patients à l'importance de participer à des enquêtes portant soit sur l'épidémiologie, soit sur la fiabilité d'une technologie diagnostique ou d'un mode de traitement.

Il pratique une écoute active des perceptions et des motifs de mécontentement du public et des autres groupes d'intervenants de la santé au regard des pratiques de la profession médicale. Il développe des habiletés lui permettant de communiquer de façon harmonieuse avec les autres acteurs de la santé afin de leur faire partager la perspective scientifique d'une question médicale.

La préoccupation pour les problèmes de santé de la communauté ne saurait se traduire seulement par un souci vertueux ou passif des progrès réalisés dans les sciences de la santé communautaire ou la pratique de l'interdisciplinarité. Pour exercer un impact réel sur la pratique médicale, elle doit pouvoir se reconnaître à certaines qualités démontrées dans les activités quotidiennes du diplômé. Elle implique la prise en charge compétente du patient dans sa globalité, et se manifeste par la continuité des soins et des efforts de réadaptation.

Durant toute sa carrière, le médecin doit pourvoir au maintien de sa compétence. Sa pratique doit donc évoluer afin de répondre adéquatement aux nouvelles normes scientifiques. La mise à jour de ses connaissances lui permet de contribuer à la définition de nouveaux standards de pratique. Sa participation active à ce processus critique lui permet d'utiliser de manière plus judicieuse les ressources limitées du système de santé.

Enfin, mais dès le début, le diplômé prévoit définir un mode de pratique qui réponde aux conflits qui, sans nul doute, surgiront entre ses préférences ou intérêts personnels et les besoins, attentes et conditions socio-économiques de la région où il pratiquera. Cette attitude implique le respect des priorités des services de santé et l'adaptation stratégique à ces dernières, par exemple la participation au contrôle des coûts du système public de santé.

La manifestation constante de comportements humanistes

L'humanisme médical traduit cette orientation intérieure du médecin qui l'incite à placer la personne du patient au centre de ses préoccupations quotidiennes. Cette attitude s'exprime par le respect de la liberté, de la dignité, des valeurs et du système de croyances d'une personne. Cette conception de l'humanisme médical sera formulée dans les composantes et le cadre de référence (chapitre 6)[3]. L'expression, par l'étudiant en médecine et le médecin, de comportements humanistes fait référence à une série d'attitudes et d'habiletés résumées au Tableau 3.

L'INTÉGRITÉ INTELLECTUELLE ENVERS SOI-MÊME ET ENVERS LES AUTRES

Il s'agit, pour l'étudiant, d'un engagement personnel à faire preuve d'honnêteté et de rigueur dans sa démarche d'apprentissage, dans son analyse des problèmes, dans l'évaluation de ses connaissances, de ses habiletés et de ses capacités. L'étudiant se sent à l'aise de dire : «Je ne sais pas». Savoir reconnaître ses limites et recourir aux moyens de les compenser représentent les attributs fondamentaux de l'intégrité. L'intégrité intellectuelle possède une dimension morale essentielle et devrait pouvoir être identifiée et appréciée chez le candidat à la formation médicale. Il ne faut pas négliger non plus les dimensions psychologiques de «métacognition» et de motivation qui sont nécessaires à la maturation de ces capacités chez l'étudiant. L'acquisition de ces compétences peut certainement être mal orientée en raison d'activités intellectuelles de faible niveau taxonomique sur le plan cognitif et par trop d'insistance sur l'aspect compétitif du système d'évaluation des apprentissages.

Tableau 3
COMPORTEMENTS HUMANISTES

L'intégrité intellectuelle envers soi-même et envers les autres.
Le respect des valeurs de l'autre.

L'habileté à communiquer et à écouter.

Une façon empathique et judicieuse de répondre à
un problème ou à un besoin.

LE RESPECT DES VALEURS DE L'AUTRE

L'acceptation des choix de l'autre présuppose un intérêt à s'informer des types de valeurs que véhiculent différents groupes d'individus selon leur origine ethnique, leur lieu d'apprentissage, leur statut social, leur niveau d'éducation... Ces comportements et attitudes font appel à une certaine ouverture d'esprit et à une base d'information et de culture générale que l'on serait en droit de retrouver chez l'étudiant admis en faculté. Cette composante doit s'enrichir dans le contexte des études et de la pratique médicale. Les activités du programme doivent y contribuer en fournissant à l'étudiant un terrain fertile et des mises en situation convaincantes. Il faut être d'autant plus vigilant que la profession en général, y compris les professeurs des facultés, tire une partie de son efficacité du souci constant qu'elle a de distinguer de façon précise le normal et le pathologique. Il y a risque que l'application d'une telle approche dualiste, appliquée au domaine socioculturel et moral, ne donne rien de bon et n'entraîne un certain conservatisme des idées et une attitude normative.

L'HABILETÉ À ÉCOUTER ET À COMMUNIQUER

La pratique médicale requiert une habileté fondamentale : être capable de mener avec authenticité une entrevue. Il s'agit en fait d'être en mesure de recueillir l'information et les données nécessaires au diagnostic d'un problème et d'y trouver un remède (chapitre 4).

La communication ne se résume pas à un questionnaire. Non seulement l'étudiant questionne, mais il écoute activement et réagit humainement. Son approche doit être globale : pour lui, la personne malade doit être aussi importante que la maladie dont elle souffre. Cette maîtrise de la communication doit également s'appliquer aux familles des patients, aux collègues, aux enseignants et aux autres professionnels de la santé.

UNE FAÇON EMPATHIQUE ET JUDICIEUSE DE RÉPONDRE À UN PROBLÈME OU À UN BESOIN

L'empathie se définit comme la faculté de s'identifier à quelqu'un d'autre que soi-même, de percevoir ce qu'il ressent et de se mettre à sa place avec son intelligence et sa sensibilité.

L'acquisition d'un tel comportement professionnel ne résulte pas uniquement de la maturation spontanée de qualités innées. Elle exige de l'étudiant d'acquérir les connaissances et le savoir-faire qui lui permettront d'identifier les besoins du patient et de répondre de manière appropriée à son problème. Elle requiert une démarche active, consciente et responsable.

Voilà les trois grandes qualités qui devraient caractériser le médecin formé à l'Université de Sherbrooke. Quel type de programme peut le mieux favoriser l'acquisition de ces qualités particulières, tout en assurant la maîtrise de la science médicale? C'est à cette question qu'il convient maintenant de répondre en exposant les modes d'apprentissage choisis et en décrivant les trois orientations majeures qui vont guider l'élaboration du nouveau programme.

LES ORIENTATIONS DISTINCTIVES DU PROGRAMME

En 1986, une fois établi le consensus sur les grandes qualités du futur médecin, les enseignants de notre faculté poursuivent leur réflexion afin de préciser les principes architecturaux qui devraient présider à la planification et à la construction de la nouvelle maison, le programme d'études prédoctorales. Cet exercice aboutit à la formulation de trois orientations distinctives. Le programme sera centré sur l'étudiant, axé sur la communauté, et prônera une médecine consacrée aux patients. Ces balises guideront la planification, la réalisation et l'évaluation interne des activités du nouveau programme.

Un programme centré sur l'étudiant

À l'intérieur d'un cursus conventionnel, l'étudiant est en général confiné à un rôle passif. L'enseignant, au fil de leçons magistrales, choisit les objectifs d'apprentissage, pose les questions et y répond. L'étudiant transcrit la leçon ou la suit mot à mot dans un volumineux syllabus qui rend pratiquement inutile la consultation d'ouvrages de référence. Ces notes de cours tiennent lieu d'objectifs d'étude et leur mémorisation assure la réussite des examens. La journée est occupée par les cours, et la soirée par la récapitulation de leur contenu.

Dans le but d'offrir un programme centré sur l'étudiant, nous optons pour la méthode d'*apprentissage par problèmes* (APP)[4]. Cette méthode, enseignée aux étudiants dès la première semaine, s'applique immédiatement. Son utilisation se poursuit tout au long des deux années et demie de la formation préclinique, selon deux modalités différentes d'application. En première et deuxième année, l'APP est centré sur l'analyse. Durant le premier trimestre de la troisième année, on introduit l'apprentissage à la résolution de problème (ARP). Ces deux méthodes, décrites plus loin, sont analysées aux chapitres 3 et 13. La réforme de la phase clinique, s'inspirant des mêmes principes, entraînera la conception d'une troisième application de l'APP qu'on appellera l'ARC, l'apprentissage au raisonnement clinique (chapitre 7).

À cause du rôle majeur attribué à l'APP durant la formation préclinique, les mots clés de cette période deviennent : analyse et résolution de problèmes, travail en petit groupe guidé par un enseignant-tuteur, autoapprentissage, autoévaluation des connaissances et habiletés. La méthode place l'étudiant face «au problème» . Ce dernier analyse, se pose des questions, prend conscience de ce qu'il connaît déjà et de ce qu'il doit chercher à connaître. Il va ensuite consulter les livres de référence pour y trouver réponses à des questions précises. Le rôle premier de l'enseignant ne consiste plus à transmettre des connaissances, mais plutôt à guider les processus d'apprentissage, d'analyse et de résolution de problème. Avec un programme d'APP, l'étudiant est actif. Il raisonne à voix haute, il analyse et fait appel à des concepts pour expliquer des situations cliniques. Il est guidé par une séquence de problèmes didactiques regroupés en unités. Un tel système doit lui permettre d'acquérir les bases de l'autonomie d'apprentissage.

Un programme axé sur la communauté

La pédagogie médicale propose différents modèles de programmes axés sur la communauté[5, 6]. Celui que nous avons choisi s'adapte à une faculté de médecine oeuvrant dans la société industrialisée de l'Amérique du Nord. Il comporte donc des caractéristiques particulières. Cette médecine se distingue par sa facilité d'accès et sa haute technologie. La mortalité infantile est considérablement réduite. L'espérance de vie se situe à 84 ans pour les femmes et 76 ans pour les hommes. Les médecins sont devenus relativement dépendants d'une technologie sophistiquée, facteur important de l'accroissement inquiétant du coût des soins de santé. Par ailleurs, les gestionnaires du système de santé désirent réaliser une distribution régionale plus équilibrée des ressources médicales. Très influencés par les approches en santé communautaire, ils souhaitent un meilleur partage des ressources limitées du système public. Ils estiment que l'on devrait allouer davantage de ressources à la préservation de la santé, à la prévention de la maladie et à la promotion de la qualité de vie. Afin de ralentir l'escalade des coûts de la santé, on devrait réduire proportionnellement les ressources investies dans les développements technologiques et, de façon générale, dans la médecine dite curative.

Avoir choisi d'axer notre nouveau programme sur la communauté nous a conduits à développer des activités éducatives qui ont une orientation communautaire, ou se déroulent directement en milieu communautaire.

Dans les activités éducatives à orientation communautaire, les problèmes choisis pour l'APP doivent correspondre aux besoins identifiés comme prioritaires au sein de la communauté. L'étudiant doit participer à des activités éducatives dans le but de s'initier aux problèmes de la santé communautaire et de s'habituer à promouvoir la santé et la prévention de la maladie. À l'occasion d'activités spécifiques d'interdisciplinarité, il développe des attitudes et des habitudes à collaborer efficacement avec les autres professionnels de la santé.

Dès le début de sa formation et à chaque année par la suite, l'étudiant travaille en milieu communautaire en profitant de stages dans les centres de santé et dans les hôpitaux non spécialisés disséminés sur tout le territoire du Québec. Ces régions sont forcément moins bien pourvues en effectifs médicaux et en ressources de technologie médicale de pointe.

Un programme pour une médecine au service du patient

Nous voulons qu'en plus de ses composantes cognitives biomédicales et psychomotrices traditionnelles, la compétence clinique exprime un savoir et des approches relationnelles empreints de l'humanisme appliqué à la médecine. L'objectif demeure de former un «bon docteur», mais sa base de connaissances et son répertoire d'interventions doivent s'ouvrir à une définition enrichie de la relation humaine. Pour nous, les composantes d'une formation aidant à susciter les comportements d'un «bon docteur» comprennent les éléments suivants.

Premièrement, savoir communiquer avec les patients et leur famille, les collègues, les enseignants et les autres professionnels de la santé. Deuxièmement, faire de l'honnêteté envers soi-même et de l'intégrité intellectuelle dans toute activité des règles de conduite, comme étudiant et, plus tard, comme professionnel. La pratique précoce et continue de l'APP, les activités de travail en petit groupe, l'autoapprentissage et l'autoévaluation formative de l'étudiant constituent des terrains d'exercice fertiles au développement de ces attitudes. Troisièmement, respecter les valeurs des autres au sein de toute activité professionnelle

On peut ainsi lier les orientations du nouveau programme aux qualités recherchées chez le nouveau diplômé (Tableau 4)

Tableau 4
ORIENTATIONS DU PROGRAMME ET QUALITÉS DU DIPLÔMÉ

ORIENTATIONS DU PROGRAMME	QUALITÉS DU DIPLÔMÉ
Centré sur l'étudiant	- Autonomie de l'apprentissage
Axé sur la communauté	- Préoccupation communautaire
Consacré au patien	- Comportements humaniste

Ces orientations et ces qualités recherchées ont présidé à la planification du programme.

LA SÉQUENCE DES ACTIVITÉS

Comme dans la plupart des facultés de médecine d'Amérique du Nord, notre programme d'études prédoctorales a une durée de quatre ans (voir Figure 1). Au terme de leur formation, les étudiants doivent réussir un examen de synthèse commun aux quatre facultés de médecine du Québec. La presque totalité des étudiants, sans y être obligés, se présentent ensuite à l'examen d'aptitude du Conseil médical du Canada. Le programme comprend deux grandes étapes : deux années et demie de formation préclinique, puis dix-huit mois de formation clinique ou externat (Tableau 5). (Pour obtenir une licence de pratique, le diplômé doit encore compléter avec succès un programme de formation postdoctorale, d'une durée de deux ans en médecine familiale ou de quatre à six ans en spécialité.)

Figure 1
PROGRAMME DE DOCTORAT EN MÉDECINE (M.D.)

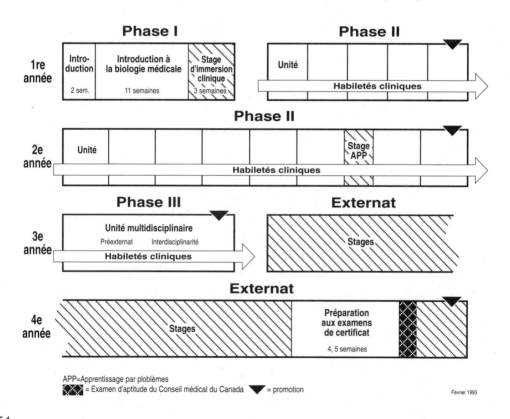

Tableau 5

LES ACTIVITÉS DE FORMATION
DU PROGRAMME D'ÉTUDES MÉDICALES PRÉDOCTORALES (M.D.)

Formation préclinique	Semaines	Total
Première année		
1er semestre **Phase I (4 mois)**	2	
Initiation aux méthodes d'apprentissage	11	
Introduction à la biologie médicale	3	
Stage d'immersion		
2ème semestre **Phase II (15 mois)**	4	
Croissance-développement-vieillissement	5	
Système nerveux	4	
Sciences psychique	1	
Intégration et évaluation	4	
Appareil locomoteur	4	
Sciences de la santé communautaire	1	**39**
Intégration et évaluation		
Habiletés cliniques*		
Deuxième année	5	
1er semestre Appareil cardiovasculaire	5	
Appareil respiratoire	4	
Appareil digestif	2	
Intégration et évaluation		
Habiletés cliniques*	4	
2ème semestre Appareil urinaire	4	
Système hémato-immunologie	3	
Maladies infectieuses	1	
Intégration et évaluation	2	
Stage d'APP en communauté	3	
Système endocrinien	4	
Appareil de reproduction	1	
Intégration et évaluation	1	**39**
Sexualité humaine		
Habiletés cliniques*		
Troisième année		
1er semestre **Phase III (4 mois)**	14	
Unité multidisciplinaire		
Habiletés cliniques*		
Pré-externat*		
Éthique et droit médical*	2	
Interdisciplinarité*		**16**
Intégration et évaluation		
Formation clinique : Externat		
Troisième année 2ème semestre et **Quatrième année** (18 mois)		
Stages réguliers	42	
Stages en communauté	12	
Stages à option	12	
Préparation aux examens	5	
Vacances	3	**74**
	Total : 168 sem.	

* en parallèle

La formation préclinique

La formation préclinique se déroule en trois phases. La phase I dure un trimestre et sert d'introduction au programme. La phase II s'étend de janvier de la 1re année à juin de la 2e année et présente une séquence de 13 unités organisées par systèmes et appareils. La phase III, centrée sur l'intégration, couvre le premier trimestre de la 3e année.

Phase 1 - Introduction

Durant la première phase, l'étudiant s'initie aux méthodes d'apprentissage et se familiarise avec la biologie médicale; le trimestre se termine par un stage d'immersion clinique.

L'initiation aux méthodes d'apprentissage

La formation de l'étudiant débute par deux semaines d'initiation au programme, à la méthode d'apprentissage par problèmes (APP) et au travail en petit groupe, donnée sous forme d'atelier pour toute la classe. L'étudiant assimile d'abord les principes généraux des processus d'apprentissage, les règles de la dynamique et du fonctionnement d'un groupe et la méthodologie de l'APP. Puis, il se familiarise avec la méthode en appliquant les dix étapes de l'APP à la discussion de quelques problèmes de pratique médicale. Les discussions sont complétées par des lectures individuelles. Durant ces semaines, des tuteurs expérimentés favorisent et accélèrent l'adaptation en jouant le rôle d'animateur de petit groupe, en répondant aux questions, en calmant les appréhensions et, surtout, en témoignant du changement de rôle de l'enseignant. Ces ateliers seront repris pendant quelques heures, à trois occasions, durant la formation préclinique.

D'autres mesures visent à favoriser l'adaptation à la Faculté. Chaque étudiant de 1re année est jumelé à un aîné de 2e année, qui joue le rôle de «grand frère» ou »grande soeur». De plus, chaque année, 25 professeurs volontaires acceptent d'agir chacun comme »parrain» ou »marraine» de quatre étudiants. Ce rapport privilégié a pour but de favoriser l'intégration de l'étudiant au sein de la Faculté, de l'informer sur la vie professionnelle, d'identifier précocement l'étudiant qui serait en difficulté et, au besoin, de l'orienter vers une aide appropriée.

L'introduction à la biologie médicale

La révolution en éducation médicale mise de l'avant par Flexner[7] au début du siècle repose en grande partie sur la conviction qu'une pratique éclairée s'appuie sur une solide formation dans les sciences de base classiques de la médecine : anatomie macroscopique et microscopique, biochimie, microbiologie, anatomo-pathologie, etc. Ces matières constituent toujours l'essentiel de l'enseignement prodigué les deux premières années dans la plupart des facultés d'Amérique du Nord. Cet enseignement est structuré selon les disciplines de ces sciences fondamentales. Il est imprégné des préoccupations de recherche spécifiques à ces disciplines, et demeure souvent détaché des problèmes cliniques que ces connaissances sont sensées aider à mieux comprendre. De plus, ces disciplines entretiennent des rapports dynamiques entre elles à un niveau où leurs frontières spécifiques s'estompent; c'est le cas de la biologie moléculaire. De fait, il existe de moins en moins d'anatomistes et de physiologistes classiques qui enseignent en complémentarité avec les spécialités cliniques.

Nous, nous souhaitons réaliser l'intégration des sciences de base aux sciences cliniques afin de leur conférer un surcroît de pertinence pour la pratique de la médecine et de les faire bénéficier de l'enseignement contextuel. C'est une des raisons du choix de l'APP comme système d'apprentissage. Une solution proposée par certains conseillers externes consisterait à intégrer en totalité l'enseignement des sciences de base aux sciences cliniques et, par conséquent, à intégrer les professeurs de sciences de base à l'intérieur des unités d'APP de type systèmes et appareils. Cet objectif est réalisé en partie pour les unités de la phase II; nous décidons quand même, dans un premier temps, d'allouer onze semaines du premier trimestre de la 1re année à l'enseignement de concepts généraux relevant des disciplines classiques. Nous le faisons pour des raisons d'ordre stratégique : maintenir l'intégrité d'un territoire clairement identifié à l'enseignement des professeurs fondamentalistes; uniformiser l'encodage d'un bagage élémentaire de connaissances fondamentales par des étudiants ayant reçu une formation prémédicale hétérogène; éviter les omissions et les répétitions ou les difficultés de programmation de certains concepts de base mis à profit dans plusieurs unités, comme la contraction musculaire et le transport transmembranaire des ions.

L'étudiant utilise l'APP pour acquérir des notions fondamentales en biologie cellulaire, en biochimie, en physiologie, en pharmacologie, etc. La préparation de cette unité représente pour les fondamentalistes un grand défi. Il s'agit en effet de traduire les connaissances en problèmes ou en phénomènes, d'expliquer un nombre limité de concepts, de principes ou de notions fondamentales pour chacune de leurs disciplines. L'intégration de ces disciplines à travers les problèmes d'APP s'avère difficile.

La première version de ce regroupement ne présente qu'une série de mini-unités successives à contenu unidisciplinaire. La didactique des problèmes donne une importance excessive aux contenus par rapport au raisonnement et à la compréhension en profondeur des grands mécanismes. Le manque d'ancrage dans des situations cliniques réalistes ne favorise pas non plus l'organisation des connaissances dans la mémoire à long terme.

Un premier bilan est réalisé après trois ans. Les fondamentalistes procèdent enfin, au sein de leurs comités d'unité, à l'intégration des six disciplines impliquées. Quelques cliniciens se mettent à collaborer davantage avec eux pour construire des scénarios de problèmes plus réalistes, mettant à profit certains thèmes au potentiel intégrateur comme l'alcoolisme et le diabète.

Durant la phase I, en plus de trois tutoriaux hebdomadaires, les leçons magistrales occupent environ trois heures par semaine. Des travaux de laboratoire sont associés à l'étude de l'histologie, de la microbiologie et de la biochimie. Une récente édition de l'unité d'introduction à la biologie médicale est plus intéressante. Son contenu demeure néanmoins très dense; quoique l'unité ne soit pas, en général, jugée très «excitante», les étudiants semblent mieux saisir la pertinence des contenus scientifiques véhiculés par les problèmes.

Le stage d'immersion clinique
Au début du mois de décembre de la 1re année, les étudiants quittent la Faculté pour un stage d'immersion clinique. En groupes de deux à six, ils se dispersent dans des hôpitaux non universitaires pour »plonger» durant trois semaines dans l'univers concret de la médecine. Les enjeux de l'expérience sont de faire découvrir le patient, le médecin et les ressources de distribution des soins. Le stage met l'accent sur l'autonomie de l'étudiant qui doit fixer lui-même ses objectifs et les moyens de les atteindre. Un encadrement pédagogique souple vise à favoriser l'approfondissement de la réflexion personnelle, les échanges interpersonnels et l'auto-évaluation.

Le déroulement du stage - La première semaine, l'étudiant joue surtout un rôle d'aide-infirmier dans un service. Partenaire du personnel soignant, il aide à laver, vêtir, nourrir et déplacer les malades dont il est responsable; ce contact de tous les instants lui facilite la communication avec le malade et sa famille. En soirée, il inscrit dans son carnet de stage ses observations et ses réflexions sur l'état de la personne malade, sur les interventions de l'équipe de soins et sur les relations médecin-patient.

Durant les deux autres semaines, l'étudiant accompagne différents médecins dans les services hospitaliers, à la clinique externe, à la salle d'opération, au laboratoire et à la salle d'accouchement. Il fait même l'expérience d'une garde de 24 heures en salle d'urgence. Il peut diversifier ses observations en accompagnant un médecin dans ses activités en cabinet privé, en centre d'accueil, en soins prolongés ou lors de visites à domicile. L'étudiant est libre de modeler ses activités selon ses propres choix. Le but est clair. L'étudiant ne cherche pas à»se faire enseigner»les pathologies, mais il profite de la présence du médecin pour partager ses observations sur les fonctions du médecin et sur les problèmes de la vie médicale.

L'encadrement pédagogique - Un médecin du milieu d'accueil agit comme personne-ressource pour faciliter les contacts avec les professionnels du milieu. À la Faculté, un moniteur pédagogique assume la responsabilité de six à huit étudiants et les rencontre avant le stage et au retour. Si la distance le permet, il les visite au moins une fois durant le stage pour une réunion formelle.

Tout au long du stage, un carnet de route accompagne l'étudiant. À chaque soir, il y inscrit ses objectifs, ses réalisations et surtout ses réflexions sur les événements de la journée.

Ce stage d'immersion clinique semble jouer un rôle très constructif pour la maturation des étudiants. L'expérience est marquante. Ils ont observé, réfléchi et se sont entretenus de la personne malade, de la vie médicale et de la préparation à leur vie professionnelle.

L'expérience de plusieurs années nous le démontre : les étudiants ont enfin la chance de se situer personnellement et sérieusement par rapport à leur future profession.

Phase II - Séquence d'unités d'APP par systèmes et appareils

La phase II s'étend de janvier de la 1re année jusque vers la fin de la 2e année. L'étudiant parcourt une séquence de 13 unités d'APP qui durent de trois à cinq semaines chacune et correspondent à l'étude des différents systèmes et appareils de l'organisme (Tableau 7). En fait, la répartition par unité de l'ancien cursus est conservée, mais la durée totale des unités est réduite d'environ 30%. Deux nouvelles unités sont ajoutées, *Croissance-développement-vieillissement* et *Maladies infectieuses*.

En parallèle avec les unités d'APP tout au long de la phase II, l'étudiant consacre une demi-journée par semaine à la pratique des habiletés cliniques, soit la communication médecin-patient, l'anamnèse et les techniques de l'examen physique. Un effort particulier a été accompli pour inscrire dans un même calendrier les unités de systèmes et appareils et les habiletés cliniques (chapitre 4).

Plusieurs arguments militent en faveur du choix d'une séquence de type systèmes et appareils pour la phase préclinique de notre programme, qui utilise presque uniquement l'apprentissage par problèmes comme méthode d'enseignement. Cette approche a acquis ses lettres de noblesse depuis l'innovation de la *Case Western Reserve*[8]; elle répond à l'exigence cartésienne de lier la recherche scientifique et la pratique médicale. Elle facilite l'intégration des connaissances et des dimensions pratiques de la médecine; c'est le modèle le plus souvent retenu dans la structure des ouvrages de référence en sciences de base (physiologie) ou en sciences cliniques (médecine interne), outils privilégiés de l'autoapprentissage dans l'APP. De plus, l'organisation nécessaire à cette approche facilite l'intégration des professeurs de disciplines différentes, mais qui ont en commun un intérêt professionnel pour un organe ou un système donné (par exemple, pour le système locomoteur, le neurochirurgien, le radiologiste du squelette, le rhumatologue, l'orthopédiste, le physiatre et le pathologiste).

L'intégration des sciences fondamentales et des sciences cliniques (à l'aide de prototypes cliniques précis facilitant la construction de schémas distincts dans la mémoire à long terme) doit demeurer un but cognitif majeur de la phase préclinique. La répartition du contenu par systèmes et appareils la facilite. Par contre, si le but est de former l'étudiant à la résolution de problèmes généraux, mal définis, comme on en rencontre beaucoup en médecine de première ligne, alors ce «design» de couverture présente certains désavantages. Le morcellement de la matière en systèmes et appareils reporte à une étape ultérieure de la formation l'acquisition des connaissances nécessaires à une vision globale des problèmes du patient. Cette segmentation du contenu, si sécurisante pour l'étudiant (qu'elle informe des frontières et des «objectifs spécifiques» du domaine à l'étude), atténue dans une certaine mesure les bénéfices cognitifs attendus de l'APP, comme la capacité d'appliquer à des situations cliniques les connaissances acquises présentant des similitudes et des différences avec les problèmes imposés dans le programme.

Tout de même nous préférerons, pour des raisons stratégiques, reconduire un modèle familier d'organisation des connaissances, que les professeurs sont plus susceptibles d'accepter en même temps que l'APP. Pour en atténuer les effets défavorables sur la formation préclinique, nous développons l'unité multidisciplinaire d'intégration de la 3e année, dont il sera question plus loin, et un stage d'APP en milieu communautaire, qui a lieu en avril de la 2e année. Durant ce stage de deux semaines dans les hôpitaux du Québec, l'étudiant applique la méthode mais à partir de problèmes cliniques réels. Cette expérience, qui permet la rencontre de patients dans un contexte communautaire réaliste, favorise l'intégration des connaissances acquises en APP et des procédures apprises tout au long de l'unité d'apprentissage des habiletés cliniques.

À l'ancien cursus, nous ajoutons deux unités : *Croissance-développement-vieillissement* et *Maladies infectieuses*. La première permet d'introduire au début de la phase II l'étude des différents âges de la vie dans leurs aspects bio-psycho-sociaux; il y est question d'embryologie, de génétique, de développement psychologique de l'enfant et des problèmes des personnes âgées.

L'unité des *Maladies infectieuses* met en relation les connaissances sur plusieurs systèmes et organes du corps quant à leur susceptibilité à l'infection et à la réponse qu'ils lui donnent. Les quatre innovations, dont il a été question dans les deux paragraphes précédents, traduisent la volonté de revenir périodiquement à l'idée de globalité de l'être humain et d'encourager les étudiants à établir leurs connaissances sur cette base.

Les problèmes didactiques présentés sont centrés sur l'analyse et non sur la résolution de problèmes. La tâche des étudiants réunis en tutorial consiste à expliquer les phénomènes décrits dans les problèmes; on reporte à la phase III et à l'externat la discussion du diagnostic différentiel et de la conduite à tenir.

Une semaine type comprend des activités prévues à l'horaire et des périodes d'autoapprentissage. Les activités obligatoires comprennent deux demi-journées en tutorial séparées par deux ou trois journées complètes, une demi-journée consacrée à l'apprentissage des habiletés cliniques, une leçon magistrale et, à l'occasion, une visite ou un travail de laboratoire. Le Tableau 6 présente une semaine typique de l'unité de l'appareil respiratoire (premier trimestre de 2e année).

Chaque unité débute par une séance d'introduction. Il s'agit de bien lancer l'unité, d'identifier sa position et son contenu par rapport à ceux des unités passées et à venir afin de bien situer la matière disciplinaire de l'unité dans la «spirale» du programme. Le directeur de l'unité et ses collaborateurs expliquent le déroulement de l'unité, le niveau d'analyse attendu, le degré d'approfondissement que l'on veut encourager en sciences fondamentales et en sciences cliniques. Les livres de référence et les autres ressources pédagogiques font l'objet d'une présentation critique. Les étudiants sont informés des modalités spécifiques d'évaluation formative écrite.

Tableau 6
SEMAINE TYPE DE L'UNITÉ DE L'APPAREIL RESPIRATOIRE

	Lundi	Mardi	Mercredi	jeudi	Vendredi
A.M.		Habiletés cliniques		9h -10h Leçon magistrale *Les échanges gazeux* 10h30 - 11h30 Consultation	Visite au laboratoire de fonction pulmonaire (selon les groupes)
P.M.	13h30 -16h30 TUTORIAL			13h30 - 16h30 TUTORIAL	

Au cours de la phase II, on présente des problèmes deux fois par semaine. Chaque tutorial dure trois heures. La première partie de la séance reprend, après la période d'étude individuelle, la discussion sur le problème précédent et se termine par un bilan du travail et de la dynamique du groupe. La seconde moitié du tutorial est consacrée à l'analyse d'un nouveau problème. Ainsi, une unité de quatre semaines est habituellement limitée à huit problèmes. Les groupes d'APP sont formés de huit étudiants. Leur composition est modifiée de façon aléatoire à chaque unité. La moitié des tuteurs ne sont pas des experts du contenu : ils ne sont pas des spécialistes du domaine couvert par l'unité. Mais plus de 80 % sont médecins et bon nombre d'entre eux ainsi que des fondamentalistes sont plus ou moins familiers avec le contenu de l'unité, selon leurs intérêts en recherche ou en pratique clinique. Nous estimons que tous les tuteurs doivent connaître suffisamment le domaine pour effectuer des interventions intéressantes et entretenir la motivation.

Mais d'où proviennent les tuteurs? Sous cet angle, l'unité du système nerveux est assez représentative : quatre neurologues, deux neurochirugiens, un neuropathologiste (responsable de l'unité), un neuropédiatre, deux physiologistes, deux internistes et un médecin de famille. Peu d'unités ne comptent comme tuteurs que des spécialistes de la discipline; c'est le cas pour les sciences psychiques. D'autres n'en réunissent qu'un petit nombre, comme pour l'appareil respiratoire.

Les présentations en grands groupes n'occupent qu'une ou deux heures par semaine. Elles sont de deux types. Dans un premier temps, la leçon magistrale traditionnelle, en général au début de l'unité, propose le plus souvent un survol de l'anatomie macroscopique et microscopique du système qui en fait l'objet. Ces séances constituent une bonne façon de faire «le tour du propriétaire». Par la suite, les synthèses de la matière permettent aux étudiants d'interroger le professeur sur un sujet difficile qui a été couvert en tutorial et durant l'étude personnelle. Les étudiants apprécient que la matière soit présentée dans une perspective clinique mais sont réticents si ces sessions servent de prétexte à présenter une matière additionnelle.

En intégrant l'enseignement traditionnel des sciences fondamentales avec les sciences cliniques, le nombre d'heures occupées au travail en laboratoire est réduit considérablement dans le nouveau programme. Quelques séances sont conservées en biochimie, en microbiologie, en histologie et en anatomie-dissection. Au cours de certaines unités, les étudiants sont invités à examiner en groupes des préparations disséquées à l'avance de régions anatomiques spécifiques (thorax, abdomen, membres supérieurs, etc.). Ils se préparent à ces séances à l'aide de modules d'autoapprentissage. En hématologie, le laboratoire de cytologie est mis à profit pour permettre l'étude de problèmes complémentaires en petits groupes sous la supervision du tuteur.

En petits groupes aussi, les étudiants effectuent des visites commentées de laboratoires d'investigation clinique à l'occasion de l'étude de problèmes de neurologie, de cardiologie, de pneumologie et de gastro-entérologie. Le but n'est pas la maîtrise des techniques et des méthodes d'investigation, mais bien d'éveiller, dans un contexte stimulant, le goût de comprendre les mécanismes physiologiques et surtout d'en illustrer les appplications cliniques.

En somme, même si l'APP est le moteur du système éducatif au cours de la phase II, les concepteurs des unités doivent s'ingénier à y associer d'autres ressources didactiques pour créer un climat motivant, faire encore mieux percevoir la pertinence du sujet, enrichir la matière à étudier et augmenter l'applicabilité des connaissances acquises.

Il revient au comité d'unité d'établir les objectifs d'apprentissage qui sont connus et partagés par tous les tuteurs et consignés au *Guide du tuteur* (chapitre 3). Sous la supervision du tuteur, les étudiants se les approprient lors de l'étape 5 du tutorial. Les objectifs d'apprentissage prévus et découlant de l'analyse d'un problème d'APP deviennent les sujets d'autoapprentissage entre les deux parties de l'étude d'un même problème, soit entre deux tutoriaux. Le système éducatif est considéré à cet égard comme directif.

Le *Cahier de l'étudiant* comprend pour chaque unité une liste de références. Celles-ci sont commentées dans le *Cahier* ou encore lors de la séance d'introduction de l'unité. Des références obligatoires et des sources complémentaires sont fournies pour chaque unité. Pour plus de 80 % de ses objectifs d'étude, l'étudiant travaille dans ses propres livres, tels les ouvrages de Harrison[9], Guyton[10], Robins[11]; il complète son information en consultant au besoin la Bibliothèque des sciences de la santé.

Au cours de chacune des unités, les étudiants effectuent des exercices d'autoévaluation formative, sous forme de questions écrites. Semblables à celles utilisées dans les examens écrits sommatifs trimestriels, les questions sont à choix de réponses, à réponse ouverte et courte, ou supposent l'analyse de problèmes. Leur contenu couvre actuellement environ 80 % des objectifs d'apprentissage. Chaque question est suivie de la réponse exacte et de l'explication nécessaire à sa compréhension. Ces exercices permettent à l'étudiant d'évaluer ses propres progrès mais aussi de se familiariser avec les différents types de questions d'examens écrits adaptés au contenu spécifique des unités d'APP. Ces questions sont destinées à faciliter le processus d'autoévaluation de l'étudiant. Certains professeurs ont tendance à utiliser ces questions pour introduire des objectifs supplémentaires de contenu. Bien que ces examens soient conçus comme un complément à l'étude personnelle, certaines questions sont parfois discutées durant les tutoriaux ou les séances en grand groupe.

Des périodes de consultation d'experts sont prévues à l'horaire pour permettre à l'étudiant, surtout si son tuteur n'est pas un expert du contenu, de s'entretenir individuellement avec un spécialiste d'un sujet difficile ou ambigu. Cependant, ces périodes sont peu utilisées par les étudiants, qui préfèrent discuter de ces questions avec leur tuteur avant ou après le tutorial, ou s'en remettre aux échanges d'information avec des collègues d'autres groupes ou d'années précédentes.

Apprentissage des habiletés cliniques

Tout au long des phases II et III, l'unité d'apprentissage des habiletés cliniques se déroule parallèlement aux unités d'APP. Il s'agit là d'une transformation majeure des activités d'apprentissage des habiletés cliniques. Les séances ont lieu au rythme d'une demi-journée par semaine, de janvier de la 1re année jusqu'au début de l'externat. Cette unité longitudinale est divisée en quatre étapes qui correspondent chacune à un trimestre (chapitre 4). Nous en indiquons les grandes composantes. Au cours des étapes I et II, la moitié des séances porte sur les techniques de la communication et sur les attitudes humanistes à développer dans les relations médecin-patient. Chaque séance d'une durée de trois heures correspond à un thème, par exemple la communication non verbale. Les étudiants travaillent en petit groupe de huit avec un moniteur clinique. L'autre moitié des séances, qui se déroule en alternance avec celle sur la communication, amène l'étudiant à faire l'histoire d'une maladie ou à procéder à un examen physique. Cette partie de l'unité est intégrée à l'apprentissage des sciences cliniques d'un appareil ou d'un système, selon la séquence des unités d'APP.

Au cours des étapes III et IV, les étudiants abordent des situations spécifiques, comme les soins palliatifs et l'approche interdisciplinaire en gériatrie, sous la direction de cliniciens agissant à titre de modèle. À compter de janvier de la 1re année, l'étudiant procède à l'évaluation d'un patient de manière globale et présente une histoire de cas complète avec examen physique et diagnostic. En 3e année, il discute du diagnostic différentiel et élabore un plan d'investigation.

L'évaluation des progrès des étudiants est présentée en détail au chapitre 5. Les habiletés psychomotrices et les attitudes sont évaluées à la fin de chaque étape par un examen écrit et un examen clinique objectif et structuré (ECOS).

Stage d'APP en communauté

Au mois d'avril, les étudiants de 2e année quittent la Faculté pour un stage de deux semaines dans des hôpitaux non universitaires qui dispensent des soins secondaires. Répartis par groupes de quatre, ils appliquent la méthode d'APP, mais à partir de patients réels.

L'étudiant fait l'histoire de cas du patient qui lui est confié et procède à son examen; il rédige l'observation médicale et dresse une liste provisoire des problèmes. Un collègue observe sa démarche et note ses observations sur une grille de manière à lui fournir une rétroaction descriptive sur ses habiletés et sur ses attitudes. Chaque observation médicale est présentée au groupe, qui en fait l'analyse en suivant les étapes de l'APP. Le groupe propose une liste provisoire des problèmes et suggère une ligne de conduite. Les hypothèses suscitent une série de questions qui serviront d'objectifs d'étude. L'approche du patient est globale et tient compte des éléments biologiques, psychologiques, familiaux, sociaux ainsi que des mesures préventives. Chaque étudiant recherche des références et étudie les sujets identifiés comme objectifs d'apprentissage. De retour en groupe, les étudiants reprennent l'analyse, corrigent les hypothèses, améliorent la liste des problèmes et planifient une ligne de conduite. De nouvelles questions à étudier peuvent être identifiées. La séance se termine par un bilan du groupe, puis par un bilan individuel. L'étudiant responsable du patient remettra à son moniteur à la Faculté les listes provisoires et définitives rédigées lors du travail en groupe sur les hypothèses, les problèmes et les lignes de conduite.

Cette activité vient renforcer le caractère communautaire du programme et s'inscrit en continuité avec le stage d'immersion clinique de 1re année et les douze semaines de stage de médecine en communauté de l'externat. Le stage force l'étudiant à réaliser la pertinence de ses apprentissages, à vérifier sa capacité d'autonomie et à accentuer son degré de motivation.

Quant au médecin agissant comme personne-ressource, il facilite l'accueil, assure l'accès à la Bibliothèque et à un local de discussion, et stimule la motivation du groupe. Il présente aux étudiants un patient par jour, idéalement deux le premier jour, dont un avec «problèmes multidisciplinaires». Le dossier n'est disponible que si le médecin le juge à propos à la fin de la démarche. L'étudiant devant exercer sa capacité d'autonomie, le **médecin local** est dégagé des responsabilités de l'enseignement et de l'évaluation. Par contre, toute remarque venant du milieu d'accueil et visant à souligner les difficultés d'un étudiant au point de vue du comportement et des attitudes est écoutée très attentivement par les responsables du stage.

Les tâches de l'étudiant et le rôle du médecin qui agit comme personne-ressource en milieu d'accueil sont décrits au *Cahier de l'étudiant*.

L'évaluation de l'étudiant est faite selon le mode réussite/échec; elle est fondée sur l'analyse du *Carnet de stage* remis par chaque étudiant au responsable de l'unité.

L'organisation d'un tel stage pour 100 étudiants requiert beaucoup d'énergie au départ, mais moins par la suite. L'enthousiasme, la participation et la satisfaction des étudiants en sont la récompense. Ceux-ci ont à faire preuve d'initiative pour organiser leur vie quotidienne, en général dans des milieux inconnus et souvent dans des régions éloignées des grands centres. Ils estiment l'expérience enrichissante. La qualité des cahiers de stage en témoigne. La diversité des problèmes cliniques rencontrés est impressionnante. En peu de temps, les étudiants font face à une variété de situations nouvelles. Nous pouvons compter sur la collaboration des hôpitaux, qui montrent une grande ouverture d'esprit à l'égard de la pédagogie fondée sur l'autonomie de l'étudiant.

Cours de sexualité humaine

La deuxième année se termine par un cours d'une semaine sur la sexualité humaine. Les deux premiers jours de la semaine sont consacrés à des présentations magistrales à la Faculté, suivies d'une étude de textes sur des sujets comme la physiologie de la réponse sexuelle, les dysfonctions sexuelles et les anomalies de comportement. Le reste de la semaine (cinq jours) se déroule dans une colonie de vacances et prend la forme d'un atelier. Des sexologues animent les discussions des étudiants, répartis en groupes mixtes de huit à dix personnes. Ils abordent dix thèmes en s'appuyant sur des documents écrits et audiovisuels, des témoignages, des discussions en petit groupe et en plénière. Les thèmes traités sont, entre autres, l'érotisme, la masturbation, la violence, l'homophilie, etc.

Cette activité pédagogique est offerte à la Faculté depuis 1976. Centré sur l'étudiant et répondant aux critères du nouveau programme, ce cours n'a pas été modifié dans son format. Après 15 ans, le bilan démontre qu'en plus de permettre d'atteindre des objectifs spécifiques dans l'acquisition de connaissances, cette semaine a un effet positif sur la croissance personnelle et la socialisation des étudiants.

La phase III - intégration et préparation à l'externat

La phase III s'étend de septembre à décembre de la 3e année. Il s'agit avant tout d'une période d'intégration et de préparation immédiate à l'externat. Durant ce trimestre, quatre activités se déroulent parallèlement : une unité multidisciplinaire d'APP utilisant des problèmes complexes; l'étape IV de l'unité d'apprentissage des habiletés cliniques, dont l'objectif est de favoriser une approche globale du patient; une expérience d'interdisciplinarité; et enfin, des activités préparatoires à l'externat mettant l'accent sur l'apprentissage des différentes techniques utilisées en clinique et sur la discussion de problèmes d'éthique et de droit posés par la pratique.

L'unité d'intégration multidisciplinaire

L'unité d'intégration multidisciplinaire ne poursuit pas les mêmes objectifs que les unités d'APP précédentes. Si les problèmes présentés aident à récapituler les connaissances acquises depuis le début, on souhaite surtout qu'ils stimulent leur intégration. L'unité d'intégration multidisciplinaire veut contribuer à accroître la banque de connaissances en ajoutant de nouvelles dimensions aux problèmes cliniques, le diagnostic différentiel, l'investigation paraclinique et le traitement. Enfin, l'unité permet de couvrir un certain nombre de problèmes cliniques fréquents qui n'ont pas été abordés précédemment.

Un nouveau type de problèmes - Afin de permettre aux étudiants d'atteindre ces buts, une nouvelle série de douze problèmes est créée. Il s'agit de problèmes plus longs et plus complexes que ceux qui sont utilisés durant les phases I et II. Ils illustrent des syndromes cliniques impliquant simultanément et de manière séquentielle plusieurs organes et systèmes du corps humain, par exemple un cancer du sein métastatique associé à une endocardite bactérienne subaiguë. Ces problèmes sont présentés dans un mode séquentiel et itératif, avec des stations de réflexion imposées à l'étudiant comme dans un module d'auto-apprentissage. La liste des problèmes proposée aux étudiants durant l'unité d'intégration multidisciplinaire apparaît au Tableau 7.

Ces problèmes comportent, dans leur évolution, des délais d'investigation et de traitement, où des complications peuvent survenir. Ils s'apparentent à des situations cliniques réelles puisqu'ils sont inspirés de dossiers de patients qui ont été traités par les professeurs de l'unité.

Ces problèmes ont été choisis comme des prototypes d'enseignement et d'intégration de plusieurs domaines et non comme des problèmes correspondant à la pratique future moyenne d'un médecin. Les concepteurs ne s'attendent pas à voir l'étudiant moyen faire face lui-même à de telles situations, mais celui-ci devrait pouvoir en expliquer les mécanismes principaux. L'apprentissage à la résolution de problèmes (ARP) fixe une nouvelle gamme de buts, tel qu'illustré au Tableau 8.

Bénéfices cognitifs de l'unité d'intégration multidisciplinaire

Il existe bien sûr des différences sur le plan cognitif entre le travail de résolution de problèmes qu'accomplit le médecin dans sa pratique quotidienne et celui de l'étudiant au cours de l'unité d'intégration multidisciplinaire. Le médecin doit analyser et expliquer les différents problèmes cliniques qu'il identifie chez son patient. En pratique, ces problèmes peuvent être soit isolés, soit multiples et non reliés entre eux sur le plan de la physiopathologie, ou encore multiples et interreliés de manière complexe. Ils peuvent être plus ou moins bien définis ou structurés.

Tableau 7
LES DOUZE PROBLÈMES PROPOSÉS DANS L'UNITÉ D'INTÉGRATION MULTIDISCIPLINAIRE

1. **Développement pédiatrique**
   Retard multifactoriel de croissance psychomotrice.

2. **Inflammatoire**
   Maladie coeliaque chronique avec malabsorption.

3. **Métabolique**
   Acidoacétose diabétique avec hyperlipémie marquée.

4. **Traumatique**
   Polytraumatisme cérébral, thoraco-abdominal et osseux.

5. **Dégénératif**
   Évolution d'une sclérose en plaques du début jusqu'à l'hospitalisation en soins prolongés.

6. **Environnement iatrogénique**
   Syndrome d'immobilisation chez une personne âgée après une chirurgie multi-compliquée (hospitalisation d'une durée d'un an).

7. **Infectieux**
   Endocardite bactérienne aiguë multicompliquée (rupture valvulaire, anévrisme cérébral mycotique rupturé, glomérulonéphrite à complexes immuns).

8. **Vasculaire**
   Angine instable, post-anevrismectomie de l'aorte abdominale, évolution vers un infarctus, choc cardiogénique.

9. **Psychosocial**
   Alcoolisme chronique et ses complications.

10. **Immunologique**
    Polyarthrite rhumatoïde compliquée avec atteinte péricardique et pulmonaire et vasculite rhumatoïde.

11. **Oncologie I**
    Leucémie lymphoblastique aiguë de l'enfant.

12. **Oncologie II**
    Cancer du sein dans son évolution du début au décès avec hypercalcémie, métastases osseuses, épanchement pleural, etc.

Tableau 8
LES BUTS DE L'APPRENTISSAGE À LA RÉSOLUTION DE PROBLÈMES (ARP)

L'apprentissage à la résolution de problèmes (ARP) :

- l'application plus poussée des connaissances en sciences fondamentales pour expliquer les situations cliniques;

- l'apprentissage de la résolution de problèmes par la discussion des principes de l'investigation et du traitement;

- l'acquisition de nouveaux concepts dans des domaines moins approfondis (oncologie, pharmacologie, alcoolisme);

- la connaissance de toutes les étapes de la vie humaine, de l'enfance à la vieillesse;

- la démonstration d'un esprit critique plus poussé, grâce à la discussion des probabilités diagnostiques, de la sensibilité, de la spécificité et des coûts-bénéfices d'une intervention préventive, diagnostique, thérapeutique ou de réhabilitation;

- la recherche efficace d'information, incluant l'utilisation de banques de données informatisées;

- l'actualisation de l'approche globale et interprofessionnelle des situations problématiques.

Par contre, les problèmes présentés au cours de l'unité d'intégration multidisciplinaire sont multiples, interreliés, bien définis et structurés. L'étudiant, tout comme le médecin en pareille situation, doit s'efforcer de les expliquer après les avoir analysés. Il s'agit donc d'une activité de résolution de problèmes qui tire sa légitimité de la complexité du problème. Elle n'en demeure pas moins une activité d'analyse explicative du même type que l'exercice requis des étudiants dans l'apprentissage par problèmes se déroulant durant les phases précédentes, mais non pas du même niveau.

De plus, le clinicien doit prendre des décisions d'investigation complémentaire et de traitement : c'est là le rôle ultime de l'activité professionnelle médicale. Cette prise de décision constitue la résolution d'un problème véritable dans une perspective de compétence médicale. Durant l'unité d'intégration multidisciplinaire, l'étudiant, lui, doit être en mesure d'analyser, de comprendre et d'expliquer les décisions qui ont déjà été prises par les concepteurs du problème. Il doit aussi être en mesure d'apprécier les résultats d'investigation et de traitement qui sont décrits dans la formulation du problème. Il s'agit donc, à proprement parler, d'un processus d'analyse étendu aux étapes de prise de décision de la démarche clinique. L'étudiant, soucieux de formuler des hypothèses, d'anticiper sur les étapes ultérieures avant de lire la suite du problème, peut procéder à une étude plus approfondie de nature uniquement cognitive conduisant à la résolution de problèmes médicaux. Il situe alors sa démarche d'apprentissage dans une perspective d'intervention prospective.

Un tutorial en Phase III

Pour atteindre les objectifs fixés pour la 3e année quant à l'acquisition de l'autonomie, une modification dans les modalités de l'APP met l'accent sur l'autodirection dans l'apprentissage.

Le problème à étudier est distribué aux étudiants à la fin de l'unique rencontre hebdomadaire du groupe d'APP, le vendredi. Durant les jours précédant la prochaine rencontre en petit groupe, chaque étudiant procède seul à l'analyse du problème, par séquence, pour en expliquer les phénomènes, identifier ses sujets d'étude, chercher l'information dans les sources de référence qu'il choisit et, finalement, préparer une synthèse pour la prochaine discussion.

Puis, les étudiants, en groupes de huit, se réunissent pour l'unique tutorial de la semaine, qui va durer environ trois heures. Un étudiant choisi au hasard amorce la discussion par une présentation organisée de son interprétation des situations décrites dans le texte du problème. Après une période convenue, ses collègues interviennent pour soulever des ambiguïtés ou proposer d'autres hypothèses. À tour de rôle, ils complètent ainsi l'analyse du problème et sa résolution; chaque étudiant doit préparer par écrit un schéma des interactions physiopathologiques du problème. Ce schéma est remis au tuteur qui le corrige en y ajoutant ses commentaires.

Le tuteur, appelé maintenant «mentor», joue un rôle très actif. C'est lui qui anime la rencontre, et non un étudiant comme c'était le cas les deux années précédentes. Son rôle est d'interroger les étudiants et de les pousser à approfondir leur raisonnement clinique. En plus de faire preuve d'habileté dans le processus, le mentor se doit d'être un expert du contenu.

Les mentors sont recrutés parmi les cliniciens expérimentés du Département de médecine, et aussi parmi les pédiatres durant les deux semaines consacrées aux problèmes de cette spécialité. Pour suivre un groupe de huit étudiants durant quatre mois, deux mentors travaillent en tandem. Ils encadrent également les activités de l'unité d'apprentissage des habiletés cliniques prévues pendant ce trimestre pour les étudiants du groupe dont ils sont responsables.

La préparation des étudiants - Le travail de l'étudiant est exigeant et fait appel à une gestion plus autonome de son apprentissage. Sa démarche est également différente puisqu'il doit s'initier au raisonnement clinique. La première semaine de l'unité porte sur le processus de résolution de problèmes. Chaque étudiant doit lire la première section du livre de Paul Cutler, *Problem solving in clinical medicine*[12]. Puis, sous la direction de leur mentor, les membres du petit groupe partagent leur compréhension des principes et des mécanismes de résolution du problème et en tirent les conséquences quant à l'approche - individuelle et en tutorial - des problèmes de la phase III.

Le préexternat

Tout au long des 14 semaines du premier trimestre de la 3e année, le préexternat permet à l'étudiant de participer à des activités qui lui feront acquérir les compétences nécessaires à la pratique d'habiletés médico-chirurgicales, à l'utilisation des laboratoires de la radiologie et du dossier médical, à la recherche bibliographique et à l'interdisciplinarité.

Guidés par des protocoles ou des démonstrations vidéo, les étudiants s'entraînent, sur mannequin et entre collègues, à maîtriser certaines techniques médico-chirurgicales. Le moniteur observe la dextérité des étudiants et rectifie les gestes nécessaires.

Au nombre de dix, les procédures et techniques enseignées comprennent la technique stérile, l'habillage et le brossage chirurgical, la mise en place d'un soluté, la fermeture de plaies et l'intubation naso-gastrique. La pratique sur patients réels n'interviendra que durant l'externat.

Par ailleurs, on consacrera trois heures à l'utilisation des laboratoires et cela, bien que ce sujet soit aussi discuté dans l'unité d'intégration multidisciplinaire : quels examens demander? selon quelle séquence? lesquels devraient être effectués en urgence? comment les prescrire? comment interpréter les résultats? quand s'alarmer? Une analyse des coûts-bénéfices des prescriptions d'analyses complète l'activité.

Durant les phases I, II et III, des films radiologiques sont mis à profit à l'occasion de la discussion de certains problèmes. Les radiographies sont également utilisées dans l'application des données de l'anatomie de surface à l'apprentissage de l'examen physique. Par ailleurs, durant l'externat, une série d'objectifs obligatoires porte sur l'interprétation de radiographies normales et anormales des différents organes et régions anatomiques. Citons, à titre d'exemples, la plaque simple de l'abdomen en chirurgie et la radiographie des sinus en pédiatrie. En tout temps, l'étudiant a accès, au Département de radiologie du Centre hospitalier universitaire, à une série de modules d'autoapprentissage classés par appareils et par systèmes. Le préexternat fournit, quant à lui, l'occasion d'une initiation plus structurée à la radiologie. Deux sessions de trois heures sont consacrées à ses principes généraux, à son apport à l'investigation de problèmes cliniques et à la construction par les étudiants d'algorithmes sur la prescription des examens radiologiques.

On profite également du préexternat pour familiariser l'étudiant avec l'utilisation du dossier médical. Cet enseignement porte tout autant sur le dossier informatisé, développé ces dernières années au Centre hospitalier, que sur le dossier papier qui lui est complémentaire.

L'étudiant doit apprendre à rédiger une observation selon le modèle d'un dossier structuré par problèmes et traiter le suivi d'un patient selon la séquence SOAP (subjectif, objectif, analyse, plan). L'efficacité à moyen terme de cet apprentissage est limitée par le fait que plusieurs professeurs cliniciens n'utilisent pas ce modèle dans leur travail quotidien.

Au moment de leur entrée à la Faculté, les étudiants bénéficient d'une initiation aux modes d'utilisation de la Bibliothèque. L'approche par étape de l'analyse critique d'un article est présentée à la fin de la 1re année, dans l'unité des sciences de la santé communautaire. Mais ce n'est qu'en préexternat que la recherche bibliographique à partir des banques de données informatisées fait l'objet d'un exercice obligatoire. Au cours de deux séances, l'étudiant apprend à interroger le fichier informatisé de la Bibliothèque et une banque de données nord-américaine, le système Medline sur CD-ROM. L'instruction est complétée par un test obligatoire de recherche bibliographique.

Devrait-on initier les étudiants plus tôt à l'utilisation des banques de données? Durant les 30 premiers mois, les étudiants travaillent surtout dans leurs livres et consultent des monographies. Ce n'est qu'en externat qu'ils consultent plus régulièrement les articles de revue pouvant leur servir dans le traitement des cas rencontrés en clinique. Une initiation plus précoce, non soutenue par des besoins réellement ressentis et non entretenue par une pratique régulière, serait-t-elle aussi profitable?

L'éthique et le droit médical

Les problèmes auxquels les médecins font face dépassent le cadre strictement biomédical. La décision médicale doit faire appel à des considérations éthiques, légales et sociales. L'étudiant a besoin de se familiariser avec les outils qui vont lui permettre de tenir compte de ces dimensions

Au début de la réforme, on demandait que chaque problème d'APP comporte un volet d'éthique et d'humanisme. Cependant, les étudiants tout autant que les tuteurs ont eu tendance à se concentrer presque exclusivement sur la dimension biologique. Les questions d'éthique n'étaient pas pour eux des objectifs d'étude. En 1991, nous adoptons une autre stratégie. Plus question d'objectifs à teneur éthique ou humaniste éparpillés, chaque unité doit dorénavant identifier une problématique spécifique à sa matière et y réserver une séance de discussion.

Mais pour discuter adéquatement des dimensions éthiques d'un problème, il faut en posséder les bases théoriques et connaître l'opinion des spécialistes. La consigne exige donc de toujours faire précéder les discussions des étudiants de lectures appropriées. Les membres du groupe d'experts en éthique de la Faculté agissent comme consultants auprès des directeurs d'unités d'APP. Parmi les thèmes traités, on trouve actuellement, à titre d'exemples, le diagnostic prénatal durant l'unité de croissance-développement-vieillissement, la cessation de traitement et la réanimation dans les unités de neurologie et du système cardiovasculaire.

De plus, au cours de cette phase III, quinze heures sont consacrées à l'éthique et au droit médical. Des séances de trois heures alternent ainsi avec les autres activités du préexternat, chacune d'elles porte sur un thème différent, comme la responsabilité médicale, le consentement éclairé et le représentant de la personne incapable.

L'interdisciplinarité

L'un des trois buts essentiels du programme est de développer une préoccupation réelle pour les problèmes de santé de la communauté. Il faut que l'étudiant tire pleinement profit des diverses compétences dans le réseau de la santé. Il s'agit donc de préparer l'étudiant à travailler harmonieusement et efficacement avec les professionnels de la santé, de façon à pouvoir répondre aux besoins globaux du patient. La poursuite d'un tel objectif constitue la raison d'être des activités reliées à l'interdisciplinarité, et son atteinte suppose la maîtrise d'un certain nombre d'objectifs spécifiques de trois niveaux. À titre d'exemple: au niveau des connaissances, l'étudiant doit savoir à quel type d'expertise s'attendre de la part d'un travailleur social ou d'une ergothérapeute; à celui du savoir-être, identifier ses perceptions et ses préjugés à l'égard des autres professionnels; et au niveau du savoir-faire, identifier et communiquer aux autres son champ d'expertise et le type de coopération que l'on peut apporter. L'étudiant n'aura pas trop de toute sa période de formation, y compris la formation postdoctorale, pour atteindre l'ensemble de ces objectifs.

Comme dans le cas de l'autonomie et de l'humanisme, deux des buts vastes et complexes du programme prédoctoral, nous tâchons de tirer profit de deux grandes stratégies d'implantation de l'interdisciplinarité. D'abord, exploiter le potentiel d'activités déjà existantes même si elles ont le plus souvent été conçues pour répondre à d'autres besoins. Lorsque leur contexte et leur contenu s'y prêtent de manière attrayante, nous tentons de leur ajouter ces objectifs complémentaires. Puis, il nous apparaît nécessaire de développer des activités d'apprentissage ayant comme principale fin l'enseignement plus spécifique de l'interdisciplinarité. Nos expériences vont toutefois se heurter à des difficultés (chapitre 6).

Comme objectif complémentaire, l'interdisciplinarité fait partie du stage d'immersion clinique de 1re année. L'étudiant doit observer les interactions entre malades, médecins, infirmières et autres professionnels de la santé. Il doit ensuite consigner ses observations dans son carnet de stage et utiliser ce matériel dans la rédaction de son rapport de stage.

Le stage d'APP en communauté, effectué en 2e année, fournit aux étudiants l'occasion d'identifier, en petits groupes, des objectifs d'intervention interdisciplinaire auprès des patients qu'ils ont comme tâche d'évaluer. Durant l'unité longitudinale d'apprentissage des habiletés cliniques, les étudiants s'initient aux approches interdisciplinaires que pratique l'équipe de soins palliatifs auprès des patients atteints de maladies cancéreuses avancées.

Comme objectif principal d'apprentissage, l'interdisciplinarité fait l'objet d'un enseignement formel au cours du premier trimestre de la 3e année. Cet enseignement met à profit l'approche interdisciplinaire très structurée pratiquée dans un institut gériatrique affilié à la Faculté. En petits groupes, sous la supervision d'un moniteur gériatre, les étudiants ont à évaluer les besoins globaux d'une personne âgée admise pour un bilan, à constituer l'équipe interdisciplinaire de personnes-ressources requises et à participer à des échanges avec les différents spécialistes médicaux et paramédicaux pour en arriver à formuler un plan articulé d'interventions pertinentes. Cette activité, si brève soit-elle, est appréciée des étudiants puisqu'elle constitue une tâche réaliste et complète en elle-même.

Un comité d'interdisciplinarité du programme d'études médicales prédoctorales travaille actuellement à étoffer et à ancrer davantage, tout au long du programme, cette dimension collégiale des soins de santé, qui est appelée à jouer un rôle encore plus décisif au cours des prochaines années.

LA STRUCTURE ADMINISTRATIVE DU PROGRAMME

Planifier et entreprendre la réforme d'un programme n'est qu'une étape; il faut ensuite l'administrer de façon à lui permettre de se développer. Quelle structure administrative permettra de mieux atteindre les buts de la réforme et d'assurer l'amélioration constante du programme? Comment aménager nos structures de fonctionnement, d'initiative et d'autorité?

Conçu comme un projet facultaire, le nouveau programme démarre sous la gouverne d'un nouveau vice-doyen aux études, constamment épaulé par un nouveau directeur du programme. Ces deux derniers consacrent deux années à mettre en marche les phases précliniques et à stimuler la réforme de l'externat. Le projet de réforme, d'abord animé et dirigé par un petit noyau d'innovateurs, gagne à chaque unité de nouveaux adeptes qui s'engagent avec conviction. Le projet est donc «récupéré», au fur et à mesure de son implantation, par les véritables responsables, ceux qui sont près de l'action. Le vice-doyen se retire progressivement, par stratégie; le directeur du programme établit des instances administratives qui vont permettre à chacun d'assumer ses responsabilités, de faire valoir ses initiatives, mais en même temps de répondre de ses actions. On tient à assurer une certaine »orthodoxie» par rapport au projet initial. Il faut empêcher que les premières difficultés de mise en route ne fassent perdre de vue les intentions poursuivies. Rapidement tous se laissent prendre par l'ambiance de cette grande entreprise facultaire.

À partir de 1990, l'ensemble du système bénéficie d'une structure administrative finalement stable, fruit d'adaptations continuelles (Figure 2).

Figure 2

STRUCTURE ADMINISTRATIVE DU PROGRAMME M.D.

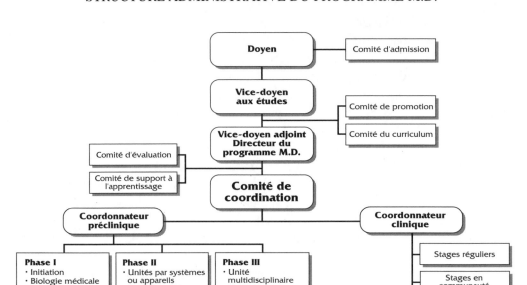

Le vice-décannat aux études

Comme dans la plupart des institutions nord-américaines, les grands secteurs de la Faculté – études, recherche, affaires professionnelles – relèvent d'un vice-doyen. À titre de responsable de la mission d'enseignement, le vice-doyen aux études assume à Sherbrooke la direction de tous les programmes de premier cycle. Responsable hiérarchique des directeurs des six programmes de premier cycle de formation en sciences de la santé, dont les baccalauréats en sciences infirmières et en biochimie, il répond, au doyen et au Conseil de la Faculté notamment, des programmes de formation médicale prédoctorale (M.D.) et de formation postdoctorale (résidence en médecine familiale et dans 27 spécialités). Chacun des directeurs de programme est membre du Cabinet du vice-doyen aux études. Le Centre de pédagogie médicale, qui offre des ressources de soutien et dirige la recherche, fait partie de ce vice-décanat.

La gestion du programme d'études médicales prédoctorales

À première vue, la structure administrative du programme d'études médicales prédoctorales semble conventionnelle. Pour en bien comprendre les rouages, il faut se référer à une structure matricielle représentée par l'axe des ressources et l'axe des tâches (Figure 3).

L'axe des ressources est constitué des départements. Ayant à sa tête un directeur, chaque département est structuré en vue de distribuer des services cliniques et de produire des activités de recherche. Pour la formation médicale prédoctorale, les tâches et les fonctions se situent sur l'autre axe. Celui-ci est en grande partie indépendant des disciplines et des départements. La gestion du programme est donc centralisée et autonome; elle opère à partir d'un budget particulier. Les tâches et les fonctions relèvent entièrement de responsables (nommés par la direction du programme) et de divers comités. Les responsables du programme font appel aux départements pour les différentes tâches pédagogiques. Un système facultaire de rémunération à l'acte des activités d'enseignement (chapitre 10) permet de rétribuer le département selon les services rendus par ses membres, imitant en cela le modèle de rémunération utilisé pour les services cliniques par le Gouvernement du Québec.

Figure 3

STRUCTURE MATRICIELLE DE LA GESTION DES UNITÉS D'APP* SELON LES RESSOURCES DÉPARTEMENTALES

Départements	Unités d'APP*		
	Système locomoteur	Appareil digestif	Système Hémato-immunologique
Physiatrie	☆☆		
Neurologie		☆	
Chirurgie orthopédique	☆☆☆☆☆		
Rhumatologie	☆☆☆☆☆		
Médecine interne			☆
Pathologie	☆	☆☆	☆
Chirurgie générale		☆☆☆☆	☆
Obstétrique-gynécologie			☆
Neurochirurgie	☆		
Anatomie et biologie cellulaire	☆	☆☆	☆
Médecine de famille	☆☆	☆	☆
Gastroentérologie		☆☆☆☆	☆
Pédiatrie		☆☆	☆☆☆
Hématologie			☆☆☆☆☆

☆ = tuteur(s) d'APP   *APP = Apprentissage par problèmes

Le vice-doyen adjoint aux études pour le programme de doctorat en médecine

Le vice-doyen adjoint est responsable de la planification, de l'implantation, de la gestion et de l'évaluation du programme d'études médicales prédoctorales et de ses composantes. Il est de fait le directeur du programme. Étant donné que le mandat de l'implantation de la réforme relève spécifiquement du vice-doyen aux études, on comprend qu'au cours des premières années une collaboration particulière s'établit entre lui et le vice-doyen adjoint, directeur du programme d'études prédoctorales. Pour mieux remplir sa tâche, ce dernier est assisté d'un coordonnateur de la phase préclinique, d'un coordonnateur de l'externat et de comités à composition multidisciplinaire.

Le coordonnateur préclinique

La réalisation des activités, l'animation, la fonction conseil auprès des responsables d'unité et l'encadrement des étudiants relèvent du coordonnateur préclinique dont les principales tâches sont de favoriser un agencement et un déroulement optimal des activités d'enseignement et d'évaluation des étudiants; de superviser, d'animer, de conseiller les directeurs d'unité; d'agir comme conseiller auprès des étudiants, particulièrement auprès de ceux qui présentent des difficultés scolaires; d'assurer l'évaluation des différentes activités.

Le responsable d'une unité d'APP

À l'origine, le développement d'une unité d'APP est confié à un groupe multidisciplinaire de cinq ou six personnes chargées de définir la liste des concepts ou objectifs spécifiques, de rédiger les problèmes d'APP, de construire l'évaluation formative et sommative, de suggérer des références et de préparer le *Guide du tuteur*. Ce groupe, toujours multidisciplinaire, mais maintenant réduit à trois ou quatre personnes, a un mandat plus spécifique (Tableau 9).

Tableau 9
LE MANDAT DU GROUPE D'UNE UNITÉ D'APP

– préparer le calendrier des activités et le Cahier de l'étudiant;
– améliorer la rédaction des problèmes et procéder à l'édition de nouveaux problèmes;
– compléter les exercices d'évaluation formative;
– mettre à jour le Guide du tuteur et les références;
– préparer l'examen sommatif et en assurer la correction;
– recruter les tuteurs et participer à leur formation;
– imaginer des stratégies pour renforcer l'intérêt des étudiants et des tuteurs;
– intégrer l'étudiant responsable de l'unité;
– rédiger un bilan annuel.

Le coordonnateur de l'externat

Le coordonnateur de la phase clinique assume la responsabilité des 18 mois de stage de l'externat. Il s'assure que la répartition des étudiants tient compte des ressources des milieux d'accueil et des objectifs pédagogiques dont il doit veiller à la mise à jour. Ses tâches portent sur l'organisation des stages, sur le contrôle de la qualité de la formation, sur l'évaluation des apprentissages et sur le dépistage des étudiants en difficulté. Il agit comme conseiller pédagogique auprès des externes. Il assure, de façon continue, l'évaluation de la qualité des stages. Il reçoit l'aide d'un responsable pour chacun des stages disciplinaires (médecine, chirurgie, pédiatrie, psychiatrie, gynécologie-obstétrique, médecine de famille, santé communautaire). Ses collaborateurs immédiats jouent un rôle déterminant dans la qualité des stages, surtout s'ils sont bien appuyés par leur directeur de département. Le coordonnateur de l'externat préside les réunions mensuelles du Comité de l'externat, dont font partie les responsables des stages disciplinaires.

Le responsable disciplinaire d'un stage de l'externat

À la suggestion du coordonnateur de l'externat et du directeur du programme et après entente avec le directeur du département, le vice-doyen adjoint aux études nomme un professeur responsable »disciplinaire« d'un stage. Membre du Comité de l'externat, ce responsable relève du coordonnateur de l'externat. Son mandat est aussi précisé (Tableau 10).

Tableau 10

LE MANDAT DU RESPONSABLE DISCIPLINAIRE DE STAGE DE L'EXTERNAT

- effectuer la mise à jour de la liste des objectifs obligatoires de la discipline et s'assurer de son utilisation par les externes et les professeurs;
- agencer les ressources cliniques disponibles de manière à optimiser l'encadrement approprié et le maximum de contacts cliniques de l'étudiant;
- organiser la séance d'accueil au début du stage et la rencontre de rétroaction en milieu de stage;
- coordonner le déroulement des séances d'apprentissage au raisonnement clinique (ARC);
- s'assurer, avec l'aide de ses collaborateurs, que les fiches d'évaluation des externes sont remplies de façon homogène et qu'elles contiennent des commentaires descriptifs rétroactifs;
- organiser la tenue d'un examen terminal de type ECOS;
- procéder, avec la collaboration du directeur de département et des collègues, à l'évaluation périodique de la qualité du stage en tenant compte de l'évaluation fournie par les externes.

Le Comité de coordination réunit les principaux responsables du programme (Figure 2), soit le coordonnateur préclinique, le coordonnateur de l'externat, les responsables des habiletés cliniques et de la phase III, le président du Comité d'évaluation, l'adjoint administratif et le vice-doyen aux études. Sous la gouverne du directeur du programme, le Comité coordonne la gestion immédiate et pratique du programme. (Tableau 11)

Tableau 11
RESPONSABILITÉS DU COMITÉ DE COORDINATION DU PROGRAMME

1. coordonner les phases, les unités et les stages afin d'assurer un continuum des activités d'apprentissage, de la formation préclinique à la formation clinique, conformément au concept des apprentissages en spirale;
2. agencer l'utilisation des ressources;
3. favoriser les échanges de compétences et la coopération entre les différents secteurs;
4. suivre le déroulement des activités et suggérer des stratégies visant à faciliter l'apprentissage et augmenter la motivation;
5. maintenir l'enthousiasme des enseignants et suggérer des stratégies visant à promouvoir la formation pédagogique;
6. présenter un bilan annuel des activités, qui souligne les forces et les faiblesses du programme, et suggérer des stratégies et des modifications pour la prochaine année.

Le groupe tient une réunion mensuelle de trois heures. Il adresse ses directives aux responsables des différents secteurs ou propose des recommandations plus globales au vice-doyen aux études.

Le Comité de promotion

Le Comité de promotion porte, à la suite de toutes les évaluations, un jugement sur la performance des étudiants (chapitre 5). Il est formé de cinq professeurs (dont l'un agit comme président), des vice-doyens et du secrétaire de la Faculté. Les directeurs d'un programme y sont invités comme personnes-ressources, sans droit de vote. Les cinq professeurs ne font pas partie des autres comités reliés à la gestion du programme. Compte tenu de l'ensemble du dossier de l'étudiant, le Comité recommande au Conseil de la Faculté la promotion, la reprise de certaines activités, la reprise d'une année, ou même l'exclusion du programme. Souvent des prescriptions pédagogiques comme l'attribution à l'étudiant d'un conseiller pédagogique font l'objet de recommandations du Comité.

Le Comité de programme

Durant la période intensive de développement du programme, soit de 1986 à 1990, un groupe multidisciplinaire particulièrement éclectique joue le rôle de comité de validation. Le groupe comprend alors le vice-doyen aux études, le directeur du programme, le directeur du Bureau de développement pédagogique, le coordonnateur préclinique, le futur responsable de l'unité multidisciplinaire et un professeur fondamentaliste. Ce groupe révise tout le matériel pédagogique pour en assurer la pertinence avec les buts du programme, la conformité avec la méthode d'APP, la convenance avec le niveau des étudiants, l'agencement avec les autres unités. À travers les étapes de formation, il veille au respect d'une philosophie qui prône un apprentissage cumulatif et en spirale (progressif et de plus en plus vaste) à travers les étapes de la formation. Le groupe abat un travail considérable de supervision et surtout de conseil.

En 1990, un comité formel du programme prend la relève. Il a la responsabilité d'évaluer l'ensemble du programme, de faire des recommandations, de suggérer des correctifs et de susciter des innovations. Il joue un rôle consultatif auprès du vice-doyen aux études. Ses avis sont ensuite acheminés au Cabinet du doyen et au Conseil de la Faculté, en vue de leur actualisation par le Comité de coordination.

Le Comité d'évaluation

Responsable du contrôle de la qualité des examens, le Comité d'évaluation voit à ce que les politiques et les règlements d'évaluation adoptés par le Conseil de la Faculté soient rigoureusement respectés. Il analyse les résultats des examens et s'assure de leur conformité docimologique. Il se porte garant de la qualité des examens, quant à leur fiabilité et à leur validité. Il surveille donc la qualité de la mesure sans porter de jugement sur la promotion. Cette façon de procéder est bien établie dans nos habitudes.

Le groupe de support à l'apprentissage

Depuis plus de 15 ans, la Faculté offre aux étudiants la possibilité de consulter un psychiatre en cas de troubles affectifs. Le dossier relatif à ces consultations demeure confidentiel et protégé par le secret médical. Avec le programme d'APP, le contact rapproché des tuteurs avec les étudiants permet de déceler plus tôt et de façon plus spécifique des faiblesses dans l'apprentissage, dans la capacité d'analyse, dans la communication, etc. Un groupe de support offre des ressources curatives selon les faiblesses.

Une structure administrative en matrice

La structure administrative du programme est seule responsable des objectifs et du format des activités. Elle fait appel aux ressources des départements et des services pour la réalisation des tâches. Cette double structure matricielle nous apparaît essentielle pour assurer la réalisation des grands buts du programme et pour assurer la cohérence intra et inter-activités. En effet, la formation prédoctorale vise à offrir à l'étudiant les moyens d'intégrer les connaissances de différentes disciplines à un problème clinique. L'étudiant doit aborder de façon globale ses connaissances et les agencer en mémoire grâce à des liens interdisciplinaires. En plus d'acquérir de solides bases scientifiques, l'étudiant doit développer, dès les premières années, des habiletés et des attitudes spécifiques. Une structure facultaire conventionnelle, étant fondée sur un contenu découpé par discipline et par département, rendrait difficile la poursuite de tels objectifs. Un responsable disciplinaire risquerait fort d'avoir une perception biaisée; seule une structure matricielle, bien qu'elle soit source de nombreuses tensions, peut être suffisamment féconde pour permettre que s'opèrent des compromis pédagogiquement sains entre les contenus.

La gestion du programme fait donc appel à une structure administrative matricielle pour deux raisons principales. Premièrement, pour faire contrepoids à la force intrinsèque des départements, dont l'agrégation des membres est favorisée par les facteurs convergents que représentent les intérêts scientifiques similaires, la distribution de soins par discipline, l'utilisation commune d'une technologie spécialisée et la tendance naturelle à reproduire de futurs spécialistes du même domaine. Deuxièmement, pour rétribuer les tâches selon des objectifs fixés par consensus plutôt que selon les traditions disciplinaires. Fort heureusement, cette double structure fonctionne harmonieusement depuis la création de la Faculté en 1961.

CONCLUSION

Voilà donc, sept ans après son implantation, le portrait du programme. Trois orientations particulières guident les activités pédagogiques de manière qu'en fin de parcours, le diplômé de Sherbrooke ait acquis une meilleure autonomie d'apprentissage, un souci des problèmes de la communauté dans sa pratique médicale et la capacité de faire preuve de comportements humanistes dans sa vie professionnelle. Ces choix initiaux ne sont en aucun moment remis en cause; bien au contraire, ils sont de plus en plus confirmés par les nouvelles tendances internationales de l'éducation médicale.

Dans le but d'offrir un programme centré sur l'étudiant et de favoriser l'autonomie d'apprentissage, nous misons sur l'apprentissage par problèmes. Nous avons, en conséquence, construit trois modalités d'APP qui permettent l'application de la méthode à des niveaux différents de formation. Cette initiative, modeste sur le plan théorique, mais inspirée de notre praxis, est confirmée par des développements qui surviennent dans d'autres facultés (chapitre 13).

Pour mieux amener l'étudiant à se soucier des problèmes de la communauté, nous lui faisons vivre à chaque année de sa formation un stage dans des hôpitaux non universitaires ou dans des centres de santé du Québec. Il profite ainsi d'un continuum constitué, en 1re et en 2e année, du stage d'immersion clinique et du stage d'APP en communauté et, durant l'externat, des stages en santé communautaire, en médecine familiale et en soins aigus de première ligne. Pour l'instant, nous ne pouvons pas offrir un programme qui soit fondé davantage sur la communauté.

Pour mieux se préparer à l'exercice d'une médecine consacrée aux patients, l'étudiant participe, dès la 1re année, au programme longitudinal d'apprentissage des habiletés cliniques, qui met l'accent sur la communication et la relation patient-médecin, et sur les concepts et les attitudes de l'humanisme médical, exigences actuelles de nos société nord-américaines...

Un bout de chemin est parcouru. Cependant, le Comité du programme nous propose déjà des dépassements et nous soumet des plans d'action pour mieux progresser vers les grands buts de la réforme pédagogique (chapitre 13).

RÉFÉRENCES

1. Faculté de médecine, Université de Sherbrooke. *Document n⁰ 1 : Le programme des études médicales prédoctorales*, janvier 1987.

2. Boud, D. *Developing Student Autonomy in Learning*, London/New York, Kogan Page/Nichols Publishing Company, 1988.

3. Pellegrino, E. D. *Humanism and the Physicians*, Knoxville, The University of Tennessee Press, 1979.

4. Barrows, H. S. et R. M. Tamblyn. *Problem-Based Learning, An approach to Medical Education*, New York, Springer Publishing Company, 1980.

5. Engel, C., H. Schmidt, P. Vluggen. «Community-Oriented Education, Series of Experiences», *Annals of Community-Oriented Education*, vol. 5, 1992, p. 9-111.

6. Nooman, Z. H., H. G. Schmidt et E. S. Ezzat. *Innovation in Medical Education*, New York, Springer Publishing Company, 1990.

7. Flexner, A. *Medical Education in the United States and Canada. Report of the Carnegie Foundation for the Advancement of Teaching, 1910*, Birmingham, Alabama, Classics of Medical Library, 1990.

8. Bussigel, M. N., B. M. Barzansky et G. G. Grenholm. «Case Western Reserve University School of Medicine», in *Innovation Processes in Medical Education*, New York, Praeger, 1988.

9. Isselbacker, K. J. *et al.* (éditeurs). *Harrison's Principles of Internal Medicine*, 13e édition, New York, McGraw-Hill, 1994.

10. Guyton, A. C. *Textbook of Medical Physiology*, 8e édition, Philadelphie, W.B. Saunders, 1991.

11. Cotron, R. S., Kumar, V., S. L. Robbins (éditeurs). *Robbins Pathologic Basis of Disease*, 4e édition, Philadelphie, W.B. Saunders, 1989.

12. Cutler, P. *Problem Solving in Clinical Medicine. From Data to Diagnosis*, 2nd edition, Baltimore, Williams and Wilkins, 1985.

CHAPITRE 3

L'APPRENTISSAGE PAR PROBLÈMES: LE VÉHICULE DE LA RÉFORME PÉDAGOGIQUE

Bertrand Dumais et Jacques E. Des Marchais

> *«Prends soin de ce qui est difficile pendant qu'il est encore facile, et occupe-toi de ce qui deviendra gros pendant qu'il est encore petit.»*
>
> *Lao Tsu*

INTRODUCTION

Huit étudiants discutent entre eux. Certains parlent, d'autres écoutent, mais tous semblent attentifs à ce qui se passe. L'un d'eux prend des notes au tableau. Un autre dirige le travail du groupe. Une personne, plus âgée, moins active, semble posséder un ascendant particulier. Les étudiants réagissent à ses messages non verbaux. Ce pourrait être un professeur, mais il n'«enseigne» pas. Toutefois, il fait progresser le groupe en posant des questions.

On discute d'un problème de nature médicale, abordé à une précédente rencontre. Le groupe tente de le définir, d'en comprendre les mécanismes, de les expliquer. À la fin, les étudiants, satisfaits, se séparent, non sans avoir défini un plan d'étude personnelle. Deux jours plus tard, le groupe reprend l'analyse, mais avec beaucoup plus d'aplomb et de profondeur. Les étudiants connaissent maintenant ce dont ils parlent. La discussion progresse rapidement. L'aîné, un «tuteur», invite finement le groupe à clarifier les choses et à enrichir son inventaire de questions et d'explications. Entre les deux rencontres, chacun a tenté de répondre aux questions qu'il s'était posées et d'approfondir le sujet. La plupart ont étudié seuls. Certains se sont rencontrés pour revoir la matière et l'explication du problème.

D'autres ont parfois vu un professeur. La discussion, fructueuse, se termine avec une satisfaction évidente. Après quinze minutes de repos, le groupe revient pour s'attaquer à un nouveau problème, selon le même processus.

Que se passe-t-il dans cette faculté de médecine? Où se déroulent les cours magistraux, les laboratoires, les travaux dirigés? Les étudiants apprennent-ils ainsi à devenir médecins, se demandent les visiteurs qui, pour la première fois, observent la méthode d'apprentissage par problèmes (APP), élément majeur du changement de programme, et véhicule de la réforme pédagogique en marche à la Faculté de médecine de l'Université de Sherbrooke.

Comment situer l'apprentissage par problèmes par rapport aux autres méthodes d'apprentissage de la médecine? Quelles sont les caractéristiques de l'APP? Comment cette méthode s'applique-t-elle dans le contexte spécifique de Sherbrooke? Pourquoi l'avoir choisie? Comment «construire des problèmes»?

L'UTILISATION DES PROBLÈMES CLINIQUES DANS L'APPRENTISSAGE

Dissipons tout d'abord une certaine confusion. Depuis toujours, les enseignants aiment utiliser des problèmes cliniques pour favoriser l'apprentissage. Souvent, le professeur utilise un cas en complément d'information lors d'un cours magistral ou, à l'inverse, comme stimulus initial. Il ne s'agit pas là d'APP. Dans l'apprentissage par problèmes proprement dit, une situation clinique peut être présentée, dans le but premier de centrer les étudiants sur l'analyse et sur l'explication des phénomènes, sans qu'on ait à entrer dans la discussion du diagnostic ou de la conduite à suivre. En d'autres occasions, l'enjeu portera sur la résolution du problème. Les intentions de l'enseignant, la structure du problème, le moment de sa présentation et son mode d'utilisation, chaque élément vise à produire un effet différent chez l'étudiant. L'utilisation d'un problème clinique est commune à plusieurs méthodes, mais les effets varient selon les stratégies de chacune.

Dans ses travaux sur la taxonomie des différentes méthodes[1], Barrows commence par établir une distinction entre le *cas clinique* et le *problème clinique*. Il définit le *cas* comme une situation bien structurée où tous les éléments sont fournis, de sorte que l'étudiant n'a pas à entreprendre une démarche d'enquête ni de synthèse. Il réserve le *problème* aux simulations cliniques à structure complexe où les indices ne sont pas évidents et où l'investigateur progresse en émettant des hypothèses plausibles et en recherchant l'information nécessaire à la compréhension du problème et à sa résolution. Cette classification permet de décrire les différentes méthodes et de proposer trois façons d'adapter l'APP pour répondre à autant de besoins différents des étudiants (Tableau 1).

Tableau 1
MÉTHODES UTILISANT UN PROBLÈME LORS DE L'APPRENTISSAGE

Le cas clinique associé à une présentation magistrale
         . concluant une présentation (*lecture-based case*)
         . introduisant une présentation (*case-based lecture*)

La méthode d'étude de cas (*case method*)

L'apprentissage par problèmes (APP)
         . APP centré sur l'analyse (*problem-based learning*)
         . ARP : APP avec résolution de problèmes (*problem solving*)
         . ARC : exercices d'apprentissage du raisonnement clinique

---

LE CAS CLINIQUE ASSOCIÉ À UNE PRÉSENTATION MAGISTRALE
Un cas concluant une présentation (*lecture-based case*)

L'enseignant termine sa présentation par quelques exemples de cas cliniques dans un but d'illustration. Parfois, il amorce une démarche de résolution de problèmes par un exposé devant les étudiants. Il s'agit d'une démonstration d'*application de principes* à des situations cliniques pertinentes. C'est avant tout l'enseignant qui est actif.

Le cas introduisant une présentation (*case-based lecture*)

Des situations cliniques amorcent une démarche d'analyse en faisant appel aux connaissances antérieures des étudiants, pour y greffer ensuite l'information de la leçon magistrale. L'enseignant demeure l'acteur principal.

LA MÉTHODE D'ÉTUDE DE CAS (CASE METHOD)

Ancêtre de l'apprentissage par problèmes, la méthode d'étude de cas a été développée en 1931 par la *Harvard Business School* et la *Harvard Law School*[2, 3]. En vue de préparer une discussion en classe, les étudiants reçoivent à l'avance pour étude et recherche la description complète d'un cas concret. L'application directe des connaissances théoriques au cas facilite sa compréhension, et la pertinence des connaissances à acquérir devient immédiatement visible. Par contre, en classe, c'est l'enseignant qui dirige et oriente la discussion bien que l'étudiant y soit plus actif qu'au cours d'une leçon magistrale. Pour éviter de prendre toute la place, l'enseignant habile interroge les étudiants et interagit avec eux.

L'APPRENTISSAGE PAR PROBLÈMES CENTRÉ SUR L'ANALYSE (APP)

Dans la méthode d'apprentissage par problèmes proprement dite (*problem-based learning*)[4, 5, 6], l'exercice est centré sur l'analyse du problème par l'étudiant. Celui-ci doit expliquer la situation en y appliquant les mécanismes pathophysiologiques, psychosociaux, épidémiologiques ou encore d'autres notions fondamentales. L'enseignant ici se transforme en tuteur. Il guide la démarche de l'étudiant sans transmettre de connaissances nouvelles. Son rôle est d'inciter le groupe à analyser en profondeur les phénomènes. Les étudiants réactivent leurs connaissances antérieures pour formuler des hypothèses d'explication. Les connaissances acquises sont restructurées pour être appliquées à la compréhension du problème. L'étudiant doit identifier ses objectifs d'apprentissage, planifier son travail d'étude et appliquer des connaissances nouvelles à la compréhension du problème.

Le modèle d'APP centré sur l'analyse est celui que nous utilisons en 1re et 2e année. Il s'agit pour l'étudiant d'apprendre les sciences fondamentales et cliniques afin d'être en mesure de comprendre et d'expliquer les situations cliniques.

L'APPRENTISSAGE PAR PROBLÈMES AVEC RÉSOLUTION DE PROBLÈMES (ARP)

Avec la résolution de problèmes (*problem-based learning with problem solving*), l'étudiant ajoute une séquence à l'APP. Ayant fait l'analyse d'un problème clinique en suivant les étapes de l'APP, il s'engage consciemment dans les étapes du processus de résolution de problèmes, en évaluant des diagnostics différentiels et en développant une approche d'investigation et de traitement. En nous référant à la terminologie de l'Organisation mondiale de la santé, nous parlons ici d'apprentissage par résolution de problèmes (ARP)[7].

Dans cette méthode aussi, le problème devient le stimulus qui entraîne l'étudiant à acquérir des connaissances et à développer des habiletés de raisonnement clinique. Il y a cependant une différence d'intention entre l'APP et l'ARP. Neame[8] définit précisément les modèles afin que les problèmes soient construits selon les buts poursuivis et que leur séquence d'utilisation soit prévue en conséquence. La méthode de résolution de problèmes oblige à une présentation séquentielle des données mais selon le moment auquel les étudiants y font appel. Habituellement, la séance débute par un synopsis exposant la situation. Les autres données sont dévoilées de façon fragmentaire selon l'évolution des discussions. La méthode tente de respecter la démarche de quête d'information que mène le clinicien, lors de l'analyse et de la résolution d'un problème. À *Southern Illinois*, l'équipe de Barrows[4] a dessiné une série de modules dont l'ensemble représente un dossier clinique simulé.

La méthode d'APP avec résolution de problèmes (ARP) est celle que nous utilisons au premier trimestre de la 3e année, au moment de l'unité multidisciplinaire qui termine la formation préclinique. La structure des problèmes est alors différente. Il s'agit de cas cliniques réels, souvent complexes, avec plusieurs composantes reliées à divers systèmes et appareils. Ces problèmes sont présentés de façon séquentielle; les résultats et l'évolution sont rapportés étape par étape. Même si ces problèmes sont présentés par séquences, leur format ne réussit pas à imiter la démarche hypothético-déductive du clinicien qu'emprunte l'étudiant quand il utilise les «cahiers avec menus» de Barrows.

L'étudiant de 3e année aborde seul et non en tutorial la première analyse du problème. Il commence par faire le tri des indices distribués ou dissimulés dans la présentation générale. Il réactive ses connaissances pour proposer des hypothèses d'explication. Il note les informations à obtenir et en complète progressivement la recherche et l'étude. Au fur et à mesure de l'analyse, les nouvelles séquences viennent renforcer ou démolir les hypothèses initiales. L'étudiant termine son analyse en organisant ses hypothèses en une synthèse d'une page et en proposant un plan d'investigation et de traitement.

Ce travail individuel complété, le groupe de huit étudiants reprend avec un tuteur l'analyse du problème en vue de le résoudre. Cette mise en commun permet à l'étudiant de confronter les différents processus suivis, d'explorer de nouvelles avenues et de voir s'il a bien appliqué ses nouvelles connaissances. L'intervention du tuteur porte sur le processus, non sur le contenu. Il invite à poser des questions, à expliquer et à analyser plus en profondeur. Comme on le devine, cette méthode est très stimulante. L'étudiant travaille à partir d'un contexte clinique. Pour progresser, il doit réorganiser ses connaissances et planifier efficacement son étude individuelle. L'obligation d'être prêt pour la rencontre du groupe renforce sa motivation.

EXERCICES D'APPRENTISSAGE DU RAISONNEMENT CLINIQUE (ARC)

On s'exerce à l'apprentissage du raisonnement clinique en suivant une démarche de résolution de problèmes en petits groupes de cinq à huit étudiants guidés par un moniteur. Cette méthode est une adaptation de l'approche hypothético-déductive de Barrows[9] en même temps qu'une application de l'approche itérative de vérification d'hypothèses, avec réflexion à haute voix, préconisée par Kassirer[10].

Un étudiant du groupe, ou le moniteur, complète au préalable l'évaluation d'un patient réel ou prend connaissance de son dossier. Comme il possède toute l'information, il est appelé le *dépositaire des données*. Après un bref exposé de la situation clinique, le dépositaire s'interrompt sans avoir livré tous les renseignements sur les symptômes, signes ou résultats de laboratoire. Immédiatement, le groupe entreprend l'analyse en imitant la démarche du clinicien au début d'une rencontre avec un patient. Les premières hypothèses formulées appellent une recherche d'informations complémentaires. Le dépositaire des données ne livre un renseignement que si le participant justifie sa demande. Autrement dit, pour obtenir un renseignement complémentaire, l'étudiant doit penser tout haut et exprimer la raison de sa demande. Les hypothèses sont avancées, discutées et reformulées. Le groupe poursuit ainsi son analyse en imitant l'approche itérative du clinicien qui progresse dans l'exploration du problème d'un patient. Graduellement, le groupe établit un diagnostic différentiel probable, suggère un plan d'investigation et de traitement, en discute et le reconstruit selon ses conclusions. Au fil de la discussion, chaque participant identifie les lacunes dans ses connaissance et en prend note sous forme de questions à étudier individuellement.

Le moniteur guide le processus du raisonnement clinique en obligeant constamment les étudiants à justifier, interpréter, expliquer, approfondir. Il joue le rôle d'un «expert en processus» et non en contenu. Il n'est pas là pour dévoiler son propre raisonnement, mais pour partager sa «finesse clinique» en guidant stratégiquement le raisonnement. Pour l'étudiant, cette méthode d'apprentissage est très stimulante. En théorie, elle fournit une réplique d'une situation réelle, une simulation qui permet de pratiquer le processus du raisonnement clinique (chapitre 7).

En résumé, l'utilisation d'un problème clinique pour stimuler l'apprentissage ne représente que le dénominateur commun de différentes méthodes dont le choix spécifique par l'enseignant est dicté par les effets qu'il recherche chez l'étudiant. L'enseignant doit d'abord considérer les objectifs qu'il poursuit, puis choisir en conséquence la méthode appropriée. À Sherbrooke, l'apprentissage par problèmes centré sur l'analyse (APP) est utilisé en phase I et II, soit durant les deux premières années, alors que l'APP avec résolution de problèmes (ARP) commence au début de la 3e année. Durant l'externat, la méthode de résolution de problèmes prend une forme particulière inspirée de la démarche itérative de Kassirer et associée avec la technique de réflexion à voix haute : ce sont des exercices d'apprentissage du raisonnement clinique (ARC).

DESCRIPTION DE LA MÉTHODE D'APP

La Faculté de médecine de l'Université de Sherbrooke utilise la méthode d'APP pour la formation préclinique. Durant les deux premières années, les étudiants sont divisés en groupes de huit, de façon aléatoire. Les groupes changent à chaque unité d'enseignement, soit toutes les quatre ou cinq semaines. Un professeur joue le rôle de tuteur pour une ou deux unités par année. Un tutorial a lieu deux fois par semaine et dure environ trois heures. Étudiants et tuteur travaillent autour d'une table dans une petite salle équipée d'un grand tableau noir et d'un plus petit, d'un moniteur vidéo, d'un négatoscope et de dictionnaires médicaux.

LES ÉTAPES DE L'APP

L'APP se divise en dix étapes qui se répartissent sur deux tutoriaux (Figure 1). Durant les 60 à 90 premières minutes d'un tutorial, le groupe termine les étapes 7 à 9 du problème précédent, puis, après une pause, entreprend un nouveau problème en parcourant les étapes 1 à 5. (L'étape 6 est consacrée à l'étude individuelle.)

Les sept premières étapes, empruntées intégralement à Schmidt[6], sont calquées sur les étapes de l'analyse scientifique, alors que les trois dernières, une addition originale de notre Faculté, invitent l'étudiant à prendre conscience des frontières du savoir et à dresser un bilan de l'activité. L'explication de chaque étape amène une meilleure compréhension de cette méthode pédagogique.

**Étape 1 :   lire le problème et souligner les indices;
clarifier les termes et les données**

Les étudiants lisent individuellement le problème. Ils en identifient et en extraient les indices. Ils clarifient les termes et les mots spécialisés mal compris à première vue. Les objectifs sont de saisir rapidement les indices significatifs d'un problème et d'utiliser la terminologie médicale de façon rigoureuse.

Les *étudiants* font la lecture du problème. Individuellement, ils soulignent les indices pertinents. Le groupe s'entend sur la signification de certains termes en s'aidant au besoin d'un dictionnaire. Tout en évitant la superficialité, cette étape se déroule assez rapidement et permet de départager les termes à clarifier immédiatement et les notions qui ne prendront leur signification précise qu'après l'analyse ou l'étude du sujet.

Le *tuteur* ne cherche pas nécessairement à ce que chaque terme ait une définition détaillée, mais plutôt à ce que les ambiguïtés soient identifiées pour être dissipées lors de la période d'étude.

Figure 1

Étapes de l'apprentissage par problèmes

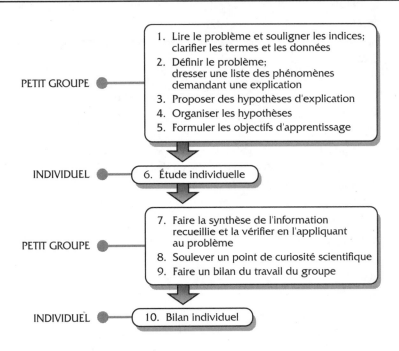

Étape 2 :   définir le problème;
dresser une liste des phénomènes demandant une explication

Définir le problème

Le groupe doit fournir une description synoptique du problème qui résume en une ligne les parties importantes de l'ensemble du scénario. Il ne s'agit pas du diagnostic, mais plutôt de la raison de la consultation avec ses circonstances principales. L'objectif est de s'habituer à produire une définition exacte et descriptive d'un problème en retenant l'essentiel et en écartant les détails.

Après un moment de réflexion, les étudiants s'entendent sur une formule résumant la situation et ses caractéristiques principales. Lorsque le cas est complexe, le résumé identifie les problèmes secondaires.

Le tuteur invite le groupe à décrire en une phrase ce qui se passe. L'étudiant novice n'est pas habitué à faire ce genre d'exercice. Il a de la difficulté à distinguer l'essentiel des détails.

Dresser une liste des phénomènes demandant une explication

Le groupe dresse une liste de questions qui font consensus sur les éléments, les phénomènes, les interrelations demandant une interprétation ou une explication. Il ne s'agit pas d'une liste exhaustive des indices, mais d'un tri qui permet de s'entendre à l'avance sur le plan de l'analyse à entreprendre au cours de la prochaine heure. Les objectifs sont d'identifier, de distinguer et d'associer les indices significatifs; de formuler constamment des questions sur ce qui se passe, sur la séquence des événements, sur leurs relations; et de s'habituer à planifier une discussion.

Les étudiants revoient les indices qu'ils ont identifiés et dressent une liste des situations, manifestations, phénomènes qui nécessitent des explications. Ils notent au tableau les questions pertinentes sans essayer d'y répondre. Celles-ci serviront de plan pour le déroulement des prochaines étapes.

Le tuteur freine le groupe pour éviter qu'il se lance dans l'analyse du problème avant qu'il y ait consensus sur la liste des questions à discuter. Au besoin, il aide à compléter le plan de la discussion. Quelques exemples d'interventions : quels éléments demandent une explication?
peut-on en dresser une liste sous forme de questions? quelle est la liste des points à discuter, leur niveau de priorité, leurs relations? a-t-on oublié d'inscrire tel élément mentionné par tel étudiant?

Le tuteur rappelle qu'il s'agit bien d'établir la liste des points à discuter sans entrer immédiatement dans leur analyse.

Étape 3 :   proposer des hypothèses d'explication

L'analyse du problème se fait à partir de la liste des questions qui demandent une explication. Il s'agit de rechercher les mécanismes sous-jacents aux symptômes et aux signes, de les expliquer en approfondissant jusqu'au niveau cellulaire ou moléculaire, de les agencer en une structure d'apparence logique. C'est le moment d'appliquer les sciences fondamentales aux phénomènes cliniques. Les objectifs sont d'optimiser les conditions de cet apprentissage (la rentabilité d'un tutorial est d'abord de favoriser l'analyse du problème plutôt que la seule découverte des objectifs d'étude cachés dans les indices); de réactiver les connaissances enfouies dans la mémoire à long terme; de réorganiser en mémoire la classification des connaissances en établissant des liens entre les notions apprises antérieurement et les connaissances à acquérir lors de l'étude individuelle; de favoriser un encodage efficace des connaissances en les reliant à une situation clinique réelle; et de mettre en place des points d'ancrage pertinents et signifiants pour y accrocher les notions nouvelles lors de la période d'étude.

Pour formuler des hypothèses, l'étudiant fait appel à deux sources : ses connaissances accumulées en mémoire, qu'il réactive, et les explications rationnelles, logiques, mais pas nécessairement vraies, qu'il élabore. C'est l'étape où la participation de tous est à son meilleur. Chacun propose une idée pour ensuite la clarifier, la développer, l'approfondir ou la modifier. Ce remue-méninges ne vise pas à lancer des hypothèses, mais plutôt à les vérifier et à les enrichir. Après discussion, chaque hypothèse retenue par le groupe est notée au tableau. Au fil des discussions, le groupe identifie le besoin de nouveaux renseignements et de nouvelles connaissances; il inscrit des objectifs d'apprentissage au petit tableau réservé aux questions d'étude.

Souvent, le tuteur choisit de demeurer discret durant cette étape. Parfois il a à intervenir par des questions ouvertes *pour guider le processus* (comment expliquer cette situation? peut-on réfléchir à d'autres mécanismes sous-jacents? n'y a-t-il pas d'autres avenues à considérer? y a-t-il d'autres répercussions prévisibles sur d'autres plans?); *encourager l'approfondissement* (pourquoi penses-tu ça? peux-tu reformuler ton intervention? que penses-tu de l'opinion émise par...? quels éléments nous portent à garder ou à rejeter cette hypothèse?); *ramener vers la cible* (peut-on revenir à une approche plus méthodique? qui peut résumer ce que nous avons trouvé jusqu'ici? avant de s'engager de façon trop spécifique, peut-on envisager des processus plus généraux?) ou *gérer le temps* (peut-on revenir à notre plan de discussion de l'étape 2? comme nous progressons peu, peut-on inscrire une question d'étude? qu'est-ce qu'on pourrait rechercher d'autre maintenant?).

Étape 4 :   organiser les hypothèses

Voici maintenant le temps de procéder à un inventaire systématique des différentes explications émises, pour en faire la synthèse. Il faut organiser les mécanismes impliqués pour les regrouper en causes génériques ou chronologiques, afin d'inscrire des priorités, de découvrir des liens et d'établir des associations. Le résumé prend la forme d'une représentation graphique, d'un schéma, d'un diagramme marquant les incertitudes par des points d'interrogation. Les objectifs sont de cultiver une habileté intellectuelle supérieure, qui consiste à organiser, à inscrire des priorités, à établir des liens et des associations; de s'habituer à terminer un travail ou une discussion en faisant le point; et de préparer des associations entre les connaissances actuelles et les acquisitions de la prochaine période d'étude.

Après une période de réflexion, le groupe fait une synthèse des discussions. Il organise, classifie, regroupe en une séquence chronologique ou générique les différentes explications émises. Il retient, enlève, ajoute des points d'interrogation, établit des liens pour obtenir une représentation d'ensemble du problème, souvent sous la forme d'un schéma. Même si des liens avaient déjà été créés à l'étape 3, le groupe libère le tableau des éléments inutiles pour s'entendre sur une représentation globale résumant le ou les problèmes. Comme toute discussion se termine par une synthèse, le groupe utilise cette étape pour mieux départager les connaissances complètement maîtrisées et les éléments d'incertitude à inscrire comme questions d'étude (au tableau d'appoint).

Pour le tuteur, cette étape est la plus difficile. Il doit utiliser diverses tactiques pour ranimer les forces d'étudiants déjà fatigués: si on se donnait quelques minutes de réflexion avant de faire le point? qui voudrait amorcer une synthèse? quels sont les points importants à retenir de notre discussion? peut-on penser à des associations entre les différentes hypothèses émises?

Étape 5 :   formuler les objectifs d'apprentissage

C'est le temps de compléter la liste des questions à étudier, c'est-à-dire de préciser les informations spécifiques que chaque étudiant doit trouver pour expliquer les phénomènes exposés dans le problème. Il faut établir des priorités et circonscrire chaque objectif d'étude en le formulant de façon concrète et réaliste. Le groupe prépare un plan de travail; il suggère une répartition approximative du temps disponible et s'interroge sur les meilleures ressources à utiliser. Les objectifs sont d'engager l'étudiant dans l'identification de ses besoins d'apprentissage; de l'habituer à construire un plan d'étude en réponse à des besoins spécifiquement identifiés, à préciser des priorités, à prévoir des sources d'information, à estimer une répartition du temps disponible.

En pratique, cette étape a été complétée lors des étapes précédentes. Au fil des discussions, les étudiants ont identifié des déficiences dans leurs connaissances, des notions incomplètes, des incertitudes qu'ils ont inscrites sous forme de questions d'étude au tableau d'appoint. Après en avoir révisé et complété la liste, ils s'entendent sur les priorités. Ils essaient surtout de circonscrire les sujets. Le groupe esquisse un plan d'étude en suggérant les ressources les plus appropriées et une répartition approximative du temps disponible.

Les étudiants doivent découvrir eux-mêmes les objectifs d'étude, mais le tuteur peut les avoir habilement guidés durant la session. Au besoin, il est plus directif au cours de cette étape pour les amener à retrouver les objectifs (inscrits dans le *Guide du tuteur)*. En général, le rôle du tuteur consiste à mieux faire préciser et délimiter les objectifs d'étude. Pour permettre aux étudiants moins autonomes de profiter des ressources de leurs collègues plus habiles à définir des objectifs concrets, précis et réalistes, le tuteur peut aller au-delà du temps alloué. Ses interventions peuvent prendre la forme de questions : au lieu d'inscrire uniquement les chapitres à étudier, pourrait-on préciser les aspects les plus importants à rechercher? qu'est-ce qu'il vous semble essentiel de bien maîtriser? a-t-on oublié que tel sujet faisait controverse? quelles ressources pensez-vous consulter? comment envisagez-vous de répartir votre temps de travail?

Étape 6 : étude individuelle

Chaque étudiant s'engage dans des activités individuelles pour trouver l'information nécessaire à l'explication du problème et couvrir les objectifs d'apprentissage. L'étudiant travaille surtout dans ses livres. Il utilise également les ressources de la bibliothèque de la Faculté, des programmes sur vidéocassettes ou sur ordinateur, et des travaux de laboratoire. On a prévu des périodes où il peut consulter les professeurs experts. Des exercices d'auto-évaluation guident sa démarche. L'étudiant dispose de deux ou trois jours d'étude personnelle avant la prochaine rencontre du groupe. Les objectifs sont de recueillir et de maîtriser l'information pour expliquer le problème et d'acquérir les habiletés et les attitudes nécessaires à un apprentissage autonome.

Pour rentabiliser chaque étape du travail personnel, l'étudiant s'astreint à la discipline suivante : réviser la liste des questions d'étude préparée en groupe et l'adapter à ses besoins personnels en formulant de façon précise chaque objectif d'apprentissage; planifier la période d'étude individuelle en répartissant harmonieusement ses heures de travail intensif et ses autres activités personnelles; identifier les sources d'information les plus appropriées; rejeter rapidement le matériel non pertinent; dégager l'essentiel en le soulignant, en le reformulant ou en le résumant; noter les points ambigus pour les discuter en groupe; faire une synthèse des acquisitions nouvelles; relever les références de qualité pour les partager avec les collègues; et boucler l'étape par une évaluation du processus suivi et de son efficacité.

Étape 7 : faire la synthèse de l'information recueillie et la vérifier en l'appliquant au problème

Les étudiants reviennent en petit groupe et reprennent l'analyse du problème dans le but d'appliquer et de vérifier les notions acquises en s'entendant sur l'explication du problème. L'étape dure de 60 à 90 minutes. L'objectif est de réorganiser les connaissances pour en vérifier la compréhension, les structurer dans la mémoire, en accentuer la rétention et en faciliter l'accessibilité; et d'appliquer les acquisitions nouvelles, de les reformuler, de les vérifier ou de les critiquer.

Des liens, des associations, des encodages sont ajoutés en mémoire pour y construire une banque d'information riche et facilement accessible. L'appréciation et la critique faites par les pairs fournissent une occasion d'autoévaluation et de vérification de la compréhension.

Les étudiants se mettent dans l'ambiance en faisant un tour de table sur les ressources utilisées afin de les commenter, de les critiquer, et de partager leurs découvertes. Les échanges, brefs, se limitent à la critique des références et non au contenu.

Par la suite, le groupe s'entend sur la méthode la plus appropriée pour profiter au maximum du temps alloué. La discussion fait appel aux connaissances acquises et non à la lecture des textes et des notes. Livres et notes n'encombrent pas la table.

Le plus souvent, on revient au problème en construisant une nouvelle représentation schématique des explications. Ainsi les étudiants partagent leurs découvertes, complètent leurs connaissances, vérifient leur compréhension, critiquent certaines applications et corrigent leur propre explication des processus fondamentaux du problème. Ils approfondissent les opinions émises en expliquant pourquoi ils retiennent une hypothèse ou la rejettent. Les discussions se terminent par une synthèse qui prend souvent la forme d'un nouveau schéma et, s'il y a lieu, d'un plan de la solution probable. Ces échanges peuvent entraîner de nouvelles questions à inscrire comme objets d'étude.

Afin de permettre à chacun de profiter des connaissances de ses pairs, le groupe se réserve une courte période à la fin de l'étape pour éclaircir certains points mal compris ou controversés rencontrés durant l'étude personnelle.

Pour le tuteur, il y a plusieurs façons de procéder, selon la nature du problème, la complexité du sujet, la variété des ressources consultées ou l'envie de changement des étudiants. Mais deux éléments sont à retenir. D'abord, avant d'entreprendre l'étape, le groupe doit s'entendre explicitement sur la façon de procéder la plus appropriée et sur un plan de discussion. Puis, la rentabilité de cette étape proviendra de la discussion et non de la récitation. Cette étape, en effet, ne doit pas se transformer en mini-cours, mais demeurer une occasion d'appliquer des notions théoriques à des situations cliniques particulières. Il faut profiter de l'occasion pour que les connaissances nouvelles soient reformulées, appliquées, critiquées, corrigées et complétées. Ainsi, chacun profite des pairs pour vérifier sa compréhension, ajouter des liens et faire des associations, pour finalement convenir de l'explication du problème.

Pour un problème particulier, le tuteur peut utiliser une approche mieux adaptée en offrant de discuter un problème complémentaire qui fait appel aux mêmes concepts ou de partager des cas tirés de son expérience de clinicien.

Étape 8 :   soulever un point de curiosité scientifique

Il s'agit de mettre en relief des découvertes scientifiques ou des questions de recherche encore ouvertes. Les étudiants se rendent aux limites de leurs connaissances sur un sujet donné. Les objectifs sont de partager le plaisir de découvrir les limites du savoir et de susciter la curiosité scientifique.

En guise de détente, les étudiants partagent, en un tour de table, la satisfaction qu'ils ont éprouvée à comprendre un mécanisme spécifique. Ils formulent des questions sur un sujet dont ils aimeraient poursuivre l'étude.

Pour stimuler la réflexion, le tuteur peut poser certaines questions: lors de cette période d'étude, y a-t-il un mécanisme que vous avez eu particulièrement plaisir à découvrir? y a-t-il une explication ou un concept qui a suscité votre intérêt au point que vous aimeriez y revenir plus tard? quelle question aimeriez-vous pousser plus à fond et éventuellement explorer par une recherche dans la littérature scientifique? seriez-vous capable de formuler cette préoccupation sous forme d'une question précise de recherche?

Étape 9 :   faire un bilan du travail du groupe

Le groupe fait le bilan du travail réalisé en se préoccupant de deux aspects: le processus d'analyse du problème et les progrès de l'apprentissage réalisé par le groupe; la dynamique du groupe, les interactions et le climat de travail (Tableau 2). Pour qu'un groupe fonctionne de façon optimale, il doit investir régulièrement du temps et de l'énergie pour faire le point; analyser ce qui se passe dans le groupe, comment il progresse; identifier les points forts et les points faibles et s'entendre sur des objectifs d'amélioration.

Tableau 2
CADRE EXPLORATOIRE POUR LE BILAN DU GROUPE

Contenu
- atteinte des objectifs
- clarté des notions apprises

Processus
- étapes de l'APP
- rôle des étudiants et du tuteur
- gestion du temps
- interactions

Climat
- intérêt, motivation
- communication
- collaboration

Pressés par le temps et par la tâche, les étudiants peuvent être tentés d'escamoter cette étape. Le contenu scientifique mobilise tellement le groupe qu'il en masque les difficultés de fonctionnement. Il n'est pas facile de s'arrêter pour vérifier le climat et s'assurer que tous participent harmonieusement en respectant le mode d'expression de chacun et ses difficultés personnelles. Pourtant, le groupe est un instrument puissant pour entretenir la motivation individuelle, acquérir des habiletés de communication et manifester des préoccupations d'humanisme. Un bon truc : identifier à chaque session un comportement particulier du groupe sur lequel travailler, et faire le point au prochain bilan.

En général, au cours de cette étape, le tuteur devient l'animateur, étant le mieux placé pour observer le processus et la dynamique du groupe. De plus, son expérience et sa maturité lui permettent d'interpréter des modes d'interaction, de dépister des malaises et de conseiller le groupe en appliquant les techniques d'une *rétroaction descriptive*.

Étape 10 : faire un bilan du travail individuel

En terminant l'étude d'un problème, l'étudiant dresse son bilan personnel. Il inscrit ce qu'il a bien maîtrisé et ce qu'il lui reste à compléter, en notant les meilleures références. L'objectif est d'acquérir une discipline intellectuelle, celle de toujours terminer une activité en rédigeant un bilan (ce qui est fait et ce qui reste à faire), habitude précieuse pour l'éducation continue au cours de la vie professionnelle.

Les méthodes sont propres à chacun. Par exemple, un étudiant peut se constituer un ensemble de fiches classées par systèmes ou par problèmes. Il y inscrit au jour le jour ce qu'il a complété et ce qui lui reste à faire. Il y ajoute des indications sur les meilleures références pour fin de révision ou de consultation. Quelle que soit sa méthode, l'étudiant utilisera ce bilan pour évaluer ses progrès et ainsi prévenir l'anxiété de ne pas savoir où il en est rendu.

LE RÔLE DES ÉTUDIANTS DURANT UN TUTORIAL

Une des caractéristiques de l'APP est de maximiser la participation active de chaque étudiant. Le groupe est tributaire de l'apport de chacun. Individuellement, chacun contribue, selon son style et ses ressources, à la progression efficace de la rencontre et au climat harmonieux des échanges. De plus, pour faciliter le déroulement d'un tutorial, les étudiants remplissent quatre rôles spécifiques : animateur, secrétaire, scribe et intendant. À chaque problème, les étudiants occupent en rotation les trois premiers rôles, alors que l'intendant occupe sa fonction durant toute l'unité.

Au début d'un problème, à tour de rôle, les étudiants acceptent la fonction d'*animateur*. L'animateur gère la progression d'une étape à l'autre; il favorise le consensus dans la discussion, suscite la participation, et facilite les interactions. Au besoin, il fait expliciter un point controversé ou ramène vers la cible ceux qui s'en écartent.

Pour que chaque participant puisse suivre le déroulement de l'analyse du problème sans avoir à prendre de notes, un étudiant joue le rôle de *secrétaire*. Il suit les discussions et inscrit au tableau les éléments nouveaux. En plus de permettre à chacun d'être attentif au processus, le tableau peut être corrigé, facilement et par tous, pour y conserver seulement les notions ayant fait consensus.

Pour plus de clarté, le tableau est divisé en sections. Tout d'abord, on y inscrit la définition du problème et la liste des phénomènes demandant explication. On écrit dans la plus grande section les multiples hypothèses formulées à l'étape 3 (*proposer des hypothèses d'explication*). Il faudra en effacer une partie pour construire une synthèse, lors de l'étape 4 (*organiser les hypothèses*). Pendant le déroulement des étapes, le secrétaire note au fur et à mesure les objectifs d'étude sur un tableau satellite. Lors de la prochaine rencontre, le même secrétaire reprend la craie pour poursuivre le déroulement de l'étape 7 (*faire la synthèse de l'information recueillie et la vérifier*).

La fonction de secrétaire est exigeante. L'étudiant doit demeurer alerte, saisir toutes les idées émises, s'assurer de leur clarté et ne retenir que les éléments pertinents. Il rend le tableau explicite en utilisant des abréviations, des flèches, des schémas. Il efface le superflu, regroupe, met en évidence. Par ailleurs, il doit reproduire les opinions du groupe et non son interprétation personnelle.

Le rôle du *scribe* est simple. Il transcrit sur papier les éléments significatifs du tableau, soit le consensus du groupe pour les étapes 2, 4, 5 et 7. Il en fait des photocopies que chaque membre du groupe pourra utiliser lors de son travail personnel.

Chaque groupe désigne un étudiant pour agir comme *intendant* pendant toute la durée d'une unité. Celui-ci voit aux ressources du local, à la distribution du matériel didactique et aux communications entre le groupe et les responsables du programme. Il collige l'évaluation des problèmes faite par ses collègues, les références et les moyens à leur disposition.

Un mot enfin sur *l'étudiant responsable d'une unité*. Au début d'une année universitaire, un étudiant se porte volontaire comme responsable d'une unité. Il recueille l'information transmise par les intendants et rédige un bilan de l'unité. En général, il s'agit d'une analyse descriptive plutôt détaillée, portant sur l'organisation, le climat, la séance d'introduction, la qualité des problèmes, la pertinence des références, l'utilité de l'examen formatif, l'intérêt des tuteurs, le style des présentations magistrales et l'intérêt des travaux en laboratoire. Le rapport se termine par des suggestions visant à améliorer la prochaine édition de l'unité.

Au milieu d'une unité, intendants et enseignants responsables se réunissent pour discuter du climat, du déroulement des activités ou des suggestions rapidement applicables. À la fin d'une unité, les intendants se joignent à l'étudiant responsable de l'unité pour en préparer le rapport d'évaluation.

L'ENTRAÎNEMENT À LA MÉTHODE D'APP

À leur arrivée, les étudiants suivent deux semaines d'initiation aux nouvelles méthodes d'apprentissage. Il s'agit d'ateliers portant sur les buts du programme, sur la méthode d'APP, sur le fonctionnement et la dynamique d'un petit groupe, et donnant quelques règles de base sur l'étude individuelle et sur la gestion du temps. Les discussions en groupe s'accompagnent d'exposés et de lectures individuelles. Certains thèmes seront repris en atelier, à six mois d'intervalle.

LES TÂCHES D'UN TUTEUR ACTIF

Avec l'APP, l'enseignant voit modifier profondément son rôle. Il devient un tuteur. Ses préoccupations principales sont de guider le processus d'analyse et de raisonnement clinique, d'entretenir la dynamique du petit groupe et de stimuler la motivation. Ses tâches seront multiples, mais l'expérience permet de les classer (chapitre 9).

Le tuteur *gère la méthode d'APP*. Il est responsable d'un tutorial; il s'assure du déroulement séquentiel du processus d'analyse et fait progresser le groupe vers cette cible, tout en respectant le temps imparti. Le tuteur *aide l'étudiant-animateur* à faire participer tous les étudiants à la démarche. Le tuteur ne fait que suppléer l'animateur. Sa participation est plus active aux étapes 2 (*définir le problème*), 4 (*organiser les hypothèses*) et 7 (*faire la synthèse de l'information*); et il est souhaitable qu'il prenne en charge l'animation pour le bilan du groupe, à l'étape 9. Le tuteur stimule l'analyse. Il pousse le groupe à toujours rechercher le pourquoi des événements et à les analyser en profondeur, jusqu'au niveau cellulaire ou moléculaire, sans tolérer la superficialité. Le tuteur *motive* les étudiants. Il travaille à optimiser le climat d'apprentissage et à susciter chez eux le goût d'apprendre la matière. Le tuteur *évalue*. Il prend note du progrès de chaque étudiant et lui fournit une rétroaction descriptive et une évaluation, tout en respectant sa capacité d'intervention. Le tuteur *favorise l'autonomie*. Il utilise des techniques d'aide pour encourager l'acquisition progressive d'habiletés d'autoapprentissage.

En somme, le tuteur se porte garant de la qualité de la méthode d'APP utilisée pour favoriser l'apprentissage des étudiants durant les tutoriaux.

Voilà comment se déroule, en 1re et 2e année, un tutorial d'APP à la Faculté de médecine de Sherbrooke. Le format est différent pour les rencontres d'ARP en 3e année (chapitre 2) et pour les séances d'ARC de l'externat (chapitre 7). Nos étudiants, réunis en petit groupe avec un tuteur pour analyser un problème, suivent une démarche très structurée. Quels en sont les effets anticipés sur leur apprentissage?

JUSTIFICATION DE LA MÉTHODE D'APP

Les éducateurs se posent depuis longtemps les mêmes questions : «Pourquoi les étudiants oublient-ils si vite?» «Pourquoi sont-ils si souvent incapables d'utiliser de façon appropriée les connaissances acquises?» «Pourquoi, après un franc succès aux examens théoriques qui démontre leur maîtrise des connaissances, ne réussissent-ils pas à les appliquer pour résoudre un problème clinique du même domaine? Ils semblaient pourtant avoir tout compris!» «Pourquoi sortent-ils des leçons magistrales avec si peu d'enthousiasme et d'intérêt?» Malgré les bonnes intentions de nos aînés, le système de formation des médecins aura peu évolué en cinquante ans.

Après tant de déceptions, la méthode d'apprentissage par problèmes offre un cadre conceptuel attirant. Le choix de l'APP repose sur une logique théorique : cette méthode offre un ensemble de stratégies éducatives qui s'avèrent cohérentes avec les découvertes de la psychologie cognitive. L'APP permettra-t-elle de produire des médecins plus compétents? Démonstration difficile à établir, même si l'APP place l'étudiant au centre du processus d'apprentissage[11]. Sa justification repose sur une validité apparente. Mais un certain nombre de raisons militent en faveur de son adoption.

Le choix de l'APP repose sur les trois principales visées pédagogiques suivantes : optimiser les conditions de l'apprentissage, stimuler la motivation et renforcer l'autonomie (Tableau 3).

OPTIMISER LES CONDITIONS D'APPRENTISSAGE

Il revient à Schmidt[6] d'avoir su dégager les principes de base qui servent de cadre de référence à l'APP. Les trois conditions prépondérantes qu'il a retenues sont l'activation du savoir antérieur, la spécificité de l'encodage et l'élaboration des connaissances acquises. Bordage[12] a, quant à lui, mis en lumière l'importance d'aborder l'étude d'un domaine à partir de prototypes.

Tableau 3
JUSTIFICATIONS DE L'APP

BUTS	MOYENS
Optimiser les conditions d'apprentissage	Activation du savoir antérieur Spécificité de l'encodage Élaboration des connaissances acquises Étude à partir de prototypes
Stimuler la motivation	Participation de l'étudiant Reproduction du contexte de la pratique future
Renforcer l'autonomie	Entraînement au processus d'analyse et de résolution de problèmes Pratique de l'auto-direction de l'apprentissage Communication et travail en équipe

L'activation du savoir antérieur

L'utilisation de notions déjà acquises facilite la compréhension et le traitement de l'information nouvelle. Cependant, pour que l'acquis agisse comme «facilitateur», il faut qu'il puisse être réactivé. Pour mieux comprendre de nouvelles notions, l'étudiant doit s'engager dans une démarche explicite permettant l'association avec du matériel déjà disponible dans sa mémoire à long terme. On devine facilement que les méthodes d'enseignement diffèrent quant à leur capacité d'induire une activation des connaissances antérieures appropriées[13]. Un étudiant pourrait se contenter d'accumuler tout simplement des connaissances dans sa mémoire à long terme. Par contre, les premières étapes de l'APP le forcent à rendre à nouveau disponibles ses connaissances antérieures.

Par exemple, pour analyser en petit groupe un problème d'infection respiratoire, les étudiants feront appel à des notions déjà acquises en microbiologie, en immunologie, en médecine préventive, etc. Cette première analyse, précédant une étude sur le sujet, les oblige à réorganiser la structure des connaissances qu'ils ont en mémoire pour ensuite les associer avec l'information nouvelle qu'ils iront chercher durant la période d'étude. De cette façon, les étudiants élaborent, dans leur mémoire à long terme, une banque facilement utilisable de connaissances «organisées».

Tout apprentissage est donc cumulatif[14]. La stimulation du savoir antérieur ancre plus fortement les acquisitions nouvelles. Pour conserver la mémoire à long terme dans un état dynamique et disponible, il sera utile de la réactiver par des rappels planifiés lorsque l'on abordera les problèmes subséquents[15].

La spécificité de l'encodage

La capacité de la mémoire à long terme est illimitée. Le problème est d'y retrouver l'information. C'est une question d'accessibilité. Pour obtenir la réactivation de l'information désirée, il faut avoir déjà créé un lien entre cette information et l'organisation des connaissances antérieures. L'actualisation de l'information dépend de la manière dont elle a été entreposée. Un livre mal classé sur un rayon est un livre perdu. Il sera plus facile, dans le futur, de faire appel à une information si des indices, des marqueurs ou modes d'appel ont été codés dans la mémoire en même temps que l'information elle-même[16]. En somme, dans un processus d'apprentissage, on n'accumule pas que des connaissances, mais aussi des indices qui favorisent leur réapparition subséquente. Le rôle de l'enseignant consiste donc à anticiper les situations où l'étudiant aura à utiliser l'information, de façon à induire aussi les modes de rappel, à permettre aux étudiants de se créer des associations en mémoire.

Plus la situation d'apprentissage est similaire aux situations du travail futur, meilleure sera la performance[17]. Malheureusement, les leçons magistrales présentent l'information surtout par sujets, elles ne favorisent guère une organisation en mémoire qui soit propice aux rappels lors des stages cliniques. Par contre, dans la méthode d'APP, le problème présenté cherche à imiter le plus possible des situations de la vie professionnelle future. Les connaissances acquises dans le contexte d'un problème clinique devraient donc demeurer plus accessibles dans la mémoire pour l'analyse et la solution de problèmes cliniques réels.

L'élaboration des connaissances acquises

L'information est mieux comprise, traitée et réutilisée si les étudiants ont l'occasion de la reprendre et de travailler avec. Cette participation peut se faire par des questions, des discussions, des résumés ou idéalement par la reformulation et la critique des hypothèses. C'est comme si de telles élaborations entraînaient une redondance dans la mémoire et y organisaient une structure prévenant l'oubli et favorisant la disponibilité[18].

En APP, après une période d'étude individuelle, les étudiants reprennent en groupe l'analyse du problème. Cette application immédiate des notions acquises permet de vérifier la compréhension des concepts et d'en renforcer la rétention. L'étudiant se crée ainsi en mémoire une banque d'associations algorithmiques facilitant son accès rapide.

L'étude à partir de prototypes

On demande souvent si la méthode assure la couverture du contenu. Combien de problèmes l'étudiant doit-il analyser pour que l'on soit sûr qu'il maîtrise le contenu nécessaire à sa compétence clinique future? Car le temps est un facteur limitatif. Bordage aide à répondre à cette question[12]. Il cherche à comprendre pourquoi, dans certaines situations cliniques, des étudiants et des médecins commettent des erreurs qui portent à conséquence. Pour lui, le mode d'organisation des connaissances dans la tête du clinicien joue un rôle critique dans la capacité de résoudre des problèmes.

L'étudiant apprend plus facilement une matière et la retient plus fidèlement si l'exposé part d'un prototype, plutôt que d'une série d'exemples. Ainsi, selon Bordage, au lieu de tenter de mémoriser les dix-sept causes de dyspnée présentées dans son manuel d'étude, l'étudiant aurait avantage à maîtriser un prototype comme l'insuffisance cardiaque. C'est comme si le prototype servait de point d'ancrage pour les études subséquentes[19]. L'importance du prototype devrait guider la sélection et la construction des problèmes utilisés dans l'APP. L'étudiant partira de prototypes pour accumuler d'autres notions, les transposer à d'autres situations et les comparer à d'autres catégories.

STIMULER LA MOTIVATION

Un apprentissage actif stimule implicitement la motivation. Il est reconnu en andragogie que l'adulte devient de plus en plus responsable de son propre processus éducatif[20, 21] et qu'il préfère étudier pour répondre à des besoins spécifiques, à des questions qu'il s'est lui-même posées. L'adulte aime prendre part au cheminement de la recherche de réponses. Pourquoi ne pas exploiter cette force intrinsèque avec des étudiants de l'ordre d'enseignement universitaire?

En APP, le problème devient le stimulus. Déclencheur de l'apprentissage, il prouve d'emblée à l'étudiant la pertinence des concepts à apprendre et à appliquer. Son analyse en petit groupe incite l'étudiant à proposer des hypothèses d'explication et à aller les vérifier. La pertinence de la matière à étudier, son importance et sa signification deviennent plus évidentes à la lumière des situations cliniques. Les étudiants gèrent donc leur étude dans le but d'expliquer les données du problème. Ils travaillent ainsi pour répondre à des questions personnelles. La responsabilité de chaque étudiant dans le progrès du groupe est aussi pour lui comme un soutien dans la démarche qu'il entreprend pour démêler, au jour le jour, les sujets difficiles. Pendant les tutoriaux, la discussion avec les collègues lui permet de vérifier sa compréhension des phénomènes et de profiter d'une forme d'autoévaluation. La méthode d'APP entretient l'effort continu et évite le report en bout de course du travail à accomplir - soit avant les examens. L'étudiant trouve stimulant de partager ses connaissances nouvelles avec son groupe. L'échange donne le goût de poursuivre. Ces éléments de motivation sont aisément reconnus par les étudiants et par les enseignants[22].

RENFORCER L'AUTONOMIE
L'entraînement au processus d'analyse et de résolution de problèmes

La maîtrise du processus d'analyse demande de la discipline et de la pratique. Dans un cursus traditionnel, c'est le professeur qui présente devant les étudiants son approche d'un phénomène. Il explique les choses à la place de l'étudiant, qui n'a plus qu'à les mémoriser. Dans un programme d'APP, dès les premiers jours, l'étudiant doit s'entraîner à définir lui-même le problème, à identifier les phénomènes qui demandent des explications, à formuler des hypothèses d'interprétation rationnelle, à circonscrire les questions à étudier pour aller chercher lui-même l'information dans ses livres.

Le travail quotidien du médecin consiste à analyser des problèmes et à les résoudre. En fait, c'est la pratique médicale qui lui permet de développer un raisonnement clinique approprié, rapide, efficace[22, 23, 24, 25, 26]. Ne pourrait-on pas préparer, et en quelque sorte hâter, cette maturation en exposant l'étudiant à des problèmes dès son arrivée à la Faculté? L'APP veut aider l'étudiant à progresser, jusqu'à un certain point, de l'état de novice à celui d'expert dans l'art de faire des liens, d'associer des connaissances, de reconnaître, utiliser et intégrer des concepts et des principes pour les appliquer à des champs connexes. Dans un tel système, le rôle principal de l'enseignant-tuteur est d'encourager cette démarche et de fournir de la rétroaction sur la maîtrise collective et individuelle du processus d'analyse. L'enseignant devient un promoteur du processus d'analyse.

La pratique de l'autodirection de l'apprentissage

Quelle que soit la méthode utilisée, les objectifs du programme sont essentiellement les mêmes pour tous. Cependant, avec l'APP, l'étudiant a plus de liberté pour les atteindre selon son propre style d'apprentissage. La responsabilité d'apprendre est confiée à l'étudiant alors que l'enseignant joue le rôle, non plus de pourvoyeur d'information, mais de gestionnaire du processus d'analyse du problème. La Faculté dessine l'itinéraire, mais c'est l'étudiant qui est au volant. Il doit acquérir de la discipline pour gérer son temps. Le calendrier hebdomadaire doit donc être libéré des périodes auparavant réservées aux présentations magistrales. Le travail personnel n'a plus à se faire uniquement en fin de journée ni durant les périodes les moins productives. L'étudiant gère son temps selon des besoins identifiés; il peut consacrer plus d'heures aux sujets difficiles au lieu de suivre le rythme du professeur. Il se familiarise avec la recherche d'information, fréquente les livres plutôt que les notes de cours et apprend à consulter naturellement les sources documentaires.

Parallèlement, l'APP aide à créer des habitudes d'autoévaluation. En effet, l'étudiant profite de la deuxième partie du tutorial pour vérifier sa compréhension des concepts étudiés et sa capacité d'appliquer les notions théoriques à une situation pratique, de transposer des principes généraux à des phénomènes spécifiques. La discussion du groupe lui confirme sa maîtrise ou lui révèle ses lacunes.

En somme, l'APP entend favoriser l'acquisition d'habitudes et de capacités d'autoapprentissage et d'autoévaluation, qualités essentielles pour entretenir plus tard le souci de la formation continue[27, 28].

La mise en pratique des attitudes et des habiletés nécessaires au travail en équipe

L'étudiant se sent responsable de contribuer à la dynamique et au progrès du groupe. Il apprend à coopérer et à améliorer ses relations interpersonnelles. Il s'entraîne à écouter, à exprimer sa pensée, à interagir et à faire progresser une discussion. Il acquiert et utilise des notions de base sur la dynamique et le fonctionnement optimal d'un petit groupe. Il met en pratique les notions théoriques sur l'art de donner et de recevoir de la rétroaction. Dans l'acquisition de ces attitudes et habiletés, il est guidé par des activités structurées d'autoévaluation, suivies d'une évaluation avec rétroaction faite par le tuteur et par les collègues[29, 30].

CONSTRUCTION DES PROBLÈMES D'APP

Le docteur Boileau, qui agit comme tuteur, est perplexe. Lundi dernier, son groupe de huit étudiants de 2e année était plein d'enthousiasme et de créativité. Les étudiants avaient analysé un problème respiratoire en proposant toutes sortes d'hypothèses ingénieuses pour expliquer la physiopathologie des situations cliniques et des gaz artériels perturbés. Après 90 minutes de travail, ils avaient hâte d'aller vérifier les nombreux points d'interrogation soulevés durant leurs discussions. Ce matin, jeudi, ils sont revenus tout fiers de leur étude personnelle. Avec entrain, ils ont repris l'analyse du même problème. Mystères et ambiguïtés ont disparu. Ils appliquent les mécanismes physiopathologiques qu'ils viennent d'étudier pour comprendre ce qui s'est passé chez le patient. Danièle explique à Jean un point obscur. Pierre corrige une mauvaise interprétation de Lucie. La session progresse à grands pas et le tuteur n'a pratiquement pas à intervenir. Les étudiants terminent par une synthèse plus complète même que celle prévue dans le Guide du tuteur. Après une pause, ils attaquent le prochain problème, celui d'un patient avec une masse au cou. Mais là les étudiants suivent les étapes sans intérêt. Ils ont perdu leur vivacité. Au lieu de soulever des hypothèses pour expliquer les phénomènes, ils ne font qu'indiquer des sujets à étudier. Que s'est-il passé? Étudiants et tuteur prétendent que le problème n'est pas bon pour l'APP et qu'il faut en reprendre la rédaction.

LES BUTS POURSUIVIS EN APP

Walton et Mattews[27] proposent une définition qui résume bien la description d'un problème utilisé en tutorial. «Un problème en APP peut être défini comme une série de phénomènes ou de circonstances présentés en un arrangement particulier et nouveau pour l'étudiant. Celui-ci ne pourra se satisfaire de la reconnaissance des formes (*pattern recognition*) pour comprendre le problème; il devra faire appel à des éléments spécifiques de connaissance et de compréhension pour les appliquer en un processus logique de façon à réussir à identifier les facteurs impliqués et leurs interactions.»

L'architecte-ingénieur d'un système de formation choisit une méthode particulière en fonction des buts qu'il poursuit. Ainsi, la structure des problèmes d'APP découle directement des objectifs visés par cette méthode d'apprentissage (Tableau 4). De fait, les facultés de médecine qui ont adopté l'apprentissage par problèmes s'entendent sur ces objectifs généraux en raison des principaux avantages qu'ils procurent aux étudiants.

Tableau 4
LES BUTS DE L'APP

– Guider l'acquisition et l'organisation intégrée des connaissances;

– favoriser le processus d'analyse et de résolution de problèmes cliniques;

– stimuler la motivation et le plaisir d'apprendre;

– développer des habiletés d'auto-apprentissage.

MODÈLES ET STRATÉGIES PROPOSÉS
DANS LA DOCUMENTATION SCIENTIFIQUE

Les modèles de problème et les stratégies d'utilisation proposés jusqu'à présent dans la documentation scientifique varient selon le niveau des étudiants et les intentions des enseignants, comme Barrows l'a montré dans sa taxonomie des problèmes pour un cursus préclinique[1]. À l'instar du groupe de McMaster[4, 5, 31], Barrows favorise un modèle de problème qui reprend un cas clinique réel et se prête à la résolution du problème.

Par ailleurs, à Maastricht[32], on propose une stratégie où les notions sont organisées en arbre de concepts. Ainsi, à partir d'un grand thème comme l'influenza, on greffe, puis on hiérarchise des objectifs ou *concepts* appartenant à plusieurs disciplines, tels le processus infectieux, la prévention, le traitement.

À New Mexico[33, 34], les artisans de la révision du programme de formation préconisent la rédaction de problèmes à foyer plus étroit, orientés vers les objectifs d'une discipline fondamentale donnée ou reliés à une situation clinique spécifique.

À Newcastle[8], Neame insiste sur la différence de modèles à développer selon que le but poursuivi est l'analyse ou la résolution du problème. Il propose un modèle par séquences où la présentation d'un scénario clinique succinct déclenche le processus d'analyse et suscite une quête d'information. Le tuteur ne fournira des données additionnelles sur la condition du patient ou l'évolution de sa maladie qu'à la demande expresse d'un participant et à un moment approprié de la discussion. Cette approche est particulièrement séduisante parce qu'elle imite la démarche de plusieurs cliniciens.

LE MODÈLE SHERBROOKOIS

Dans leur première édition, nos problèmes visaient trop la couverture du contenu. Les enseignants voulaient transmettre dans l'APP autant d'information que dans le cursus traditionnel. Le scénario d'un problème était souvent chargé d'indices que les étudiants devaient extraire pour les transformer en questions d'étude. Ceci dénotait la prédominance de la préoccupation du contenu à couvrir, le syndrome de la «couverturite».

Aujourd'hui le mot d'ordre est clair : la richesse d'un problème discuté en tutorial provient de sa capacité à susciter une analyse en profondeur. L'enjeu pédagogique porte sur le processus d'analyse plutôt que sur la seule découverte des objectifs d'apprentissage. Au besoin, un tuteur peut devenir directif dans la détermination des objectifs. Des situations cliniques sont exposées de façon à inciter les étudiants à les expliquer en proposant une série d'hypothèses vraisemblablement logiques, qu'ils iront vérifier lors de l'étude individuelle.

Ainsi, les scénarios de notre deuxième édition de problèmes sont fort différents. On y expose une situation plus générale, émondée des indices issus de la seule préoccupation de couvrir un contenu détaillé. Pour les étudiants, un bon problème provoque une recherche en profondeur des mécanismes fondamentaux plutôt qu'une dispersion dans les détails qui expliquent des particularités. En 1re et en 2e année, l'étudiant doit faire l'apprentissage des sciences cliniques en les expliquant par les sciences fondamentales. Pour y arriver, il se sert de la méthode d'APP. À partir d'un problème, l'étudiant cherche à comprendre les phénomènes et les manifestations cliniques en approfondissant ses connaissances jusqu'au niveau de la cellule ou de la molécule. Il analyse les situations qui se manifestent par des symptômes et des signes, l'évolution du processus biologique, ses répercussions psychosociales, sans entrer dans la discussion du diagnostic différentiel, ni dans la planification de la conduite thérapeutique. Il travaille à l'analyse du problème plutôt qu'à sa solution proprement dite. La présentation du problème tient souvent dans une page.

LA CONSTRUCTION D'UN PROBLÈME : UNE DÉMARCHE EN SEPT ÉTAPES

Les échanges avec les autres facultés et l'expérience nous ont beaucoup appris, néanmoins nous continuons de proposer la même démarche en sept étapes qu'en 1986 (Tableau 5). Les trois premières peuvent être considérées comme des préliminaires à la rédaction proprement dite du problème, alors que les trois dernières en sont des compléments.

Étape 1 : constitution d'un groupe de travail multidisciplinaire

Selon nous, la théorie de l'APP exige que la planification, la construction et la réalisation d'une unité soient confiées à un groupe de travail multidisciplinaire formé de cinq à six enseignants, dont la moitié sont des spécialistes du contenu, cliniciens ou fondamentalistes, et l'autre moitié des non-spécialistes du domaine : médecine interne, médecine familiale, chirurgie générale, pédiatrie, radiologie, etc.

Le groupe est responsable de la production de tout le matériel didactique d'une unité. Il travaille en liaison avec la direction du programme. Cette production est ensuite révisée par les responsables du programme, qui en vérifient la pertinence quant aux buts de formation, la conformité avec la méthode d'APP, la convenance avec le niveau des étudiants, et l'enchaînement avec les autres unités.

Pour convertir un cursus traditionnel, où prédomine la leçon magistrale, en un programme axé sur l'apprentissage, chaque groupe de travail convient de faire table rase et de repenser objectifs, contenus, méthodes et matériel didactique. Puis il choisit les thèmes à développer en problèmes, décide des concepts clés, rédige les scénarios, évalue les progrès attendus de l'étudiant et améliore le matériel utilisé.

Tableau 5
UNE DÉMARCHE EN SEPT ÉTAPES

AVANT	1. Constitution d'un groupe de travail multidisciplinair 2. Enquête sur les problèmes ou situations cliniques prioritaires 3. Identification d'un arbre de concepts pour un problème prioritaire
LA TÂCHE	**4. Rédaction des scénarios de problèmes**
APRÈS	5. Préparation du *Guide du tuteur* 6. Planification de l'évaluation formative et sommative 7. Évaluation et amélioration du problème

Étape 2 : enquête sur les problèmes ou les situations cliniques prioritaires

Une unité ne dure que quatre ou cinq semaines et offre deux problèmes par semaine. Le choix des thèmes à développer devient primordial puisque seulement huit ou dix problèmes par unité feront l'objet d'une étude en profondeur. Pressés par le temps, les responsables d'unité n'ont pas toujours suivi la méthode proposée. Ceux qui ont persisté à vouloir convertir tous les sujets traités dans les cours traditionnels ont eu de la difficulté à rédiger des problèmes réalistes et stimulants. Il leur a fallu reprendre l'exercice.

La méthode utilisée pour identifier les situations cliniques s'inspire de celle qui est utilisée à McMaster[35].

La méthode : il s'agit d'une enquête d'opinions sur une liste de problèmes ou de conditions cliniques potentiellement prioritaires, par exemple les palpitations, les douleurs thoraciques, les infections respiratoires. La liste est établie par le groupe de travail d'une unité.

Les sources : l'enquête s'adresse à des répondants de milieux différents, soit un généraliste, un interniste, un pédiatre, un chirurgien, un résident de médecine familiale, un externe, un ou deux spécialistes de la discipline.

Les critères de sélection : pour émettre ses opinions sur les problèmes prioritaires que doit examiner un étudiant en médecine, le répondant est invité à se référer à des critères de sélection, tels ceux du système PUIGEP, largement utilisé[36] :

> **P**révalence : les problèmes les plus fréquemment rencontrés en pratique courante.
> **U**rgence : les problèmes représentant une menace à court terme pour la vie ou des situations pouvant avoir des conséquences sérieuses si elles ne sont pas reconnues et traitées rapidement.
> **I**nterventions possibles : les problèmes pouvant être modifiés par une intervention de type préventif, curatif ou éducatif.
> **G**ravité : les problèmes ayant un impact sérieux sur la santé du patient ou sur des conditions sociales ou économiques.
> **E**xemple éducatif : les problèmes pouvant servir à présenter des concepts importants ou aborder des secteurs essentiels des sciences de la santé ou des sciences de base, ou illustrer plusieurs concepts; les problèmes reconnus comme des prototypes pour organiser une base de connaissances ou pour amorcer un diagnostic différentiel.
> **P**révention : les problèmes où la prévention joue un rôle prédominant et où l'éducation du public est soulignée comme une responsabilité prioritaire.

Pondération : pour chaque problème, le répondant applique les critères de sélection en se référant à une échelle de priorités qui va de 1 (très faible) à 5 (très élevée).

Parmi une liste toujours trop abondante, le groupe de travail doit, lors de la compilation, se limiter à des thèmes prioritaires.

Étape 3 : identification d'un arbre des concepts

Après s'être entendu sur une liste de thèmes prioritaires, établie par une enquête ou autrement, le groupe de travail définit un arbre des concepts, une méthode qui vient de Maastricht[32]. Un thème ou un problème de santé jugé prioritaire devient le tronc auquel se greffent des branches représentant l'épidémiologie, le processus biologique, les manifestations cliniques, l'évolution, les interventions possibles, la prévention, les conséquences psychologiques ou sociales, etc. Pour chaque branche, le groupe établit une liste de concepts. Un concept fait référence à une notion essentielle, un grand principe, un mécanisme fondamental ou un élément critique qu'un étudiant doit maîtriser pour être en mesure d'expliquer un problème, une situation clinique ou l'évolution d'un processus biologique.

Il n'est jamais facile pour les professeurs d'émonder le contenu et de s'entendre sur une liste de concepts prioritaires. Parfois, une liste raisonnable n'est établie qu'après de nombreuses heures d'échanges, de justifications et de concessions. En effet, tout enseignant est profondément convaincu que l'étudiant doit tout apprendre et tout retenir, du moins pour «sa matière», même si le cours ne dure que quatre ans. Individuellement, les membres du groupe pondèrent chaque concept en *concept essentiel* (+++), *important* (++) ou *utile* (+). Le consensus peut ainsi s'établir.

Par exemple, le groupe de travail de l'unité cardiovasculaire avait retenu le problème des palpitations, surtout à cause de sa prévalence, mais également parce qu'il représente un modèle que l'étudiant pourrait utiliser plus tard pour compléter l'apprentissage des arythmies. Voici la liste des concepts retenus: «cellule pacemaker» par opposition à «cellule indifférenciée»; potentiel d'action; anatomie du tissu de conduction; phénomène de réentrée; classification des arythmies basée sur un QRS étroit (description d'ondes dans un électrocardiogramme) par opposition à un QRS large; identification de certaines arythmies sur un tracé très caractéristique; mode d'action des médicaments utilisés pour ralentir la réponse ventriculaire.

Étape 4 : rédaction des scénarios de problèmes

L'étape suivante consiste à rédiger des problèmes «réels» en élaborant des scénarios. Il faut d'abord établir un canevas du problème, ce qu'on peut faire en groupe alors que la rédaction du scénario lui-même convient mieux à un travail individuel.

Le canevas du problème

Avant de composer le scénario, il faut répondre aux questions suivantes :

- à quel *moment* sera présenté le problème dans la séquence de l'unité? Au début, à la fin de l'unité ou durant l'intégration?
- quel sera le *niveau des étudiants*? Y a-t-il des préalables? Est-ce plutôt pour introduire l'étude de nouveaux concepts ou surtout pour appliquer des connaissances déjà acquises dans un autre contexte?

- quel sera le *temps alloué* pour l'étude individuelle? Ce temps d'étude circonscrit l'étendue possible des recherches personnelles. En moyenne, à Sherbrooke, l'étudiant dispose d'une période de 15 à 20 heures de travail intensif entre deux tutoriaux.

- quels sont les *concepts* à faire découvrir? Les identifier clairement. Limiter le nombre d'objectifs majeurs (trois à sept par problème) car les étudiants ont tendance à déborder.

  Une règle d'or consiste à donner suffisamment de temps pour approfondir et digérer l'essentiel. Si le matériel à couvrir est trop chargé, l'étudiant tentera de mémoriser des énumérations ou des schémas au lieu de développer sa propre compréhension du problème.

- quel sera le *format* du problème le plus approprié et le plus stimulant? Présentation sur vidéo, sur papier ou par patient standardisé? Peut-on mieux stimuler les étudiants, sur le plan émotif, en les faisant entrer dans une simulation clinique?

La rédaction du scénario

Le canevas prêt, le moment est venu de rédiger le scénario. La créativité est à son meilleur lorsque le travail est fait individuellement. Les règles les plus fécondes de présentation d'un problème semblent être les suivantes.

Un contexte réel. La description d'un événement ou d'une série de phénomènes doit être neutre pour en permettre l'explication à partir des processus sous-jacents, des principes ou des mécanismes en jeu. Le patient est présenté dans un contexte vraisemblable. Il faut puiser dans le matériel clinique pour reproduire des situations appropriées aux fonctions et aux problèmes courants de la pratique médicale. Il s'agit en somme de simuler la réalité.

Un niveau adéquat de complexité. Pour être stimulant, un problème doit présenter un degré de complexité adapté aux connaissances actuelles de l'étudiant, faute de quoi ce dernier ne le considérera pas comme un problème. L'étudiant est déçu quand les problèmes se présentent sous forme de liste d'indices correspondant à une série d'objectifs d'apprentissage. Le problème n'offre pas de défi; c'est un simulacre de l'ancien programme. Par contre, si le problème est trop complexe, l'étudiant se lassera devant une difficulté qui lui semble insurmontable. Les sciences de l'éducation l'ont démontré : adéquat, le degré de complexité stimule, trop élevé, il décourage, trop faible, il ennuie. À cet égard, les premiers problèmes d'une unité sont difficiles à rédiger. Les étudiants n'ont pas toujours assez de connaissances pour ouvrir plusieurs pistes d'explication. En outre, un tutorial ne doit pas dépasser trois heures. Un tutorial exige, par la suite, de 15 à 20 heures de travail individuel intensif. Demander davantage serait faire preuve d'irréalisme, surtout que d'autres activités se déroulent simultanément.

Un problème séquentiel. Pour certains sujets trop vaste, on peut diviser un problème en séquences, chacune représentant un de ses aspects. Le tuteur, dépositaire d'une banque d'information, apporte en temps opportun les données additionnelles qui guident la genèse de nouvelles hypothèses. Cette méthode préconisée par Neame[8] imite la démarche souvent utilisée par le clinicien expérimenté. Nous la préconisons maintenant pour l'édition actuelle des problèmes. Un scénario relativement bref décrit une situation générale, dépouillée des détails trop spécifiques. Après avoir défini le problème, les étudiants se lancent dans une démarche d'explication en formulant des hypothèses à partir de mécanismes physiopathologiques ou psychosociaux. La discussion ne vise pas à établir un diagnostic différentiel, mais à expliquer les situations en remontant à la cellule, à la molécule ou aux échanges membranaires. La séquence se termine par une synthèse qui a pour objet l'organisation des hypothèses avancées. Cette discussion entraîne une série de questionnements relatifs aux patients et aux connaissances à acquérir. On passe alors à la deuxième séquence, souvent plus brève. Le tuteur apporte des données additionnelles inscrites dans son *Guide du tuteur*. Il ne fournira l'information nouvelle qu'au moment propice et en réponse à des demandes spécifiques de ses étudiants. Ces données relatives à la condition du patient, à son évolution ou à son investigation sont peu nombreuses, mais permettent aux étudiants de reprendre l'analyse du problème en réorganisant les hypothèses émises et en les réduisant. Ces nouveaux indices les aideront également à mieux préciser leurs besoins d'étude.

Une grappe de problèmes. Parfois, pour commencer une unité, on agence une série de petits problèmes qui seront discutés au cours d'un même tutorial et feront découvrir plusieurs concepts ou mécanismes interreliés[32]. Au moment d'aborder un domaine nouveau, les connaissances antérieures ne sont pas toujours suffisantes pour susciter la formulation de nombreuses hypothèses. Une série de petits problèmes a l'avantage - mais aussi l'inconvénient - de diriger l'étudiant vers des objectifs spécifiques et de le préparer, sur le plan des connaissances, à analyser des problèmes plus complexes qui seront présentés aux sessions suivantes. On peut aussi les proposer aux étudiants pour qu'ils s'en servent à leur gré comme exercices d'autoévaluation. Ils doivent alors être accompagnés d'un mécanisme de rétroaction, sous forme de réponses suggérées ou de références précises.

Les qualités d'un problème didactique. Notre expérience des dernières années nous a permis d'identifier les trois qualités que retiennent à la fois les étudiants et leurs tuteurs pour jauger la valeur d'un problème.

1) *Le problème invite au processus d'analyse.*
   Au moment où l'étudiant l'aborde, le problème doit correspondre précisément à son niveau de connaissances, pour lui permettre d'activer ses connaissances antérieures et de formuler ainsi des hypothèses vraisemblables. Le problème doit exposer des situations cliniques qui conduisent à des hypothèses générales d'explication. S'il est truffé de détails, il ne mène qu'à une liste de questions à étudier. S'il est trop centré sur un diagnostic, il invite les étudiants à jouer aux cliniciens en se préoccupant surtout du diagnostic différentiel.

2)   *Le problème guide l'étudiant dans l'identification des objectifs d'apprentissage prévus.*

Au fil de la discussion à l'intérieur de son petit groupe, l'étudiant identifie ses lacunes et découvre l'arbre des concepts. La seule analyse du problème devrait le conduire naturellement vers les objectifs prioritaires retenus pour l'unité.

3)   *Le problème suscite l'intérêt et stimule la motivation.*

Le problème veut être la réplique d'une situation réelle pour que l'étudiant perçoive la pertinence des sujets à étudier et établisse des liens clairs avec ses besoins futurs. Les tâches d'étude doivent être faciles à préciser et le travail, réaliste par rapport aux heures disponibles. Les étudiants sont friands de matériel complémentaire réel (radiographies, tracés d'électrocardiogramme ou pièces pathologiques); c'est pourquoi il faut souvent le réserver pour la fin d'un tutorial afin de ne pas en amplifier l'importance.

Étape 5 : préparation du *Guide du tuteur*

Ce cahier est indispensable pour créer une certaine homogénéité dans la présentation d'une unité par les différents tuteurs. Il est construit en fonction du tuteur non expert dans la discipline traitée, qui peut donc se préparer en un minimum de temps. Cet instrument lui permet d'intervenir avec efficacité. Il comprend :

- *une description sommaire du problème* : il s'agit d'un résumé de quelques lignes ou d'une courte explication des conditions et mécanismes en jeu;
- *les buts généraux et la liste des concepts* : par exemple, «ce problème s'adresse aux étudiants de 2e année pour les initier aux mécanismes des principales arythmies et à leur identification sur un tracé». La liste des concepts ou objectifs spécifiques visés est ensuite fournie;
- *le scénario avec les indices* : le tuteur reçoit le même texte que ses étudiants, mais les indices y sont déjà soulignés;
- *le matériel complémentaire* : il peut s'agir de résultats de laboratoire, de copies de radiographies, d'électrocardiogrammes ou de notes sur l'évolution d'un patient. Des conseils sont fournis aux tuteurs sur le mode de présentation de ce matériel et sur le moment d'en faire usage;
- *le guide des interventions* : le tuteur est informé du cheminement prévu pour ses étudiants, des difficultés à contourner, des priorités à favoriser, etc.;
- *les références commentées* : pour réduire au minimum son temps de préparation, le tuteur bénéficie de références précises, accompagnées de commentaires sur leur contenu et sur leur niveau.

En somme, ce guide du tuteur fait tout pour que le non-expert se sente rapidement confiant et efficace. C'est pour lui un complément indispensable.

Étape 6 : planification de l'évaluation formative et sommative

Sitôt le problème écrit, il faut en planifier l'évaluation. Étant en situation d'autoapprentissage, l'étudiant a besoin d'un cahier d'évaluation formative pour le guider dans la progression de son travail. Cette évaluation formative sera une réplique de l'examen sommatif quant au format et à la qualité des questions. Comme l'APP ne vise pas à la mémorisation pure des faits, mais plutôt à l'application des principes de base et au raisonnement clinique, il faut s'éloigner des questions à choix de réponses pour inventer d'autres formes d'évaluation. Il pourra s'agir de questions à réponse ouverte et courte, faisant appel à la capacité d'application ou d'analyse de l'étudiant. L'étudiant dispose aussi d'un cahier de questions avec rétroaction sous forme de réponses ou de références précises qu'il pourra utiliser après avoir terminé l'étude d'un problème. L'évaluation peut aussi prendre la forme d'un mini-problème sur un concept spécifique, accompagné en rétroaction de suggestions de réponses ou de renvois à des références spécifiques.

Étape 7 : évaluation et amélioration du problème

Comme à Maastrich[37], nous avons, depuis le début, soumis chaque problème à la critique des étudiants et des tuteurs. Nous utilisons un questionnaire avec une échelle à cinq niveaux variant de «excellent» à «très pauvre». De plus, chaque question invite à des commentaires.

Pour l'étudiant : à la fin de chaque problème, après l'étape 9, le groupe prend cinq minutes pour remplir un questionnaire : le problème a-t-il provoqué une discussion avec des hypothèses intéressantes et variées? a-t-il conduit à l'identification d'objectifs d'étude appropriés et réalistes? quel a été le niveau d'intérêt ou de motivation? quelles ont été les références les plus utiles? peut-on suggérer quelque amélioration?

Pour le tuteur : à la fin de chaque problème, le tuteur en fournit une critique: le problème a-t-il suscité une analyse spontanée? a-t-il constitué un guide efficace vers les objectifs prévus? quel a été le niveau d'intérêt observé? quelle a été la pertinence des connaissances acquises? le *Guide du tuteur* est-il de qualité suffisante? peut-on suggérer quelque amélioration?

Jusqu'ici les étudiants ont fidèlement rempli les questionnaires et en ont compilé les résultats dans le bilan dressé à la fin de chaque unité. Les tuteurs ont été beaucoup moins méthodiques...

QUELQUES RECETTES POUR CONSTRUIRE UN BON PROBLÈME

Le partage de l'expérience des autres facultés et notre propre expérience nous ont appris quelques règles simples de construction de bons problèmes.

1. Le but premier de la discussion d'un problème en tutorial est de *faire l'analyse* d'une situation clinique pour rechercher des hypothèses d'explication. La puissance d'un problème provient de sa capacité à stimuler une analyse en profondeur. La découverte des objectifs d'étude n'est que secondaire.

LA CONSTRUCTION DE PROBLÈMES DIDACTIQUES D'APP EN RÉSUMÉ		
OBJECTIFS GÉNÉRAUX	• Guider l'acquisition et l'organisation des connaissances • Favoriser le processus d'analyse et de résolution de problèmes cliniques • Stimuler la motivation et le plaisir d'apprendre • Développer des habiletés d'autoapprentissage	
DÉMARCHE EN SEPT ÉTAPES	**AVANT**	1. Constitution d'un groupe de travail multidisciplinaire 2. Enquête sur les problèmes ou situations cliniques prioritaires 3. Identification d'un arbre des concepts pour un problème prioritaire
	LA TÂCHE	**4. Rédaction des scénarios de problèmes**
	APRÈS	5. Préparation du *Guide du tuteur* 6. Planification de l'évaluation formative et sommative 7. Évaluation et amélioration du problème
RÈGLES POUR LA RÉDACTION D'UN SCÉNARIO	• Moment de présentation dans l'unité, en fonction du niveau des étudiants • Nombre de concepts à découvrir (3 à 7) • Contexte réaliste et format varié • Niveau adéquat de complexité	
QUALITÉS D'UN PROBLÈME DIDACTIQUE	• Invite au processus d'analyse • Guide vers l'identification des objectifs d'apprentissage prévus • Suscite l'intérêt et stimule la motivation	

2. Le type de problème *varie avec le niveau des étudiants*. Ainsi en 1re et en 2e année, il s'agit d'une analyse des données d'une situation clinique plutôt que de la résolution proprement dite du problème. La tâche porte sur la compréhension des mécanismes plutôt que sur le diagnostic différentiel et la conduite thérapeutique à tenir.

3. La construction d'un problème est un travail structuré où, dans les premières étapes, un *groupe multidisciplinaire* convient des concepts ou objectifs à retenir et prépare un canevas du problème.

4. La rédaction du scénario est plutôt un travail individuel. Souvent, au lieu de présenter un problème trop vaste ou plein de données qui mènerait uniquement à la couverture de contenus, il est préférable de débuter par un scénario *exposant un problème général* permettant aux étudiants d'explorer plusieurs avenues d'explication. En temps utile, le tuteur apportera des *données complémentaires* pour réorienter l'analyse et stimuler une nouvelle organisation des hypothèses. Les questions d'étude seront ainsi mieux circonscrites.

5. Pour maintenir l'intérêt des étudiants, il faut leur présenter une *simulation réaliste* d'un problème qu'ils auront à traiter dans leur pratique future, et dont le *format doit varier,* passant du papier-crayon au vidéo et, parfois, au patient simulé.

6. Un *Guide du tuteur* très élaboré devient un instrument indispensable pour le tuteur non expert.

Mais il faudra colliger encore beaucoup d'observations et effectuer d'autres recherches pour que les éléments critiques d'un problème présenté en tutorial produisent un rendement pédagogique optimal.

CONCLUSION

L'objectif ultime de la formation médicale est de préparer l'étudiant à la pratique de la médecine pour que, une fois devenu médecin, il puisse évaluer et prendre en charge des problèmes médicaux de façon efficace, compétente et humaine.

Le modèle traditionnel de la formation médicale suppose que l'étudiant doit d'abord acquérir un volume étendu de connaissances factuelles avant d'entreprendre l'analyse et la solution d'un problème médical. La leçon magistrale en représente le mode principal d'instruction. Les enseignants présentent ce qu'ils savent aux étudiants et vérifient périodiquement la mémorisation qu'ils en font.

L'apprentissage par problèmes procède à l'inverse : le problème d'abord. Présenté en premier, le problème sert de stimulus pour la découverte des concepts, des principes et des données nécessaires à l'explication des phénomènes ou des événements. Une première analyse pratiquée en groupe révèle quelles connaissances manquent et fournit une liste des questions à étudier. L'étude individuelle viendra répondre aux besoins ressentis. Les connaissances nouvelles seront emmagasinées dans la mémoire à long terme selon un encodage qui en facilite le rappel lors de l'examen d'un problème clinique similaire. Et un retour sur le problème, fait en groupe après l'étude individuelle, permet de reprendre les acquisitions nouvelles pour en vérifier et en approfondir la compréhension.

Certes, l'APP n'est pas une panacée, ni la seule voie pour centrer un programme sur l'étudiant, mais cette approche favorise sûrement la motivation, l'organisation efficace des connaissances en mémoire, la pratique de l'analyse, le développement d'habiletés d'autoapprentissage, la communication et les relations interpersonnelles[38]. Pour la Faculté de médecine de l'Université de Sherbrooke, l'adoption de l'APP s'est révélée un excellent moyen de passer d'une pédagogique traditionnelle à une approche mieux centrée sur le processus d'apprentissage.

RÉFÉRENCES

1. Barrows, H. S. «A Taxonomy of Problem-based Learning Methods», *Medical Education*, vol. 20, 1986, p. 481-486.

2. Dewing, A. S. «An Introduction to the Use of Cases», in C. E. Fraser, éd. *The Case Method of Instruction*, New York, McGraw-Hill, 1931.

3. Christensen, C. R. et A. J. Hansen. *Teaching and the Case Method*, Boston, Harward Business School, 1987.

4. Barrows, H. S. et R. M. Tamblyn. *Problem-based Learning : An Approach to Medical Education.* Springer Series on Medical Education, New York, Springer Publishing Co., 1980.

5. Barrows, H. S. *How to Design a Problem-based Curriculum for the Preclinical Years.* New York, Springer Publishing Co., 1985.

6. Schmidt, H. G. «Problem-based Learning : Rationale and Description», *Medical Education*, vol. 17, 1983, p. 11-16.

7. Guilbert, J. J. *Guide pédagogique pour les personnels de santé*, Genève, Publications de l'Organisation mondiale de la santé, n° 35, 1990, p. 351.

8. Neame, R. L. B. «Problem-based Medical Education : the Newcastle Approach», in H. G. Schmidt, M. Likin *et al*, éd. *New Directions for Medical Education,* New York, Springer-Verlag, 1989, p. 112-146.

9. Barrows, H. S. et P. S. Feltovich. «The Clinical Reasoning Process», *Medical Education*, vol. 21, 1987, p. 86-91.

10. Kassirer, J. P. «Teaching Clinical Medicine by Iterative Hypothesis Testing : Let's Preach what we Practice», *New England Journal of Medicine*, vol. 309, n° 15, 1983, p. 921-922.

11. Nooman, A. M., H. G. Schmidt et E. S. Ezzat, éd. *Innovation in Medical Education. An Evaluation of its Present Status.* New York, Springer Publishing Co., 1990, p. 9-94 et 247-264.

12. Bordage, G. et R. Zacks. «The Structure of Medical Knowledge in the Memories of Medical Students and General Practitioners : Categories and Prototypes», *Medical Education*, vol. 18, 1984, p. 406-416.

13. Mayer, R. E. et J. G. Greeno. «Structural Differences between Learning Outcomes Produced by Different Instructional Methods», *Journal of Educational Psychology*, vol. 63, 1972, p. 165-173.

14. Brandsford, J. D. *Human cognition. Learning, Understanding and Remembering*, Belmont, California, Wadsworth Publishing Company, chapitre 5, 1979.

15. Willems, J. «Problem-based (Group) Teaching : a Cognitive Sciences Approach to Using Available Knowledge», *Instructional Science*, vol. 10, 1981, p. 5-21.

16. Tulving, E. et D. M. Thomson. «Encoding Specificity and Retrieval Processes in Episodic Memory», *Psychological Review*, vol. 80, 1973, p. 352-373.

17. Godden, D. R. et A. D. Baddeley. «Context-dependant Memory in Two Natural Environment : On and Underwater», *Brithish Journal of Psychology*, vol. 66, 1975, p. 325-332.

18. Gagné, R. M. *The Conditions of Learning and Theory of Instruction*, New York, Holt, Rinehart and Winston, chapitres 4 et 8, 1985.

19. Gulmans, J. «The Effect of Prototype-based versus Attribute-based Presentation Forms on the Acquisition of a Medical Concept», *Medical Teacher*, vol. 12, nos 3-4, 1990, p.329-337.

20. Meyers, C. *Teaching Students to Think Critically. A Guide for Faculty in All Disciplines*, San Francisco, Jossey-Bass Publishers, chapitre 4, 1988.

21. Wlodkowski, R. J. *Enhancing Adult Motivation to Learn*, San Francisco, Jossey-Bass Publishers, chapitres 3 et 8, 1986.

22. Norman, G. R. «Problem-solving Skills, Solving Problems and Problem-based Learning», *Medical Education*, vol. 22, 1988, p. 279-286.

23. Kassirer, J. P. «Diagnostic Reasoning», *Annals of Internal Medicine*, vol. 110, n° 11, 1989, p. 893-900.

24. Norman, G. R., éd. *The Psychology of Clinical Reasoning : Implications for Assessment.* Cambridge Conference IV, 1989 (version préliminaire).

25. Grant, J. et P. Marsden. «Primary Knowledge, Medical Education, and Consultant Expertise», *Medical Education*, vol. 22, 1988, p. 173-179.

26. Elstein, A. S., L. S. Shulman et S. A. Sparka. *Medical Problem-solving : An Analysis of Clinical Reasoning,* Cambridge, Harvard University Press, 1978.

27. Walton, H. J. et M. B. Matthews. «Essentials of Problem-based Learning», *Medical Education,* vol. 23, 1989, p. 542-558.

28. Neame, R. L. B. et D. A. Powis. «Toward Independant Learning : Curricular Design for Assisting Students to Learn How to Learn», *Journal of Medical Education,* vol. 56, 1981, p. 886-893.

29. St-Arnaud, Y. *Les Petits Groupes. Participation et communication.* Montréal, Les Presses de l'Université de Montréal, 1989.

30. Barrows, H. S. *The Tutorial Process,* Springfield, Southern Illinois University School of Medicine, 1988.

31. Neufeld, V. R., C. A. Woodward et S. M. MacLeod. «The McMaster M.D. Program : a Case Study of a Renewal in Medical Education», *Academic Medicine,* vol. 64, 1989, p. 423-432.

32. Majoor, G. D., H. G. Schmidt, H. A. M. Snellen-Balendong, J. H. C. Moust et B. Stalenhoef-Halling. «Construction of Problems for Problem-Based Learning», in *Innovations in Medical Education,* New York, Springer Publishing Co., chapitre 9, 1990, p. 114-122.

33. Kaufman, A., éd. *Implementing Problem-Based Medical Education : Lessons from Successful Innovations,* New York, Springer Publishing Company, 1985.

34. Kaufman, A. *et al.* «The New Mexico Experiment : Educational Innovation and Institutional Change», *Academic Medicine,* vol. 64, 1989, p. 285-294.

35. Chong, J. P., V. Neufeld, M. S. Oates et M. Secord. *The Selection of Priority Problems and Conditions : an Innovative Approach to Curriculum Design in Medical Education,* Washington, Research in Medical Education (RIME), Proceedings of the 23rd Annual Conference, 1984.

36. D'Ivernois, J. F. *Description du système P.U.I.G.E. Rapport du groupe de travail sur le programme et les modalités des examens et concours de fin de 2e cycle de médecine,* Paris, Ministère de l'Éducation nationale, Ministère de la Santé, 1983.

37. Gijselaers, W. «Curriculum evaluation», *in Problem-based Learning Perspectives from the Maastricht Experience,* Thesis, Amsterdam, 1990, p. 51-61.

38. Albanese, M. A. et S. Mitchell. «Problem-based Learning : a Review of Literature on its Outcomes and Implementation Issues», *Academic Medicine,* vol. 68, 1993, p. 52-81.

CHAPITRE 4

L'APPRENTISSAGE
DES HABILETÉS CLINIQUES

Guy Lacombe et Jacques E. Des Marchais

«Dis-moi et j'oublie. Enseigne-moi et je me
souviens. Explique-moi et j'«apprends».

Proverbe chinois

INTRODUCTION

Avec la réforme Flexner[1] au début du 20e siècle, la formation médicale en Amérique du Nord passe du cabinet du médecin à l'université. Depuis lors, la distance qui sépare le patient du futur médecin augmente sans cesse. L'accroissement phénoménal des connaissances biomédicales des années 1930 à 1960 justifiera encore plus cette «instruction» scientifique. Il n'y a plus de «maître» qui transmette au jour le jour sa science et son art d'aborder le malade. Le nouveau maître ne connaît que sa spécialité. Il faut standardiser la formation de l'étudiant savant. Conformément au modèle «scientifique», les facultés de médecine produisent un nouveau prototype de stagiaire, l'érudit sans savoir-faire ni savoir-être.

Bien plus, la science et la technologie progressent si rapidement que les étudiants ne peuvent plus «tout connaître». Bien sûr, ils doivent en apprendre le plus possible. En revanche, il leur faut indiscutablement maîtriser le «savoir-faire» et le «savoir-être» pour participer, avec le patient et les autres intervenants de la santé, au bien-être du malade et à celui de la communauté.

Dans cette perspective, et pour centrer la formation sur l'étudiant, la pratique et le patient, le nouveau programme exige de réviser complètement la formation clinique dès la phase préclinique. Ainsi va naître l'unité *longitudinale* des habiletés cliniques. Cette unité, étalée sur deux années de formation préclinique, regroupera différentes activités d'exploration clinique, de maîtrise de gestes cliniques et de croissance personnelle.

Dans un premier temps, ce chapitre pose dans sa juste perspective le problème de l'apprentissage des habiletés cliniques. La deuxième section décrit le déroulement et les particularités des activités de l'unité longitudinale. Une troisième analyse le contenu de l'unité et ses caractéristiques en fonction des grands objectifs de la réforme. La quatrième fait état des difficultés d'implantation et résume les défis qui subsistent. Ce chapitre se termine sur un plan d'amélioration de l'unité.

LA PROBLÉMATIQUE DE L'APPRENTISSAGE
DES HABILETÉS CLINIQUES

Le serment d'Hippocrate impose à chaque médecin l'obligation de transmettre son art à ses jeunes collègues. Un tel enseignement va presque de soi. Examinons-en la problématique dans le contexte traditionnel, et par rapport à nos besoins locaux de changement, à ceux de la communauté, aux besoins de la science médicale au regard de l'art médical, et enfin par rapport à l'organisation cognitive des connaissances cliniques.

UN ENSEIGNEMENT TRADITIONNEL,
RESTRICTIF ET DÉCONTEXTUALISÉ

Traditionnellement, les programmes d'apprentissage des habiletés cliniques enseignent l'histoire de cas et les gestes courants de l'examen physique. Froidement techniques, ces enseignements font figure de parent pauvre devant les méthodes modernes et des technologies plus spectaculaires : l'examen d'une lombalgie pâlit devant l'image saisissante fournie par la résonance magnétique nucléaire. L'histoire de cas et l'examen physique, bases de toute démarche diagnostique, obligent le médecin à demeurer avec le patient et à lui accorder tout son intérêt, contrairement aux «tests», dont on oublie parfois les marges d'erreur et qui, souvent, dictent des objectifs thérapeutiques éloignés des demandes du patient et de ses besoins réels. Enseignées en dehors d'une démarche diagnostique d'identification des problèmes de santé, les habiletés cliniques perdent leur véritable sens clinique. Détachées de l'apprentissage concomitant des «sciences médicales», leur pertinence pour la résolution de problèmes échappe à l'étudiant.

En contexte d'application clinique des compétences, il faut intégrer gestes et comportements, et savoir communiquer de façon efficace, surtout dans des situations complexes. Mais comment déterminer des objectifs précis pour un guide d'apprentissage d'attitudes et d'habiletés de communication[2]? Certains domaines flous restent difficiles à circonscrire.

Quels professeurs se sentent concernés par l'enseignement des habiletés cliniques? Aujourd'hui le cardiologue prend en charge l'enseignement de l'examen cardiaque, le neurologue, l'examen neurologique, et ainsi de suite. Mais qui examine le patient dans son entier? Qui fournit à l'étudiant une rétroaction sur ses progrès dans la maîtrise des habiletés cliniques? Qui apprécie l'intégration de ces habiletés dans une démarche diagnostique?

DES BESOINS LOCAUX DE CHANGEMENT

Au moment de l'implantation du nouveau programme d'études prédoctorales en 1987, l'enseignement clinique a déjà fait l'objet d'une révision, peu d'années auparavant. Cet enseignement intervient dès la première année. Il semble articulé, progressif, on pourrait donc croire qu'il est inutile d'en modifier la structure et les activités. Pourtant, une enquête menée auprès des étudiants et des diplômés permet d'identifier toute une série de problèmes[3]. Vingt praticiens généraux de milieux non universitaires, ainsi que dix spécialistes et autant de résidents sont invités à identifier les habiletés qui devraient être développées pour améliorer leur pratique; les éléments de l'examen physique et de l'histoire de cas pour lesquels la formation a été insuffisante; et les souvenirs les plus pénibles des stages d'externat.

Les réponses soulignent surtout la faiblesse de l'examen du système locomoteur, de l'examen neurologique et de l'examen pédiatrique; *l'absence de structure organisée* pour procéder à l'histoire de cas; la difficulté de transmettre efficacement au patient une information pertinente; la difficulté d'interroger certaines catégories particulières de patients (problèmes de drogue, d'alcool, de maladies transmises sexuellement, de dépression, etc.). Certaines réponses traduisent les difficultés du stagiaire au moment de l'externat : la crainte devant les patrons qui ont des exigences différentes pour la rédaction de l'histoire de cas; le doute devant les «pièges» de l'examen; l'humiliation de s'avérer incapable d'effectuer des gestes techniques simples, par exemple poser une sonde; l'isolement et la souffrance devant un patient à l'article de la mort.

L'enseignement des habiletés cliniques de l'ancien cursus ne comble donc pas tous les besoins d'apprentissage.

Une deuxième recherche, réalisée en 1988 auprès d'étudiants (de la première année d'étude médicale à la première année de résidence), examine leur perception des soins à apporter aux personnes âgées[4, 5]. L'enquête porte sur l'expérience personnelle qu'a le répondant de la maladie, de la mort et de la souffrance, sur certains aspects de la communication, sur son souci du malade et sur sa perception des personnes âgées, des patients handicapés et des malades psychiatriques. Cinq cents étudiants répondent au questionnaire. Nombre d'entre eux ont déjà une expérience de la maladie et des soins. Ces expériences vécues avec peine (Tableau 1) diminuent leur volonté d'intervenir dans des situations cliniques pourtant fréquentes (santé mentale, personnes âgées, néoplasie). Elles suggèrent aussi que l'information factuelle acquise n'arrive pas à modifier la perception que les étudiants se font des personnes âgées. Cette perception aurait plutôt tendance à fausser leurs connaissances.

L'ancien cursus tient moins compte de ces résistances à l'acquisition du savoir-faire et du savoir-être que de l'acquisition des connaissances factuelles. Il n'offre pas non plus de contact positif avec ces domaines d'intervention.

Tableau 1
ÉTUDE DE PERCEPTION DE LA MALADIE ET DES SOINS

L'expérience de la maladie et des soins chez les étudiants :

- 50 % des étudiants ont été hospitalisés ou ont reçu des soins dans une salle d'urgence pour une période de plus de douze heures;
- 32 % ont eu à prendre charge, pendant plus de 24 heures, d'un ou de plusieurs malades en dehors d'un cadre de travail ou de formation;
- 50 % ont vécu la perte d'un être cher. La majorité d'entre eux en ont conservé un lourd souvenir de souffrance personnelle;
- 40 % des étudiants de 1re année considèrent la communication comme la priorité de la formation pour l'exercice d'une médecine de qualité; ce pourcentage diminue avec les années de formation.

LES BESOINS DE LA COMMUNAUTÉ

En général, la population se plaint moins des actes professionnels posés par les médecins, que des processus qui les accompagnent. Même si la médecine paraît très savante, le médecin n'est plus perçu comme un «bon docteur»[6]. Les habiletés cliniques, le savoir-faire et le savoir-être médical nécessitent donc une formation plus large, surtout que les consommateurs de soins se font de plus en plus exigeants.

Pour être médecin, il ne s'agit plus simplement de connaître la biologie et de savoir l'appliquer au problème. Il faut pouvoir s'adresser au patient d'une façon compréhensible, acceptable et souhaitée par lui. Aujourd'hui le médecin compétent doit aussi expliquer au patient les sciences de la santé. Il doit donc être un communicateur efficace, constant et satisfaisant pour le patient. Plus de 50 % des poursuites intentées contre des médecins au Canada seraient directement reliées à un problème de communication, à une mauvaise compréhension des attentes des parties et de leurs possibilités d'action[7].

LES BESOINS DE LA SCIENCE MÉDICALE ET DE L'ART MÉDICAL

Les évaluations ponctuelles d'une maladie permettent difficilement au médecin de connaître son patient et de comprendre ses attentes. La maladie s'insère dans la vie de tous les jours; elle déplace les activités, ébranle l'image de soi et retarde les projets. Elle révèle des qualités, des capacités d'adaptation et des forces insoupçonnées, mais aussi des faiblesses difficiles à accepter. Les interventions d'apprentissage de la médecine, celles qui sont limitées dans le temps et effectuées dans un cadre hospitalier, ne semblent pas favoriser une perception dynamique de la santé et de la personne bousculée par la maladie.

Pour le patient, le contact personnel est lié à une médecine «humaniste». La médecine a toujours été humaniste, par sa nature même, mais avec l'émergence de la médecine technique, on demande au médecin d'exprimer expressément son «humanisme» par sa préoccupation des besoins précis et variés de son patient. Les besoins et exigences de l'individu (être vu immédiatement, recevoir le médicament dont tout le monde parle) et les impératifs professionnels (appliquer la meilleure technique et veiller aux coûts) sont difficiles à équilibrer, même pour un médecin d'expérience.

L'apprentissage des attitudes humanistes est trop souvent confondu avec une formation en sciences humaines. Soyons honnêtes : le médecin demeure avant tout un savant de la science médicale; il n'est pas question de lui offrir des années de philosophie ou de psychologie, ou encore un apprentissage extensif de la sociologie, de la communication, des religions, de l'histoire, des langues étrangères, de la littérature, de l'économie, de l'ethnologie, bref, de toutes ces sciences «humaines» qui permettent d'approfondir notre compréhension de l'homme[8].

On reconnaît qu'il est impossible de donner au médecin toutes les connaissances de sa profession, mais on voudrait paradoxalement qu'il atteigne la perfection du savoir-être et du savoir-faire devant le malade. Il est indispensable que le médecin soit capable de poser scientifiquement un diagnostic et d'administrer un traitement; sans cette compétence, pas de médecin, encore moins de «bon» médecin... Le «bon» médecin dépassera cette définition minimaliste (chapitre 6), mais la compétence est un préalable à l'humanisme. De même, on ne saurait prétendre à une compétence pratique en interdisciplinarité ou en santé communautaire pour avoir suivi seulement quelques activités insérées dans une formation de quatre ans. Le risque subsiste qu'une telle formation limitée conduise à une «pseudo-compétence». On ne forme pas un psychologue en 45 heures, même si on peut donner à un étudiant un vocabulaire étendu prouvant qu'il manipule assez bien les concepts de base. Mais de là à soutenir qu'il peut intervenir judicieusement auprès de patients aux prises avec de vrais problèmes...

Des étudiants attirés par l'intervention médicale se soucient du contact humain et de la relation d'aide. Cependant, l'impossibilité d'exprimer cette préoccupation peut les conduire à une grande anxiété, à une baisse de la motivation, au sentiment d'être mal orienté, toutes conditions que l'on retrouve précisément chez les étudiants d'un cursus traditionnel[9]. Devant la progression rapide des sciences, il devient impossible d'assurer la compétence des professionnels en comptant seulement sur la formation initiale. Nos médecins doivent être en mesure d'apprendre de façon autonome, d'identifier leurs besoins de formation et d'y répondre.

LES BESOINS DE L'ORGANISATION COGNITIVE DES CONNAISSANCES CLINIQUES

On reproche souvent à l'étudiant de parler aux malades en termes savants. Il aurait tendance à résoudre les problèmes comme des questions d'examens, alors que les patients n'ont pas que des symptômes plus ou moins bien définis, mais de vraies maladies. En fait, les stagiaires utilisent l'information telle qu'elle est enregistrée dans leur système cognitif. Bordage[10] souligne l'importance de cette organisation des connaissances pour la solution de problèmes, tâche ultime du médecin. Chez Kassirer[11], la démarche clinique comporte des règles qui gouvernent les choix. Plus le problème à résoudre ressemble à la situation étudiée au cours de l'apprentissage, plus l'intervention est efficace ou facilement exécutée[12]. En le rapprochant du patient, de son vocabulaire, de la perspective clinique, les habiletés cliniques peuvent aider l'étudiant à «réorganiser» de façon utile les connaissances qu'il a en mémoire. L'apprentissage par problèmes des différents «systèmes» devrait théoriquement faciliter la manipulation des connaissances, leur réorganisation, leur rétention et leur rappel.

LA SÉQUENCE DES ÉTAPES ET LE DÉROULEMENT DES SÉANCES

LA STRUCTURE GÉNÉRALE

L'unité longitudinale des habiletés cliniques débute au milieu du mois de janvier de la 1re année. Elle se déroule tout au long de la Phase II, donc au cours du deuxième trimestre de la même année (étape I), aux premier et deuxième trimestres de la 2e année (étapes II et III), pour se terminer au cours de la Phase III, au premier trimestre de la 3e année (étape IV), en même temps que l'unité multidisciplinaire (unité 14) et les activités du préexternat. Elle s'étale donc sur deux ans et comporte 70 séances, soit une séance de trois heures par semaine. Chaque trimestre universitaire représente une des quatre étapes (Figure 1) conçues pour permettre la réalisation des objectifs généraux (Tableau 2).

Figure 1

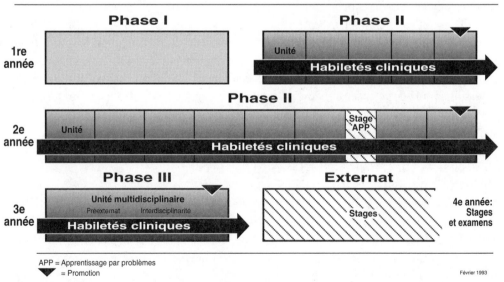

Toutes les activités s'effectuent en groupe de huit étudiants, choisis de façon aléatoire au début de chaque trimestre et accompagnés de deux moniteurs cliniques travaillant

Tableau 2
LES OBJECTIFS GÉNÉRAUX DE L'UNITÉ LONGITUDINALE
DES HABILETÉS CLINIQUES

Pour devenir un bon clinicien, le futur médecin doit, en plus d'acquérir des connaissances scientifiques, développer au cours de sa formation préclinique les habiletés qui vont lui permettre de jouer un rôle actif au sein de l'équipe de soins. Il doit notamment pouvoir :

- établir et maintenir une relation patient-médecin empreinte d'humanisme, d'empathie et d'intégrité;

- promouvoir la santé en étant conscient de l'environnemental social, psychologique et physique du patient et en faisant la distinction entre le malade et la maladie, l'incapacité et le handicap;

- échanger (dans une relation de coopération) l'information nécessaire à la promotion de la santé, à la définition d'un contrat thérapeutique ou à un consentement éclairé;

- recueillir efficacement les données subjectives et objectives;

- organiser les données objectives et subjectives recueillies lors de l'histoire de cas et de l'examen physique, selon une structure facilitant le processus diagnostique;

- pratiquer les techniques simples de diagnostic et de traitement en respectant la personne qui doit les subir;

- interpréter les données, ainsi que les examens de laboratoire, en étant conscient de leurs limites, de leur valeur respective, dans un processus diagnostique et décisionnel qui soit soucieux de la méthode scientifique;

- communiquer avec les intervenants professionnels aussi bien de façon verbale que par écrit;

- reconnaître la possibilité et la nécessité de déléguer des actes ou de recourir à un personnel plus compétent;

- s'auto-évaluer, s'autocritiquer pour entretenir, améliorer ou acquérir les connaissances et les habiletés nécessaires au maintien de sa compétence.

en tandem. Plus de 70 professeurs de tous les départements participent, sur une base volontaire, à l'enseignement des habiletés cliniques et sont rémunérés selon le système d'unités d'activités universitaires (chapitre 10).

Les séances des étapes I et II sont d'ordre thématique. Elles se déroulent toujours selon un même modèle de situation d'apprentissage. Chaque séance comporte des objectifs spécifiques clairement identifiés, regroupés selon les deux grands domaines : *Communication et humanisme* et *Cueillette et présentation des données cliniques*. L'apprentissage est simultané et continu, tous les étudiants participant aux mêmes activités en même temps.

Aux étapes III et IV, chaque séance est consacrée à une activité dont le thème intègre ces deux mêmes domaines. L'étudiant participe à des activités tantôt *spécialisées*, tantôt *de démarche diagnostique*. Les activités *spécialisées* se rattachent à un contexte particulier d'intervention, par exemple les soins palliatifs, ou à une technique d'intervention particulière, par exemple l'insertion d'une sonde urinaire. La *démarche diagnostique* intègre les éléments de l'histoire de cas et de l'examen physique en vue d'identifier et de résoudre des problèmes cliniques.

L'ensemble des séances d'apprentissage des habiletés cliniques des quatre étapes représente environ 20 % du temps prévu à l'horaire de l'étudiant. À la fin de chacune des étapes, une évaluation sommative vérifie - par examen écrit avec questions à réponses ouvertes et courtes (Q.R.O.C.) et avec questions d'analyse de problèmes (Q.A.P.) et examen clinique objectif et structuré (ECOS) - si les objectifs ont été atteints, et les acquis des étapes précédentes, maintenus. Aux étapes III et IV de la démarche diagnostique, s'ajoute l'évaluation faite par le moniteur de la «rédaction d'histoire», de «l'examen physique» et des «impressions diagnostiques».

Chacune des étapes comporte une série de sujets d'étude ou d'activités d'apprentissage correspondant à des objectifs spécifiques, selon une démarche continue, longitudinale et en spirale de maîtrise des habiletés cliniques, dans les deux mêmes domaines, *Communication et humanisme*, et *Cueillette et présentation des données cliniques* (Tableau 3).

Une gamme d'objectifs intermédiaires permet à l'étudiant, à chacune des étapes, d'améliorer ses habiletés cliniques de façon progressive et séquentielle (Tableau 4). *(Voir page 129)*

Tableau 3
SUJETS À L'ÉTUDE AU COURS DES QUATRE ÉTAPES EN COMMUNICATION
ET HUMANISME ET EN CUEILLETTE
ET PRÉSENTATION DES DONNÉES CLINIQUES

Communication et humanisme	Cueillette et présentation des données cliniques
ÉTAPE I	
Introduction à l'entrevue	Sujets particuliers intégrés aux unités d'APP
Le patient	Exploration des symptômes par système
La maladie et l'autonomie	L'examen physique
L'étudiant en médecine	
ÉTAPE II	
L'entrevue difficile	Sujets particuliers selon les unités d'APP
Le toucher	L'histoire de cas, les facteurs de risque
Informer le patient	Revue des systèmes
La présentation orale	L'examen physique

ÉTAPE III
Intégration des deux domaines :
- la démarche diagnostique et la structure par problèmes
- les soins palliatifs et la mort
- l'interdisciplinarité
- l'exploration de la sexualité et l'examen génital
- la dermatologie et la nudité

ÉTAPE IV
Intégration des deux domaines :
- la démarche diagnostique, le développement diagnostique et le diagnostic différentiel
- la gériatrie, les soins prolongés et l'interdisciplinarité
- la pédiatrie et l'intervention d'un tiers

LES SÉANCES D'INTRODUCTION

À une première séance de trois heures, on présente à l'étudiant un *Guide global*, qui explique l'ensemble des objectifs, des méthodes d'apprentissage et d'évaluation qui l'aideront à s'intégrer progressivement à l'équipe de soins tout au long de l'unité d'apprentissage des habiletés cliniques. On y situe le rôle de l'étudiant de 1re année face au patient. De courtes présentations rappellent des expériences de la maladie et des soins de santé qui font partie du bagage connu des étudiants et qui soulignent la pertinence des apprentissages prévus au cours de l'étape.

Au cours des étapes I et II, les séances de *Communication et humanisme* alternent avec les séances de *Cueillette et présentation des données cliniques*. Toutes les séances de cueillette de données se rapportent directement à l'unité d'APP en cours à cette période. Les séances suivantes sur *Communication et humanisme* sont indépendantes du contenu des unités d'APP.

Le Tableau 5*(voir page 130)* présente les thèmes des séances durant les quatre étapes. La distinction entre le contenu du domaine *Communication et humanisme* et celui de la *Cueillette des données* est évidente pendant les étapes I et II.

UNE SÉANCE TYPE DU DOMAINE COMMUNICATION ET HUMANISME
(ÉTAPES I ET II)

Le *Guide global* fournit la description schématique d'une séance type du domaine *Communication et humanisme*. Pour chacune des séances, un texte intitulé «Méthode d'apprentissage» précise les tâches à réaliser. Voyons un exemple de séance type avec un patient simulé, incluant un jeu de rôles, et qui se déroule en sept étapes :

1. Rencontre avec le moniteur : rappel par le moniteur de l'objectif de la séance et attribution des patients (durée : 10 minutes).
2. Rencontre avec le patient : un à deux étudiants par patient (45 minutes).
3. Journal de bord : réflexions personnelles sur la rencontre (15 minutes).
4. Plénière en groupe avec le moniteur : discussion ouverte portant sur la rencontre avec les patients (environ 30 minutes).
5. Jeu de rôles portant sur le thème de la séance (10 à 15 minutes) : distribution des rôles pour le jeu proprement dit, retour sur le jeu (10 minutes), évaluation de l'entrevue (10 minutes).
6. Exploration du thème ou de l'objectif (environ 45 minutes).
7. Évaluation (journal de bord signé par le moniteur).

Tableau 4
OBJECTIFS INTERMÉDIAIRES POUR CHACUNE DES QUATRE ÉTAPES

Étape I	Étape II
Établir une relation d'écoute et d'empathie avec un patient réel ou simulé en respectant les étapes et les techniques d'entrevue étudiées.	Démontrer le maintien des habiletés acquises à l'étape I.
Évaluer à partir d'une grille les étapes techniques d'entrevue lors d'une relation observée avec un patient réel ou simulé.	Reconnaître et appliquer les techniques particulières d'entrevue s'appliquant à différentes «situations-patients» lors d'entrevues réelles ou simulées.
Reconnaître les conséquences affectives et sociales de la maladie sur le patient ou son milieu, à partir d'histoires de cas écrites de patients réels ou simulés.	Reconnaître et appliquer les règles de base du toucher, du respect de l'intimité, de l'information aux patients et de la présentation orale lors des tournées.
Recueillir les données subjectives centrées sur un problème lors d'une entrevue réelle ou simulée en respectant **les sept sous-éléments de chaque problème.**	Recueillir des données subjectives pertinentes à l'histoire de cas, à l'évolution, aux facteurs de risque et à la revue des systèmes reliés aux unités étudiées.
Recueillir les données objectives de l'examen physique des systèmes au programme en respectant la méthode **décrite**[12].	Recueillir les données objectives de l'examen physique en respectant la méthode proposée.

Étape III	Étape IV
Démontrer le maintien des habiletés acquises aux étapes I et II.	Démontrer le maintien des habiletés acquises aux étapes I, II et III.
Reconnaître les situations de crise vécues par un patient réel ou simulé, principalement chez le malade chronique faisant face à la mort ou aux prises avec des problèmes sexuels et proposer les modes d'intervention appropriés.	Reconnaître les situations de crise vécues par un patient réel ou simulé et appliquer les règles élémentaires d'intervention en situation de crise.
Autoévaluer, critiquer, restructurer l'entrevue avec le patient ou les autres professionnels et définir le contrat thérapeutique s'y rapportant.	Établir un contrat thérapeutique.
Pratiquer l'examen physique complet de l'adulte normal, y compris l'évaluation dermatologique, urologique et gynécologique.	Reconnaître certains éléments anormaux et normaux au fond de l'oeil, pratiquer les auscultations pulmonaire et cardiaque, ainsi que l'examen dermatologique.
Rédiger une histoire de cas et un examen physique, une liste de problèmes et une note d'évolution, à partir d'une situation réelle ou simulée.	Pratiquer l'examen complet de l'adulte, de l'enfant et de la personne âgée, autant dans l'évaluation des pathologies et de leur croissance que du degré d'autonomie de la personne.
Structurer ses impressions diagnostiques en respectant la démarche diagnostique.	Rédiger une liste de problèmes.
Appliquer les règles de précautions sanguines, de techniques stériles, en pratiquant la ponction veineuse et le cathétérisme vésical.	
Reconnaître des éléments normaux et anormaux au frottis sanguin.	

Tableau 5
THÈMES SPÉCIFIQUES DES 70 SÉANCES D'HABILETÉS CLINIQUES

Étape I

1. Introduction aux habiletés cliniques
2. Introduction à l'entrevue
3. Denver et autonomie, dossier prospectif
4. Mon premier patient
5. Neurologie I
6. Facilitation
7. Neurologie II
8. Neurologie III
9. Le rôle de patient
10. Les signes vitaux
11. Les facteurs de risque
12. Le langage verbal
13. Évaluation formative et autocritique
14. Système locomoteur I
15. Le langage non verbal
16. Système locomoteur II
17. La réaction à la maladie
18. Psychiatrie I
19. De l'homme au handicap
20. Psychiatrie II
21. L'entrevue formative
22. ECOS et Q.R.O.C., évaluation sommative

Étape II

23. Le toucher
24. Les seins
25. Système cardio-vasculaire I
26. L'entrevue difficile, contenu et discours
27. Système cardio-vasculaire II
28. L'entrevue difficile, personnalité et affectivité
29. O.R.L.-Ophtalmologie
30. Informer le patient
31. Système pulmonaire
32. Présentation selon «SOAP»*
33. Évaluation formative et autocritique
34. Examen abdominal
35. Intégration de l'histoire de cas
36. Intégration, histoire de cas et examen
37. ECOS et Q.R.O.C., évaluation sommative

Étape III

38. Mort et soins palliatifs I
39. Mort et soins palliatifs II
40. Dermatologie
41. La reconnaissance visuelle, laboratoire hématologique
42. La sonde urinaire et les techniques stériles
43. L'examen génital masculin
44. L'évaluation sexuelle
45. La ponction veineuse et les précautions sanguines
46. L'examen génital féminin
47. Évaluation formative et autocritique
48. Démonstration d'histoire de cas et d'examen intégrés

49 à 56.
    Examen et entrevue vidéo
    Exploration théorique d'un symptôme
    La fièvre, la douleur abdominale, les oedèmes
57. ECOS et Q.R.O.C., évaluation sommative

Étape IV

58. L'évaluation pédiatrique : le nouveau-né
59. L'évaluation pédiatrique : l'enfant, dossier prospectif
60. L'évaluation gériatrique : les soins prolongés, dossier prospectif
61. L'évaluation gériatrique : interdisciplinarité
62 à 69.
    Examen complet, démarche diagnostique
    Observation directe ou vidéo
70. ECOS et Q.R.O.C., évaluation sommative

* SOAP = «Subjective Objective Assessment Plan» : acronyme de la documentation scientifique médicale américaine désignant l'approche par problèmes en habiletés cliniques.

* SOAP = «Subjective Objective Assessment Plan» : acronyme de la documentation scientifique médicale américaine désignant l'approche par problèmes en habiletés cliniques.

Préparation - Avant chaque séance, l'étudiant doit lire la page du cahier guide qui s'y rapporte; on lui demande d'effectuer un retour sur ses expériences, ses souvenirs reliés aux objectifs spécifiques de la séance. Par exemple, pour la séance intitulée *Mon premier patient* (en réalité, à l'occasion du stage d'immersion, l'étudiant a rencontré plusieurs patients dans un milieu de soins), il est invité à se demander : lorsque j'ai vu ce patient, était-ce «mon patient»? S'agissait-il d'une responsabilité, d'un rôle à jouer, ou simplement d'une demande précise du milieu? Comment est-ce que je me sentais dans ce rôle?

Lecture obligatoire - L'étudiant confronte ensuite ses expériences et ses opinions à une lecture obligatoire. Dans le cas de *Mon premier patient*, un médecin raconte ses premières rencontres avec des patients, ses appréhensions face à leurs attentes et à celles de leur famille, l'anxiété qu'ont suscitée ces expériences, son sentiment d'ignorance devant les gestes à poser, les attitudes à adopter, etc.

Rencontre avec le moniteur - Au début de la séance, le groupe de huit étudiants, guidés par le moniteur, doit préciser les objectifs spécifiques de la rencontre avec le patient. Chaque étudiant identifie en outre un objectif plus personnel, à partir de sa réflexion préalable.

Rencontre avec le patient - En général, un patient est assigné à deux étudiants. L'un des deux amorce l'entrevue, tandis que son collègue l'observe. L'étudiant fait connaissance avec le patient d'un point de vue professionnel; il lui fait préciser la raison de sa consultation et explore son symptôme principal. L'étudiant, à mesure que ses compétences se développent, obtient une histoire de plus en plus précise de la maladie. Il aborde ensuite des éléments se rapportant de façon spécifique au thème et aux objectifs de la séance. Comment le patient perçoit-il un étudiant aussi jeune? Quelles sont ses attentes face à lui? Que trouve-t-il difficile ou inacceptable de la part d'un futur médecin? En retire-t-il quelque chose?

Journal de bord - La rencontre avec le patient est suivie d'une période de réflexion personnelle, un retour sur l'activité, structuré à l'aide du *Journal de bord* [13 et 14]. Même s'il n'a agi qu'à titre d'observateur, l'étudiant doit, après chaque entrevue, tenir ce journal, annexé au guide de chaque étape. Outre des directives et des explications, l'étudiant y trouve deux pages à remplir par séance. La première page est «publique», car son contenu sera discuté avec les étudiants du groupe. Le moniteur peut la lire et la commenter; l'étudiant y consigne des notes principalement reliées aux habiletés à reconnaître les contenus communiqués par le patient et interprétés par l'étudiant. On y retrouve les différents niveaux de contenu de la communication et les messages pertinents à la compréhension de la situation du patient. Le moniteur y certifie la participation de l'étudiant sans y inscrire de pondération évaluative. La complicité du moniteur avec les étudiants doit prédominer sur la critique.

La deuxième page est «privée». C'est le «journal» proprement dit et son contenu ne peut être discuté avec le groupe ou le moniteur que si l'étudiant le souhaite. L'étudiant y consigne des notes se rapportant aux aspects intimes, personnels, de la communication, de sa personnalité et de ses performances. La possibilité d'en soustraire le contenu au jugement des pairs facilite l'autoévaluation. L'étudiant y inscrit toute information lui permettant d'assimiler son expérience et d'en évaluer la progression.

Plénière - À la suite de la rédaction de leur *Journal de bord*, les étudiants rencontrent le moniteur. Un étudiant est invité à présenter la raison de la consultation de son patient ainsi que l'histoire de sa présente maladie. La pertinence et la précision du vocabulaire sont examinées en vue d'une exploration de la signification de l'information obtenue. Chaque étudiant souligne les aspects intéressants ou difficiles de la rencontre. Le moniteur partage avec le groupe les situations difficiles qu'il a aussi vécues; tout le groupe offre support et interprétations.

Jeu de rôles - Vient ensuite le moment du jeu de rôles. Un volontaire joue le rôle du patient, un autre, celui du médecin. Parfois, le moniteur peut jouer un des rôles. Chacun reçoit un bref canevas décrivant le rôle. La simulation ne dure que de dix à quinze minutes tout au plus; chaque étudiant est muni d'une grille *d'observation d'entrevue*. C'est une bonne occasion d'observer «directement» une communication, d'en percevoir les difficultés, de les analyser, de les corriger en groupe.

Parfois, plusieurs jeux de rôles se succèdent, de façon à illustrer «plusieurs variations sur un même thème». Le jeu terminé, l'étudiant «malade» décrit l'embarras qu'il a ressenti, la difficulté d'utiliser un vocabulaire médical, etc. Celui qui a joué le rôle du médecin effectue lui aussi un semblable retour analytique. Le moniteur et tout le groupe réagissent, posent des questions... Tous analysent la qualité de l'entrevue, les attitudes qu'elle a fait ressortir.

Exploration du thème - On revient sur les lectures et sur les expériences passées. Le jeu de rôles et les discussions qui s'ensuivent durent environ une heure et demie.

Patients simulés - Pour certaines séances de communication, des patients simulés remplacent les patients réels. Ils sont entraînés à jouer des rôles illustrant des difficultés de communication tenant à la personnalité du patient ou à des situations cliniques délicates : éthylisme, maladies transmises sexuellement, agressivité, etc. Ces «patients» fournissent à l'étudiant une rétroaction sur ce qu'ils ressentent, sur ce qui rend la communication difficile et sur ce qu'ils attendent.

UNE SÉANCE TYPE DE CUEILLETTE ET PRÉSENTATION DE DONNÉES CLINIQUES (ÉTAPES I ET II)

En alternance, tous les quinze jours, une séance est consacrée à la *Cueillette et présentation des données cliniques,* données qui se rapportent spécifiquement au système étudié dans l'unité d'APP en cours. Comme pour *Communication et humanisme,* l'étudiant doit préalablement, compte tenu des objectifs formulés au cahier guide, faire appel à des expériences personnelles.

Révision - Cette partie de la séance permet de réviser les gestes d'examen physique de la séance précédente. Les étudiants s'interrogent sur les points obscurs, le moniteur apporte des éclaircissements.

Jeu de rôles - Puis, vient l'exploration des symptômes du système étudié en APP : il s'agit de faire l'évaluation du symptôme principal ou de l'histoire de la présente maladie. Le patient doit présenter une des pathologies rencontrées lors des tutoriaux des deux semaines précédentes. Le moniteur peut assumer un des rôles, comme celui du médecin, enrichissant les présentations cliniques à partir de ses expériences. Le plus souvent, l'étudiant joue le rôle du patient et choisit avec le moniteur la pathologie à examiner. Lorsque l'étudiant joue le rôle du médecin, il doit alors faire l'exploration du symptôme principal et rechercher les éléments d'histoire qui permettront de distinguer entre différentes pathologies possibles. Après quelques minutes d'entrevue, il résume au patient les caractéristiques et l'évolution de son symptôme principal, en gardant bien en tête la structure d'exploration des symptômes proposée. Et il conclut l'entrevue.

Lors du retour analytique sur le jeu, les étudiants discutent du questionnaire, du choix des symptômes au regard de la pathologie étudiée. Durant la demi-heure suivante, étudiants et moniteur revoient les termes utilisés par le patient pour exprimer les symptômes de sa maladie. On discute des axes qui permettent de distinguer les différentes pathologies; on essaie de déterminer quel processus pathologique affecte telle structure, tel organe. On revoit la qualité de l'entrevue et les attitudes qui s'y sont manifestées.

Démonstration de l'examen physique - À son tour, le moniteur fait une démonstration du déroulement de l'examen physique, étape par étape. Chacun des gestes est expliqué, «disséqué»; on en précise la signification, on montre comment il peut contribuer à l'identification des éléments recherchés.

Pratique des gestes nouveaux entre collègues - Durant l'heure et demie suivante, tous les étudiants pratiquent ces nouveaux gestes. Ils jouent tour à tour les rôles de patient, de médecin ou d'évaluateur, sous l'oeil attentif du moniteur qui peut intervenir à tout instant par ses commentaires, ses recommandations ou, quand une difficulté l'impose, une démonstration.

LA DÉMARCHE DIAGNOSTIQUE INTÉGRÉE (ÉTAPES III ET IV)

Pendant l'étape III, soit au deuxième trimestre de la 2e année, les étudiants, toujours en groupe de huit, pratiquent chaque semaine la démarche diagnostique, ou encore abordent certains aspects spécifiques de l'intervention médicale en s'exerçant, par exemple, au travail interdisciplinaire, aux soins palliatifs, à l'évaluation génitale chez la femme ou chez l'homme, au toucher rectal, à l'évaluation dermatologique, à l'évaluation de la fonction sexuelle, ou encore à la reconnaissance en laboratoire d'éléments hématologiques.

Au cours de cette même étape, les séances de *Communication et humanisme* prennent toute leur valeur en intégrant l'histoire de cas et l'examen physique complet dans une démarche clinique de diagnostic et de résolution de problèmes. En même temps, on met l'accent sur la qualité de la communication avec le patient et avec les autres professionnels de la santé. Les étudiants assimilent cette nouvelle approche, se souciant davantage du malade et demeurant ouverts à ses commentaires.

Après la démonstration, le moniteur révise avec les étudiants les exemples de rédaction d'histoire de cas et de rapport d'examen physique, en insistant sur la concision, la précision, l'utilisation de représentations schématiques ou de communications écrites «fonctionnelles».

L'établissement de la liste de problèmes suppose la reconnaissance d'un ordre de priorité qui tienne compte des éléments les plus pertinents tout en respectant les attentes du patient : est-ce une pathologie à risque mortel, immédiat ou à court terme? ou une pathologie à risque majeur, immédiat ou à court terme? ou une pathologie potentiellement curable? ou une pathologie ne nécessitant pas d'intervention?

À la séance suivante, pour la première fois enfin, l'étudiant rédige seul l'histoire de cas et effectue l'examen physique complet, ce qui est difficile à terminer en deux heures. Durant la rédaction, il constate ses lacunes et dresse la liste des problèmes identifiés. Ce rapport est ensuite corrigé en détail par le moniteur.

Chaque étudiant présente oralement «son patient» au groupe, étape difficile, car il doit procéder selon l'approche par problèmes SOAP («Subjective Objective Assessment Plan»). Selon les éléments pertinents retenus, le moniteur décèle les processus et les difficultés d'apprentissage; il peut en stimuler l'intégration en guidant l'étudiant dans le formulation du diagnostic différentiel. Les interventions diagnostiques et thérapeutiques occupent à l'étape III une place moins importante qu'à l'étape IV.

SÉANCES SPÉCIALISÉES (ÉTAPES III ET IV)

Au cours de ces deux étapes certaines séances sont consacrées à la maîtrise d'habiletés cliniques spécialisées.

L'examen des seins - Au cours de l'automne de la 2e année, une séance est consacrée à l'évaluation des seins. Un enseignant repasse, en grand groupe, les éléments d'histoire de cas et d'examen physique qui se rapportent à l'évaluation des seins, à leur autoexamen, à l'examen par le médecin et à la reconnaissance de pathologies spécifiques. À tour de rôle, les étudiants vont pratiquer cet examen, sous la direction de «patientes» professeures. Au moment de la rencontre, d'une durée de trois heures, deux patientes professeures pratiquent avec l'étudiant l'exploration des symptômes liés aux problèmes mammaires. Elles discutent de la gêne, des malaises par rapport à cette forme d'évaluation. Elles font ensuite la démonstration de l'autoexamen, puis de l'examen proprement dit sur l'autre «patiente». L'étudiant doit ensuite, sous l'oeil attentif des autres étudiants et de l'autre professeure, pratiquer l'examen et enseigner l'autoexamen. C'est l'occasion d'aborder le sujet de la sexualité et les risques d'une mauvaise interprétation ou de séduction que comporte cette évaluation. On aide les étudiants à surmonter les difficultés liées au caractère intime de cet examen.

L'examen génital de l'homme et de la femme - Comme pour les seins, l'examen génital est enseigné par des patientes ou des patients professeurs. Après avoir discuté de la relation médecin-patient dans ce contexte particulier et examiné différentes problématiques psychosexuelles entourant l'évaluation génitale (interprétation, risque de séduction, agression, etc.), une simulation permet d'explorer des symptômes spécifiques. Le patient professeur révise la physiologie et l'anatomie de base. Une des patientes professeures procède à l'examen génital externe manuel et à l'examen au spéculum de l'autre «patiente». Elles font alors des commentaires sur les sensations ou interventions qui les ont déjà incommodées lors de tels examens. Puis, un par un, les étudiants, toujours en groupe de huit, pratiquent l'examen génital complet d'une des patientes professeures sous l'oeil attentif de l'autre.

Ce type d'enseignement, autant pour l'examen génital de l'homme et de la femme que pour l'examen des seins, fonctionne harmonieusement depuis 1988. Cette préparation est maintenant bien intégrée à notre culture facultaire.

L'exploration de la fonction sexuelle - En petits groupes de huit, sous la supervision de deux sexologues, les étudiants pratiquent, sous forme de jeux de rôles, l'exploration de la fonction sexuelle telle que décrite dans des lectures obligatoires préalables. On souligne l'importance de cette évaluation pour la prévention des maladies transmises sexuellement. Les malaises vécus lors de cette exploration, en particulier les situations de séduction et d'interprétation apparues lors des jeux de rôles, sont encore une fois étudiés.

Les soins palliatifs - Les étudiants consacrent deux séances complètes aux interventions en situation palliative. Dans les textes à lire, on insiste sur une adaptation à la maladie et au patient qui est particulière à cette situation. L'équipe multidisciplinaire est d'un grand secours, surtout à la suite des rencontres avec un patient en phase terminale. L'objectif spécifique d'apprentissage est de définir tous les problèmes en fonction du confort du patient plutôt que du traitement définitif d'une maladie. C'est l'occasion pour beaucoup d'étudiants de s'exprimer sur les problèmes vécus dans leur famille, lorsque l'un de leurs proches a fait face à une maladie terminale.

Intégration au cours de l'étape IV - L'étape IV de l'apprentissage des habiletés cliniques se déroule durant l'automne de la 3e année; elle s'intègre à l'unité multidisciplinaire. Pendant douze semaines, les étudiants explorent des problèmes affectant plusieurs systèmes (Tableau 5). Au cours de cette étape, la formation à la démarche diagnostique se complète de séances formelles de pédiatrie, de gériatrie et d'interdisciplinarité.

Afin de mieux intégrer la dimension cognitive aux habiletés cliniques et à la démarche diagnostique, le mentor de l'unité multidisciplinaire (unité 14) agit, à cette étape, comme moniteur clinique. Donc, un tandem de mentors accompagne le même groupe d'étudiants durant tout le trimestre, tant sur le plan cognitif que sur le plan clinique. Au cours de cette étape, le moniteur assiste à toute l'histoire de cas et à l'examen physique; il formule ses commentaires. Il s'intéresse autant aux aspects relationnels qu'à l'histoire de cas et à l'examen physique. La séquence suivie, la même qu'à l'étape III, met cependant l'accent sur la démarche diagnostique et le diagnostic différentiel.

Dossier prospectif - La séance de cueillette des données intitulée *Denver et autonomie, dossier prospectif* [15,16] s'effectue individuellement. Dès le début de l'étape I, à la troisième séance de janvier en 1re année, pédiatres et gériatres font en classe une démonstration de l'évaluation spécifique d'un enfant et d'une personne âgée. Le pédiatre explique les caractéristiques d'une entrevue pédiatrique, l'évaluation du développement psychomoteur (à l'aide de la grille de Denver[17]) et de la croissance (à partir des courbes du poids, de la taille et du périmètre crânien). De même, le gériatre illustre, à partir d'un document vidéo, les particularités de l'entrevue menée auprès des personnes âgées ainsi que l'évaluation de l'autonomie (grâce à la grille SMAF[18]), et des fonctions intellectuelles (examen mental abrégé de Folstein et 3MS[19]). Les deux années suivantes, les étudiants auront à pratiquer ces examens sur un enfant de moins de quatre ans et une personne de plus de 65 ans qu'ils trouveront dans leur entourage. Ils acquerront ainsi une vision prospective de la santé et de la croissance de la personne.

Pédiatrie - Les deux séances de pédiatrie sont dirigées par des pédiatres; elles couvrent l'examen du nouveau-né, l'examen de l'enfant hospitalisé et l'interrogatoire des parents. L'aspect pédiatrique du *dossier prospectif* de chaque étudiant est revu par le moniteur et le groupe.

Gériatrie - En gériatrie, une séance porte sur l'évaluation complète d'un patient hospitalisé en soins prolongés, y compris l'apprentissage des techniques particulières d'examen des patients âgés immobilisés et de ceux qui offrent une collaboration limitée. Une seconde séance porte sur l'évaluation d'un patient vu à l'unité gériatrique de courte durée; elle porte surtout sur l'évaluation de l'autonomie des fonctions supérieures. L'étudiant travaille cette fois avec un des membres de l'équipe multidisciplinaire. Il participe ensuite à la présentation de «son patient» à l'équipe multidisciplinaire.

L'ÉVALUATION DES APPRENTISSAGES

Tout au long de l'unité d'apprentissage des habiletés cliniques, l'évaluation de la démarche de l'étudiant est tantôt formative, tantôt sommative.

L'évaluation formative

À chaque étape, une évaluation formative de type «contrôle personnel» permet à l'étudiant de mesurer l'atteinte des objectifs à partir de grilles préétablies comparables à celles qui sont utilisées lors de l'examen sommatif : grille d'évaluation de l'entrevue (étape I); grille d'exploration de symptômes (étape I); grille d'exploration de symptômes, de facteurs de risques, et revue des systèmes (étapes II et III). De plus, le journal de bord d'observation de la communication (étapes I et II) sert à l'évaluation, de même que le guide de la démarche diagnostique (étape III), et la grille d'évaluation des gestes d'examen physique et techniques (étape I).

Le déroulement de chaque étape fournit donc de nombreuses occasions de rétroaction et d'évaluation de la progression de l'étudiant. Vers la fin de l'étape, une séance est consacrée à la révision et à l'évaluation de l'atteinte de tous les objectifs visés par le prochain examen sommatif.

L'évaluation sommative

L'évaluation sommative porte sur les éléments suivants :
- la présence et la participation aux séances : au début de chaque étape, l'étudiant reçoit son cahier de participation qu'il doit faire signer par son moniteur à chaque

séance; il doit participer à un minimum de 80 % des séances de chaque étape pour être admissible aux examens de fin d'étape;

- l'évaluation au moyen de questionnaires de type «questions à réponse ouverte et courte» ou «questions d'analyse de problèmes» à chaque étape. Tous les objectifs d'apprentissage de l'étape qui s'achève ainsi que ceux des étapes précédentes sont matière à évaluation;
- l'«examen clinique objectif et structuré» (ECOS) à la fin de chaque étape. Cet examen couvre les deux domaines. Il utilise le même type de grille d'évaluation que l'évaluation formative. Il comprend de 16 à 18 *stations* de quatre minutes, chacune comportant une série de critères précis de mesure. Tous les objectifs d'apprentissage de l'étape qui s'achève ainsi que ceux des étapes précédentes sont matière à évaluation. Les étudiants obtiennent des notes variant de 84 à 87 %;
- l'évaluation, par critères objectifs, de la rédaction de l'histoire de cas et de l'examen physique de patients réels lors des étapes III et IV;
- l'évaluation par les moniteurs du contenu du dossier prospectif à l'étape IV;
- l'appréciation globale par les moniteurs des attitudes professionnelles et de la qualité du travail fait avec les patients aux étapes III et IV.

Les modalités de l'évaluation formative et de l'évaluation sommative sont étroitement liées. Les deux modes sont de type cumulatif. On utilise des examens de type «questions à réponse ouverte et courte» et «questions d'analyse de problèmes» pour les connaissances et un «examen clinique objectif et structuré» pour le savoir-faire et le savoir-être.

Les professeurs moniteurs ne font pas d'évaluation sommative aux étapes I et II. Ils doivent cependant préparer, à l'intention de l'étudiant qui a connu des difficultés d'apprentissage, une note décrivant les problèmes diagnostiqués.

Aux l'étape III et IV, le moniteur des démarches diagnostiques rédige pour chaque étudiant une appréciation globale de ses progrès et de ses difficultés, en plus d'une «évaluation critériée» de la rédaction de l'histoire de cas. Le comité de promotion (chapitre 8) accorde une grande importance, dépassant la pondération réelle, à la discussion des cas limites pour l'obtention de la promotion annuelle.

La pondération des évaluations diffère d'une étape à l'autre. Aux étapes I et II, 50 % de la note de l'étudiant provient des examens de type «questions à réponse ouverte et courte» et «questions d'analyse de problèmes», et 50 %, de l'«examen clinique objectif et structuré». Aux étapes III et IV, la note finale accorde 30 % à l'«examen clinique objectif et structuré», 30 % à l'évaluation critériée de l'histoire de cas, 30 % aux examens de type «questions à réponse ouverte et courte» et «questions d'analyse de problèmes», et 10 % à l'appréciation du moniteur. Pour que les étapes III et IV soient jugées réussies, il faut atteindre la note de passage dans tous les modes d'évaluation.

LES CARACTÉRISTIQUES DES HABILETÉS CLINIQUES ET LA RÉFORME DU PROGRAMME

La réforme du programme des études médicales prédoctorales de l'Université de Sherbrooke entend favoriser une formation centrée sur l'étudiant, soucieuse des besoins de la communauté, empreinte d'humanisme en vue de l'exercice d'une médecine consacrée au patient (Tableau 6). On pourrait croire que l'humanisme est l'aspect le plus important de l'unité d'apprentissage des habiletés cliniques. Même si cette dimension prend beaucoup d'importance, l'unité porte une attention particulière à chacune des grandes orientations distinctives du programme.

Tableau 6
CARACTÉRISTIQUES DE L'UNITÉ LONGITUDINALE DES HABILETÉS CLINIQUES

1. Définition d'objectifs spécifiques en termes de performance clinique et de comportement.

2. Méthode favorisant le développement d'attitudes humanistes
   – modèle expérientiel considérant les expériences antérieures
   – journal de bord comme outil d'approfondissement
   – contact prolongé avec des modèles de rôles cliniques
   – objectifs clairement explicités et lectures dirigées

3. Structure facilitant l'intégration à plusieurs niveaux
   • Intégration transversale
     – complémentarité avec les unités d'APP
     – vocabulaire, activités et moniteurs communs aux deux champs d'activités (habiletés cliniques et cueillette de données)
   • Intégration longitudinale
     – rappel des objectifs précédents
     – moniteurs polyvalents
     – évaluation

4. Apprentissage centré sur le patient
   – contact précoce avec le patient
   – patients comme source de problèmes complexes ou moins clairement définis
   – patients professeurs pour l'examen des seins et l'examen génital féminin et masculin
   – patients évaluateurs de la relation médecin-patient

5. Apprentissage centré sur l'étudiant
   – considération des expériences antérieures
   – croissance personnelle par contact progressif avec des situations de difficulté croissante et/ou de charge affective croissante, avec le support des collègues et d'un modèle de rôle

6. Apprentissage centré sur la communauté
   – thème valorisant la reconnaissance des besoins exprimés par les médecins de la communauté
   – suivi pendant deux ans d'un enfant et d'une personne âgée en communauté

7. Évaluation comportant une variété de modes permettant d'identifier les éléments nécessitant des améliorations
   – questionnaire rempli par chaque étudiant après chaque étape et concernant chaque séance
   – réunions d'intendants et rapport de fin de stage
   – rencontre d'évaluation avec le moniteur

8. Évaluation multimodale, mesurant spécifiquement les connaissances, la relation médecin-patient et la performance clinique

POUR L'EXERCICE D'UNE MÉDECINE CONSACRÉE AU PATIENT

Plusieurs éléments de l'unité d'apprentisage des habiletés cliniques visent l'exercice d'une médecine consacrée au patient[20] : le contact précoce avec le patient, le patient comme source d'apprentissage, les patients professeurs et évaluateurs.

Le contact précoce avec le patient - À mesure que la compétence médicale s'acquiert avec l'apprentissage des pathologies, on pourrait croire que l'importance du patient tend à devenir secondaire. Le médecin risque alors de concevoir son rôle comme centré sur la maladie. Pour contrebalancer cette tendance, l'unité d'apprentissage des habiletés cliniques développe la préoccupation pour le malade grâce au contact précoce avec les patients. Le patient lui-même en tant que «personne malade» devient objet d'intérêt, plutôt que simple véhicule d'une «maladie intéressante». Forcément, ce contact demeure d'ordre médical, mais les modèles de rôles cliniques présentés valorisent cette reconnaissance du patient et la manifestent dans la démarche professionnelle quotidienne.

Le patient comme source d'apprentissage - Dès la 2e année, tout au long de la démarche diagnostique, l'étudiant doit reconnaître, à travers les problèmes des patients dont il fait l'histoire de cas et l'examen physique, des domaines de «non-savoir ou de savoir erroné» et remédier à cet état de chose pour poursuivre sa démarche vers un diagnostic différentiel. C'est le patient, non plus l'histoire de cas, ni le problème d'APP sur papier ou document vidéo, qui devient l'objet, le stimulus même de l'apprentissage; l'étudiant doit trouver chez le malade les données pertinentes pour pousser plus loin son apprentissage.

Les patients «professeurs» - Les patients vivent des expériences difficiles lorsqu'ils entrent en contact avec les intervenants du domaine de la santé; certains examens sont d'emblée une source d'anxiété. Les malades ont besoin d'être respectés; ils attendent beaucoup de la relation avec le médecin. Pourquoi ne le diraient-ils pas eux-mêmes aux étudiants? Des patients ne peuvent-ils enseigner directement aux étudiants comment le médecin doit les approcher, les questionner et les examiner? À la séance initiale, un médecin enseigne la théorie se rapportant à l'examen des seins, à l'examen génital de la femme ou de l'homme; puis, il présente de vrais patientes ou patients qui seront, dans le respect des standards, des «professeurs». Ces personnes sont entraînées à identifier chez les étudiants les difficultés autant relationnelles que techniques. Force nous est de leur reconnaître un pouvoir inusité, que traditionnellement les médecins enseignants ne possèdent pas.

Les patients évaluateurs - Lors des séances de communication, à l'occasion d'une évaluation de type ECOS, d'une histoire de cas ou d'un examen complet, les patients évaluent les étudiants et donnent leur appréciation sur la qualité de leur travail.

UNE FORMATION SOUCIEUSE DES BESOINS DE LA COMMUNAUTÉ

La réforme du programme a moins développé l'aspect *besoins de la communauté* que les autres dimensions. Nos ressources et notre créativité ont été ici moins fertiles, même si notre société possède des acquis à cet égard, surtout depuis l'établissement du réseau québécois des centres locaux de services communautaires (CLSC). La dimension sociale des soins de santé s'est fortement développée depuis 25 ans au Québec, mais d'aucuns prétendent que la profession médicale n'a pas suivi cette évolution. La réforme de la santé a imposé aux médecins des contraintes budgétaires et des contrôles administratifs qu'ils considèrent comme des menaces persistantes à l'évolution de la science médicale, à la qualité des soins spécialisés et à leur pouvoir professionnel.

Le programme d'études médicales prédoctorales a voulu, dans son ensemble, répondre aux demandes actuelles de la société québécoise. Ainsi, le médecin doit se faire meilleur communicateur, être capable de travailler en équipe multidisciplinaire, être ouvert aux commentaires évaluatifs des patients et apte à leur poser plus de questions sur leur vie sexuelle et sur leur intimité, ce qui suppose de savoir distinguer relation professionnelle et relation de séduction. Au cours de l'unité d'apprentissage des habiletés cliniques, grâce au dossier prospectif qu'il tient pendant deux ans sur un enfant et sur une personne âgée, l'étudiant se familiarise avec les besoins de la communauté. Il prend aussi conscience du type de réponse qu'offrent la famille, le milieu et les services de santé. Certains renseignements, découvre-t-il, ne peuvent être obtenus que sur le terrain.

UNE FORMATION EMPREINTE D'HUMANISME

Le chapitre 6 décrit en détail les composantes de l'humanisme médical que nous souhaitons voir s'intégrer au programme de formation pour que les étudiants s'en imprègnent.

Les attitudes sont souvent assimilées au savoir-être. Selon Krathwohl[21], il s'agit d'«un état de disponibilité, acquise avec l'expérience, exerçant une influence directive ou dynamique sur les réponses d'un individu à tout sujet ou toute situation qui s'y rapporte». Selon cette définition behavioriste, on prétend que les attitudes peuvent être établies, organisées par l'apprentissage. Elles pourraient même, comme la résolution de problèmes et l'apprentissage des habiletés, être liées à un contexte spécifique. Préoccupés surtout par l'impact des attitudes, nous voudrions que nos futurs médecins, mis en situation de choix, fassent preuve d'une attitude de respect, d'intégrité et de souci du patient.

Gagné[22] reconnaît dans la formation des attitudes trois composantes : cognitive, affective et comportementale. Sur le plan cognitif, la connaissance des comportements désirés et leurs justifications peuvent permettre l'autocritique, la perception de certaines «incongruences». Sur le plan affectif, le fait de «se sentir bien ou mal face à...» affecte le développement de certains comportements. La reconnaissance des «sentiments» influencera les choix du médecin et lui donnera plus de contrôle sur sa conduite. Le sentiment «par rapport à...» pourrait changer. Enfin, sur le plan comportemental, la manifestation exprimée en situation concrète ne sera pas nécessairement la même que la prescription pédagogique. La transmission de valeurs identifiées ou des règles d'un code d'éthique participe néanmoins à l'acquisition des attitudes. L'«éducation morale» en serait une composante dont la base ne peut être, selon Gagné[22], que liée à des situations concrètes.

Évidemment, nous espérons doter tous les futurs médecins du plus haut niveau d'humanisme possible. Mais la maturité morale de l'étudiant jouera un grand rôle dans l'acquisition des attitudes. Pour certains, la démarche peut être longue, et deux ans d'apprentissage peuvent ne pas suffire. La connaissance des objectifs, leur justification et leur contenu spécifique permettent néanmoins à l'étudiant de se situer, de se responsabiliser en augmentant sa motivation à «changer» si le milieu le requiert.

La méthode expérientielle

Notre société ne dicte pas les valeurs, attitudes et comportements que le public, les patients et les professionnels de la santé attendent du médecin. Inculquer ces valeurs est plus difficile que transmettre des connaissances. Enseigner simplement des règles de comportement ou une forme de code moral serait peu efficace; notre expérience démontre que même l'acquisition de connaissances factuelles est assujettie aux préjugés persistants des étudiants. Nous avons stratégiquement choisi d'offrir à l'étudiant de construire «son modèle de référence» à partir de ses propres réflexions, de ses sentiments et de ses expériences. Ainsi, nos activités font, en grande partie, appel à une modification du modèle expérientiel de Kolb[23].

Selon cette approche expérientielle, l'étudiant vit, dans un premier temps, une situation réelle. Suit un temps de réflexion sur ces expériences vécues, y compris les expériences antérieures. Puis, dans un troisième temps, on identifie les principes connus qui serviront, dans un quatrième temps, aux nouvelles expérimentations.

Toutes les conditions d'apprentissage des attitudes peuvent être réunies dans des activités organisées selon ce modèle expérientiel, qui offre à l'étudiant beaucoup d'occasions d'autoévaluation, d'évaluation formative, de responsabilisation et de valorisation. L'étudiant reconnaît dans son expérience comme patient, ou par le truchement de membres de sa famille, des symptômes, des signes, des gestes médicaux qu'il confronte à ses lectures préparatoires.

UNE FORMATION CENTRÉE SUR L'ÉTUDIANT

Une formation centrée sur l'étudiant fait référence à un modèle éducatif qui s'oppose en pratique à un cursus traditionnel structuré pour favoriser la transmission du savoir de l'enseignant. Si nous avons choisi l'apprentissage par l'étudiant et surtout pour lui, c'est pour lui permettre de développer son *autonomie* en le laissant définir ses propres objectifs d'apprentissage, évaluer lui-même ses performances et identifier au besoin les correctifs.

Les séances d'apprentissage des habiletés cliniques comportent, pour la plupart, des objectifs précis. L'étudiant sait ce qu'on attend de lui; il s'agit d'éléments essentiels à sa future pratique. On lui permet cependant de se donner ses propres sous-objectifs, pour combler des besoins personnels d'apprentissage, par exemple corriger des faiblesses dans l'histoire de cas, dans l'examen physique ou dans la communication, voire pallier certaines difficultés émotionnelles d'apprentissage.

L'autonomie fait davantage référence à la «direction des apprentissages» qu'aux aspects spécifiques de la vie médicale. Certaines situations complexes provoquent des émotions qui limitent la capacité d'intervenir. Dans le contexte des habiletés cliniques, on parle donc de maturité émotionnelle plutôt que d'autonomie. Ces divers concepts sont difficiles à départager, mais l'objectif demeure le même : favoriser la croissance personnelle afin de développer la capacité de percevoir ses lacunes et ses forces et d'être capable de se fixer des objectifs accessibles et réalistes.

Nous choisissons des outils qui permettent à l'étudiant d'intégrer sans supervision dans son évaluation des éléments de plus en plus complexes. L'étudiant évalue son degré d'autonomie à partir du système de mesure SMAF[18]. Cette mesure se compare à une évaluation mentale d'un patient faite à partir du test abrégé 3MS et du test de Folstein[19]; où l'étudiant ajoute les éléments qui manquent en procédant à une évaluation plus exhaustive. La structure est simple, facile à maîtriser et favorise un sentiment d'acquisition de compétence.

Nous veillons à préparer les étudiants à mieux répondre au stress que provoquent certaines situations particulières, en intégrant le contenu clinique aux problèmes théoriques étudiés. Nous leur donnons l'occasion de prendre tôt conscience de leurs difficultés pratiques. Il serait triste de découvrir, après quatre ans de travail acharné, qu'on déteste le contact avec les patients ou avec les autres professionnels de la santé; triste aussi de réaliser tardivement qu'on ne peut supporter la maladie, la nudité, la souffrance ou la mort. Une fois parvenu à l'externat, il est déjà tard pour faire un tel constat; mieux vaut l'affronter plus tôt, dans des circonstances qui offrent support et possibilité d'adaptation. Une série de situations cliniques associées à divers niveaux de stress[24], sont abordées lors des activités offertes au cours de l'apprentissage des habiletés cliniques.

Nous avons développé des activités qui obligent l'étudiant à reconnaître le patient et sa vie, à y voir l'humain plutôt qu'une «machine homéostatique à entretenir», ou un «cas porteur d'une maladie à combattre», ou même la «mort à cacher ou à repousser à tout prix»... Ce contact privilégié force l'étudiant à se reconnaître dans le patient. Nous faisons l'hypothèse que l'étudiant sera alors plus disponible au patient, à sa communauté. Il sera plus autonome et fera preuve de plus de maturité, si on lui donne l'occasion de découvrir en lui le médecin de demain, peut-être le futur médecin humaniste...

LES DIFFICULTÉS D'IMPLANTATION ET LES DÉFIS PERSISTANTS

Toute faculté de médecine possède ses traditions, sa culture propre. Même encore jeune, Sherbrooke ne fait pas exception. Complètement intégrés au Centre hospitalier universitaire, les locaux de la Faculté de médecine jouxtent ceux de la pratique clinique.

LE MANDAT DE LA FACULTÉ

Le GPEP Report[25] recommande en 1984 que les facultés de médecine valorisent autant l'acquisition des habiletés, des valeurs et des attitudes que des connaissances. Un Comité du canevas de la réforme (chapitre 2) déterminera que l'unité d'apprentissage des habiletés cliniques doit veiller à l'acquisition d'attitudes favorisant l'amélioration de la relation médecin-patient. Il apparaît logique de proposer un déroulement qui se prolonge tout au long de la période de formation préclinique. Certaines séances sont en rapport direct avec les unités d'APP, les autres, indépendantes, permettent de dépasser les traditionnelles «habiletés en matière d'histoire de cas et d'examen physique». Leur objectif principal est de préparer les étudiants à jouer, dès la 3e année, un rôle actif au sein de l'équipe de soins grâce à l'accent majeur mis sur une relation médecin-patient qui soit de qualité supérieure.

En avril 1987, un Comité de développement des habiletés cliniques est formé, soit huit mois avant la mise en route de la future unité d'apprentissage des habiletés cliniques. Par la diversité de leurs expériences pédagogiques et professionnelles, les membres du Comité, experts du contenu, de la pertinence ou de la méthode, proposent qu'on prenne en charge l'apprentissage des «habiletés» du clinicien, du savoir-faire et du savoir-être cliniques, car on ne peut les acquérir au moyen d'apprentissages théoriques.

Le Comité procède, dans un premier temps, à une exploration des besoins théoriques. La direction de la Faculté présente les problèmes rencontrés dans l'enseignement de la propédeutique et de la sémiologie de l'ancien cursus. Puis, les responsables des stages d'externat sont invités, pour chacun des services cliniques, à classer les objectifs retenus et à distinguer ceux qui seront attribués à l'unité d'apprentissage des habiletés cliniques de ceux qui devront être réservés à l'externat. Un canevas d'objectifs spécifiques est proposé dès juin 1987. Il est déjà évident qu'une réorganisation des activités existantes ne suffira pas. Les nouveaux objectifs impliquent le développement de nouvelles méthodes d'apprentissage et d'évaluation. Le temps disponible pour l'enseignement clinique diminue par rapport à l'ancien cursus, ce qui réclame une efficacité accrue de chaque activité, afin d'établir une complémentarité avec les unités d'APP.

LA RESPONSABILITÉ DE L'ENSEIGNEMENT DES HABILETÉS CLINIQUES

L'art de communiquer, de constituer l'histoire de cas et de procéder à l'examen physique est primordial pour tout médecin. Cependant, aucun ne domine l'ensemble des habiletés cliniques... À l'image du morcellement de la vie clinique en de multiples sous-spécialités, chacun possède son domaine limité d'intervention et de responsabilité. À Sherbrooke, même des services propices à l'intégration, comme la médecine interne ou la médecine familiale, sont déjà largement hypothéqués par l'implantation de l'APP. La médecine interne participe à beaucoup d'unités, la médecine familiale aussi. Ces services organisent déjà le stage d'immersion clinique et les stages d'APP en communauté et ont à jouer un rôle dans les stages d'externat. Les internistes, devenus le groupe enseignant polyvalent et intégrateur par excellence, ont pris en charge l'unité multidisciplinaire (unité 14) de 3e année. Aucun service clinique ne se sent donc ni la volonté, ni la capacité d'assumer la lourde tâche des activités d'apprentissage des habiletés cliniques. Il ne peut s'agir que d'une tâche facultaire. Notre système de gestion matricielle (chapitre 2) favorise cette prise de responsabilité, mais l'absence d'un sentiment d'appartenance hypothèque largement les contributions cliniques, car peu nombreux sont ceux qui reconnaissent la nécessité d'assumer collectivement ces enseignements.

La formation des moniteurs en *Communication et humanisme*

Pour espérer favoriser l'acquisition d'attitudes, la notion de «modèle de rôle» nous apparaît primordiale. Ce médecin que l'on voudrait être, il doit être expérimenté, reconnu par ses collègues comme un «clinicien compétent et très humain». Nous choisissons donc, au sein de chacun des départements cliniques, des moniteurs qui sont aussi des enseignants engagés dans la formation postdoctorale, afin d'assurer le continuum de la formation. Ces cliniciens vont faire preuve du même souci d'humanisme et pratiquer le même vocabulaire. En changeant chaque année quelques professeurs au sein de l'équipe, le message pourra se diffuser à toute la Faculté. Un grand nombre de moniteurs différents vont ainsi participer à cet enseignement. La moitié des groupes est prise en charge par les enseignants du Département de médecine familiale; et chaque département clinique s'occupe d'au moins un groupe de huit étudiants par année.

Au départ, nos «experts» cliniques en communication n'ont que très peu de connaissances théoriques relatives à cet enseignement. En réponse à des besoins spécifiques identifiés par les moniteurs, le Comité des habiletés cliniques organise des séances de formation, avec l'aide surtout de psychiatres enseignants.

La psychologie des petits groupes, les théories de la communication, la production et la direction de jeu de rôles, le travail avec les patients simulés, l'entrevue au miroir, l'utilisation du journal de bord et la revue du contenu des séances sont tous des éléments de formation. Cette formation préalable permet d'identifier le contenu d'une formation globale qui pourra maintenant être offerte à tout nouveau moniteur. C'est ainsi que se constitue un noyau stable de moniteurs intéressés, qui vont devenir le fer de lance du programme d'enseignement des habiletés cliniques.

La formation des moniteurs en *Cueillette et présentation des données cliniques*

Puisque nous avons choisi de favoriser l'intégration longitudinale et l'évaluation progressive des habiletés, nous recherchons des moniteurs polyvalents qui acceptent d'enseigner l'examen des signes vitaux, l'examen neurologique, l'examen du système locomoteur ou encore la propédeutique cardiaque, pulmonaire, abdominale et même celle du fond de l'oeil. Il faudra plusieurs années avant d'en arriver à ce que la majorité des groupes puissent être ainsi suivis par un professeur de ce type.

La standardisation de l'enseignement de l'histoire de cas et de l'examen physique pose le problème particulier de la méthode. Si, d'une part, aucun moniteur ne se sent vraiment compétent pour enseigner la communication, tous les cliniciens se croient experts pour l'enseignement de l'examen physique; à tel point qu'ils ne ressentent pas le besoin de participer à des séances de formation et de standardisation. C'est ce qui explique que moins de 30 % des cliniciens s'y présentent, malgré un besoin maintes fois exprimé par les étudiants.

La démarche diagnostique

Le nombre limité de séances au cours des étapes III et IV entraîne une diminution importante du nombre d'histoires de cas et d'examens complets effectués par les étudiants du nouveau programme.

Au cours de l'étape III, la discontinuité du contact entre le moniteur et les étudiants crée aussi un malaise important. Les moniteurs ne se souviennent plus des performances des étudiants et donnent donc souvent une rétroaction trop tardive pour être efficace. Les séances concomitantes spécialisées (examen génital, soins palliatifs, prévention des infections, pratique de la ponction veineuse, etc.) ajoutent à cette dispersion. Différentes modifications vont remédier à cette situation, comme le fractionnement en sous-groupes, rattachés à un seul mentor, une visite de contrôle du patient (dès que l'étudiant a terminé sa propre démarche auprès de lui), afin de revoir les signes importants et de répondre aux doutes des étudiants.

La réorganisation d'une période intense de pratique (histoire complète de cas, examen physique et investigation) dans une démarche intégrée en fin d'étape III - à la fin de l'unité 14 - fait encore problème. Ici encore, comme pour l'examen physique, il est difficile de modifier les habitudes des moniteurs : «Pourquoi observer? J'ai toujours vérifié le travail à partir de la rédaction de l'examen». De plus, les moniteurs étant pris par la formation, ils trouvent difficile de recruter des patients adaptés à l'enseignement, surtout que les clientèles en centre de soins tertiaires se sont «alourdies» et que les milieux hospitaliers de formation sont moins nombreux.

La disponibilité des patients - Les patients sont de moins en moins disponibles, que ce soit en *Communication et humanisme*, dès la 1re année, ou pour la démarche diagnostique, et cela jusqu'en 3e année. Nous avons dû augmenter le nombre de séances avec des patients simulés, de même que les jeux de rôles et l'utilisation d'autres centres d'enseignement situés dans la communauté. Mais le patient demeure un collaborateur essentiel, qu'il soit réel ou simulé; il ne peut être remplacé.

Aspects logistique - L'unité d'apprentissage des habiletés cliniques se déroule sur deux ans sans interruption. La désignation de responsables par étape va permettre d'améliorer grandement l'encadrement professoral et l'identification des professeurs à leur groupe de travail. La complémentarité de toutes les activités cliniques avec les autres unités de la phase préclinique continue de se développer. Le préexternat, les deux stages d'immersion et les quatre étapes de l'unité d'apprentissage des habiletés cliniques partagent des objectifs dont l'effet intégrateur ne peut être que positif.

L'évaluation de l'unité

Dès la première année d'implantation du nouveau programme d'études prédoctorales, un ensemble de mesures d'évaluation (chapitre 11) est adopté pour permettre d'identifier les éléments faibles de l'unité d'apprentissage des habiletés cliniques.

Chaque étudiant doit remplir un *questionnaire de type Likert* après chaque étape. Ce questionnaire comporte de 75 à 100 énoncés se rapportant aux aspects généraux de l'étape (déroulement des activités, précision et atteinte des objectifs, qualité des moniteurs, étapes précédentes, etc.) et aux éléments plus spécifiques de chaque séance (contenu, pertinence, temps alloué, etc.). Il en est de même de la rencontre régulière des intendants. En 1992, les résultats de l'évaluation de l'unité oscillaient entre 4,0 et 4,2 sur 5.

Certaines activités sont plus appréciées que d'autres, comme l'enseignement par les patients-professeurs (examen des seins, 4,8; examen génital féminin, 4,7; examen génital masculin, 4,3), les situations difficiles (soins palliatifs, 4,3; évaluation sexuelle, 4,3); les patients simulés (4,2 et 4,4) et les techniques (sonde urinaire, 4,3; ponction veineuse, 4,5).

Des améliorations importantes sont apportées. Par exemple, l'observation directe a fait grimper de 3,9 à 4,2 l'appréciation de l'étape IV; les séances de «communication difficile» sont passées de 3,4 à 4,1 avec l'introduction des patients simulés.

Le *rapport synthèse* produit à la fin de chaque rencontre permet de recueillir les suggestions des étudiants et d'identifier les points sensibles, positifs et négatifs. Malheureusement, ce rapport se fait souvent attendre.

Certains éléments d'*évaluation des étudiants* sont très éloquents sur les performances de l'unité. Par exemple, les objectifs cumulatifs permettent d'observer, au moment des «examens cliniques objectifs et structurés», s'il y a progression de la performance d'une étape à l'autre. Ainsi, l'examen des éléments neurologiques et abdominaux, de même que des signes vitaux, s'améliore de l'étape I à l'étape IV, mais l'examen du système locomoteur ne fera pas de progrès jusqu'à ce qu'on ajoute, en 1991, une documentation plus précise lors des séances de l'étape I. Dans le cas de l'histoire de la présente maladie, les performances vont s'améliorer lors des «examens cliniques objectifs et structurés» de 1991 à la suite de la présentation de situations cliniques proches, mais différentes des jeux de rôles des étapes I et II. Ces nouvelles situations améliorent probablement la structure des connaissances nécessaires à ces performances.

Le *questionnaire à l'intention des stagiaires* a été rempli par la majorité des étudiants de la première cohorte. Les résultats soulignent l'importance des éléments de *Communication et humanisme*. Les étudiants, dans une proportion de 85 %, utilisent régulièrement les notions acquises en habiletés cliniques de communication.

Le système d'évaluation de l'unité d'apprentissage des habiletés cliniques permet d'identifier les forces et certaines faiblesses. La correction de ces dernières se fait progressivement. Certains aspects nécessiteraient des ressources supplémentaires (contact avec des patients, patients simulés); d'autres, une révision de l'organisation, notamment le canevas de l'étape III. Les modifications prioritaires sont difficiles à établir en raison des nombreuses contraintes des professeurs et de la pénurie d'espace et de temps.

CONCLUSION

La congruence entre l'unité d'apprentissage des habiletés cliniques et les grands axes de la réforme des études prédoctorales ne fait pas de doute pour nous. Cette unité représente probablement l'activité qui incarne le plus nos objectifs «humanistes». Elle témoigne d'un réel souci à l'égard des besoins de l'étudiant. L'orientation vers la communauté, quoique traduite de façon originale dans le dossier prospectif, pourrait être progressivement renforcée au fil des années.

Le canevas de l'apprentissage des habiletés cliniques se caractérise principalement par une progression continue dans l'acquisition d'attitudes, d'habiletés de communication et de techniques d'examen, dont la complexité va en s'accroissant. L'apprentissage s'intègre dans une démarche professionnelle, principalement diagnostique à ce niveau. L'agencement des activités favorise au maximum le contact avec le patient, tout en ne le permettant que pour les interventions dont les étudiants ont déjà fait l'apprentissage de base. Le patient ne souffre donc pas de la présence de l'étudiant; au contraire, le respect dont il fait l'objet augmente sa collaboration. Les patients professeurs et les patients simulés viennent renforcer l'importance accordée aux malades dans la formation des futurs médecins.

La participation de tous les départements dans l'enseignement de la communication et de l'humanisme contribue sûrement au développement d'une culture facultaire particulière, caractérisée par la continuité entre les objectifs de la formation préclinique et la réalité clinique postdoctorale quant à la relation médecin-patient. La création d'activités visant à intensifier cette continuité répond à un besoin maintenant ressenti par un bon nombre de cliniciens. Le développement d'une formation plus structurée des moniteurs contribuera à augmenter leur compétence dans ces domaines.

Plusieurs limites et difficultés d'un tel apprentissage ont été soulignées au passage. La place centrale de cet apprentissage dans l'intégration, sous toutes ses formes, des connaissances des différentes disciplines, de la science clinique et des comportements humanistes, force la mise sur pied d'une structure supradépartementale. Celle-ci facilitera l'articulation de l'unité d'apprentissage des habiletés cliniques avec toutes les unités d'APP. Le développement d'un groupe de moniteurs polyvalents, qui participent autant aux activités de *Communication et humanisme* que de *Cueillette et présentation des données cliniques*, assurera l'évaluation formative des étudiants et le repérage de ceux qui éprouvent des difficultés. L'évaluation des attitudes, de l'humanisme et de la démarche diagnostique requerra une attention particulière.

Le renouveau de notre programme permet d'ébranler le sentiment de confort qui accompagne trop souvent l'enseignement clinique pendant la période «préclinique» de la formation médicale. La compression du temps de formation et l'accroissement des connaissances ne laissent plus de place à l'acquisition non planifiée, par simple contact, des attitudes, des habiletés de communication et d'entrevue et des techniques d'examen pratiquées au chevet du malade. Une dynamique nouvelle s'installe, autant sur le plan pédagogique que sur le plan clinique, traduisant un souci particulier pour le rôle d'enseignant et celui de modèle quant aux attitudes et à la compétence professionnelle.

RÉFÉRENCES

1. Flexner, A. *Medical Education in the United States and Canada, Report of the Carnegie Foundation for the Advancement of Teaching* 1910, Birmingham, Alabama, Classics of Medical Library, 1990.

2. Guilbert, J. J. *Guide pédagogique pour les personnels de santé, Genève*, Publications de l'Organisation mondiale de la santé, n° 35, 1990.

3. Lacombe, G. *Habiletés cliniques*, Sherbrooke, Faculté de médecine, Université de Sherbrooke, juin 1987 (document de travail).

4. Lacombe, G. «Study of Geriatric Educational Needs, Students' Perspective, from Positive Perception to Competency Crisis», *Journal of the American Geriatrics Society*, vol. 40, n° 10, supplément, 1992, p. SA86.

5. Lacombe, G. et N. Larente. «Evaluation or Education of Needs Related to Students Perception of Communication and Humanistic Aspect of Elder's Care», résumé publié dans les actes du congrès *The 1991 International Consensus Conference on Doctor-patient Communication,* Toronto, 1991.

6. Gibbs, M. «Sick and Tired», *Time* (édition canadienne), vol. 134, n° 5, 1989, p. 28-33.

7. Messenger, O. J. «Good Practice Management Can Keep Doctors out of Court», *Canadian Medical Association Journal*, vol. 144, n° 2, 1991, p. 211-217.

8. Pellegrino, E. D. *Humanism and the Physician*, Knoxville, University of Tennessee Press, 1979.

9. Huemner, L. A. et J. A. Royer. «The Assessment and Remediation of Dysfunctional Stress in Medical Schools», *Journal of Medical Education*, vol. 56, 1981, p. 547-558.

10. Bordage, G. *The Cognitive Structure of Knowledge*, thèse de doctorat, East Lansing, Michigan, Michigan State University, 1982.

11. Kassirer, J. P. «Diagnostic Reasoning», *Annals of Internal Medicine*, vol. 110, 1989, p. 893.

12. Thomson, D. M. et E. Tulwing. «Associative Encoding and Retrivial», *Journal of experimental psychology*, vol. 86, 1970, p. 225-262.

13. Lacombe, G. «The Diary, a Useful Tool for Communication and Attitude Training of Medical Students», résumé publié dans les actes du congrès *The 1991 International Consensus Conference on Doctor-patient Communication*, Toronto, 1991.

14. Lacombe, B., L. Pronovost-Tremblay et Y. Ouellette. «The Structure Diary, «Journal de bord», Essential Tool in Experiential Learning on Communication and Humanism of Medical Students», *Seventh Annual Session, Innovation in Medical Educational Exhibit*, Association of American Medical Colleges, 1992, p. 71.

15. Lacombe, G. «Description et efficacité du programme de formation gériatrique au prédoctorat à l'Université de Sherbrooke», abrégé publié dans *Union médicale du Canada*, vol. 120, n° 2, 1991, p. 156.

16. Lacombe, G. «A Prospective Clinical Geriatric Experience in Community Before Clerkship», *Journal of the American Geriatrics Society*, vol. 40, n° 10, supplément, 1992, p. SA85.

17. Frankenburg, W. K., J. Dodds, P. Archer, H. Shapiro et B. Bresnick. «The Denver II : A Major Revision and Restandardization of the Denver Developmental Screening Test», *Pediatrics*, vol. 89, n° 1, 1992, p. 91-97.

18. Hébert R., R. Carrier et A. Bilodeau. «The Functional Autonomy Measurement System (SMAF) : Description and Validation of an Instrument for the Measurement of Handicaps», *Age and Aging*, vol. 17, 1988, p. 293-302.

19. Hébert R., G. Bravo et D. Girouard. «Validation de l'adaptation francaise du «Modified Mini Mental State» (3MS)», *Revue de gériatrie*, vol. 17, 1992, p. 443-450.

20. Lacombe, G., J. E. Des Marchais et B. Dumais. «The Sherbrooke Preclinical Experience on Communication and Humanism, an Experiential Program for Patient Doctor Relationship Improvement», *Seventh Annual Session, Innovation in Medical Educational Exhibit,* Association of American Medical Colleges, 1992, p. 22.

21. Krathwohl, D. R., B. S. Bloom et B. B. Masia. *Taxonomy of Educational Objectives, Handbook II : Affective Domain*, New York, David McKay, 1971.

22. Gagné, R. *The conditions of learning*, fourth edition, New York, Dryden Press, 1985.

23. Kolb, D. A. «Toward an Applied Theory of Experiential Learning», in Cooper, L. C. *Theories of Group Processes*, New York, Wiley and Sons, 1975, p. 33-57.

24. Coburn, D. et A. V. Jovaisas. «Perceived Sources of Stress among First Year Medical Students», *Journal of Medical Education*, vol. 50, 1975, p. 589-595.

25. Association of American Medical Colleges. *Physicians for the Twenty-First Century. The GPEP Report, Report of the Panel on the General Professional Education of the Physician and College Preparation for Medicine*, Washington, 1984.

CHAPITRE 5

L'ÉVALUATION DES APPRENTISSAGES DES ÉTUDIANTS

Jacques E. Des Marchais,
Robert Black et Nu Viet Vu

*«Dis-moi comment tu évalues et
je te dirai comment tu enseignes.»*

Dès le printemps 1986, le Comité du canevas se penche sur le problème de l'évaluation des apprentissages des étudiants. La réforme en profondeur du cursus exige un changement non moins majeur dans la façon d'évaluer les étudiants. Un premier constat apparaît clairement : on ne peut plus se limiter à la mesure de la souvenance des faits. Le défi de modifier l'évaluation, tôt reconnu, ne sera cependant relevé que durant la dernière année de la planification, en janvier 1987, après la construction des problèmes.

En sciences de l'éducation, l'évaluation est reliée aux objectifs d'apprentissage. Ceux-ci doivent être clairement définis et communiqués à l'étudiant. On évalue par la suite dans quelle mesure l'étudiant a atteint les objectifs. Or, dans l'apprentissage par problèmes (APP), ce sont les étudiants qui identifient une partie des objectifs. Ces derniers sont donc susceptibles de varier selon les groupes, voire selon les étudiants. Comment adapter les évaluations dans un contexte où les enseignants ne déterminent pas seuls la matière à apprendre?

Évaluer, c'est donner une valeur à une chose. Quelles dimensions le nouveau programme va-t-il valoriser : la mémoire? l'interprétation des données? l'analyse des problèmes? leur résolution? l'interaction entre les étudiants? l'humanisme? l'autonomie? Voilà une autre tâche à laquelle les responsables de la planification doivent s'attaquer. Il nous faut décider de l'objet de l'évaluation (quoi?), puis le mesurer par les instruments les plus valides et les plus fiables possible (comment?). Les professeurs sont soucieux de la validité du contenu, tandis que les promoteurs de la réforme se préoccupent, eux, d'assurer la plus grande cohérence possible par rapport à la philosophie et à la méthode d'APP.

Quels seront les résultats des évaluations sommatives effectuées au cours des quatre premières années d'implantation du programme? Quelle valeur donner à leur validité et à leur fiabilité? En fonction des différents formats d'évaluation, quelle est la performance de nos étudiants dans les différentes unités du programme? Quelles leçons pouvons-nous tirer de cette première phase d'implantation?

LES INTENTIONS DE L'ÉVALUATION

En janvier 1987, un comité spécial d'évaluation, assisté de la consultante Nu Viet Vu, reçoit le mandat d'élaborer le nouveau système d'évaluation. Ses travaux vont conduire à l'élaboration du document *L'évaluation des apprentissages des étudiants*[1], accepté par le Conseil de la Faculté en août 1987, quatre jours avant le début officiel du nouveau programme. Ce document présente la justification des évaluations sommatives et de leurs objectifs; il décrit leur réalisation au cours de la première année d'implantation et présente les orientations des années subséquentes. Il s'arrête également à l'évaluation qui doit être faite par le tuteur.

LA JUSTIFICATION DES ÉVALUATIONS (POURQUOI?)

Les modifications proposées au système des évaluations sommatives et leur justification s'appuient sur une série de considérants (Tableau 1) et de conditions (Tableau 2).

Tableau 1
LES CONSIDÉRANTS DES ÉVALUATIONS

1. Une évaluation cohérente avec les buts du nouveau programme exige l'utilisation de méthodes et de techniques variées d'évaluation.

2. Tous les étudiants devront avoir atteint un seuil de compétence acceptable au moment de leur entrée aux programmes de formation postdoctorale.

3. Tous les diplômés auront à réussir l'examen de synthèse des facultés de médecine du Québec et devraient pouvoir se présenter, s'ils le souhaitent, à l'examen d'aptitude du Conseil médical du Canada.

4. Les évaluations sommatives guident de façon implicite le déroulement d'un programme d'études.

5. Des examens sommatifs répétitifs et nombreux ont pour effet de détériorer le climat d'apprentissage en accentuant le stress et la compétition excessive.

6. Les méthodes et les modes d'évaluation sont des facteurs déterminants pour orienter les apprentissages des étudiants.

Ces considérants et ces conditions vont guider, au moment de la planification, l'élaboration de six recommandations qui feront partie intégrante du projet de réforme. Ces recommandations se rapportent au quoi?, au comment? et au quand? des évaluations. Pour tous les responsables de la réforme, un principe apparaît clair : tout apprentissage doit être évalué et cette tâche fait partie intégrante de notre rôle d'enseignant.

Tableau 2
LES CONDITIONS DES ÉVALUATIONS

1. De nombreux professeurs ont bénéficié d'une formation pédagogique qui les rend davantage aptes à utiliser différentes méthodes et techniques d'évaluation.

2. L'examen à choix de réponses (choix multiples) demeure une technique valide et fiable pour mesurer la rétention des connaissances factuelles, mais peu utile pour mesurer l'habileté à analyser les problèmes et le raisonnement clinique.

3. La Faculté a mis sur pied depuis plusieurs années des examens critériés dont le niveau acceptable de performance (NAP) est préalablement déterminé selon la technique de Nedelsky modifiée.

4. La Faculté a déjà acquis une expérience intéressante dans l'utilisation des examens de type ECOS (examen clinique objectif et structuré).

5. De nombreux travaux sur l'évaluation ont été effectués en pédagogie médicale et nous incitent à profiter de méthodes nouvelles.

6. Un système de succès-échec ne peut, pour l'instant, être mis en place.

L'OBJET DE L'ÉVALUATION (QUOI?)

L'objet de l'évaluation (Tableau 3) se fonde principalement sur la Recommandation n° 1 :

> *Chacun des moyens d'évaluation doit être cohérent avec l'objet de l'évaluation afin de mesurer de façon valide la composante concernée.*

Quatre compétences doivent être maîtrisées dans les domaines du savoir, du savoir-faire et du savoir-être : les applications des connaissances à divers niveaux taxonomiques, les habiletés techniques et cliniques, les habiletés d'autoapprentissage, les attitudes et les comportements professionnels.

Tableau 3
LES OBJETS DES ÉVALUATIONS

1. **Mesure du processus intellectuel (LE SAVOIR)**
   - Éléments de mémorisation pure
   - Éléments des connaissances appliquées
     aux sciences fondamentales et cliniques
   - Raisonnement clinique :
     processus d'analyse de problèmes
     processus de solution de problèmes
     processus de prise de décision

2. **Mesure des habiletés (LE SAVOIR-FAIRE)**
   - Habiletés cliniques :
     art de l'entrevue
     habileté de l'examen physique
     habileté des gestes techniques
     présentation de l'histoire clinique
     tenue du dossier
     enseignement au patient
   - Autoapprentissage :
     évaluation critique des besoins
     identification des objectifs d'apprentissage
     établissement d'un programme personnel
     recherche des sources d'information
     critique de l'information recueillie
     évaluation des acquis

3. **Mesure des attitudes et des communications interpersonnelles (LE SAVOIR-ÊTRE)**
   - Responsabilité
   - Relations avec les pairs, le corps professoral et
     le personnel paramédical
   - Relation médecin-patient
   - Approche humaniste du patient

Les habiletés reliées aux applications des connaissances comprennent l'habileté à acquérir, interpréter et appliquer ces connaissances, et l'habileté à analyser les problèmes cliniques et à les résoudre. Les habiletés cliniques et techniques incluent les habiletés reliées aux entrevues des patients, aux examens physiques et aux manoeuvres techniques. Les responsables du programme souhaitent en outre que les étudiants acquièrent les habiletés reliées à l'autoapprentissage, ce qui inclut l'habileté à s'autoévaluer, à développer et à maintenir des habitudes d'éducation continue. Enfin, les attitudes et les comportements professionnels incluent l'habileté à communiquer, l'intégrité intellectuelle et l'approche empathique et humaniste du traitement des patients.

LES MÉTHODES ET LES TECHNIQUES D'ÉVALUATION (COMMENT?)

Les méthodes et les techniques d'évaluation (comment?) sont principalement élaborées dans la Recommandation n° 2 :

Pour assurer la cohérence entre l'objet de l'évaluation et les moyens de la faire, dix techniques peuvent être utilisées selon les domaines d'apprentissage à évaluer. Ce sont :

Q.C.R. : la question à choix de réponses; elle comprend un énoncé et un choix de réponses (la réponse juste et les leurres).

Q.R.O.C. : la question à réponse ouverte et courte; elle comprend un énoncé suivi d'un espace où l'étudiant inscrit les éléments de réponse.

Q.A.P. : la question d'analyse de problèmes; elle comprend l'énoncé d'un problème, un bref scénario clinique suivi d'une ou de quelques questions à réponse ouverte.

Examen oral structuré : il s'agit d'un test en trois temps. On présente un problème à l'étudiant. Celui-ci doit d'abord formuler des hypothèses d'explication du problème. Il dispose ensuite d'une période déterminée pour analyser et étudier le problème. Puis, il revient discuter de l'explication et éventuellement de la solution du problème avec le professeur.

Tuteur : le tuteur accepte la tâche de mesurer à la fin d'une unité un certain nombre d'habiletés et de comportements attendus chez l'étudiant.

Pairs : les étudiants fournissent à leurs collègues leur appréciation à propos de l'atteinte des objectifs et du processus suivi.

ECOS : l'examen clinique objectif et structuré. L'épreuve consiste en une série de courtes stations comportant des tests dont les objectifs d'évaluation de la compétence clinique ont été préalablement définis et structurés de façon standardisée.

Carnet de route : l'étudiant inscrit dans un carnet les activités d'apprentissage qu'il a effectuées.

Fiche d'appréciation : une grille d'éléments à apprécier.

Autoévaluation : l'étudiant évalue ses propres connaissances, habiletés et comportements lors de l'apprentissage de la médecine.

Pour mesurer les diverses compétences, nous choisissons cinq types d'évaluation : les examens écrits, l'évaluation par les tuteurs (Annexe 1), l'examen clinique objectif et structuré, l'évaluation par les pairs et l'examen oral structuré. Le carnet de route est aussi utilisé lors de l'apprentissage des habiletés cliniques, et la fiche d'appréciation, lors des stages cliniques. Ainsi, la cohérence2 devrait s'établir entre l'objet de l'évaluation, les domaines d'apprentissage et les tests de mesure tant formatifs que sommatifs. Les éléments du Tableau 4 servent d'indicateurs au moment des ateliers de construction de problèmes et de préparation de questions d'examens.

Les examens écrits sont constitués de trois types de questions : les questions à choix de réponses (Q.C.R.), les questions à réponses ouvertes et courtes (Q.R.O.C.) et les questions d'analyse de problèmes (Q.A.P.). Les Q.C.R. devraient mesurer la capacité de l'étudiant d'acquérir et de se remémorer des faits spécifiques et des concepts. Les Q.R.O.C. devraient mesurer la capacité d'interpréter les faits médicaux, d'expliquer les principes et les concepts d'un phénomène ou de les appliquer à une situation clinique spécifique. Les Q.A.P. devraient mesurer non seulement la capacité d'interpréter les faits et d'appliquer les principes et les concepts, mais aussi celle d'analyser l'information, de formuler les hypothèses les plus probables, de les différencier et de les vérifier. Une Q.A.P. consiste en un court scénario suivi d'une ou de plusieurs questions, parfois en cascade, dont la réponse exige une analyse des éléments du scénario. Les Q.R.O.C. et les Q.A.P. utilisent des situations cliniques nouvelles et différentes de celles qui ont été exposées lors des tutoriaux.

L'évaluation par les tuteurs mesure l'aptitude de l'étudiant à analyser un problème, les comportements qui facilitent la communication lors des tutoriaux, les manifestations d'humanisme et l'autonomie d'apprentissage.

L'ECOS est une série de courtes stations de cinq à dix minutes visant à mesurer des habiletés cliniques et des techniques très spécifiques.

Les buts des examens écrits et de l'évaluation par les tuteurs sont fondés sur la Recommandation n° 3 :

> *Les évaluations formatives doivent être privilégiées par rapport aux évaluations sommatives. Ainsi, les étudiants profiteront de nombreuses occasions de vérifier l'acquisition des apprentissages proposés et de poursuivre leur démarche guidée par des rétroactions de renforcement ou de correction.*

et sur la Recommandation n° 4 :

> *Chaque unité du programme comporte au moins deux activités d'évaluation formative.*

Tableau 4
TABLEAU DE COHÉRENCE ENTRE LES OBJETS DE L'ÉVALUATION ET LES TESTS DE MESURE

DOMAINES D'APPRENTISSAGE	FORMATIF		SOMMATIF	
	ÉCRIT	OBSERVÉ	ÉCRIT	OBSERVÉ
Processus intellectuel Mémorisation des connaissances	Q.C.R. Q.R.O.C.		Q.C.R. Q.R.O.C.	
Application des connaissances	Q.C.R. Q.R.O.C.	Tuteur	Q.C.R. Q.R.O.C.	Tuteur
Analyse et raisonnement clinique	Q.A.P.	Auto-évaluation Tuteur Pairs	Q.A.P.	Tuteur-mentor ECOS Pairs Oral
Habiletés Habiletés cliniques	Q.R.O.C. Carnet de route	Carnet de route	Q.R.O.C.	ECOS Tuteur
Autoapprentissage		Carnet de route Autoévaluation Tuteur Pairs		Tuteur
Attitudes et communication interpersonnelle Relation patient-médecin Responsabilité Relations avec les pairs, le corps professoral et le personnel paramédical Approche humaniste du patient		Autoévaluation Fiche d'appréciation		Fiche d'appréciation

Sur cette base, les évaluations développées dans un but formatif devraient avoir la même rigueur que les évaluations sommatives quant à la validité et à la praticabilité des épreuves de mesure. Cependant, l'échantillonnage et la longueur des tests formatifs peuvent être plus limités tout en conservant théoriquement la même rigueur docimologique. L'évaluation formative n'est pas sanctionnelle; ses résultats n'apparaissent pas au bulletin de l'étudiant. Elle lui est simplement offerte, maximisant la rétroaction en le renseignant sur sa progression[3].

LE MOMENT DES ÉVALUATIONS SOMMATIVES EN VUE DE LA PROMOTION (QUAND?)

Comme les évaluations sommatives seront utilisées dans un but de promotion, il est nécessaire d'en déterminer le moment aussi bien que le nombre. Ces décisions sont fondées sur la :Recommandation n° 5 :

> *La promotion des étudiants dépend d'une série d'évaluations sommatives : elle continue d'être basée sur la promotion par année sauf à la fin de la formation préclinique, au milieu de la troisième année.*

et sur la Recommandation n° 6 :

> *À la fin de la première année, la promotion est accordée sur la base des cotes compilées à la suite de quatre évaluations sommatives : la première, à la fin de l'unité d'initiation, la deuxième à la fin de l'unité de biologie médicale, la troisième, au milieu du deuxième trimestre et la dernière, à la fin de celui-ci.*

> *En deuxième année, trois compilations d'évaluations sommatives, la première en décembre, la deuxième en mars et la dernière en juin, permettent d'accumuler les cotes qui, associées aux évaluations de l'unité des habiletés cliniques, déterminent la promotion à la troisième année.*

Ce nombre d'évaluations sommatives a été fixé en tenant compte des raisons suivantes. En matière de mesure et d'évaluation[2], il est nécessaire d'obtenir un nombre suffisant de mesures pour en établir la fiabilité; les professeurs ont besoin de vérifier de façon fiable les progrès des étudiants et l'efficacité de leur enseignement; les activités d'évaluation sommative ont pour but d'aider les étudiants à évaluer la progression de leurs études et à réaliser s'ils ont maîtrisé les objectifs d'apprentissage.

Le passage de la formation préclinique à l'externat, au milieu de la 3e année, apparaît comme un moment critique où il faut juger de l'acquisition des compétences avant d'autoriser l'étudiant à entreprendre sa formation clinique. À cette étape, la nécessité d'une évaluation sommative se justifie d'autant plus que l'unité des problèmes multidisciplinaires et l'étape 4 des habiletés cliniques, au premier trimestre de la 3e année, ont justement pour but de permettre à l'étudiant d'intégrer les notions apprises depuis le début du programme.

LA PONDÉRATION DES ÉVALUATIONS SOMMATIVES

La pondération des évaluations des unités des phases précliniques, à la 1re année et à la 2e et au premier trimestre de la 3e, est établie de façon à diminuer la valeur de la seule mémorisation et à augmenter l'importance des processus d'analyse et de synthèse, tout en valorisant les apprentissages effectués durant les tutoriaux des phases I et II (Tableau 5).

Tableau 5
LA PONDÉRATION DES DOMAINES D'APPRENTISSAGE
DES ÉVALUATIONS SOMMATIVES

DOMAINES D'APPRENTISSAGE	UNITÉS D'APP DE LA FORMATION PRÉCLINIQUE		
	Phase I	Phase II	Phase III
Mesure des connaissances et de leur application - par les Q.C.R. et les Q.R.O.C. : TESTS ÉCRITS	50 %	44 %	27 %
Mesure de la capacité à analyser et à résoudre les problèmes - par les Q.A.P. : TESTS ÉCRITS - par l'EXAMEN ORAL STRUCTURÉ	30 %	26 %	13 %
Mesure des habiletés: • analyse et solution des problèmes, • contribution à la communication et à l'interaction des tutoriaux, • autoapprentissage, humanisme - par le TUTEUR ou le MENTOR - par les PAIRS	20 %	17 %	30 % 5 %
Mesure des habiletés cliniques et des attitudes - par le MONITEUR et les ECOS		13 %	25 %

En conclusion, les décisions prises en matière d'évaluation sommative tiennent compte des règles d'évaluation et de promotion du *Règlement des études de l'Université de Sherbrooke*. Ce règlement prévoit déjà des règles d'exception pour le programme de doctorat en médecine. Elles nous permettent d'entreprendre les modifications souhaitées sans avoir à obtenir d'autorisation particulière des autorités universitaires. Le nouveau programme d'APP peut donc s'accommoder du système en usage, qui utilise les cotes A, B, C, D et E. À la Faculté, la cote D se situe dans l'intervalle +/- 2 % du niveau de la note de passage - préalablement déterminée - pour les Q.C.R. selon la méthode Nedelsky[4] et, pour les Q.R.O.C. et les Q.A.P., selon la méthode d'Ebel[4] qui sera adoptée subséquemment.

L'adoption de nouveaux types de tests écrits (Q.R.O.C. et Q.A.P), l'évaluation par les tuteurs d'APP, et la modification de la pondération des domaines d'apprentissage peuvent toutes s'effectuer au sein des structures existantes. Il nous faut néanmoins actualiser nos intentions de modifier l'évaluation tout en nous ajustant au système universitaire en usage. Ce cadre nous laisse suffisamment de liberté pour permettre d'implanter un système novateur d'évaluation rigoureuse, qui devrait s'adapter au contexte de l'APP où les objectifs d'apprentissage peuvent varier selon les groupes et les étudiants.

LES INSTRUMENTS D'ÉVALUATION

Il y a maintenant lieu de décrire plus en détail le système des évaluations sommatives, les types de tests et leurs résultats, et de voir comment le système s'implante progressivement au cours des huit premières années de la mise en oeuvre du programme d'APP.

LES ÉVALUATIONS SOMMATIVES

Au cours des phases précliniques, les évaluations ont lieu trois fois par année, en décembre, mars et juin. Chaque évaluation porte sur la matière des unités précédentes. La pondération de chaque unité à des fins de promotion dépend du nombre de crédits attribués à chacune. En fin d'année, chaque unité doit être réussie selon un seuil de passage prédéterminé; l'évaluation des tuteurs contribue à la note finale.

L'évaluation typique d'une unité comprend l'évaluation par les tuteurs et trois tests écrits, d'une durée totale d'une demi-journée : un examen de questions à choix de réponses (Q.C.R.), un autre de questions à réponse ouverte et courte (Q.R.O.C.) et un troisième de questions d'analyse de problèmes (Q.A.P.); en 3e année s'ajoute un examen oral structuré. Quant à l'unité longitudinale des habiletés cliniques, elle fait l'objet d'une évaluation à quatre reprises en deux ans et demi par un examen écrit, un examen clinique objectif et structuré (ECOS), auxquels s'ajoute l'appréciation globale des moniteurs.

Les examens écrits comprennent en moyenne 40 Q.C.R., 35 Q.R.O.C. et 34 Q.A.P. par unité en 1re année et un peu moins en 2e. Le système de correction accorde un point pour les Q.C.R., deux points pour les Q.R.O.C. et de cinq à neuf points pour les Q.A.P.

Les questions d'analyse de problèmes (Q.A.P.)

Le souci de cohérence avec la méthode d'apprentissage par problèmes rend nécessaire de mesurer l'habileté des étudiants à analyser les principes inhérents aux problèmes. McMaster a développé, pour sa part, la technique des «triples sauts» pour répondre à des besoins identiques[5]. L'idée, plus pratique, de le faire par écrit nous amènera à formuler *les questions d'analyse de problèmes*, les Q.A.P.

Les Q.A.P. comportent une courte présentation d'une situation clinique, et des éléments de scénario que l'étudiant doit sélectionner, mettre en ordre et interpréter afin d'analyser le problème. Suivent quelques questions ouvertes lui permettant de démontrer qu'il comprend le problème (exemples en Annexe 2).

Au cours des deux premières années d'implantation, le nombre de Q.C.R. et de Q.R.O.C. n'augmente pas, malgré l'insistance de la direction du programme.

En 1989-90, quelques enseignants de chaque unité de la phase II sont invités à participer à un atelier de trois heures pour revoir les Q.A.P. et en développer de meilleures[6]. À l'occasion de six sessions différentes, pas moins de 75 tuteurs-enseignants suivent cette formation. L'effet est notable. La banque de 108 questions de type Q.A.P. de la 1re année s'accroît de 44 %, pour passer à 152 questions. Celle de 70 questions de la 2e année est portée à 167 Q.A.P., une augmentation de 138 %. De plus, cette série d'ateliers permet de développer les règles de construction d'une Q.A.P. (Tableau 6) *(Voir page 162)*

Cette construction d'une Q.A.P. suppose que l'on détermine d'abord le but de la question en relation avec les objectifs de l'unité. Une fois identifiés les éléments critiques de la question, le scénario peut être construit dans un contexte clinique. Les éléments critiques d'un problème représentent des noeuds dans une séquence de concepts. La question doit jouer le rôle de «révélateur»; elle contient donc un verbe d'action qui conduit au processus d'analyse. Il ne reste ensuite à l'enseignant qu'à déterminer les réponses possibles et à en pondérer chacun des éléments pour fixer la note.

Une Q.A.P. exige de l'étudiant une démarche en trois temps : l'identification des éléments significatifs d'une situation clinique, la recherche des relations entre ces éléments et enfin le décodage de la situation pour élaborer les principes et les concepts qui expliquent le problème du scénario. Ce faisant, l'étudiant démontre qu'il a franchi les étapes d'une démarche d'analyse.

Pour juger de la validité d'une Q.A.P., les enseignants proposent un certain nombre de critères. Si l'on peut répondre à la question sans devoir lire le scénario ou encore en regardant rapidement dans un ouvrage de référence, il ne s'agit sans doute pas d'une question d'analyse de problème, mais plutôt d'une question de mémorisation. Si l'énoncé conduit à une série de questions très courtes, le test se situe vraisemblablement au niveau de l'application ou de la compréhension et non à celui de l'analyse. Cela vaut surtout quand les

Tableau 6

RÈGLES POUR LA CONSTRUCTION D'UNE Q.A.P.

ÉTAPES DANS LA CONSTRUCTION D'UNE Q.A.P.

1. Choisir un domaine, un sujet, un problème.
2. Dresser la liste des éléments critiques.
3. Choisir une situation clinique pertinente.
4. Écrire le scénario.
5. Formuler la question avec un verbe d'action.
6. Dresser la liste des éléments de réponse.
7. Énumérer les réponses possibles, les éléments essentiels, les éléments faux.
8. Pondérer les points attribués aux éléments d'une question.
9. Revoir l'attribution des points pour l'ensemble de l'examen.

VERBES POUR MESURER LA CAPACITÉ D'ANALYSE

POUR IDENTIFIER LES ÉLÉMENTS D'UN PROBLÈME :
   identifier, déceler, ordonner, reconnaître, distinguer, discriminer.

POUR ÉTABLIR LES RELATIONS ENTRE LES ÉLÉMENTS :
   comparer, contraster, opposer, séparer, relier, corréler.

POUR ORGANISER LES ÉLÉMENTS :
   déduire, justifier, structurer, organiser, systématiser, conclure.

---

questions sont construites en cascade. Enfin, si le scénario ne conduit qu'à un seul élément critique précis, l'étudiant n'aura sûrement pas l'occasion d'établir des relations entre plusieurs éléments. En conséquence, il est fort probable que le niveau d'analyse ne soit pas mesuré avec ce type de scénario.

Avant de corriger l'examen, les enseignants s'entendent sur les clés des réponses. Afin d'en augmenter la fiabilité, la correction se fait en groupe. Le processus peut prendre deux formes :

- dans une «corvée sommative», les correcteurs, réunis dans un même local, corrigent chacun une pile de copies, en essayant de garder le même rythme afin de partager leur compréhension des réponses;
- dans la correction «à domicile», chacun corrige ses questions sur toutes les copies avant de passer l'ensemble au correcteur suivant. Cette méthode augmente la fiabilité de la correction, mais aussi le délai entre l'examen et la remise des notes.

L'ÉVALUATION PAR LES TUTEURS

Plusieurs raisons militent en faveur de l'adoption d'une évaluation par les tuteurs. Celle-ci permet de valoriser l'apprentissage durant les tutoriaux, surtout la capacité de raisonnement, puis l'échange, l'entraide, l'interaction entre les étudiants. La qualité des échanges peut y être perçue comme un préalable au développement de la relation médecin-patient. On souhaite y mettre en valeur l'expression de l'humanisme que le programme se propose de favoriser. On pense enfin que certains des comportements démontrant l'autonomie d'apprentissage s'y révéleront.

La première version du questionnaire d'évaluation par le tuteur, élaboré à partir des exemples fournis par les autres programmes d'APP, prend en compte quatre dimensions : l'apprentissage par problèmes (pondération de 30 %), la contribution à l'efficacité du groupe (30 %), le fonctionnement comme apprenant autonome (20 %), la manifestation du sens de l'humanisme (20 %). Chacune de ces dimensions compte de six à huit exemples de comportements.

Cette version est utilisée au cours des deux premières années d'implantation, de 1987 à 1989. Les cotes de mesure varient d'insatisfaisant à exceptionnel (de 3 à 10 points). Une seule cote doit être globalement accordée pour chacune des quatre dimensions. On veut ainsi «forcer» une discrimination entre les performances des étudiants. Sans discrimination, les notes de l'évaluation par les tuteurs deviendraient un bonus pour tous; elles n'auraient donc aucune valeur.

La deuxième version - Dès juin 1988, la première grille d'évaluation est fortement contestée, tant par les étudiants que par les tuteurs. On lui reproche de décrire des comportements trop vagues et de prêter le flanc à une subjectivité évidente. Certains prétendent que cette évaluation distrait le tuteur, qui devrait pourtant demeurer libre afin de pouvoir faciliter l'apprentissage. Les enseignants des sciences fondamentales expriment leur réticence à porter un jugement sur le cheminement de l'étudiant. À l'occasion des ateliers de perfectionnement, on demande aux tuteurs de modifier les exemples de comportements et de suggérer de nouvelles expressions d'humanisme au cours des tutoriaux.

Parallèlement, une étude de validité est entreprise par les collègues Réjean Hébert et Gina Bravo[7]. S'inspirant de la technique des incidents critiques de Flanagan, les deux chercheurs dressent un inventaire de comportements auprès de vingt étudiants ayant terminé leur 1re année et auprès de 79 tuteurs d'APP. Tuteurs et étudiants doivent évaluer la pertinence des items de la première version, préciser les énoncés à reformuler ou à rejeter, et suggérer d'autres exemples de comportements. Le taux de participation s'élève à 40 %. Ainsi, les résultats de l'étude décrivent 48 nouveaux comportements. Pour chacun des items, l'évaluateur doit déterminer si le comportement survient rarement, pas du tout, à l'occasion, assez souvent ou très souvent. Deux groupes de tuteurs, qui agissent à titre de conseillers experts, revoient la classification théorique des items par domaine en vue de produire une nouvelle grille. Celle-ci est appliquée à titre expérimental dans quatre unités, en même temps que la première version officielle. Ainsi, 271 évaluations sont analysées, pour un taux de réponse de 68 %. Des analyses de cohérence interne, d'affinité entre les correcteurs ainsi que des analyses factorielles sont effectuées. La cohérence interne s'établit à 0,87 selon l'indice Spearman-Brown corrigé et à 0,9 selon l'indice Alpha-Cronbach.

Quatre facteurs expliquent à eux seuls 78 % de la variance : l'efficacité dans le groupe (24 items), la communication (huit), la relation interpersonnelle (sept), l'organisation du temps (quatre). L'opération permet donc d'éliminer des items et de n'en retenir que 30 pour une seconde analyse. Les items sont regroupés en quatre facteurs et expliquent 92 % de la variance : l'efficacité dans le groupe (neuf items), la contribution à l'esprit de groupe (cinq), le respect des autres collègues (trois) et l'utilisation optimale du temps de travail (trois). La cohérence interne demeure à 0,92 (indice Alpha-Cronbach) pour ces 30 items.

Cette étude de validité aboutit donc à une nouvelle liste de 30 items dont la cohérence interne est élevée. La fidélité de la grille s'en trouve donc grandement améliorée, puisque l'efficacité au sein du groupe et la maîtrise de la technique d'APP (reliée aux capacités de raisonnement) ne peuvent être dissociées. Cette association semble s'imposer naturellement puisque la maîtrise du processus de la méthode d'APP est une condition essentielle au travail efficace en tutorial et à l'analyse des problèmes qui mène à l'apprentissage de la médecine.

Malgré certaines divergences entre la structure originale de la grille d'évaluation et les données de l'étude de validation des chercheurs, on peut conclure que ces analyses, surtout l'analyse factorielle, confèrent à la grille un degré élevé de validité.

Cette double démarche - étude de validité et élaboration de comportements plus spécifiques lors des ateliers de tuteurs en 1988-89 - permet d'établir une deuxième version de la grille d'évaluation, qui comprend cette fois 62 comportements regroupés en trois sous-sections : la capacité de raisonnement, exprimée par 29 comportements (pondération de 50 %); la communication et l'interaction (efficacité dans le groupe et contribution à l'esprit de groupe), exprimées par 13 comportements (30 %); l'autonomie et l'humanisme (respect pour les collègues), exprimés par 20 comportements (20 %). Cette version sera utilisée au cours de la troisième année d'implantation. La nouvelle grille a pour objectif stratégique d'offrir aux tuteurs une vaste gamme de comportements leur permettant de s'approprier les dimensions à évaluer.

La troisième version - Lors des ateliers de perfectionnement de 1989-90, la grille des 62 comportements est revue par 116 tuteurs. On leur demande de coter chaque item selon une échelle d'utilité de 1 (peu utile) à 3 (très utile). L'exercice aboutit à une troisième version (Annexe 1), utilisée à compter de 1990-91; elle ne comprend que 44 comportements regroupés autour des trois dimensions suivantes : l'analyse de problèmes (la capacité de raisonnement de la grille précédente), qui regroupe 20 comportements (pondération de

50 %); la communication et l'interaction, comprenant 12 comportements (30 %); l'humanisme et l'autonomie, exprimés par 12 comportements (20 %).

Les changements de pondération découlent des études réalisées et de l'expérience acquise au cours des tutoriaux. Avec la maturation du système d'APP, il devient évident que le corps enseignant souhaite voir l'analyse de problèmes davantage valorisée. Il apparaît de plus que seuls les comportements les plus susceptibles de se manifester au cours des tutoriaux devraient être pondérés. C'est ainsi que humanisme et autonomie, regroupés, voient leur pondération réduite de beaucoup, car il s'avère plus difficile que prévu d'en mesurer l'expression.

Grâce à ces transformations, la grille d'évaluation des étudiants par les tuteurs est maintenant acceptée et remplie avec soin par la majorité des enseignants. La dispersion des notes (Tableau 7) témoigne de cette préoccupation.

Tableau 7

VARIATION DES NOTES DES TUTEURS/UNITÉ EXPRIMÉE EN POURCENTAGE DES COTES POUR LA PHASE II, EN 1990-1991

	ÉCHELLE DE PERFORMANCE / MAÎTRISE DES OBJECTIFS						
	Insatisfaisant		Limite		Compétent	Compétent fort		Supérieur
	3	4	5	6	7	8	9	10
1re année			1 %	1 %	38 %	42 %	14 %	4 %
2e année				3 %	39 %	39 %	17 %	2 %

ÉVALUATION DE L'UNITÉ MULTIDISCIPLINAIRE

Pour l'unité multidisciplinaire de la phase III (unité 14), au cours du premier trimestre de la 3e année, la méthode d'APP change, ainsi que l'évaluation. L'examen écrit comporte encore des questions à choix de réponses et des questions à réponse ouverte et courte. Mais l'implantation de la méthode de solution de problèmes suppose que l'on réfléchisse à une forme d'évaluation qui corresponde à ce nouveau type d'apprentissage. S'inspirant de la technique du «triple saut»[5], le responsable de l'unité développe un nouvel examen oral structuré. Par vagues de 16, les étudiants sont convoqués dans une salle où on leur présente trois courts problèmes cliniques. Durant 45 minutes, ils analysent individuellement les cas et proposent leurs solutions à l'aide de notes personnelles. Puis, chaque étudiant se présente devant un examinateur: il doit, durant 30 minutes, discuter de chacun des trois cas.

L'examinateur cote sa performance en pourcentage selon une grille de correction préalablement établie. Si l'étudiant évoque les aspects obligatoires, il obtient la mention *réussite* ou 60 %. Pour déterminer le résultat final, de 60 à 100 %, l'examinateur apprécie la qualité globale de la discussion (claire, logique, complète, systématique) selon la grille suivante: 60-75 % : l'étudiant présente une discussion adéquate, mais qui nécessite l'intervention de l'examinateur; 75-85 % : l'étudiant présente une très bonne discussion qui ne nécessite qu'un support minime de l'examinateur; 85 % et plus : excellente discussion, spontanée, sans intervention de l'examinateur. Les étudiants sont presque unanimes à prétendre que cet examen oral structuré mesure vraiment leur capacité d'analyser et de solutionner des problèmes.

Au moment de l'unité multidisciplinaire, le tuteur devient mentor. L'appréciation de l'apprentissage porte sur les processus d'analyse et de résolution de problèmes (un élément nouveau représentant 40 % de la note globale du mentor), sur le contenu en relation avec l'étude du problème en cours (40 %) et sur la capacité de l'étudiant de présenter et de préparer l'analyse du problème (20 %).

ÉVALUATION PAR LES PAIRS

Le programme présente à cette étape une autre nouveauté, soit l'évaluation par les pairs au sein du petit groupe d'étudiants. Les sept pairs de chaque étudiant évaluent ses qualités intellectuelles, c'est-à-dire sa capacité d'utiliser le processus d'analyse (40 %) plutôt que ses seules connaissances. L'évaluation porte aussi sur la qualité des relations interpersonnelles de l'étudiant (60 %). Malgré son caractère sommatif - 5 % de la note totale du trimestre - cette évaluation comporte une dimension formative, puisque chacun doit identifier, pour chaque collègue, trois comportements particulièrement appréciés et trois faiblesses susceptibles d'être corrigées.

Dès la première année d'implantation de ce nouveau type d'évaluation (automne 1989), il faut consacrer un atelier de trois heures à la préparation des étudiants à cet exercice pour éviter qu'ils se laissent entraîner dans une activité de «démolition mutuelle». Les commentaires formatifs sont communiqués de façon anonyme à chaque étudiant sans être versés à son dossier scolaire. L'expérience s'avère à ce jour très heureuse, les étudiants y démontrant maintenant un grand souci d'intégrité et de respect. Chaque année, l'atelier est répété.

À la fin du premier trimestre de la 3e année, le système d'évaluation prévoit une épreuve de promotion qui sanctionne l'entrée à l'externat. Quelquefois, l'entrée d'un étudiant sera retardée parce que tuteurs et mentors jugent qu'il n'a pas encore les attitudes et les habiletés interpersonnelles suffisantes pour entreprendre sa formation clinique.

LES RÉSULTATS DES ÉVALUATIONS

Il peut être intéressant d'observer le profil général de la performance des étudiants par unité, en compilant les trois modes d'évaluation pour les trois cohortes de 1re année et les deux cohortes de 2e année pour la période de 1987-90 (Tableau 8).

On constate qu'en 1re année, les unités de biologie médicale et de l'appareil locomoteur semblent les plus difficiles, avec une moyenne globale de 71 %, alors que les unités consacrées au système nerveux et aux sciences de la santé communautaire paraissent plus faciles. Les étudiants reconnaissent eux-mêmes que les examens de biologie médicale et de l'appareil locomoteur sont les plus difficiles. En 2e année, les unités du système respiratoire (pneumologie) et de l'appareil urinaire (néphrologie) sont les plus difficiles, alors que les unités de l'appareil reproducteur (gynécologie), du système cardiovasculaire (cardiologie) et du système endocrinien (endocrinologie) semblent les plus faciles. Globalement, on observe que la 2e année est un peu plus difficile (74 %) que la 1re (76 %).

Tableau 8
VARIATION DES MOYENNES DE LA PERFORMANCE
DES ÉTUDIANTS/UNITÉ DE LA PHASE II*

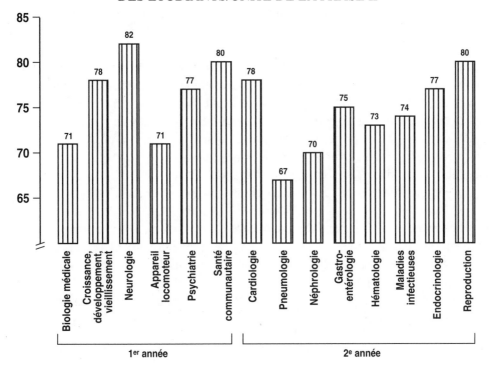

* Moyennes de tous les modes d'évaluation.

Les moyens d'évaluation que nous avons pu développer et intégrer au programme préclinique apparaissent forcément «classiques». Même si nous voulions un programme centré sur l'étudiant, nos évaluations demeurent peut-être encore trop «conventionnelles». Elles nous permettent cependant d'affirmer que, malgré le recours à une pédagogie fort différente, nos étudiants maîtrisent un bagage commun de connaissances. Toutefois, mesurons-nous ce qu'il faudrait évaluer? Voilà maintenant la question que nous devons nous poser.

L'ANALYSE DU SYSTÈME D'ÉVALUATION

Nous allons entreprendre une série d'études pour mieux déterminer comment les différentes méthodes d'évaluation que nous venons de décrire mesurent les divers domaines d'apprentissage au cours de l'APP. Ces études visent à évaluer la validité et la fiabilité des méthodes et à déterminer comment les résultats des examens peuvent être utilisés effectivement pour l'évaluation et la promotion des étudiants. Il s'agit donc de jauger la qualité docimologique de nos instruments. Les résultats de ces études nous amènent à considérer désormais la pertinence d'une approche multidimensionnelle pour évaluer la performance des étudiants.

LA VALIDITÉ DU CONTENU

Étant donné que les examens écrits sommatifs visent à évaluer le niveau des connaissances que les étudiants acquièrent lors des unités, il devient nécessaire de déterminer le plus précisément possible si les examens mesurent bien la maîtrise du contenu de ces unités. L'étude de validité des examens écrits sommatifs des deux premières années du programme vise donc à déterminer dans quelle mesure leur contenu couvre les objectifs des unités ou des problèmes utilisés lors des tutoriaux. Pour cette étude (Tableau 9), les examens de huit des treize unités (61 %) des phases I et II pour la classe de 1988-92 sont revus par un des tuteurs de chaque unité. Ceux-ci révisent chaque question de l'examen et déterminent si elle est reliée à un ou à plusieurs objectifs de l'unité ou aux objectifs des problèmes de l'unité. Les résultats indiquent qu'en moyenne 97 % des questions de chaque unité sont reliées explicitement aux objectifs de l'unité ou de leurs problèmes.

Cette cohérence entre les objectifs et les questions d'examen est plus grande pour les Q.R.O.C. et Q.A.P. qu'elle ne l'est pour les Q.C.R., surtout dans le cas de l'unité de l'appareil urinaire, où les Q.C.R. ne mesurent que 60 % des objectifs des problèmes.

Pour mieux valider ces résultats, on demande à chaque étudiant des classes de 1988-92 et de 1989-93, au moment de chaque examen sommatif, d'apprécier sur une échelle de 1 (peu = moins de 60 %) à 5 (tout à fait = plus de 90 %) si les questions de l'examen couvrent les objectifs de l'unité. Cinq des six unités de la 1re année reçoivent une appréciation moyenne de 3,3 à 4,1 tandis que six des huit unités de la 2e se voient attribuer une cote de 2,9 à 3,4 (Tableau 10). *(Voir page 170)*

En général, étudiants et professeurs indiquent que le contenu de la plupart des examens recouvrent les objectifs de l'unité ou de leurs problèmes. On notera que les trois unités (système locomoteur, pneumologie et uro-néphrologie) qui reçoivent une appréciation moyenne assez basse, soit entre 2,5 et 2,7 (2 = de 60 à 70 % des objectifs), sont aussi celles que les étudiants considèrent comme les plus difficiles. Les performances des étudiants sont en général moins élevées pour ces unités que pour les autres.

Tableau 9
POURCENTAGE DES QUESTIONS ÉCRITES COUVRANT EXPLICITEMENT LES OBJECTIFS DES PROBLÈMES D'APP POUR 8 DES 13 UNITÉS DE LA PHASE II, SELON HUIT TUTEURS

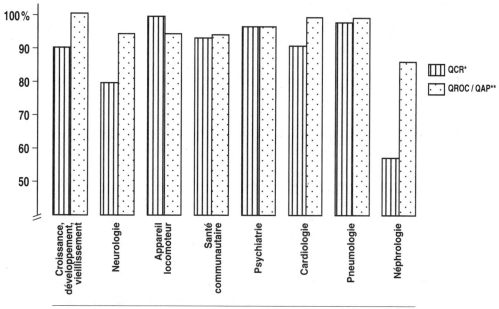

* Questions à choix de réponse
** Questions à réponses ouvertes et courte / Questions d'analyse de problèmes

LA VALIDITÉ DU CONSTRUIT

La cohérence entre les intentions de la réforme et les moyens d'évaluation mis de l'avant exige qu'en plus de mesurer l'acquisition des connaissances par des Q.C.R., on mesure la capacité des étudiants à interpréter et à appliquer des connaissances, ainsi qu'à analyser et à résoudre des problèmes. C'est pour combler ce besoin que nous avons développé les Q.R.O.C. et les Q.A.P. Pour vérifier si ces questions mesurent effectivement le niveau taxonomique qu'elles doivent mesurer, nous allons entreprendre deux nouvelles études.

Tableau 10

APPRÉCIATION PAR LES ÉTUDIANTS* DES QUESTIONS D'EXAMENS ÉCRITS
SELON L'ADÉQUATION** AVEC LES OBJECTIFS À COUVRIR
POUR CHAQUE UNITÉ

UNITÉS	Q.C.R.	Q.R.O.C.	Q.A.P.	Moyenne/unité
Première année				4,1
Biologie médicale	4,2	4,1	4,1	3,5
Croissance-développement	3,4	3,6	3,4	3,3
Neurologie	3,1	3,3	3,5	2,7
Locomoteur	2,7	2,8	2,7	3,5
Santé communautaire	3,5	3,7	3,6	3,7
Psychiatrie	4,4	4,1	2,8	
Deuxième année				3,3
Cardiologie	3,3	3,5	3,3	2,5
Pneumologie	2,5	2,6	2,7	2,6
Uro-néphrologie	2,4	2,8	2,6	3,1
Digestif	2,9	3,2	3,3	3,1
Maladies infectieuses	3,3	3,2	3,1	2,9
Hématologie	2,8	3,0	3,0	3,2
Endocrinologie	3,0	3,3	3,3	3,4
Reproduction	3,4	3,4	3,5	

* Pour les classes de 1988-92 et de 1989-93.
** Adéquation de niveau faible (1) à élevé (5).

Au cours de la première étude, huit étudiants de la cohorte de 1987-91 sont invités à classer vingt Q.R.O.C. et vingt Q.A.P. de la 2e année, tandis que sept étudiants de 1988-92 doivent en faire autant pour vingt Q.R.O.C. et vingt Q.A.P. de la 1re année. Les participants sont choisis parmi les étudiants les plus forts. Pour chaque question, chaque étudiant détermine individuellement s'il s'agit d'une question de mémoire seule, de mémoire avec interprétation, ou de mémoire et d'interprétation avec analyse. Les résultats (Tableau 11) indiquent que 40 % des Q.R.O.C. sont classées par la première cohorte et 50 % par la deuxième comme mesurant l'interprétation et l'application des connaissances, tandis que 45 des Q.A.P. mesurent l'analyse des problèmes selon la première cohorte, et 30 % selon la deuxième.

Tableau 11

CLASSEMENT DES NIVEAUX COGNITIFS DES Q.R.O.C.
ET DES Q.A.P. PAR LES ÉTUDIANTS

QUESTIONS	CLASSES	NIVEAU COGNITIF			
		MÉMOIRE	INTERPRÉ-TATION	ANALYSE	NON CLASSÉE
Q.R.O.C.*	1987-1991	35%	40%	5%	20%
	1988-1992	35%	50%	10%	5%
Q.A.P.**	1987-1991	20%	30%	45%	5%
	1988-1992	25%	15%	30%	30%

*　　　Question à réponse ouverte et courte
**　　Question d'analyse de problèmes

Pour confirmer ces résultats, une seconde étude similaire est entreprise, mais uniquement pour les Q.A.P. Huit étudiants et neuf enseignants revoient et classent 76 Q.A.P. de trois unités de la 1re année, tandis que huit étudiants et sept enseignants en font autant pour 72 Q.A.P. de trois unités de la 2e année. De nouveau, les étudiants participants appartiennent au groupe des plus forts, tandis que les enseignants sont choisis parmi ceux qui possèdent une compétence reconnue en pédagogie médicale. Pour classer les questions, étudiants et professeurs utilisent la technique d'Angoff[9]. Au sein de chaque groupe, les participants jugent d'abord individuellement le niveau cognitif d'une question. Une fois que chacun a communiqué son classement, le groupe en discute et par consensus détermine, s'il y a lieu, un nouveau classement.

Les résultats de cette étude (Tableau 12) indiquent que les enseignants et les étudiants estiment que seulement entre un quart (25 % à 28 %) et un tiers (32 % à 35 %) des Q.A.P. mesurent le niveau taxonomique de l'analyse de problèmes.

Ces résultats suggèrent que les questions mesurant l'analyse de problèmes sont plus difficiles à construire que les questions mesurant l'application des connaissances. Par ailleurs, les commentaires des étudiants et des enseignants nous laissent croire que la détermination du niveau cognitif des questions semble varier avec le niveau de connaissance de l'étudiant et de l'enseignant. L'étude des mesures d'accord (coefficient K) indique qu'il y a peu de concordance entre les classements des étudiants et ceux des enseignants (0,04 à 0,46). Étudiants et professeurs ne s'entendent pas sur ce qui constitue une bonne Q.A.P.

Tableau 12
CLASSEMENT DES NIVEAUX COGNITIFS DES Q.A.P.

			NIVEAU COGNITIF		
PARTICIPANTS	NOMBRE	ANNÉE	MÉMOIRE	INTERPRÉ-TATION	ANALYSE
Étudiants	8	1re	26%	42%	32%
Enseignants	9	1re	21%	51%	28%
Étudiants	8	2e	18%	57%	28%
Enseignants	7	2e	29%	36%	35%

Comme nous persistons à croire que le classement des questions par les étudiants représente un indice plus valide pour évaluer le niveau cognitif des Q.A.P., nous avons demandé à tous les étudiants durant deux années consécutives de classer les Q.A.P. au moment même de leurs examens. Les résultats de cette troisième étude, qui a porté sur 431 Q.A.P. en 1990-91 et sur 403 en 1991-92 et à laquelle ont participé 196 étudiants en 1990-91 et 202 en 1991-92, sont fournis aux Tableaux 13 et 14.

Le message est clair. Même si les enseignants pensent produire de «bonnes» Q.A.P., seulement 34 % des étudiants de 1re année et 14 ou 17 % des étudiants de 2e les considèrent comme telles. Il est plus difficile qu'on ne le croyait de mesurer la capacité d'analyser des problèmes.

Tableau 13
CLASSEMENT DES NIVEAUX TAXONOMIQUES DES
QUESTIONS D'ANALYSE DE PROBLÈMES PAR LES ÉTUDIANTS EN 1990-1991

	NIVEAU COGNITIF		
	MÉMOIRE	INTERPRÉTATION	ANALYSE
1re année	30 %	36 %	34 %
2e année	25 %	61 %	14 %

Tableau 14

CLASSEMENT DES NIVEAUX TAXONOMIQUES DES
QUESTIONS D'ANALYSE DE PROBLÈMES PAR LES ÉTUDIANTS EN 1991-1992

	NIVEAU COGNITIF		
	MÉMOIRE	INTERPRÉTATION	ANALYSE
1re année	34 %	32 %	34 %
2e année	22 %	61 %	17 %

LA FIABILITÉ

Il nous faut maintenant connaître le degré de fiabilité des tests. Il s'agit d'un élément essentiel de la validité. Les indices non corrigés de fiabilité des Q.C.R., des Q.R.O.C. et des Q.A.P. sont calculés à l'aide du coefficient Kuder-Richardson 20 (ou KR-20) et les indices corrigés, à l'aide du coefficient Spearman-Brown.

En général, les indices non corrigés de fiabilité des Q.C.R. varient de 0,25 à 0,80 et les indices corrigés, de 0,53 à 0,86. Pour les Q.R.O.C. et les Q.A.P., les indices non corrigés de fiabilité varient de 0,0 à 0,87 et les indices corrigés, de 0,0 à 0,83.

Globalement, le niveau de fiabilité des questions, spécialement en ce qui concerne les Q.R.O.C. et les Q.A.P., se situe aux limites inférieures et acceptables. Ce résultat peut être attribuable aux différences de correction d'un enseignant à l'autre. Compte tenu de ce résultat, il apparaît évident que l'action à entreprendre pour les futurs examens consiste à augmenter le nombre de questions et à établir une meilleure standardisation dans la correction des Q.R.O.C. et des Q.A.P.

En outre, en analysant les examens cliniques objectifs et structurés (ECOS), les degrés de fiabilité obtenus, selon le coefficient Alpha-Cronbach, pour cinq examens sont les suivants : 0,07 (16 stations), 0,25 (8 stations), 0,40 (13 stations), 0,64 (14 stations) et 0,66 (15 stations). De nouveau, les résultats suggèrent que la fiabilité des ECOS s'améliorera grâce à l'augmentation du nombre de stations à ces examens et à la standardisation plus poussée des instuments d'évaluation.

LA PERFORMANCE COMPARÉE DES ÉTUDIANTS : EXAMENS ÉCRITS, NOTES DES TUTEURS ET ECOS

Pour mieux évaluer chacune des méthodes d'examen utilisées en fonction de leur objectif d'évaluation de l'apprentissage des étudiants, il y a lieu d'analyser et de comparer les résultats obtenus par les classes de 1987-91, de 1988-92 et de 1989-93 aux examens écrits, aux ECOS et selon les notes des tuteurs.

En comparant les moyennes de classe obtenues (pourcentage des notes) pour les Q.C.R., les Q.R.O.C., les Q.A.P. et les notes de tuteurs au cours des unités de 1re et 2e année, on observe que les moyennes de classe aux examens écrits varient beaucoup plus d'une unité à l'autre que les moyennes obtenues lors de l'évaluation par les tuteurs (Tableau 15). De plus, la courbe de variation des moyennes aux Q.C.R. de même qu'aux Q.R.O.C. et aux Q.A.P. d'une unité à l'autre est similaire pour les trois classes. Ces résultats indiquent que l'évaluation de l'apprentissage des étudiants varie avec chaque unité et que cette variabilité entre unités est relativement stable à travers les années ou les classes. Ces résultats suggèrent donc que pour obtenir une évaluation globale et valide de l'étudiant, il serait plus précis de mesurer son profil de performance à travers toutes les unités.

Tableau 15
MOYENNES DE LA PERFORMANCE DES
ÉTUDIANTS PAR TYPE D'ÉVALUATION ET PAR ANNÉE

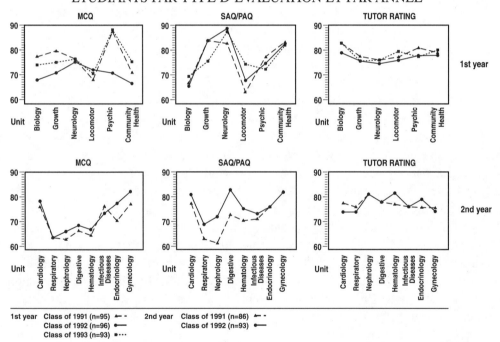

Pour mieux évaluer la variabilité observée dans la performance des étudiants d'une unité à l'autre, il suffit d'effectuer une étude de corrélation dans les différentes unités. Les corrélations sont alors calculées pour la 1re et la 2e année de la classe de 1987-91. Pour les Q.C.R., les corrélations s'étalent de 0,21 à 0,56 pour la 1re année et de 0,22 à 0,42 pour la 2e. Pour les Q.R.O.C. et les Q.A.P., les corrélations vont de 0,22 à 0,56 pour la 1re année et de 0,35 à 0,62 pour la 2e. Pour les notes des tuteurs, les corrélations varient de 0,0 à 0,45 pour la 1re année et de 0,0 à 0,56 pour la 2e. Les corrélations obtenues pour la classe 1988-92 sont similaires à celles de la classe 1987-91. Étant donné que les notes moyennes des tuteurs ne varient pas beaucoup d'une unité à l'autre, ce sont les notes obtenues par les étudiants à partir de l'évaluation des tuteurs qui varient. Ces résultats suggèrent de nouveau que l'évaluation de la performance des étudiants au moment des tutoriaux est d'autant plus valide que leur performance à travers les unités est prise en considération. Pour mieux déterminer le niveau d'apprentissage des étudiants, il suffit de déterminer le niveau de corrélation entre leurs performances aux Q.C.R., aux Q.R.O.C., aux Q.A.P. et les notes des tuteurs (Tableau 16).

Tableau 16
VARIATION DES CORRÉLATIONS DE LA PERFORMANCE DES ÉTUDIANTS POUR LES UNITÉS DES DEUX PREMIÈRES ANNÉES

	1re année	2e année
Q.C.R./Q.R.O.C. + Q.A.P.	0,44 - 0,82	0,37 - 0,53
Q.C.R./ÉVALUATION DES TUTEURS	0,0 - 0,56	0,0 - 0,47
Q.R.O.C. + Q.A.P./ÉVALUATION DES TUTEURS	0,0 - 0,60	0,0 - 0,45

Les corrélations des Q.C.R. avec les Q.R.O.C. et les Q.A.P. varient entre 0,44 et 0,82 pour la 1re année et entre 0,37 et 0,53 pour la 2e. Les corrélations entre les Q.C.R. et les notes de tuteurs varient entre 0,0 et 0,56 pour la 1re année et entre 0,0 et 0,47 pour la 2e. Les corrélations des Q.R.O.C. et des Q.A.P. avec les notes des tuteurs varient entre 0,0 et 0,60 pour la 1re année et entre 0,0 et 0,45 pour la 2e. Étant donné que les méthodes d'examen sont développées pour mesurer différents types de performance, ces corrélations suggèrent que les Q.C.R./Q.R.O.C. + Q.A.P. ont davantage tendance à classer les étudiants de la même manière que le fait l'évaluation par les tuteurs. En conséquence, pour obtenir une évaluation plus valide de l'étudiant, il faut compiler son profil de performance pour chaque mode d'examen à travers toutes les unités.

Ces résultats nous amènent à formuler une autre conclusion : il est plus précis de mesurer la performance des étudiants en les évaluant en relation avec leur performance aux Q.C.R., aux Q.R.O.C. et aux Q.A.P., mais aussi en utilisant les évaluations par les tuteurs. Par ailleurs, nos études sur la validité du construit des Q.R.O.C. et des Q.A.P. laissent à penser que, même si ces questions tendent à classer les étudiants de la même manière, elles mesurent des niveaux cognitifs différents.

LA NOTATION GLOBALE
L'ensemble des études de corrélation nous permet de conclure que différentes formules d'évaluation, y compris l'évaluation par les tuteurs, permettent d'évaluer la performance

des étudiants. Toutefois, cette performance est mieux évaluée par une approche multidimensionnelle, (qui combine différentes formes d'évaluation) et longitudinale (au cours des différentes unités). Cette approche donne des notes sous-totales et pour la matière des unités et pour les trois domaines de l'évaluation des tuteurs. À la fin de chaque année, le Comité de promotion rendra son jugement en tenant compte des niveaux de passage déterminés pour chaque unité.

Nous reproduisons au Tableau 17 un exemple de matrice de notes que fournit un tel système. C'est sur le contenu de cette matrice que le Comité doit dorénavant faire porter ses décisions. Il reste cependant à fixer la note globale annuelle de passage déterminée par les tuteurs. En cas d'échec, quelles prescriptions pédagogiques seront exigées de l'étudiant pour lui permettre d'être promu? Dans l'exemple du Tableau 17, la note annuelle en communication est basse à cause d'une évaluation faible lors de l'unité de l'appareil respiratoire. Le cas serait discuté au Comité si la note de passage était de 70 %. Il en serait de même pour la dimension analyse. Ce candidat, malgré une moyenne générale de 73 % à cause surtout des examens écrits, aurait sans doute besoin d'un conseiller pédagogique pour l'aider dans les processus d'apprentissage. L'évaluation des tuteurs devient donc davantage contributive dans une approche multidimensionnelle.

DISCUSSION

On constate que les étudiants obtiennent des résultats moyens aux Q.C.R. à peu près similaires à ceux des cohortes de l'ancien programme. Comme une grande partie de la même banque des Q.C.R. est utilisée, on peut donc conclure que l'une des craintes du corps professoral ne s'est pas matérialisée, à savoir que l'APP ne permettrait pas de maîtriser autant de connaissances que l'apprentissage traditionnel. Les professeurs et étudiants considérant les Q.C.R. comme portant sur la matière couverte par les problèmes et ces derniers ayant été, à toutes fins utiles, développés à partir des anciens contenus de cours, on doit reconnaître que le contenu du programme n'a pas été substantiellement modifié par l'APP, du moins dans ce qui est jugé essentiel par les professeurs.

Le développement de nouveaux types de questions écrites, en particulier les Q.R.O.C. et les Q.A.P., nous permet de mesurer des niveaux cognitifs supérieurs à celui de la seule mémorisation. L'analyse de validité du construit des Q.R.O.C. et des Q.A.P. démontre que 70 % des questions mesurent des niveaux supérieurs à celui de la simple mémorisation. Les étudiants jugent qu'en général ces types de questions sont en relation avec la matière à couvrir. Néanmoins, professeurs et étudiants ne s'entendent pas pour déterminer quelles Q.A.P. mesurent mieux la capacité d'analyse.

La fréquence des évaluations sommatives est réduite à trois périodes par année. Ces périodes engendrent toujours un accroissement du stress chez les étudiants. Certains enseignants ont, à maintes reprises, proposé de revenir à un examen après chacune des unités. Pour l'instant, rien ne laisse croire aux promoteurs de la réforme pédagogique que ce serait

Tableau 17
EXEMPLE D'UN PROFIL DES RÉSULTATS EN POURCENTAGE
D'UN ÉTUDIANT DE 2E ANNÉE
POUR LES EXAMENS ÉCRITS, LES HABILETÉS CLINIQUES
ET L'ÉVALUATION PAR LES TUTEURS

	Appareil cardio-vasculaire	Appareil respira-toire	Appareil urinaire	Appareil digestif	Système hémato-immuno-logique	Maladies infec-tieuses	Système endo-crinien	Appareil repro-ducteur	Moyenne de l'étu-diant	Moyenne de classe (écart-type)
Examens écrits										
Q.C.R.*	53	59	60	62	50	77	64	35	58	75(10)
Q.R.O.C.*	76	50	79	71	58	81	65	59	67	76(9)
Q.A.P.*	79	55	71	87	67	63	74	40	67	76(12)
Moyenne de l'étudiant	**72**	**56**	**70**	**72**	**59**	**75**	**68**	**47**	**65**	**78(6)**
Moyenne de classe (écart-type)	83(10)	75(9)	72(11)	77(9)	78(13)	82(9)	78(9)	82(14)		
Évaluation par les tuteurs										
Moyenne de l'étudiant	**87**	**77**	**75**	**70**	**80**	**70**	**80**	**80**	**77**	**81(7)**
Moyenne de classe (écart-type)	81(9)	82(7)	85(7)	80(8)	80(7)	77(7)	85(8)	75(7)		
Habiletés cliniques										
• examen écrit									**85**	81(7)
• ECOS									**95**	90(6)

* Q.C.R. : question à choix de réponses   Q.R.O.C. : question à réponse ouverte et courte   Q.A.P. : question d'analyse de problèmes une amélioration du système d'éducation-évaluation. Au contraire, la diminution de la fréquence des examens a été jugée préférable dans le but de laisser aux étudiants plus de liberté d'apprentissage et de leur permettre de mieux intégrer la matière des différentes unités. Nous pensons que la période de préparation des examens aide aussi à réaliser ces intentions éducatives.

L'évaluation des étudiants par les tuteurs représente le tendon d'Achille du nouveau système d'évaluation. Nous persistons à croire qu'il faut, lors des tutoriaux d'APP, valoriser la démarche d'analyse, de même que les capacités d'interrelation des étudiants et le développement de l'autonomie et de l'humanisme. Si nous croyons en ces valeurs et si nous souhaitons que les étudiants s'y initient et éventuellement les maîtrisent, force nous est de les inclure dans la démarche éducative et dans les évaluations sommatives, tout en les pondérant de façon appropriée. Avouons-le franchement : lorsque l'étudiant aura oublié un grand nombre de faits, dix ans après l'obtention de son diplôme, on souhaite qu'il demeure un médecin humain, efficace dans ses relations avec le patient, capable de maintenir par lui-même sa compétence et soucieux de traiter les problèmes cliniques de façon scientifique. Il sera le «produit» d'une démarche pédagogique qui insiste sur l'approche analytique et sur la maîtrise du raisonnement scientifique. Ces qualités et ces attitudes ne s'acquièrent pas lors d'un cours intensif. Leur maîtrise exige une série d'activités d'apprentissage et d'évaluation, qui s'inscrivent dans un continuum au cours duquel ces objectifs pédagogiques sont constamment renforcés. L'évaluation par les tuteurs trouve sa justification dans la nécessité de valoriser les apprentissages continus. Outre les unités d'APP, l'unité longitudinale des habiletés cliniques et la réforme de l'externat contribuent à leur manière à l'atteinte de ces buts éducatifs. C'est pourquoi notre système d'évaluation entend maintenir la pondération de ces dimensions tout au long de la formation préclinique, puisqu'elles deviennent des attributs indispensables de la compétence clinique.

Par ailleurs, l'expérience démontre que l'évaluation par les tuteurs n'est pas de même nature que la mesure des apprentissages factuels et analytiques vérifiés aux examens écrits. Les tuteurs semblent dépister plus tôt les étudiants faibles, ceux qui ont des difficultés à communiquer ou des problèmes de relations interpersonnelles, ceux qui ne s'engagent pas dans une démarche autonome, ceux qui se laissent porter par le groupe, ceux dont la contribution à la démarche analytique ne se fait que l'écho de leurs collègues. Cette identification précoce, confirmée par les notes des tuteurs de plusieurs unités, s'avère d'une importance capitale si l'on veut offrir à l'étudiant faible des activités de rattrapage appropriées.

En outre, le potentiel de l'évaluation des tuteurs n'est pas encore complètement exploité. Selon une étude, seulement deux facteurs influencent la dispersion des notes des tuteurs. Des unités d'une durée plus longue que quatre semaines favorisent une plus grande dispersion. Il en va de même quand la moyenne générale des notes décernées par les tuteurs est élevée. De cette manière, on devrait donc mieux identifier les candidats faibles.

Cette série d'analyses des évaluations nous amène à proposer des critères de promotion qui ne soient plus fondés sur la seule promotion par matière. En effet, les dimensions d'analyse (50 % de la mesure), de communication, d'humanisme et d'autonomie évaluées par les tuteurs devraient devenir une composante longitudinale sanctionnée en fin d'année seulement (bien que mesurée à chaque unité). Cette façon de procéder ne permettrait plus aux étudiants de racheter une note faible en matière de connaissances grâce à l'évaluation par les tuteurs. Les dimensions que veut mesurer cette évaluation seraient conservées. Les décisions de promotion permettront de faire reprendre uniquement la matière d'une unité. Par ailleurs, les règles d'exception au *Règlement des études* de l'Université, dont jouit la Faculté de médecine, pourront permettre au Comité de promotion de proposer des mesures de rattrapage, par exemple lors des vacances d'été, aux étudiants dont la performance serait très faible quant aux dimensions évaluées par les tuteurs. On a commencé à mettre cette approche en application pendant les discussions du Comité puisqu'il faut établir des niveaux de passage à l'usage des tuteurs. Un tel modèle d'évaluation, cohérent avec le construit et les intentions de l'APP, entraîne des besoins plus grands de formation des tuteurs. Il faut en faire de meilleurs évaluateurs et leur fournir des instruments plus sensibles et plus fiables.

CONCLUSION

L'examen de la question de l'évaluation des apprentissages des étudiants nous démontre qu'en matière d'évaluation, les intentions de la réforme ont toutes été appliquées, sauf pour les évaluations formatives, où elles sont demeurées hésitantes. L'idée de développer des Q.A.P. a permis d'améliorer les niveaux taxonomiques des tests écrits, puisque 70 % des questions mesurent maintenant plus que la seule mémorisation. Nous avons aussi retenu les Q.C.R. puisqu'elles sont valides, fiables et très pratiques pour mesurer les faits médicaux de base, dont l'acquisition est nécessaire à toute démarche clinique. La grille de l'évaluation par les tuteurs a été progressivement améliorée dans sa forme, et son processus accepté par la plupart des enseignants. Pourtant, les tuteurs n'ont pas tous la même perception du comportement de l'étudiant compétent; il est donc difficile de standardiser les critères qu'ils utilisent pour en juger. On pourrait penser que notre système est au point. Pourtant, toute une nouvelle série d'interrogations apparaît.

L'implantation du programme préclinique et de son système d'évaluation démontre encore une fois comment les méthodes d'évaluation influencent de façon déterminante la manière dont les étudiants apprennent. Plusieurs évoquent à nouveau le spectre de la «curriculopathie».

Les examens écrits conduisent maintenant à un système de formation très structuré, peut-être trop, puisque les étudiants savent pertinemment que les questions d'examen ne découleront que des problèmes des tutoriaux. Conséquemment, plusieurs prétendent que les examens écrits, dont les Q.A.P., n'orientent pas les étudiants vers l'intégration des divers appareils ou systèmes, du moins pas avant la 3e année. Le système de formation redevient fermé, rigide, limité, ce qui, sur un plan philosophique, contredit la méthode d'APP. Pourquoi, alors, ne pas remplacer les Q.A.P. par des examens oraux structurés comme ceux de l'unité multidisciplinaire de la 3e année?

Même si nous avons réduit à trois par année les périodes d'évaluations sommatives, chacune d'elles provoque durant plusieurs semaines un stress marqué chez la majorité de nos étudiants. Pourtant, pris globalement sur les quatre années du programme, notre taux d'échec est inférieur à 3 %. Certains voudraient qu'on n'évalue qu'une fois par année les performances des étudiants, pour leur laisser la chance d'apprendre librement. D'autres, que les tuteurs ne soient pas impliqués dans l'évaluation. Cependant, l'évaluation est une composante indissociable de la tâche de tout responsable de cours, même en médecine. C'est aussi la responsabilité sociale des formateurs de garantir la qualité de la formation des diplômés.

Après six ans d'expérience, et forts des résultats de notre réforme, nous sommes en mesure de revoir notre système d'évaluation, pour en faire un meilleur stimulus à l'apprentissage, surtout pour l'intégration des connaissances. Nous sommes tous relativement satisfaits des dimensions et des pondérations d'évaluation retenues par les tuteurs. Mais nos examens écrits ne portent plus simplement sur des échantillons de la matière : ils en mesurent la quasi-totalité. Les professeurs, voulant s'assurer que les étudiants apprennent la médecine, sentent le besoin de vérifier si presque toute la matière a été couverte. Peut-être pouvons-nous relâcher cette compulsion, sans oublier notre devoir d'évaluateur de faire en sorte que les étudiants apprennent mieux, et pour plus longtemps, la science et l'art de la médecine.

RÉFÉRENCES

1. Faculté de médecine, Université de Sherbrooke. *Document n° 2 - Le programme des études médicales prédoctorales : l'évaluation des apprentissages des étudiants*, 1987.

2. Neufeld, V. R. et G. R. Norman. *Assessing Clinical Competence*, New York, Springer, 1985.

3. Guilbert, J. J. *Guide pédagogique pour les personnels de santé*, Genève, Publications de l'Organisation mondiale de la santé, n° 35, 1990.

4. Livingston, S. A. et M. J . Zieky. «Nedelsky's Method» in *Passing Scores, A Manual for Setting Standards of Performance on Educational and Occupational Tests*, Princeton, Educational Testing Service, 1982, p. 17-24.

5. Painvin, C., V. R. Neufeld, G. R. Norman, I. Walker et G. Whelan. *«The «Triple Jump Exercise». A Structured Measure of Problem-Solving and Self-Directed Learning»*, Proceedings of Research in Medical Education, vol. 18, 1979, p. 73-77.

6. Des Marchais, J. E., P. Jean, B. Dumais et Nu Viet Vu. *«An Attempt at Measuring Student Ability to Analyze Problems in the Sherbrooke Problem-Based Curriculum : A Preliminary Study», in Proceedings of the Second International Symposium on Problem Based Learning*, Network of Community Oriented Educational Institutions for Health Sciences, Indonésie, 1992.

7. Hébert R. et G. Bravo. *Construction et validation d'un instrument d'évaluation des étudiants en médecine lors du travail en tutorial*, Sherbrooke, Faculté de médecine, Université de Sherbrooke, octobre 1989.

8. Van der Vleuten, G. P. M. et D. B. Swanson. «Assessment of Clinical Skills with Standardized Patients : State of the Art», *Teaching and Learning in Medicine*, vol. 2, n° 2, 1990, p. 58-76.

9. Angoff, W. H. «Scales, Norms and Equivalent Scores», in R.L. Thorndike, éd. *Educational Measurement*, Washington, American Council on Education, 1971, p. 514-515.

ANNEXE 1
ÉVALUATION SOMMATIVE PAR LE TUTEUR LORS DES TUTORIAUX DE L'APPRENTISSAGE PAR PROBLÈMES

I) PROCESSUS D'ANALYSE (50 %)

- Identifie et clarifie les composantes du problème.
- Aborde le problème de façon systématique et ordonnée.
- Définit en une ligne la formulation du problème.
- Intervient de façon appropriée par rapport à l'étape du problème en cours.
- Établit un lien avec des lectures, expériences ou connaissances pertinentes (stage ou études antérieures)
- Relève les indices significatifs, les trie et inscrit leur priorité.
- Organise l'information disponible.
- Propose des hypothèses d'explication.
- Teste ou critique les hypothèses proposées.
- Propose une synthèse ou propose un schéma unisssant diverses hypothèses.

- Sépare habilement l'essentiel du secondaire.
- Saisit les éléments probants pour établir une schématisation.
- Participe activement à l'élaboration des objectifs d'apprentissage.
- Identifie des questions d'étude bien définies et spécifiques.
- Établit la priorité des sujets à étudier.
- Ne récite pas les références, mais applique les connaissances nouvelles à l'analyse du problème.
- Apporte ses trouvailles lors de la synthèse.
- S'interroge et cherche à aller plus loin par des questions au groupe.
- Présente la matière de façon structurée lors de la synthèse.
- Fait preuve de sens critique par rapport aux présentations des autres étudiants.

II) COMMUNICATION-INTERACTION (30 %)

- Partage son information.
- Pose des questions pour approfondir des points obscurs ou pour faciliter la compréhension et la discussion.
- Ramène le groupe à l'étape en cours.
- Résume ce qui a été dit, fait le point.
- Brise les cercles vicieux quand le groupe tourne en rond et stagne.
- Offre une critique constructive au groupe et à ses collègues.

- Manifeste avec tact son désaccord quand un étudiant ou le tuteur monopolise le droit de parole (sans retrait, mutisme ou appathie).
- Sensibilise le groupe au temps (propose ou fait respecter des limites réalistes).
- N'interrompt pas les autres indûment.
- Ne monopolise pas indûment le droit de parole.
- Contribue au climat harmonieux du groupe.
- Participe activement au bilan du groupe.

III) HUMANISME ET AUTONOMIE (20 %)

- Respecte les valeurs et les opinions de ses collègues.
- Aborde pertinemment différentes facettes supplémentaires au problème (légale/éthique/humanisme...).
- Communique sans hostilité avec les autres.
- Signale respectueusement l'erreur de l'autre.
- Sait reconnaître ses erreurs.

- Respecte le droit de parole des autres membres.
- Démontre qu'il est responsable de son programme d'étude.
- Est capable d'utiliser les ressources.
- Est capable d'évaluer lui-même l'efficacité de son plan d'étude.
- Identifie clairement ses faiblesses et ses forces.
- Démontre qu'il est à jour dans son travail.

☐ INSATISFAISANT ☐ LIMITE ☐ COMPÉTENT

☐ COMPÉTENT FORT ☐ SUPÉRIEUR

DESCRIPTION DES NIVEAUX D'ÉVALUATION :

INSATISFAISANT	:	Performance inacceptable.
LIMITE	:	Performance en-dessous des attentes et non-atteinte des objectifs. Un signal d'améliorer des éléments spécifiques.
COMPÉTENT	:	Performance conforme à l'attente et maîtrise des objectifs.
COMPÉTENT FORT	:	Performance supérieure à l'attente habituelle et dépassement des objectifs.
SUPÉRIEUR	:	Performance au-delà de toute attente pour ce qui est du comportement de l'étudiant et le dépassement des objectifs.

ANNEXE 2
Exemples de Q.A.P.

BIOLOGIE MÉDICALE II (1990-1991)

Ceci est un résultat de sérologie. De quelle(s) infection(s) s'agit-il? Justifiez.

		1er sérum	2e sérum
Influenza A		1/8	1/8
Influenza B		0	0
Parainfluenza type 1		0	0
Parainfluenza type 2		0	0
Parainfluenza type 3		0	0
Mycoplasma pneumonae	1/2	1/2	
Virus respiratoire syncitial		0	0
Adénovirus		1/2	1/32
Légionella pneumophila		0	0

BIOLOGIE MÉDICALE II (1991-1992)

Une série de composés (A à F) ont été étudiés dans un essai in vitro. Les résultats obtenus sont présentés sur le graphique suivant :

A. Classer les composés A à F en termes d'agonistes, d'agonistes partiels et d'antagonistes ou autres.

B. Estimer les EC_{50} ou l'affinité apparente ou les pD_2 des agonistes et agonistes partiels.

C. Classez les composés en ordre décroissant d'efficacité.

D. Précisez le nombre minimal et le nombre maximal de types de récepteurs différents dont nous avons besoin pour expliquer ces résultats, en présumant que l'action des agonistes résulte d'un effet direct au niveau du tissu.

CROISSANCE, DÉVELOPPEMENT, VIEILLISSEMENT (1990-1991)

Dans la famille Lafrance, Luce est albinos. Vous construisez l'arbre généalogique suivant, à partir de l'histoire familiale que vous avez recueillie.

1. De quel type d'hérédité s'agit-il?

2. Si jamais IV-4 épousait un hétérozygote pour cette anomalie, quel serait le risque que leur enfant soit albinos?

SYSTÈME NERVEUX (1990-1991)

Madame Bégin, 49 ans, est amenée à l'hôpital par son mari pour difficulté à la marche et troubles mentaux. Elle est incapable de fournir une histoire fiable. Son mari raconte qu'il y a trois ans, elle commença à se plaindre de fourmillements aux pieds et aux mains, puis aux genoux et aux coudes. Depuis 18 mois, elle a développé une démarche de moins en moins coordonnée, une faiblesse aux jambes et des problèmes mentaux. Au début, elle était irritable et se plaignait d'une mauvaise mémoire; maintenant elle croit que son mari veut l'empoisonner. Sa mémoire est très détériorée et, durant la nuit, elle est désorientée. Elle se mouille en urinant et n'essaie pas de se nettoyer.

À l'examen, elle est démente et ataxique. Ses téguments sont pâles avec un pouls à 98. Quoiqu'elle puisse rester debout seule, elle tombe presque par terre quand elle ferme les yeux. Ses jambes sont faibles, particulièrement les muscles fléchisseurs. Les réflexes ostéo-tendineux sont diminués aux bras et absents aux jambes. Des signes de Babinski sont présents. Le sens de position est légèrement diminué aux doigts et aux pieds. Le sens de vibration est absent à la crête iliaque. Le tact et la sensibilité à la piqûre ou à la température sont sensiblement normaux, incluant la région périanale. Le réflexe et le tonus anal sont normaux.

Encerclez les lettres appropriées compte tenu de l'ensemble du tableau neurologique :

A	B	C	D
ST	D	M	V
FP	G	N	D
S	M	I	I
P	DIFF.		N
M			A Spécifiez: ____

SCIENCES PSYCHIQUES (1990-1991)

M. Boisvert, un homme de 50 ans, a perdu son épouse il y a deux moix (décédée d'un cancer du sein); de plus, il a perdu son emploi et son fils unique est investigué pour une séropositivité au SIDA. Il se présente avec une symptomatologie dépressive sévère incluant un ralentissement psychomoteur important.

Lorsque vous lui proposez un traitement aux antidépresseurs, le patient s'oppose prétextant que sa dépression est «réactionnelle» à ses malheurs, que des «pilules» ne règleraient pas son problème et que, de toute façon, il n'y a rien à faire pour lui.

Comment interprétez-vous les propos de M. Boisvert?

CARDIOLOGIE (1990-1991)

Chez un patient angineux, vous prélevez du sang simultanément dans le sinus coronarien et dans l'aorte, premièrement au repos et deuxièmement à l'effort jusqu'à l'apparition d'une douleur angineuse.

Vous dosez l'acide lactique dans chacun des deux spécimens.

A.   Lequel des deux échantillons du sinus coronarien ou de l'aorte a le contenu le plus élevé d'acide lactique?

B.   Expliquez pourquoi?

APPAREIL RESPIRATOIRE (1991-1992)

Un patient de 40 ans, fumeur de 30 cigarettes par jour, connu comme bronchitique chronique, consulte à l'urgence pour une hémorragie digestive importante.

À son arrivée, on note une fièvre à 39° Rectal, une tension artérielle à 80/60. La formule sanguine montre: Hb 83 (N = 140-160). Les gaz artériels montrent : PO_2 50 PCO_2 65   pH 7,30.

Identifiez les 7 facteurs qui contribuent à réduire l'oxygénation tissulaire chez ce patient et mentionnez pour chacun le mécanisme physiopathologique en cause.

APPAREIL DIGESTIF (1990-1991)

Vous êtes demandé en consultation à la salle d'opération pour un patient qui saigne de façon anormale. Le chirurgien vous informe que le patient a un cancer de la tête du pancréas qui obstrue complètement le cholédoque. Le patient n'a pas mangé depuis 6 jours et il reçoit un antibiotique à large spectre depuis 8 jours. La rate n'a pas augmenté de volume. Donnez l'explication la plus plausible de ce saignement anormal et quelle sera la thérapie proposée?

APPAREIL URINAIRE (1990-1991)

Un sujet normal est soumis à une diète riche en sodium. Au bout de quelques jours, son poids a augmenté de 2 kg. L'excrétion urinaire du Na est à 250 mEa/jr (normale : inférieure à 150 mEq/jr). La natrémie est à 140 mEq/litre.

A.   Quel est le mécanisme au tubule proximal qui explique l'excrétion sodique observée?

B.   Quel est le mécanisme au tubule distal qui explique l'excrétion sodique observée?

C.   Pourquoi la natrémie est-elle normale?

HÉMATOLOGIE-IMMUNOLOGIE (1990-91)

Un patient de 55 ans doit subir une chirurgie de la hanche. Il boit environ 6 bières par jour. Il y a 8 ans, il a subi une cholécystectomie sans complication.

Tests de laboratoire :

			Normales
Plaquettes	130×10^9/L	150 - 450	
T. prothrombine		15 sec	9 à 11 sec
(t. de Quick)			
T. prothrombine réalisé avec 1/2 plasma normal	10 sec		9 à 11 sec
aPTT (temps de céphaline activé)	40 sec		27 à 35 sec
Fibrinogène	2,30 g/L	2,0 à 4,0 g/L	

Donnez deux diagnostics possibles

CHAPITRE 6

INTÉGRER L'APPRENTISSAGE DE L'HUMANISME MÉDICAL

Daniel J. Côté et Jacques E. Des Marchais

> *«L'humanisme médical consiste à pouvoir*
> *agir avec le patient en tant que personne humaine globale.»*
> *Un étudiant en médecine*
> *de l'Université de Sherbrooke*

L'opinion publique de notre pays rappelle aux médecins, de façon de plus en plus pressante, qu'ils traitent des êtres humains qui veulent aussi être écoutés, compris comme des personnes globales vivant dans leur milieu propre, et non seulement traités comme des sujets biologiques. Le nombre croissant de poursuites judiciaires dans le domaine médical est souvent interprété comme une preuve éloquente de cet état de fait. De nombreux éducateurs déplorent le peu de place que les programmes de formation médicale font aux dimensions autres que scientifiques.

Les facultés de médecine n'ont pas le choix. Elles doivent former des médecins dont la tête et le coeur répondent, en harmonie, aux attentes des personnes souffrantes. La dignité de la personne l'exige tout autant que la qualité des services à rendre. C'est pourquoi, à Sherbrooke, nous avons choisi, comme l'un des trois buts de la réforme du programme des études médicales prédoctorales, *de permettre à l'étudiant de développer son sens de l'humanisme* pour en faire preuve au cours de sa carrière.

Nos travaux sur l'humanisme médical vont débuter dès la première année de l'implantation du programme[1]. Une commission d'analyse en précise les dimensions et l'environnement[2]. La direction du programme demande aussi à une consultante de revoir les dimensions humanistes au sein des habiletés cliniques, ce qui nous fait progresser sur la voie de l'intégration des dimensions relatives à la personne humaine[3]. Au cours des années 1990 et 1991, deux grands médecins humanistes, les professeurs Jean Bernard et Edmund Pellegrino, reçoivent un doctorat *honoris causa* de l'Université de Sherbrooke. À chacun d'eux, nous présentons l'essentiel de nos réflexions, que nous confrontons avec leur propre pensée. Cette validation externe produit un impact majeur sur le corps professoral.

Il n'est pas facile de parler d'humanisme dans une faculté de médecine. La perception de l'humanisme médical varie en effet selon le cadre de référence de chacun : philosophique, sociologique, anthropologique, littéraire, psychologique, historique ou autre... Il est difficile de dégager un consensus sur le bon et le droit. D'où l'importance de préciser un cadre de référence approprié, ce qui nécessite, du moins dans une première étape, une démarche d'ordre intellectuel. Cette réflexion, précieuse, nous conduira à structurer des concepts, d'abord au profit des responsables du programme, ensuite pour alimenter nos échanges avec le corps enseignant et enfin pour stimuler la création d'activités de formation plus intéressantes et plus cohérentes par rapport aux buts de la réforme.

Qu'est-ce que l'humanisme médical? Moyennant certaines conditions facilitantes, l'humanisme médical peut-il s'apprendre et se développer? Répondre à ces questions, c'est jeter les bases théoriques d'un cadre de référence qui permettra de voir dans quelle mesure il y a adéquation entre le nouveau programme d'études médicales prédoctorales et ces conditions facilitantes. Après huit ans d'expérimentation, peut-être pouvons-nous jeter un regard critique sur les activités du programme d'apprentissage de l'humanisme : les intentions généreuses du projet de réforme se sont-elles actualisées? Quels seraient les projets propices à la poursuite du développement de l'humanisme médical au sein de la Faculté? Dans ce domaine si difficile, il est nécessaire de faire preuve d'une certaine dose d'«optimisme idéaliste» si l'on veut faire contrepoids à la valeur excessive qu'on accorde aux dimensions technologiques de la pratique médicale.

L'HUMANISME MÉDICAL

«Un chirurgien, en compagnie d'une étudiante en stage d'externat, se présente auprès d'une malade de 60 ans accompagnée de sa fille. Il annonce à la mère qu'elle souffre d'un cancer. Au moment de cette explication, la fille de la patiente fond en larmes. Spontanément, la stagiaire l'entraîne doucement dans une petite salle adjacente et passe vingt minutes à l'écouter, à la réconforter. Le chirurgien est bien étonné par ce geste spontané, gratuit.»

L'humanisme médical désigne l'orientation intérieure de tout médecin à *placer le patient, perçu comme une personne humaine, au centre de ses préoccupations professionnelles.* Cela présuppose la *compétence professionnelle*, sans laquelle l'humanisme médical n'est qu'illusion. Préalable essentiel à l'humanisme, on devrait retrouver une qualité, celle de l'intégrité personnelle. Elle constitue une garantie rassurante de la rectitude morale d'un médecin qui possède toute la compétence dont il a besoin pour exercer son art. Un tel médecin manifeste continuellement son «engagement personnel à être honnête dans l'évaluation et le maintien de ses connaissances, de ses habiletés et de ses capacités»[2]. En particulier, il sait reconnaître quand il ne sait pas ou ne peut pas.

Nous attachons de l'importance à la compétence professionnelle marquée d'intégrité. Une fois ces assises assurées, l'humanisme médical proprement dit peut, comme dit Pellegrino, s'exprimer tout imprégné de ses deux facettes, affective et cognitive[4].

LA COMPOSANTE AFFECTIVE DE L'HUMANISME MÉDICAL : LA COMPASSION

Tout comme l'intégrité et la maîtrise de la compétence, la compassion est une qualité sociale recherchée chez le médecin[4]. Elle se rapporte à la volonté et à la capacité du médecin de comprendre le patient et de s'ouvrir à sa souffrance. Elle se traduit par un ensemble de comportements surtout empathiques dont le lieu d'expression privilégié, mais nullement exclusif, reste la communication médecin-patient[1]. On peut relever des indices des qualités humanistes de cette relation à l'aide de grilles d'observation du comportement. Nous en retenons une, élaborée à l'aide de la technique des incidents critiques de Flanagan[5], par Des Marchais *et al.*[6] (Tableau 1).

La compassion redonne son plein sens à *prendre soin* (le verbe «to care» des Anglo-Saxons) : prendre soin avec la conviction que la maladie et la souffrance créent des besoins particuliers de réconfort et d'aide, suivant l'heureuse expression de *l'American Board of Internal Medicine* («suffering and illness engender special needs for comfort and help»)[7].

Tableau 1

LES COMPORTEMENTS OBSERVABLES EN HUMANISME MÉDICAL

Est soucieux du patient comme être humain le médecin qui :

1. aborde le patient d'une façon personnelle;
2. laisse le patient exprimer le motif de sa consultation;
3. utilise judicieusement les questions ouvertes;
4. écoute et regarde avec intérêt pendant que le patient lui parle;
5. se consacre entièrement à l'entrevue;
6. reformule les propos du patient;
7. dirige l'entrevue de façon cohérente;
8. met son interlocuteur à l'aise;
9. facilite l'expression du contenu émotionnel;
10. invite le patient à lui poser ses questions;
11. clarifie et synthétise les propos du patient;
12. formule correctement les problèmes du patient;
13. invite avec respect le patient à se prêter à l'examen;
14. examine le patient avec tact;
15. exprime au patient, d'une façon appropriée, sa compréhension du problème présenté;
16. répond adéquatement aux questions soulevées;
17. communique bien au patient ses recommandations et leurs justifications;
18. manifeste une attitude non moralisatrice;
19. s'entend avec le patient sur ce qui suivra la consultation.

LES DEUX COMPOSANTES COGNITIVES DE L'HUMANISME MÉDICAL : HUMANITÉS ET VALEURS

Ce terme d'humanisme, qui risque de prêter à confusion et de porter à controverse, il revient à Pellegrino[4] d'en avoir éclairé le sens. Le savoir humaniste comporte deux volets assez distincts : les humanités et les valeurs.

Les humanités - terme apparu au 19e siècle - représentent essentiellement un idéal d'éducation fondé sur la langue et sur la connaissance des littératures classiques, romaine et grecque. Par la suite, ce terme englobe ces aptitudes qui ont «libéré» l'être humain : la capacité de penser, d'écrire et de parler avec clarté, goût, persuasion et sens moral, d'inventer, de créer le beau et de le juger («études libérales»)[4]. On considère que le contact avec des disciplines telles que l'histoire, la philosophie, les arts, est propice au développement de ces aptitudes.

Bien que ce volet n'ait pas le caractère «obligatoire» ni l'attrait moderne de la *compassion*, nous sommes d'accord avec Pellegrino pour affirmer que :

> We cannot permit the possibility of contact with traditional humanism to decay completely. Too much of man's capacity for a life of satisfaction is contained within it. We owe every student at least the opportunity for contact with liberal studies at some point in his education... in a variety of ways not limited to the premedical years.»[4]

Cet apprentissage des *humanités* est donc profitable, mais il ne constitue pas, à lui seul, la base de l'apprentissage de l'*humanisme médical* :

> «Maints esthètes, férus d'art et passionnés de belles choses, se sentent fort peu concernés par les préoccupations humaines et sociales. Les buts esthétiques et humanitaires sont loin de toujours converger.»[3]

Les valeurs - deuxième volet de la composante cognitive de l'humanisme médical - ont davantage retenu l'attention que les humanités[8], si l'on en juge par le nombre de facultés de médecine qui ont ajouté l'éthique médicale à la table des matières de leur programme[9-16]. Le contexte moderne est en effet très sensible à l'«intersection des valeurs survenant à chaque étape de la transaction médicale»[4], que ce soit entre le patient et son médecin, entre la personne et la société, entre la science et l'art médical[1]. L'étude des valeurs, ou axiologie, porte sur l'adhésion d'une personne ou d'une communauté à un ensemble de croyances, de choix et de priorités. Elle est donc très importante, bien que, pour nombre de professeurs, elle apparaisse moins *obligatoire* que l'acquisition de la compétence, l'intégrité ou la compassion au moment de traiter une personne ou une communauté. En effet, «l'éducation valorielle, même si elle est partie prenante de la formation à l'humanisme, n'en est ni le point de départ ni le point d'arrivée»[3]. Les étudiants n'étudient pas l'axiologie, qui sert, cependant, de référence pour préciser la formation aux valeurs. Ainsi que l'écrit Pellegrino :

188

The study of values may well provide a more realistic and a more widely applicable avenue for «liberal education» for today's medical students than [...] traditional (or litterary) humanism. Without deprecating the latter, it seems more likely that the study of human values will open a more attractive road toward attainment of those attitudes of mind formerly associated with the best in traditional humanistic studies.[4]

En reconsidérant le domaine des valeurs à la lumière des réflexions de l'*American Board of Internal Medicine*[7], nous croyons bon d'encourager l'étudiant à développer une attitude de respect des valeurs de l'autre («others' choices and rights regarding themselves and their medical care»)[7]. Quelle époque, mieux que la nôtre, illustre quotidiennement la pertinence de l'axiologie dans toutes les épineuses décisions éthiques auxquelles fait face le médecin : euthanasie, manipulations génétiques, avortement, acharnement thérapeutique, expérimentation humaine, etc.?[4]

SYNTHÈSE DE LA DÉFINITION DES DIMENSIONS HUMANISTES

Voilà donc brièvement esquissées les différentes dimensions de l'humanisme médical retenues à l'intérieur de notre programme. En vue de partager un vocabulaire commun et à titre de synthèse des différentes dimensions, le Tableau 2 résume le cadre de référence théorique sur lequel nous nous entendons à Sherbrooke.

L'APPRENTISSAGE DE L'HUMANISME MÉDICAL

Les dimensions de l'humanisme médical (Tableau 2) sont ainsi décrites par Pellegrino :

The ideal encompasses two essential but distinct sets of components, affective, cognitive. They differ markedly in content; the one does not guarantee the other. In the best examples, they are complementary, but they may also be in conflict. Each requires a different mode of learning and teaching.»[4]

Il est difficile de ne pas reconnaître qu'une faculté de médecine a la responsabilité sociale de développer la compassion chez ses futurs médecins. Cette responsabilité commande l'apprentissage d'attitudes (le savoir-être), en particulier le développement d'une sensibilité empathique et l'art de la communication médecin-patient. Notre Faculté considère aussi comme important l'apprentissage des valeurs par l'éthique médicale, qui appartient au domaine cognitif (le savoir). D'une certaine façon, l'humanisme médical «s'apprend»[4].

Tableau 2
LES DIMENSIONS HUMANISTES

	Pondération
Dimensions préliminaires à l'exercice de la médecine dans une perspective humaniste :	
• **COMPÉTENCE PROFESSIONNELLE**	obligatoire
• **INTÉGRITÉ PERSONNELLE**	obligatoire
Dimensions spécifiques à l'humanisme médical :	
• Composante affective : **LA COMPASSION**	importante
• Composante cognitive :	
- 1er volet : **LES HUMANITÉS**	profitable
- 2e volet : **LE RESPECT DES VALEURS*DE L'AUTRE**	obligatoire
ex : l'éthique médicale	importante

*   Les valeurs comportent une composante cognitive, mais aussi affective; leur respect au sein de la société est souvent plus qu'un «acte de raison».

Sous la réserve que l'humanisme médical appartient à l'identité au sens psychologique du terme, ou ne serait qu'un fait du caractère avant tout, plusieurs activités peuvent favoriser son intégration. Toutefois, ce n'est pas aussi facile que pour l'apprentissage d'un simple savoir de niveau taxonomique élémentaire. L'humanisme médical s'apprend certes, mais en certaines circonstances et grâce à des relations entre ces dimensions et d'autres événements du vécu. C'est bien là prétendre que l'humanisme médical est un patrimoine qui se lègue d'une génération à l'autre de médecins.[2]

Bref, pour un apprentissage de l'humanisme médical, la Faculté doit mettre en place des conditions propres à favoriser l'apprentissage du savoir et du savoir-être. Celles-ci sont généralement bien connues[17-22]. Énumérons-en quelques-unes qui nous apparaissent particulièrement facilitantes. Un tel inventaire devrait nous permettre de vérifier si, de façon générale, les conditions propres à faciliter l'apprentissage des dimensions cognitive et affective de l'humanisme médical sont pleinement assurées par les activités d'enseignement du nouveau programme.

Pour faciliter **l'apprentissage du domaine cognitif** (savoir, éducation aux valeurs, éthique médicale), on reconnaît généralement qu'il faut :

-    *mettre les étudiants en contact avec les valeurs humanistes* :

    • en faisant naître des besoins : première condition facilitante, on les sensibilise à la nécessité, à l'importance de... ;

- en les informant, sans oublier de charger tout message non seulement de logique persuasive, mais aussi d'un impact émotionnel pertinent associé à l'activité... et en répétant souvent;
- en favorisant l'analyse et la discussion de ces valeurs, par exemple lors des tutoriaux d'APP, des discussions à partir de cas, des séminaires...; bref, grâce à un arsenal de moyens qui, tout en étant concrets, personnels et immédiats, sont fondés sur les acquis de la psychologie cognitive. Celle-ci démontre que l'apprentissage cognitif est amplifié par le fait d'offrir un stimulus au début de l'activité, de fournir une réactivation sur le savoir antérieur et de rendre l'étudiant actif, participant;

- *choisir des enseignants crédibles qui seront vus, inévitablement, comme des modèles de rôle en matière d'humanisme médical;*
- *fournir une rétroaction adéquate, immédiate et soutenue sur la performance et les acquis en termes d'éducation aux valeurs.*

Pour faciliter **l'apprentissage du domaine affectif** (savoir-être, compassion, empathie et communication), il faut :
- *rendre évidente la compassion :*
  - dans le programme prédoctoral lui-même, dont l'organisation et le vécu quotidien ont besoin d'être «humanisés» en tant que système soucieux de la personne de l'étudiant; et
  - dans la relation professeur-étudiant, en particulier dans la relation d'aide à l'apprentissage durant les tutoriaux et les stages cliniques;
- *permettre à l'étudiant de vivre directement des expériences humaines qui sont de nature à lui apporter succès et plaisir,* un postulat de base de la méthode pédagogique du stage d'immersion;
- *favoriser la réflexion individuelle de l'étudiant :*
  - en lui permettant de s'approprier l'objectif par une discussion de groupe visant à développer un consensus social sur les comportements humanistes. Cette discussion fournit en plus une bonne occasion de ressentir et de partager une dimension affective en humanisme médical - *«faire naître des besoins»;*
  - en la complétant par une information écrite ou orale - *«proposer un message logique et émotionnel»;*
- *accorder au modèle vivant d'humanisme qu'est le clinicien-professeur le rôle principal dans la transmission d'attitudes de compassion («role-model»).* «The clinician-teacher has truly awesome responsabilities here. One careless action at the bedside will undo hours of lecturing about the dignity of patients.»[4] - *«être en contact avec des modèles»;*

- reconnaître la valeur d'une rétroaction adéquate pour renforcer les attitudes visées - *«offrir une rétroaction appropriée»*. Comme toute rétroaction adéquate doit être descriptive et que les attitudes ne sont inférées qu'à partir de l'observation de comportements, le moniteur-guide se sert en particulier de grilles de comportements humanistes observables (Tableau 1).

Les différentes conditions qui facilitent un apprentissage spécifique en humanisme médical sont énumérées au Tableau 3.

Tableau 3
CONDITIONS FACILITANT L'APPRENTISSAGE DE L'HUMANISME MÉDICAL

	DOMAINES	
	Cognitif	Affectif
• Faire naître un besoin	x	x
• Proposer un message logique et émotionnel	x	x
• Analyser les valeurs	x	x
• Être en contact avec des modèles	x	x
• Offrir une rétroaction appropriée	x	x
• Humaniser le programme lui-même		x
• Insérer la compassion dans la relation d'aide (avec l'enseignant)		x
• Vivre des expériences humaines fructueuses		x
• Proposer des occasions de développement d'un consensus social		x

LES CONDITIONS D'APPRENTISSAGE DE L'HUMANISME MÉDICAL

Nous venons de voir comment les conditions facilitant l'apprentissage de l'humanisme médical ont été révisées. Mais y a-t-il concordance entre celles-ci et les activités pédagogiques proposées par la réforme des études prédoctorales?

La réforme veut d'abord que cet apprentissage humaniste s'étale tout au long des quatre années du programme, de façon à profiter de la maturation intellectuelle et affective de l'étudiant, voire à l'accélérer[23]. Cette approche permet à l'étudiant de progresser davantage à son propre rythme. Cependant, il convient que la Faculté prenne très tôt position en faveur de l'humanisme, en en faisant un des grands buts de sa réforme. Ainsi elle suscitera l'engagement individuel, favorisera la promotion des dimensions humanistes (tout en développant une perception claire des objectifs visés) et incitera au choix humaniste. Sans compter l'effet de *modèle* qu'a ainsi la Faculté sur tous ses membres. Par ailleurs, la démarche même d'implantation du nouveau programme favorise globalement l'éclosion des dimensions humanistes; elle établit un contexte de réceptivité tant au changement qu'à l'humanisme; elle autorise étudiants et professeurs à exprimer des jugements critiques et même à examiner des objets d'étude autres que biologiques. Des structures et activités contribuent plus spécifiquement à l'acquisition de l'humanisme.

LA MÉTHODE D'APP

Plusieurs considèrent que la méthode d'apprentissage par problèmes favorise l'apprentissage tant cognitif qu'affectif de l'humanisme médical.

Du côté cognitif - La méthode d'APP contribue fortement à réaliser la troisième condition facilitante de l'apprentissage de l'humanisme médical (*analyser les valeurs*). L'analyse des problèmes et la discussion en petit groupe favorisent l'acceptation des valeurs des pairs. Le contenu de l'APP aussi : non seulement le tuteur veille-t-il à mettre en relief l'aspect humaniste des problèmes, mais certains problèmes eux-mêmes sont orientés vers des dimensions humanistes (Tableau 4). Non que de tels problèmes soient nombreux, ni qu'assez de tuteurs s'en préoccupent de façon significative. Cependant, en 1991-92, une personne-ressource aidera chaque directeur d'unité d'APP à aborder un problème à composante humaniste, dont les concepts sont inclus au *Cahier du tuteur*, forçant ainsi les groupes à en discuter suffisamment lors des tutoriaux.

Tableau 4
QUELQUES EXEMPLES DE PROBLÈMES D'APP
ORIENTÉS VERS L'HUMANISME

- Étapes de préparation à la mort
- Considérations éthiques des programmes de dépistage
- Impact de la perte d'autonomie sur le patient et sa famille
- Le suicide
- Le deuil
- La confidentialité dans les cas de SIDA
- L'épilepsie : considérations humanistes
- Le myéloméningocèle : support familial, problèmes d'intégration de l'enfant, répercussions familiales
- L'avortement thérapeutique
- Le vécu sexuel à travers les âges

Du côté affectif - Le «format» des tutoriaux est en lui-même «occasion» d'humanisation. Au lieu d'aborder seulement des données d'un champ disciplinaire, des connaissances et des schémas, l'étudiant se trouve en contact constant avec son futur interlocuteur comme médecin : l'être humain - même dans la version «papier» des problèmes d'APP. L'étudiant travaille six heures par semaine en équipe, en interaction intense avec ses pairs, partageant des informations et confrontant des valeurs. Autant d'occasions de développer ses capacités de communication, d'entraide, de support mutuel, et même ses qualités de compassion et d'empathie, surtout à l'étape 9 de la méthode d'APP, celle du bilan du groupe sur ses processus de fonctionnement.

La méthode favorise aussi le développement d'un consensus par le groupe (*proposer des occasions de développement d'un consensus social*), surtout lorsque le problème à l'étude comporte des dimensions humanistes ou psychosociales. L'exposé du problème et les apports du groupe peuvent aisément sensibiliser aux aspects humanistes (*faire naître un besoin*) et permettre de compléter l'information (*proposer un message logique et émotionnel*). Enfin, l'aspect interactif, dynamique, diversifié et «aéré» de l'APP contribue à humaniser le programme (*humaniser le programme lui-même*). Il y a plus : l'APP offre à l'étudiant beaucoup de temps qu'il doit gérer lui-même. La formation ne se donne plus en vase clos puisque l'étudiant contrôle davantage sa vie et ses autres besoins.

Le tuteur ne demeure pas un spectateur inactif dans cette approche. Il contribue à l'acquisition de l'information (*proposer un message logique et émotionnel*). Il apporte éventuellement une aide (*insérer la compassion dans la relation d'aide*). Il joue sûrement le rôle d'un certain modèle (*être en contact avec des modèles*) et fournit de la rétroaction (*offrir une rétroaction appropriée*). Comme démarche cognitive expérientielle, l'APP suscite indubi-tablement du plaisir (*vivre des expériences humaines fructueuses*) chez les étudiants, une dimension d'ailleurs reconnue par tous ceux qui font appel à l'APP.

Bref, à sa façon, la méthode d'APP «couvre» en théorie toutes les conditions facilitant l'apprentissage de l'humanisme (Tableau 6) *(voir page 204).* Ce vaste potentiel repose sur une autre condition indispensable au système pédagogique : que le tuteur assume adéquatement son rôle.

INTRODUCTION À LA MÉDECINE

Il convient d'accorder une attention particulière aux deux premières semaines de la 1re année qui revêtent une importance stratégique. Les attentes sont grandes; il faut donner le ton! Voilà pourquoi une *Introduction à la médecine* propose une approche globale de la médecine, intégrant les différents aspects de la personne (physique, psychologique, social et spirituel) et privilégiant la relation médecin-patient. Médecin et patient sont ainsi présentés comme deux partenaires engagés dans la recherche de la meilleure solution compte tenu des circonstances. Cette introduction met aussi l'accent sur la recherche constante de l'équilibre entre l'art et la science, deux éléments indissociables d'une vraie médecine globale.

Concrètement, cette introduction comporte deux séances tutoriales où l'étudiant, tout en s'initiant à la méthode d'APP, se sensibilise à des concepts tels que *santé-maladie, qualité de vie-autonomie*. Un groupe de tuteurs se donne comme tâche d'orienter les étudiants vers le bon emploi de l'APP et de les introduire aux dimensions d'un humanisme médical, leur présentant du même coup un modèle essentiel à ce point de démarrage (*être en contact avec des modèles*).

LE STAGE D'IMMERSION CLINIQUE

Le stage d'immersion clinique, implanté avec la réforme, représente une occasion unique d'expérimenter au quotidien l'humanisme médical. Cette activité suscite beaucoup de plaisir (*vivre des expériences humaines fructueuses*) chez l'étudiant et conduit à une variété d'expériences[24].

Ce stage de trois semaines[23, 24], à la fin du premier trimestre de 1re année (décembre), permet aux étudiants de fréquenter des hôpitaux de soins primaires où n'existe pas de pyramide hiérarchique de résidents. Son but est de permettre la découverte de l'humain à travers le malade, le médecin et la médecine. Démarche humaniste par excellence, une grande place est laissée à l'autonomie de l'étudiant, qui décide lui-même de ses occasions d'apprentissage auprès des médecins, après une semaine d'expérience à titre d'aide-infirmier. Par la suite, la majorité des étudiants élargissent leur perception de la pratique médicale en allant en cabinet privé, en industrie ou en service social. Ils identifient alors une série de problèmes de santé et mesurent l'engagement du médecin envers sa communauté. L'étudiant découvre ainsi les aspects humains spécifiques aux diverses modalités d'exercice de la médecine. Il devient donc davantage en mesure de définir ses besoins en matière d'humanisme médical (*faire naître un besoin*).

Durant le stage, l'étudiant observe particulièrement le style de vie du clinicien tout en établissant une relation humaine avec lui (*insérer la compassion dans la relation d'aide avec l'enseignant*). C'est à travers lui que l'étudiant prend pour la première fois contact avec sa future profession; il en conservera une image «indélébile» du rôle du médecin (*être en contact avec des modèles*).

Lors du stage, l'étudiant est encadré pédagogiquement par un moniteur local, et aussi par un moniteur de la Faculté, enseignant à temps plein qui rencontre un groupe de cinq à sept étudiants avant, pendant et après le stage. Ce pédagogue poursuit une démarche structurée qui permet de compléter l'information (*proposer un message logique et émotionnel*) et de structurer la rétroaction (*offrir une rétroaction appropriée*). Mais c'est surtout à l'occasion de discussions avec ses pairs que l'étudiant pourra faire sien un certain consensus sur les comportements humanistes du stage (*proposer des occasions de développement d'un consensus social*). L'étudiant rédige un journal de bord où, à la fin de chaque jour, il analyse les événements de la journée et rédige ses commentaires et ses réactions aux situations. Il consigne et commente ses découvertes (*analyser les valeurs*), prévoit ses comportements futurs, identifie ses modèles de pratique clinique (*être en contact avec des modèles*). Dans un rapport final, l'étudiant rédige une synthèse personnelle de ses acquis. Cette synthèse sert à l'évaluation de l'activité.

L'évaluation favorable du stage d'immersion clinique ne se dément pas; les commentaires des étudiants mettent bien sûr l'accent sur le style agréable, personnel et libre de cet apprentissage (*humaniser le programme lui-même*); mais ils témoignent surtout de la profonde satisfaction intime qui se dégage d'une réalisation signifiante, valable, motivante et pertinente (*vivre des expériences humaines fructueuses*). Bref, le stage d'immersion clinique aide à l'apprentissage affectif de l'humanisme médical en contribuant à toutes les conditions facilitantes (Tableau 6).

L'UNITÉ DES HABILETÉS CLINIQUES

L'unité des habiletés cliniques (chapitre 4) est structurée en vue de mener l'étudiant très loin sur les voies affective et cognitive de l'apprentissage de l'humanisme médical.

- Déjà, le titre de l'activité *Communication et humanisme*, répétée deux fois par mois, énonce clairement la philosophie de la Faculté et l'objectif visé. Bujold[25] démontre que le seul fait d'énoncer clairement les objectifs d'attitudes d'une activité pédagogique amène les étudiants à adopter plus sûrement ces attitudes.
- En plus de permettre à l'étudiant de vivre directement l'apprentissage expérientiel de la compassion (*vivre des expériences humaines fructueuses*) dans une démarche structurée (*analyser les valeurs*), supportée (*insérer la compassion dans la relation d'aide avec l'enseignant*) et supervisée (*offrir une rétroaction appropriée*), cette unité demeure la seule à insister spécifiquement sur l'aspect de la communication médecin-patient, vue comme un art humaniste qu'il est possible d'apprendre.
- Des notes polycopiées et des références bibliographiques aident l'étudiant à compléter son bagage d'informations relativement aux principaux thèmes abordés (*proposer un message logique et émotionnel*) : l'étudiant face à son rôle comme apprenant, puis à l'hôpital, en voie de devenir médecin. L'étudiant explore ensuite la condition de patient, l'expérience de la maladie, l'atteinte à l'intégrité corporelle, et l'attitude du médecin par rapport à l'intimité de la personne. S'ajoutent des sessions sur le respect, la confidentialité, l'intimité, la multidisciplinarité. L'activité se termine sur les thèmes de la compassion, de la souffrance, des événements de crise, de la chronicité, des soins palliatifs et de la mort.
- À l'occasion de multiples rencontres de groupe, l'étudiant peut contribuer à dégager un consensus social sur les comportements humanistes et sur les règles d'une bonne communication, grâce surtout à des jeux de rôle avec décodage en groupe. À chaque session, les jeux de rôle reprennent le thème à l'étude (*proposer des occasions de développement d'un consensus social*). Le contexte amène d'ailleurs l'étu-

diant à sentir le besoin de développer des comportements humanistes (*faire naître un besoin*). En outre, le moniteur affecté à un groupe pour tout le trimestre doit être pleinement conscient de son influence en tant que modèle (*être en contact avec des modèles*). Le mode même d'implantation de l'unité favorise la diffusion de modèles de rôle valorisant l'humanisme dans toute la Faculté. Chaque année, la Faculté invite de nouveaux professeurs, et elle fait participer à l'unité tous les départements cliniques. Elle assure ainsi la persistance du message durant la formation postdoctorale.

• L'unité, longitudinale, s'étale sur les deux annnées de la phase préclinique. Elle profite ainsi de la maturation intellectuelle et affective de l'étudiant, tout en la favorisant. En effet, la rédaction d'un journal structuré, le journal de bord, après chaque expérience de communication, permet à l'étudiant d'effectuer un retour sur sa performance et ses émotions et de se fixer des objectifs de croissance personnelle. Les étudiants considèrent cette activité comme un bel exemple de ce que l'on peut faire pour rendre le programme prédoctoral plus agréable à vivre (*humaniser le programme lui-même*).

Bref, l'unité des habiletés cliniques «couvre» à elle seule toutes et chacune des conditions facilitant l'apprentissage de l'humanisme médical (Tableau 6).

L'EXTERNAT

Le nouveau modèle de l'externat, deuxième élément de la réforme[26], n'offre pas d'activités spécifiques à l'acquisition de comportements humanistes si ce n'est l'application des habiletés maîtrisée antérieurement. Néanmoins, il offre beaucoup de potentiel ! C'est vrai-ment lors de l'externat que le clinicien-professeur peut exercer, quotidiennement, profondément et continuellement, son influence comme modèle de rôle (*être en contact avec des modèles*) et pourvoyeur de rétroaction descriptive et formatrice (*offrir une rétroaction appropriée*) et quant à la relation d'aide avec le patient (*insérer la compassion dans la relation d'aide avec l'enseignant*), toutes choses attendues d'un enseignant humaniste. C'est véritablement à l'occasion de ses nombreux contacts de personne à personne que l'externe pourra non seulement manifester, *pratiquer* l'humanisme qu'il aura intériorisé au cours de sa formation (*vivre des expériences humaines fructueuses*), mais aussi s'autoévaluer et définir ses propres besoins d'amélioration en ce domaine (*faire naître un besoin*). (Tableau 6)

Il faut dire que l'externat renferme aussi plein de pièges pour la formation[26]! Qui ne connaît pas les critiques traditionnelles envers l'externat clinique : mode de vie *déshumanisant*, trop axé sur les exigences bureaucratiques; trop de travail clinique pour permettre d'approfondir et de réfléchir; manque de supervision efficace et de support; rétroaction trop souvent négative et uniquement évaluative de la part des enseignants; patrons dont certains sont parfois des contre-modèles; «beaux cas» de maladie dont la rareté attire toute l'attention au point où le patient est ignoré.

Ces écueils sont le revers des forces mêmes de l'externat. Peut-on éviter que l'investissement en humanisme se perde au contact de la «vraie vie» clinique, avec ses tensions quotidiennes et ses exigences de performance? Il est difficile de changer les médecins en exercice, mais ne pourrait-on pas les influencer par les générations montantes? Ainsi, l'onde de l'humanisme développé pendant les années de formation préclinique ne peut-elle pas se propager progressivement jusqu'à l'externat, au niveau de la formation postdoctorale, voire au milieu d'exercice lui-même, puisque le même groupe d'enseignants intervient à tous ces niveaux?

LE COURS ÉTHIQUE-DROIT-MÉDECINE

On serait peut-être porté à croire que les activités du nouveau programme privilégient surtout la composante *affective* de l'humanisme médical, c'est-à-dire la compassion, qui s'exprime par l'empathie, et la communication. Mais qu'en est-il de sa composante *cognitive*, soit le volet *valeurs* actualisé par l'*éthique médicale* ? (Tableau 6)

L'éthique médicale étudie les valeurs humaines qui inspirent la conduite du médecin et l'aident ainsi à appuyer rigoureusement ses positions et ses choix sur un ensemble structuré de principes plutôt que sur l'intuition et l'arbitraire. L'étude des valeurs ouvre à des attitudes mieux adaptées au contexte de la médecine moderne; et même si l'axiologie (science des valeurs) porte principalement sur des concepts humanistes (*savoir*), elle débouche aussi sur le *savoir-être*.

Le cours *Éthique-droit-médecine* fait partie des activités du préexternat. Pendant les douze heures lui sont consacrées, on présente les aspects éthiques et juridiques de la décision médicale. Les dilemmes auxquels l'étudiant fait face dépassent largement le cadre médico-technico-biologique pour englober des considérations éthiques, juridiques et sociales. L'intégration de l'éthique et du droit reflétera donc davantage la réalité de la décision médicale. Par ailleurs, il nous apparaît important de faire ressortir les similitudes, les différences et les limites du droit et de l'éthique, deux domaines distincts mais qui partagent *une visée commune*: la promotion d'un système de valeurs.

Le cours propose donc des activités pédagogiques qui couvrent certaines notions de déontologie et d'éthique médicale, par exemple : les obligations sociales du médecin, le code de déontologie, le consentement éclairé, la cessation de traitement, la responsabilité médico-légale.

L'enseignement de l'éthique doit dépasser la simple sensibilisation (*faire naître un besoin*) pour permettre ultimement l'acquisition des habiletés conceptuelles du raisonnement éthique (*proposer un message logique et émotionnel*). C'est pourquoi il inclut plusieurs types d'apprentissage (*analyser les valeurs*) : lectures individuelles, travaux écrits de réflexion, cours magistraux, travaux en petit groupe, conférences, forums, discussions de cas.

À ces occasions, l'étudiant participe à la recherche d'un *consensus social* sur les valeurs humanistes *(proposer des occasions de développement d'un consensus social)*. En identifiant ses propres valeurs et celles des autres, l'étudiant est amené à réaliser que la décision médicale comporte un jugement qui se réfère à une gamme de valeurs. Au cours de ces débats, l'étudiant se sent interpellé par l'analyse des perspectives différentes de philosophes, de juristes, de théologiens, etc.

Lors de ces activités, on porte une attention particulière à la crédibilité des professeurs, qui seront inévitablement perçus comme des modèles *(être en contact avec des modèles)*, de même qu'à l'évaluation formative des étudiants *(offrir une rétroaction appropriée)*, un moment déterminant d'une réflexion qui devrait déboucher sur une organisation personnelle des valeurs propres aux décisions médicales.

À l'intérieur du programme, le cours joue, comme un miroir, le même rôle que le stage d'immersion clinique, mais à un niveau conceptuel et cognitif plus élevé.

LES HUMANITÉS

Le volet *humanités*, lui aussi en rapport avec la composante cognitive de l'humanisme médical[4], a-t-il été complètement oublié? Pas tout à fait; nous avons choisi de considérer ce domaine comme *profitable* et non comme *obligatoire*. Mais nous tenons, à l'instar de Pellegrino, à ne pas laisser disparaître cette source de plénitude («too much of man's capacity for a life of satisfaction is contained within it»)[4].

Comment relever ce défi dans un contexte socio-éducatif contemporain? Par une série de conférences facultatives (Tableau 5), ouvertes à tout le corps professoral, aux étudiants des niveaux pré et postdoctoral, et aux employés de la Faculté et du Centre hospitalier universitaire. L'assistance aux conférences sur des sujets d'ordre éthique et juridique est très bonne; elle sera beaucoup plus faible aux exposés sur l'histoire de la médecine, davantage reliés au domaine des humanités. Parallèlement, l'étudiant est invité à participer à une série d'activités offertes à la Faculté par le *Fonds du patrimoine* dont, trois fois l'an, des expositions d'oeuvres d'art.

De telles activités sont propres à enrichir le bagage des connaissances humanistes des étudiants *(proposer un message logique et émotionnel)*. Bien plus, quel jeune étudiant, enthousiasmé par la vie d'un grand médecin, n'aura pas eu le goût de devenir un meilleur médecin? Le contact avec les humanités devrait donc aussi être profitable au regard de la condition *faire naître un besoin* (Tableau 6).

LE SYSTÈME DES PARRAINS

Pour soutenir les étudiants, souvent isolés de leur milieu familial et social, et leur permettre de demeurer en contact plus étroit avec un professeur, la Faculté met sur pied en 1987 un système de parrains. De nombreux enseignants se portent volontaires, même si cette tâche ne comporte ni rémunération, ni cadre de fonctionnement. Les parrains rencontrent quatre filleuls (attribués au hasard) au moment et selon les modalités qu'ils préfèrent : sorties au restaurant, lunchs informels, rencontres au Salon des professeurs, activités sportives, prise en charge par la famille de l'enseignant, etc.

Tableau 5
TITRES DES CONFÉRENCES FACULTAIRES À ORIENTATION HUMANISTE AU COURS DES ANNÉES 1990-1991 ET 1991-1992

Conférences sur des sujets d'ordre éthique ou légal :

Euthanasie : approche médicale et juridique
Progrès de la biologie et définition de l'homme
Éthique professionnelle et SIDA
Humanisme et technologie
Cessation de traitement
Consentement éclairé : un nouveau contrat social
Les agressions sexuelles, ça nous regarde
Anémie grave chez une accouchée témoin de Jéhovah
Réanimation/non-réanimation

Série des conférences sur l'histoire de la médecine :

Conséquences morales des progrès de la biologie et de la médecine
Les médecines douces
L'aspirine et son histoire
Norman Bethune : un siècle de «fast forward»
Claude Bernard (1813-1878) : où sont ses principes dans le programme prédoctoral?
De la magie à la pharmacologie moléculaire
Cushing et la neurochirurgie
Un siècle de cardiologie
William Harvey et la découverte de la circulation sanguine
Un survol dans l'histoire de l'endocrinologie
L'arthrite et l'art
Le premier centre anticancéreux au monde, Reims et Jean Godinot
Choléra et O'Shaughnessy 1880

Cette activité, sans durée prédéfinie, peut s'avérer profitable pour *être en contact avec des modèles* et *vivre une relation d'aide avec le professeur* (Tableau 6). Cependant le parrainage n'a pas encore atteint sa vitesse de croisière, restant trop souvent sporadique.

LE COURS SUR L'INTERDISCIPLINARITÉ

L'intervention médicale humaniste ne s'est pas simplifiée depuis que l'intervention médicale globale doit compter avec plusieurs disciplines. Les jeunes médecins doivent se préparer au travail interdisciplinaire. Plusieurs formules pédagogiques associant le programme préclinique et la formation postcertification en milieu de travail ont été mises à l'essai ici et là, avec plus ou moins de succès. Avec le nouveau programme, la formation à l'interdisciplinarité s'implante, puis se modifie progressivement. La méthode pédagogique est encore expérimentale. La durée de la session, ses intervenants et le cadre de formation changent peu à peu.

À l'origine, les six heures de formation sont données simultanément, en deux séances d'habiletés cliniques, aux étudiants du baccalauréat en sciences infirmières et à ceux de 2e année de médecine. Pour les infirmières et infirmiers, qui comptent déjà quelques années d'expérience professionnelle, cette formation s'intègre à un cours de 45 heures. Les séances comprennent la résolution d'un problème en petit groupe bidisciplinaire, des exposés théoriques sur le fonctionnement interdisciplinaire et les rôles professionnels, en présence d'intervenants travaillant déjà en équipes multidisciplinaires. Sont prévues des périodes d'échange sur la perception de la relation actuelle et espérée entre les deux groupes professionnels. Les étudiants en médecine apprécient cette formation, mais demandent plus de contenu et de contacts avec les autres professions qui oeuvrent dans le domaine de la santé.

Dans une deuxième version, la formation à l'interdisciplinarité se donne en un seul cours de 45 heures, offert simultanément au baccalauréat en sciences infirmières et en 3e année de médecine. En plus des méthodes déjà utilisées, les étudiants bénéficient d'un journal de bord et d'un contenu théorique enrichi. Ils ont aussi à préparer un exposé oral et un travail écrit. Malgré la grande qualité des instruments, les étudiants en médecine craignent de consacrer trop de temps à ce cours au détriment de leur capacité à résoudre des problèmes et d'acquérir des habiletés thérapeutiques, pendant un trimestre consacré à des problèmes complexes (unité 14). Leur participation est donc mitigée.

Le cours se propose de rendre les étudiants plus aptes à travailler harmonieusement et efficacement avec les autres professionnels de la santé, de façon à répondre aux besoins du patient. Ses objectifs spécifiques touchent autant le savoir (par exemple : identifier les facteurs favorables et défavorables au travail interdisciplinaire et décrire les stratégies d'intervention efficaces) que le savoir-être (par exemple : reconnaître son propre rôle, ses ressources, ses valeurs et ses limites comme personne, comme professionnel et comme participant à un groupe).

La méthode pédagogique privilégie le travail en petit groupe. Le cours propose des exercices à partir de documents vidéo, de cas cliniques ou de l'observation directe. Les étudiants confrontent leurs opinions. Des lectures obligatoires complètent les exercices. Le journal de bord devient l'instrument d'intégration. De cette manière, les étudiants abordent des thèmes comme la gestion des petits groupes, l'initiation aux activités des autres professions, la coopération médecin-infirmière, l'observation et l'analyse du fonctionnement d'une équipe interdisciplinaire pour aboutir enfin à la solution interdisciplinaire d'un problème.

Au terme du cours, l'étudiant présente un exposé oral; il remet un travail écrit réalisé en équipe, de même qu'un texte personnel. Il doit aussi se soumettre à un examen écrit.

Depuis 1991, les étudiants de 3e année s'approprient à peu près le même contenu théorique qu'avant, mais sous forme d'autoapprentissage, suivi de neuf heures consacrées à l'application clinique de l'interdisciplinarité. Ils pratiquent l'évaluation médicale d'une personne âgée en milieu gériatrique et participent à l'évaluation qu'en fait, de son point de vue, un autre professionnel (infirmier, ergothérapeute ou physiothérapeute, travailleur social, psychologue, etc.). Ces étudiants sont alors en contact avec des stagiaires de différents domaines de formation. Ils participent par la suite à la réunion interdisciplinaire du service qui traite leur patient. Ils partagent, enfin, leurs perceptions des rôles de chacun et de leur expérience.

Le cours sur l'interdisciplinarité favorise l'analyse de composantes humanistes (*analyser les valeurs*), fournit de l'information (*proposer un message logique et émotionnel*) et offre de nombreuses occasions de rétroaction (*offrir une rétroaction appropriée*), surtout de la part d'étudiants d'autres disciplines. Le cours offre des occasions d'expérimentation (*vivre des expériences humaines fructueuses*) avec des intervenants multidisciplinaires et favorise le développement de consensus (*proposer des occasions de développement d'un consensus social*).

Les modifications apportées à ce cours constituent autant de réponses aux besoins des étudiants et n'ont d'autre but que de valoriser leur participation à la gestion de leur propre formation. Elles représentent une occasion sans pareille de motivation.

Le Tableau 6 illustre, de façon synthétique, la concordance entre les activités du programme et les conditions facilitant l'apprentissage de l'humanisme médical.

Si l'étudiant réussit à profiter de chacune de ces activités, on peut penser qu'il en sortira définitivement marqué. Mais, au-delà de cette analyse théorique, nos étudiants sont-ils vraiment plus humanistes à la fin de leur programme de formation? Font-ils vraiment l'apprentissage de l'humanisme médical au cours de leurs études prédoctorales? Les activités d'apprentissage de l'humanisme ont-elles l'impact souhaité?

Avant de répondre à ces questions, notons que l'implantation des dimensions humanistes trouve déjà un écho au Comité de coordination du programme. Celui-ci adopte, au printemps 1991, une définition opérationnelle des éléments qui démontreront la présence de comportements humanistes. Les quatre composantes de cette démonstration sont adaptées à la formation prédoctorale (Tableau 7). On y retrouve les différents éléments qui *s'actualisent* dans la relation médecin-patient, laquelle devient le point d'ancrage de l'humanisme médical.

L'ÉVALUATION DE L'APPRENTISSAGE DE L'HUMANISME MÉDICAL

En analysant les dimensions que nous venons de décrire, nous constatons que les structures et les activités pédagogiques mises en place à partir de 1987 concordent très bien, du moins en théorie, avec les conditions que la documentation scientifique rapporte comme facilitant l'apprentissage tant cognitif qu'affectif de l'humanisme médical. Le canevas initial offrait déjà certaines de ces conditions auxquelles on voulait laisser le temps de s'implanter avant d'accélérer le développement de cet humanisme.

À compter de 1991, nous nous demandons si les activités pédagogiques exercent l'impact souhaité chez nos diplômés à cet égard. Au moment de jeter ce regard critique, nos premiers étudiants, admis en 1987, viennent tout juste de terminer leur 4e année prédoctorale. Nous disposons ainsi de certaines données qui permettent d'évaluer les activités de formation en rapport avec l'humanisme : l'APP, le stage d'immersion clinique, l'unité des habiletés cliniques, le cours sur l'interdisciplinarité, le cours *Éthique-droit-médecine*, et *le système des parrains*. Il faudra attendre pour pouvoir recueillir des données sur l'externat.

Déjà, en 1989, nous demandons à un expert en éducation humaniste de se pencher sur notre programme. Son rapport[3] suggère d'accentuer le contact de l'étudiant avec l'information humaniste, de manière à favoriser la constitution de cartes cognitives («pattern recognition»), et de stimuler les possibilités d'apprentissage par prise de conscience délibérée. Il suggère d'ajouter des modules d'autoapprentissage et des ateliers intensifs sur l'humanisme. Il invite la Faculté à instaurer une certaine forme d'encadrement et de formation des enseignants en la matière.

En outre, en avril 1991, pour faire participer les étudiants à cette évaluation, nous menons une enquête auprès des cohortes 1987-91 et 1988-92. Ainsi, 70 % des étudiants de la première cohorte et 50 % de ceux de la deuxième répondent de façon anonyme à un questionnaire. On leur demandait d'apprécier l'intégration des concepts humanistes aux discussions lors des tutoriaux, de citer les trois activités qui ont le plus contribué à l'acquisition de cet humanisme, de décrire ce qu'est l'humanisme médical, d'apprécier certaines assertions quant à l'à-propos des enseignements humanistes au cours de la période préclinique, et de formuler des suggestions.

Quelle que soit leur cohorte, 70 % des répondants considèrent que la phase préclinique leur a suffisamment fourni d'occasions d'apprendre l'humanisme. Les étudiants estiment, dans la même proportion, avoir acquis suffisamment d'humanisme médical pour qu'il ne soit pas nécessaire d'ajouter d'autres activités à cette fin.

Pour ces étudiants, l'humanisme médical consiste : à *ne pas juger; vivre en harmonie avec; être à l'écoute des besoins de l'autre; établir une bonne relation avec le patient et son milieu; réussir à comprendre le malade; le considérer de façon globale; comprendre ses perceptions; ne pas l'oublier derrière la pathologie; manifester des attitudes de patience, d'absence de préjugés, d'ouverture d'esprit; manifester une attitude de respect, d'écoute et d'empathie envers les autres; considérer que c'est une personne qu'on aide et non une pathologie qu'on traite; faire aux autres ce qu'on aimerait qu'ils nous fassent; prendre le patient et considérer son bien-être global comme une de nos propres priorités; pouvoir agir avec le patient en tant que personne humaine globale; aider la personne, pas seulement son corps; avoir une attitude de respect des individus, de leurs droits fondamentaux et de leurs valeurs; manifester de l'empathie et du respect.*

Tableau 6

CONCORDANCE ENTRE LES ACTIVITÉS DU PROGRAMME ET LES CONDITIONS FACILITANT L'APPRENTISSAGE DE L'HUMANISME MÉDICAL

	Tutoriaux d'APP	Stage d'immersion clinique	Unité des habiletés cliniques	Stages de l'externat	Cours Éthique-droit-médecine	Humanités	Système des parrains	Interdisci-plinarité
Conditions facilitant (CF) l'apprentissage du domaine cognitif de								
• analyser les éléments	+++	+	++		++			+
Conditions facilitant autant l'apprentissage cognitif qu'affectif								
• en ressentir le besoin	+	+	++	+	+	+		+
• information	+	+	++		+++	+		
• être en montact avec des modèles	+	++	++	+++	+		++	+
• rétroaction appropriée	+	++	++	+++	+		+	
Conditions facilitant l'apprentissage du domaine affectif								
• programme «humanisé»	++	+	+		+		+	
• relation d'aide (avec le professeur)	+	+	+	++			+++	++
• expérimentation	+	+++	++	+				
• développement d'un consensus social	++	+	++		++			+

Tableau 7

LA DÉMONSTRATION DE COMPORTEMENTS HUMANISTES

L'humanisme médical traduit une orientation intérieure du médecin qui l'incite à placer la personne humaine du patient au centre de ses préoccupations quotidiennes. Cette attitude s'exprime par le respect de la liberté, de la dignité, des valeurs et des systèmes de croyances d'une personne. L'être humain devient le centre des préoccupations et des décisions de la vie professionnelle du médecin.

La démonstration par un étudiant de comportements humanistes implique :
1. une habileté à la communication et une capacité d'écoute;
2. une intégrité intellectuelle envers soi-même et envers les autres;
3. un respect des valeurs de l'autre;
4. une façon empathique et judicieuse de répondre à un problème ou à un besoin.

On peut considérer que les deux premières caractérisques représentent plutôt des préalables. Pourtant leur acquisition est tellement essentielle à la manifestation de comportements humanistes que leur inscription doit se lire dans un ordre hiérarchique. Ainsi, on pourrait dire qu'une habileté en communication et une attitude d'intégrité intellectuelle sont des qualités essentielles à un médecin, alors que l'addition du respect des valeurs et de l'empathie sont des caractéristiques distinctives d'un «bon docteur». Précisons chacune de ces caractéristiques.

1. UNE HABILETÉ À LA COMMUNICATION ET UNE CAPACITÉ D'ÉCOUTE

Savoir mener une entrevue demeure une habileté clé pour recueillir l'information et les données complètes d'un problème. Cependant, la communication déborde ici la technique du questionnaire pour englober d'autres aspects de la relation médecin-patient. Non seulement l'étudiant questionne, mais il écoute et réagit. Son approche est globale et, pour lui, la personne qui est malade est plus importante que la maladie dont elle souffre.

Cette maîtrise de l'habileté à communiquer s'applique dans les relations avec les patients et leur famille, les collègues, les enseignants et les autres professionnels de la santé.

2. UNE INTÉGRITÉ INTELLECTUELLE ENVERS SOI-MÊME ET ENVERS LES AUTRES

Il s'agit, pour l'étudiant, d'un engagement personnel à être honnête et rigoureux dans l'évaluation de ses connaissances et de ses habiletés. Il se sent à l'aise pour dire : «Je ne sais pas», pour reconnaître avec sérénité ses limites et recourir aux moyens de les compenser.

3. UN RESPECT DES VALEURS DE L'AUTRE

L'acceptation des choix de l'autre présuppose d'abord un intérêt à connaître les échelles de valeurs des différents groupes. Ces valeurs varient selon l'influence de l'origine ethnique, de la religion, de l'âge, du sexe, du statut social et de l'éducation. Dans un monde pluriethnique comme celui du Québec, l'étudiant fera face à un éventail de cultures différentes, chacune étant porteuse de sa propre gamme de valeurs. Respecter les valeurs de l'autre, c'est ensuite s'engager à écouter et à comprendre le point de vue de l'autre, pour finalement respecter ses droits et ses choix.

4. UNE FAÇON EMPATHIQUE ET JUDICIEUSE DE RÉPONDRE À UN PROBLÈME OU À UN BESOIN

L'empathie se définit comme la faculté de s'identifier à quelqu'un, de percevoir, grâce à son intellect, ce qu'il ressent, de se mettre à la place de l'autre. Elle se traduit d'abord chez l'étudiant par une préoccupation première d'aide à un être humain, une disponibilité spontanée, non seulement à traiter mais aussi à prendre soin.

L'actualisation des comportements humanistes décrits ci-dessus ne vient pas de la maturation spontanée de qualités innées. Elle exige de la part de l'étudiant une démarche active d'appropriation des acquisitions nouvelles, non seulement sur les plans du savoir-être et du savoir-faire, mais aussi dans l'application judicieuse de connaissances spécifiques à cette dimension. En mesurant de façon structurée ses progrès, pour chacune des composantes retenues, une évaluation appropriée lui fournit les données nécessaires à la poursuite de sa démarche d'apprentissage de l'humanisme médical.

LA MÉTHODE D'APP

De nombreux enseignants reconnaissent que, pour améliorer la démarche humaniste, plusieurs modifications devraient être apportées à la méthode d'APP. Tout excellente qu'elle puisse être, la méthode d'APP telle qu'appliquée chez nous ne paraît pas exploiter son potentiel au maximum. En particulier, il faudrait apprendre à l'étudiant à donner de la rétroaction (même déplaisante) et à partager avec ses pairs les émotions vécues en petit groupe. De plus, l'encadrement que fournit le tuteur quant à la dimension humaniste des problèmes peut varier énormément d'un groupe à l'autre et mériterait d'être davantage standardisé. Une meilleure formation des tuteurs aux dimensions humanistes peut en partie combler ces lacunes. Les ateliers de perfectionnement portent parfois sur ces dimensions, de même que sur l'amélioration de l'étape 9, le bilan du groupe. De plus, dès 1989 on implantera une évaluation par les pairs lors de l'unité 14 de la 3e année (chapitre 2).

Dans l'enquête menée auprès des étudiants, on leur demandait d'indiquer «pour chacune des unités, quel pourcentage des problèmes, au moment des tutoriaux, ont entraîné une discussion significative sur des dimensions humanistes». Selon eux, plusieurs unités offrent un pourcentage appréciable de concepts humanistes qui devraient être discutés lors des tutoriaux (Tableau 8).

L'étude permet de constater que les unités à plus forte composante humaniste se trouvent toutes en 1re année du programme. Bien qu'un contact accru avec les valeurs humanistes soit stratégiquement intéressant à ce moment, la Faculté juge important de veiller à un meilleur étalement de cet aspect de la formation pendant toute la durée du programme. Par ailleurs, les résultats ne donnent pas d'indications sur la qualité des discussions portant sur les dimensions humanistes. Cependant, plus de la moitié des répondants estiment que les tutoriaux représentent le bon moment de discuter aussi d'humanisme. Plusieurs enseignants, tout comme les responsables du programme, sont fort étonnés de cette perception.

Tableau 8
POURCENTAGE DE CONCEPTS HUMANISTES DISCUTÉS
LORS DES UNITÉS D'APP

Environ 15 %	Biologie médicale
Environ 30-40 %	Systèmes nerveux, locomoteur, urinaire, digestif
Environ 40 %	Systèmes respiratoire, infectieux, cardio-vasculaire, endocrinien, reproducteur, hémato-immunologique
Environ 60-80 %	Système psychique, croissance et développement, santé communautaire.

LE STAGE D'IMMERSION CLINIQUE

Le stage d'immersion clinique, déjà fort apprécié des étudiants, va néanmoins faire l'objet d'ajouts majeurs en ce qui a trait à l'humanisme. Les responsables veulent encadrer davantage la démarche humaniste. Ils vont insister sur l'humanisme auprès des moniteurs pédagogiques, insérer des références bibliographiques dans la pochette de stage de l'étudiant et parsemer le rapport final de questions à teneur humaniste (notamment sur le vécu empathique du stage). Ce rapport comporte maintenant une section où l'on demande aux étudiants de se mettre à la place du patient, du médecin, des autres membres de l'équipe médicale. Depuis 1989, leurs réactions sont passées de la simple description à l'intériorisation. Les moniteurs peuvent apprécier l'influence déterminante du stage sur la perception humaniste des étudiants. Maintenant les commentaires des étudiants sont le reflet de leurs réflexions humanistes. En voici quelques exemples tirés au hasard des rapports de stage.

> «Le patient a souvent besoin de parler, d'être écouté, réconforté et encouragé. Il est important pour lui qu'il y ait des gens dans son entourage tels la famille, des amis, etc. Il a besoin de garder le moral et d'être compris. Chaque patient souffre à sa façon; certains souffrent en silence tandis que d'autres se plaignent.»

> «Lorsqu'on est malade, il faut bien se rendre à l'évidence. En fait, être malade, c'est perdre, dans une proportion plus ou moins grande, son autonomie et devenir ainsi dépendant, selon son consentement, d'une équipe de soins. C'est la crainte de mourir, le mal de se sentir inutile, la perte de qualité de vie.»

> «Participer aux soins aux bénéficiaires permet d'établir facilement un premier contact avec les patients. Il m'est apparu important de gagner d'abord la confiance du patient afin qu'il me laisse ensuite m'insérer progressivement dans son univers. Un sourire ouvre souvent une première porte, la compréhension et l'écoute font le reste... Il est surprenant de constater combien il peut être simple de devenir compatissant.»

> «Avec ce monsieur qui venait de faire un infarctus, mais qui possédait un tel sens de l'humour face à son état, j'ai ri à n'en plus finir. J'ai eu peur pour un nouveau-né qu'on essayait de sauver. J'ai sympathisé avec une vieille dame qui venait d'apprendre que sa soeur, hospitalisée, n'en avait plus pour longtemps à vivre. J'ai jasé avec des patientes ayant un grand besoin de s'exprimer. Bref, je pourrais énumérer la kyrielle de situations que j'ai vécues, mais elles peuvent toutes se résumer par ces quelques mots : sensibilité, rationalité, humanité.»

L'enquête déjà citée révèle que le stage d'immersion clinique se classe au deuxième rang parmi les activités qui contribuent le plus à l'acquisition de l'humanisme médical (32 % des répondants). Pour la Faculté, ce stage remplit ses promesses quant au développement de l'humanisme médical.

L'UNITÉ DES HABILETÉS CLINIQUES

L'unité des habiletés cliniques (chapitre 4) consacre beaucoup de temps aux échanges en petit groupe (au moins deux séances de trois heures par mois durant deux ans). Cette activité amène l'étudiant à réfléchir sur ses expériences et à partager son vécu antérieur et ce qu'il vient de vivre par rapport à la relation médecin-patient. Comment en évaluer l'impact tout en tenant compte du caractère relatif de toute mesure portant sur l'aspect humaniste de la médecine?

On procède de deux façons. Premièrement, au moment des examens cliniques objectifs et structurés (ECOS), des vidéoclips présentent des situations où l'étudiant doit reconnaître les aspects humanistes, autant dans le verbal que dans le non verbal; par exemple en décodant chez un patient la phase de négation de la maladie. Les résultats sont très satisfaisants.

Deuxièmement, lors de l'entrée à l'externat, l'enquête menée auprès des étudiants pose la question: «Quelles sont les trois activités qui ont le plus contribué à l'apprentissage de l'humanisme?» En réponse, 80 % des nouveaux externes jugent que l'unité des habiletés cliniques les a préparés à comprendre le malade, à communiquer adéquatement avec lui et à remplir leur rôle de futur médecin dans ses dimensions humanistes. De plus, 85 % des répondants disent s'appliquer à respecter ces dimensions dans leurs activités d'externes. Enfin, on y signale que 64 % des enseignants cliniciens s'attardent aux aspects humanistes de leur pratique.

Même si la Faculté n'a pas encore procédé à des mesures évaluatives du «produit fini» en matière d'humanisme médical, les responsables du programme ont lieu d'être très satisfaits de l'impact de l'unité des habiletés cliniques sur les premières cohortes d'étudiants. On pourrait toutefois améliorer le support professoral offert à l'étudiant. Un «accompagnateur» pourrrait assurer un encadrement plus stable et valoriser le rôle du clinicien comme modèle.

LE COURS ÉTHIQUE-DROIT-MÉDECINE

Cette activité vise essentiellement une des composantes cognitives de l'humanisme médical. Elle comporte une évaluation de l'aptitude à reconnaître les dimensions éthiques et juridiques de la décision médicale, sous la forme d'une dizaine de Q.C.R. et de Q.A.P. D'une manière générale, les résultats à cet examen permettent de conclure que dans l'ensemble les notions sont relativement bien maîtrisées.

Les étudiants ont l'occasion d'évaluer ce cours grâce à un questionnaire d'appréciation. L'ensemble des thèmes proposés leur paraît important; 74 % estiment ce cours pertinent par rapport à leur pratique future; l'ensemble des commentaires personnels exprime la satisfaction des étudiants.

À la lumière de ces commentaires et des expériences passées, nous souhaitons plus de discussions d'ordre éthique tout au long des unités d'APP, en insistant sur l'approfondissement d'un thème qui soit particulier à chacune. La concentration des thèmes portant sur le droit médical serait toutefois conservée au moment du préexternat. Il s'agit de faire de la dimension éthique une partie intégrante des problématiques médicales, sans la submerger sous les aspects purement médicaux des problèmes étudiés.

Bien qu'il soit trop tôt pour connaître l'impact de tels apprentissages sur la pratique des futurs diplômés, on peut déjà remarquer, lors des stages cliniques, que les nouveaux stagiaires portent un intérêt certain aux aspects éthiques des situations auxquelles ils font face quotidiennement. Leur façon de percevoir les valeurs du patient semble avoir pris un tournant...

LE SYSTÈME DES PARRAINS

Une enquête menée un an après l'instauration du système des parrains permet de constater qu'à peine 30 % des étudiants ont encore des activités avec leur parrain en 3e année. Plusieurs ne se souviennent même plus de son nom! Pourtant, le système a été réactivé, à plusieurs reprises, parfois avec un peu de retard, et un difficile recrutement de nouveaux parrains. Le mot d'ordre demeure le suivant : «Commencez les rencontres avec vos filleuls au cours du premier trimestre de la 1re année, au moment où le besoin se fait le plus sentir. Si les rencontres se poursuivent par la suite, tant mieux!» À toutes fins utiles, le système des parrains n'est pas parvenu à combler ses objectifs initiaux. Est-ce par manque d'habileté à remplir ce rôle, qui ne s'improvise pas? Plusieurs étudiants disent que leur parrain semble mal à l'aise. Il s'agit de la seule activité qui n'est pas rémunérée (chapitre 10).

LE COURS SUR L'INTERDISCIPLINARITÉ

Le premier cours sur l'interdisciplinarité débutera en septembre 1990. Mais les étudiants le boycottent, disant qu'ils ont assez de matière avec les problèmes de l'unité multidisciplinaire d'APP (unité 14). Les activités sont donc suspendues pour deux semaines. Des négociations s'établissent. La direction des études exprime une volonté ferme de maintenir le cours, puisqu'il répond à de nouveaux besoins sociaux et correspond aux tendances actuelles de la formation médicale. Les étudiants acceptent, après avoir obtenu des modifications aux conditions d'évaluation. On abandonne en particulier l'exigence d'un rapport écrit de groupe. La cote *Succès* sera attribuée à ceux qui auront au moins suivi les activités. Ceux qui veulent la note *A* devront se présenter à un examen.

Cette année-là, le cours se déroule tant bien que mal. Les étudiants n'ont pas le coeur à l'ouvrage. On pense qu'ils font une «crise aiguë de compétence», sans doute provoquée par les exigences des problèmes étudiés durant cette unité d'intégration. Les objectifs fixés quant aux attitudes n'ont probablement pas été atteints, mais cela n'a pas été vérifié. Seulement la moitié des étudiants se présentent à l'examen. Malgré tout, les résultats d'un questionnaire d'appréciation en fin de trimestre démontrent qu'environ 40 % sont relativement satisfaits et pensent avoir maîtrisé les objectifs et acquis les attitudes proposées.

Les responsables démissionnent. Un nouveau comité propose une version révisée du cours. Pendant cette année de transition, les étudiants ne travaillent plus avec leurs collègues de sciences infirmières et les problèmes prévus à l'unité 14 ne sont pas modifiés. Mais des activités d'interdisciplinarité, greffées aux habiletés cliniques, peuvent avoir lieu grâce à l'ouverture du Centre de gériatrie. En 1991-92, un troisième comité insère des éléments d'interdisciplinarité au stage d'immersion clinique, aux habiletés cliniques, à l'externat, et restructure les activités du cours en 3e année.

Il reste à mieux intégrer ces activités au programme. Néanmoins, l'interdisciplinarité, comme activité pédagogique spécifique, a enfin pris racine dans le programme d'études prédoctorales. La direction des études ne démord pas de l'idée d'ajouter l'interdisciplinarité aux compétences à acquérir par le futur médecin. Une unité longitudinale s'étendant sur les quatre années du programme est «offerte» depuis 1992; son rôle est de proposer progressivement des activités d'intégration.

En résumé, l'unité des habiletés cliniques, le stage d'immersion clinique et le cours *Éthique-droit-médecine* répondent aux premières attentes. De façon efficace et sûre, ces activités conduisent les étudiants à acquérir divers niveaux du savoir et du savoir-être pertinents à l'humanisme médical. Par contre, la méthode d'APP, le cours sur l'interdisciplinarité et le système des parrains n'ont pas, sur les dimensions humanistes, l'impact prévu.

Néanmoins, à deux reprises, le programme d'apprentissage de l'humanisme est présenté à deux médecins philosophes et humanistes : Jean Bernard, à l'automne 1989, et Edmund Pellegrino, à l'automne 1991. Tous deux sont agréablement surpris par les méthodes pédagogiques centrées sur la participation de l'étudiant. Ils retiennent que nos activités s'intègrent aux autres enseignements tout au long de la phase préclinique, ce qui devrait éventuellement apporter des effets bénéfiques. À la lumière de nos discussions avec ces spécialistes, nous comprenons que nous nous attaquons aux défis centraux de l'enseignement de l'humanisme médical et qu'il nous faut augmenter la composante éthique, lieu fertile pour la construction du savoir cognitif de l'humanisme.

UNE PROCHAINE ÉTAPE

Le temps semble venu de planifier des actions concertées et spécifiques en vue de pousser encore plus loin l'apprentissage de l'humanisme. Un tel projet ne peut réussir qu'avec l'engagement non équivoque des leaders de la Faculté. Pour réussir cette étape, nous avons besoin d'experts capables d'inventer des didactiques spécifiquement adaptées au contexte du nouveau programme. Ces professeurs composeront le *Comité de l'unité longitudinale de l'humanisme*. Le Comité poursuit des objectifs spécifiques regroupés sous le thème *L'acquisition de l'humanisme, une démarche centrée sur le patient*, en vue de formuler la position officielle de la Faculté sur l'humanisme médical. Ses membres songent à créer un *prix du professeur humaniste*, à maximiser l'exploitation du *rôle de modèle* comme outil pédagogique et à développer un plan d'actions facultaires propres à promouvoir l'apprentissage de l'humanisme médical. Dans cette perspective, le Comité étudiera les projets suivants :

- l'importance du langage utilisé dans la promotion de l'humanisme médical;
- le rôle des critères d'admission sur le potentiel de développement des étudiants;
- la faisabilité d'instaurer des programmes de formation à l'humanisme pour les enseignants;
- l'ouverture des unités administratives, incluant les professionnels et le personnel de soutien, au projet humaniste;
- la conversion d'un cubicule de la Bibliothèque en un espace consacré à la préoccupation humaniste : documentation, vieux instruments médicaux, reproductions de peintures et portraits de médecins humanistes célèbres, ordinateur ayant en mémoire une gamme de programmes propres à développer la culture humaniste...;
- l'intérêt de la publication épisodique d'un recueil de textes de professeurs et d'étudiants sur la question de l'humanisme;
- la validation de l'ensemble du projet par des présentations lors des colloques spécialisés;
- l'inventaire et la diffusion d'une liste de volumes à intérêt humaniste, de suggestions de lectures pour étudiants et professeurs.

Ces projets devraient s'intégrer progressivement à la culture facultaire au cours des prochaines années. Un comité a été institué pour étudier l'intégration de l'enseignement de l'éthique à chaque niveau de formation : prédoctoral, postdoctoral, éducation continue.

Il est temps d'aller de l'avant. Le succès obtenu par la réforme a permis d'assouplir l'enseignement traditionnel. Les milieux de formation clinique pré et postdoctorale, de même que le Centre de formation continue, sont ouverts au changement. Bientôt nos diplômés seront en majorité de jeunes médecins compétents, intègres, compatissants et respectueux des valeurs des patients et du personnel médical. Seule une faculté de médecine pouvait relever un tel défi éducatif.

RÉFÉRENCES

1. Des Marchais, J. E., B. Dumais et G. Pigeon. «Changement majeur du cursus médical à l'Université de Sherbrooke - Deuxième partie : Objets et conséquences du changement», *Revue d'éducation médicale*, vol. 11, 1988, p. 9-17.

2. Johnson, R. et L. Langlois. *Rapport du groupe de travail sur l'humanisme*, Sherbrooke, Faculté de médecine, mai 1988.

3. Côté, J. *Favoriser l'humanisme chez les futurs médecins et chez leurs professeurs - Quelques pistes de travail*, rapport présenté à la Faculté de Médecine de l'Université de Sherbrooke, février 1989.

4. Pellegrino, E. D. «Educating the Humanist Physician - An Ancient Ideal Reconsidered», *Journal of the American Medical Association*, vol. 227, 1974, p. 1288-1294.

5. Flanagan, J. C. «The Critical Incident Technique», *Psychological Bulletin*, vol. 51, 1954, p. 327- 358.

6. Des Marchais, J. E., P. Jean et L. G. Castonguay. «Training Psychiatrists and Family Doctors in Evaluating Interpersonal Skills», *Medical Education*, vol. 24, 1990, p. 376-381.

7. American Board of Internal Medicine. «A Guide to Awareness and Evaluation of Humanistic Qualities in the Internist», *Annals of Internal Medicine*, vol. 99, 1983, p. 720-724.

8. Mosley, P. «Role of Humanities in the Education of the Health Professionnal», *Medical Teacher*, vol. 11, 1989, p. 99-101.

9. Pellegrino, E. D. «Teaching Medical Ethics - Some Persistent Questions and some Responses», *Academic Medicine*, n° 64, 1989, p. 701-703.

10. Self, D. J., F. D. Wolinsky et C. P. DeWitt. «The Effect of Teaching Medical Ethics on Medical Students' Moral Reasoning», *Academic Medicine*, n° 64, 1989, p. 755-759.

11. Pellegrino, E. D. et T. K. McElhinney. *Teaching Ethics, the Humanities and Human Values in Medical Schools : A Ten-Year Overview*, Washington, Society for Health and Human Values, 1982, p. 8-19.

12. Bickel, J. *Integrating Human Values Teaching Programs into Medical Students' Clinical Education*, Washington, Association of American Medical Colleges, 1986, p. 1-37.

13. Glover, J., D. Ozar et D. Thomasma. «Teaching Ethics on Rounds : The Ethicist as Teacher, Consultant and Decision-maker», *Theoretical Medicine*, vol. 7, 1986, p. 13-32.

14. Self, D. J. et J. D. Skell. «Potential Roles of the Medical Ethicist in the Clinical Setting», *Theoretical Medicine*, vol.7, 1986, p. 33-39.

15. Barnard, D. «Residency Ethics Teaching : A Critique of Current Trends», *Archives of Internal Medicine* , vol. 148, 1988, p. 1836-1838.

16. Self, D. J. «The Pedagogy of Two Different Approaches to Humanistic Medical Education: Cognitive vs Affective», *Theoretical Medicine*, vol. 9, 1988, p. 227-236.

17. Anderson, R. C. «The Notion of Schemata and the Educational Enterprise : General

Discussion of the Conference», in R. C. Anderson, R. J. Spiro, W. E. Montague, éd., *Schooling and the Acquisition of Knowledge*, Hillsdale, Erlbaum, 1977.

18. Rumelhart, D. E. et E. Ortony. «The Representation of Knowledge in Memory», in R. C. Anderson, R. J. Spiro, W. E. Montague, éd. *Schooling and the Acquisition of Knowledge*, Hillsdale, Erlbaum, 1977.

19. Tulving, E. et D. M. Thomson. «Encoding Specificity and Retrieval Processes in Episodic Memory», *Psychological Review*, vol. 80, 1973, p. 352-373.

20. Anderson, J. R. et L. M. Reder. «An Elaborative Processing Explanation of Depth of Processing», in L. S. Cermak, F. I. M. Craik, éd., *Levels of Processing in Human Memory*, Hillsdale, Erlbaum, 1979.

21. Gagné, R. M. *The Conditions of Learning*, New York, Holt, Rinehart and Winston, 1984.

22. Jean, P., J. E. Des Marchais et P. Delorme. *Apprendre à enseigner les sciences de la santé - Guide de formation pratique*, Montréal, Unité de recherche et de développement en éducation médicale, Université de Montréal, cahier 2, chapitre 4, 1988.

23. Faculté de médecine, Université de Sherbrooke. *Document n° 1 - Le programme des études médicales prédoctorales*, janvier 1987.

24. Des Marchais, J. E. «Le stage précoce d'immersion clinique», *Union médicale du Canada*, vol. 109, 1980, p. 1579-1588.

25. Bujold, N., J. E. Des Marchais, H. Dufour, J. Ferland et S. Gagnon. «Problématique de la mesure des attitudes en médecine», *Revue de l'éducation médicale*, vol. 3, 1982, p. 10-16 et p. 17-21.

26. Chamberland, M., J. E. Des Marchais et B. Charlin. «Carrying PBL into the Clerkship, the Second Reform in the Sherbrooke Curriculum», *Annals of Community-Oriented Education*, vol. 5, 1992, p. 235-247.

CHAPITRE 7

LA RÉFORME DE L'EXTERNAT: LE DÉFI DE L'APPRENTISSAGE CLINIQUE

Bernard Charlin, Martine Chamberland
et Jacques E. Des Marchais

> *«L'éducation devrait plutôt permettre aux individus de découvrir les choses par eux-mêmes. Tout ce qu'on peut espérer de l'école, c'est qu'elle donne aux élèves l'amour du savoir et le désir d'apprendre. Si vous y arrivez, vous avez gagné, sinon, vous avez perdu.»*
> *Noam Chomsky*

Tôt ou tard, la vague du renouveau de la phase préclinique devait atteindre et secouer la phase clinique, l'externat. À peine complétée la production des unités d'apprentissage par problèmes, un certain essoufflement se fait sentir. Et, contrairement au programme préclinique d'APP, il n'existe que peu de modèles susceptibles de guider la réforme de la pédagogie *clinique* prédoctorale. Depuis 25 ans, en Amérique du Nord, les cursus précliniques ont fait l'objet d'améliorations importantes; les programmes de formation clinique (externats) demeurent par contre relativement traditionnels[1]. Ils représentent pourtant l'un des défis les plus importants de la pédagogie médicale, si l'on veut que les acquis des phases précliniques se maintiennent et profitent aux futurs praticiens.

Les services hospitaliers, dont dépend l'enseignement clinique, sont hétérogènes et autonomes. Les spécialistes en pédagogie médicale n'y ont que peu d'influence. Pour la Faculté de médecine de Sherbrooke, il s'agit donc d'y inoculer les principes directeurs qui ont nourri la réforme du programme. L'externat doit ainsi être transformé en une expérience de formation davantage centrée sur l'étudiant, sur le patient et sur les besoins de la communauté. Cette démarche de conception va donner naissance à un modèle innovateur.

Comment se définit le problème de l'apprentissage clinique? Quels concepts novateurs inspirent le modèle d'externat développé à Sherbrooke? Quelles difficultés posent la conception et l'implantation d'un tel modèle? Quelles sont les conditions de la mise en place d'une réforme de l'externat?

LA PROBLÉMATIQUE DE L'APPRENTISSAGE CLINIQUE

La documentation récente sur l'apprentissage clinique met en lumière quelques-uns des problèmes majeurs de l'externat[2, 3, 4, 5, 6, 7]. Quasi universels, ils existent dans notre milieu à des degrés divers. L'élaboration d'un canevas de l'externat doit en tenir compte. Les voici résumés :

- la définition d'*objectifs spécifiques* fait souvent défaut, quand il est question d'objectifs réalistes, liés aux activités cliniques, formulés en termes observables et mesurables, et capables de guider l'étudiant vers ce qui est le plus rentable sur le plan pédagogique;
- l'étudiant, au sein de la pyramide hospitalière des soins, demeure souvent un *observateur passif* des discussions; bien que l'apprentissage soit fondé sur l'étude des problèmes cliniques, son raisonnement clinique n'est que peu sollicité, mis en valeur ou évalué;
- les cas cliniques auxquels il doit faire face sont imprévisibles. L'apprentissage se fait *au gré du hasard*, ce qui ne correspond pas nécessairement aux objectifs prédéterminés;
- trop souvent, le stagiaire n'entre en action, surtout au sein des unités de soins, qu'au moment où le problème clinique a déjà été formulé et que la conduite à tenir a été planifiée par des consultants en clinique externe ou en salle d'urgence. Il se voit ainsi privé de la cueillette et de l'analyse des indices, et confiné à une tâche de gestion des investigations et des soins;
- les patients que l'étudiant rencontre en milieu hospitalier universitaire, surtout dans un établissement de soins tertiaires, sont sérieusement malades. Souvent, ils sont hospitalisés pour des investigations complémentaires ou des traitements lourds. Ces patients, présentant des pathologies multiples et complexes, ne constituent pas des cas idéaux pour l'étudiant qui commence sa formation clinique;
- le rôle du stagiaire est mal défini. En général, on survalorise l'aspect service de sa fonction au détriment de sa participation à des expériences qui seraient rentables sur le plan pédagogique.

Dans la foulée de l'implantation d'un programme préclinique d'APP, on doit absolument s'interroger sur les besoins pédagogiques particuliers de la nouvelle clientèle étudiante. La documentation scientifique n'abonde pas en références sur le sujet[8, 9, 10]. Cependant, si l'on se réfère aux bases mêmes de l'APP[11, 12], on peut s'attendre à ce que ces étudiants agissent comme des participants plus actifs, qu'ils énoncent leurs idées et discutent de leurs positions, qu'ils soulèvent des questions et suggèrent des hypothèses d'explication. Ils auront davantage appris à aménager leur bagage de connaissances en fonction de la résolution de problèmes. De là l'importance de leur soumettre des problèmes et de leur faire rencontrer des types de patients qui correspondent davantage aux objectifs d'apprentissage. Ces étudiants sont censés avoir développé une autonomie d'apprentissage qu'il faut continuer de promouvoir tout au long de l'externat. Il doit donc être possible de fournir des expériences d'apprentissage centrées sur l'étudiant, même au cours de la phase clinique.

UN MODÈLE INNOVATEUR

Quels principes vont guider l'élaboration du programme de l'externat?

LES PRINCIPES D'ÉLABORATION DU PROGRAMME DE L'EXTERNAT

La cohérence de la réforme exige que les modifications apportées à l'externat suivent les axes philosophiques du nouveau programme *centré sur les besoins de la communauté, centré sur l'étudiant et imprégné d'humanisme*. La problématique particulière de la formation clinique nous amène à formuler quelques principes généraux tenus pour essentiels dans la réforme de l'externat:

- définir des objectifs d'apprentissage plus spécifiques et plus réalistes de manière à assurer une démarche pédagogique également systématique et réaliste;
- augmenter les situations de soins de première ligne, pour rapprocher l'étudiant des besoins réels de la communauté;
- définir un juste équilibre entre l'apprentissage pédagogique du stagiaire et sa fonction traditionnelle de service;
- promouvoir et mettre en place des activités de formation qui font de l'étudiant un participant actif;
- continuer de promouvoir le développement de l'autonomie de l'étudiant externe;
- élaborer des activités d'apprentissage interactives qui facilitent le développement du raisonnement clinique et l'acquisition de connaissances en investigation et en thérapeutique;
- pallier le caractère imprévisible et variable des cas cliniques;
- optimiser l'apprentissage au chevet du malade, à partir des problèmes rencontrés;
- implanter des modalités d'évaluation des apprentissages en fonction des compétences spécifiques à acquérir.

LE CONTENU DE L'EXTERNAT

Le contenu propre de l'externat doit évidemment tenir compte de deux éléments: le bagage acquis précédemment et le résultat souhaité à son terme. Au début de l'externat, l'étudiant est frais émoulu d'une démarche d'APP, où l'accent a été mis sur l'acquisition des connaissances en sciences fondamentales et sur l'apprentissage des mécanismes qui expliquent les phénomènes normaux ou pathologiques de l'organisme. En même temps, l'étudiant a travaillé à acquérir des habiletés cliniques de base, essentiellement sur des sujets sains, de même que des gestes techniques et des habiletés de communication.

Au terme de l'externat, au moment d'obtenir le grade de M.D., l'étudiant est appelé à s'orienter vers des disciplines très diverses, soit la médecine familiale ou les spécialités médicales ou chirurgicales. L'externat vise donc à donner une formation générale et à fournir au diplômé les préalables pour entreprendre des études dans n'importe quel domaine médical. Au Québec, depuis 1988, la période de formation clinique postdoctorale pour les généralistes en médecine familiale, autrefois d'une année, a été prolongée à deux ans avant l'obtention de la licence de pratique. Ce n'est donc qu'au terme de cette période de formation clinique complémentaire qu'on demande à l'étudiant d'être capable de prendre complètement en charge un patient.

> «L'externat a donc pour but la maîtrise des grands principes et mécanismes qui sous-tendent l'acte médical, ainsi que celle des habiletés et attitudes qui lui sont reliées, tandis que l'apprentissage dans tous ses détails de l'acte médical proprement dit, c'est-à-dire l'aptitude à prendre en charge dans tous leurs détails l'investigation et les soins aux patients, appartient aux études postdoctorales de médecine de famille et de spécialités.»[13]

La différence entre le bagage déjà acquis au début de l'externat et le résultat désiré à son terme nous amène à délimiter le contenu spécifique suivant :

- *au point de vue cognitif*, l'externat doit mettre l'accent sur le développement du raisonnement clinique, sur l'apprentissage de la résolution de problèmes et sur l'acquisition des principes d'investigation et de thérapeutique;
- *au point de vue psychomoteur*, les étudiants vont parfaire les habiletés cliniques déjà acquises, apprendre à les appliquer dans des situations pathologiques et poursuivre l'apprentissage d'une série de gestes techniques;
- *au point de vue des attitudes*, ils mettront en application les concepts de communication et d'humanisme déjà abordés, lors de l'unité consacrée aux habiletés cliniques. Ils y grefferont des attitudes en rapport avec leurs nouvelles responsabilités cliniques, leurs relations avec l'équipe soignante et les exigences de la déontologie.

LES OBJECTIFS
Des objectifs obligatoires et réalistes clairement définis

Tous les étudiants devront posséder au terme de leur externat un certain nombre d'habiletés cliniques, indépendamment de la séquence des stages effectués. Ces exigences constituent les *objectifs obligatoires généraux*.

Pour le stagiaire, l'essentiel de la démarche clinique, des habiletés de communication et des attitudes demeure commun à tous les stages. Seul le contenu de chaque stage change. Il est donc possible de définir des objectifs communs à toutes les disciplines en matière d'habiletés de raisonnement, de démarche clinique, de communication et d'attitudes. Cette révision des objectifs conduit donc à élaborer une liste d'objectifs généraux (Tableau 1). Il s'agit d'une étape préalable qui permet, par la suite, de mieux se concentrer sur les objectifs spécifiques de chaque discipline.

Tableau 1
OBJECTIFS OBLIGATOIRES GÉNÉRAUX
COMMUNS À TOUTES LES DISCIPLINES

Au terme de chaque période de stage, compte tenu des objectifs définis dans la discipline et des *étiologies les plus fréquentes*, tout en sachant expliquer les mécanismes et les concepts impliqués, l'externe doit pouvoir :

Raisonnement clinique et connaissances
– recueillir adéquatement les données cliniques initiales (symptômes ou signes);
– formuler de façon précoce des hypothèses pertinentes;
– poursuivre la collecte des données cliniques (histoire et examen clinique) en fonction des hypothèses formulées;
– compléter la collecte des données par une revue des systèmes et un examen général, dans le but de trouver des indices supplémentaires concernant le problème principal et de mettre en évidence des conditions associées;
– discuter de façon structurée les hypothèses pour les hiérarchiser;
– demander les examens d'investigation appropriés en tenant compte de leur valeur prédictive, de leurs dangers potentiels, de leurs coûts et connaître les principes de leur interprétation;
– recueillir et interpréter les résultats des examens d'investigation;
– décider et justifier les choix du diagnostic;
– poser un diagnostic présomptif ou final et le justifier;
– définir les principes du traitement;
– déceler les indications de recours à une hospitalisation et/ou à un consultant lorsque la situation clinique l'exige;

Communication
– démontrer une bonne maîtrise de la présentation orale et écrite de l'observation médicale;
– utiliser efficacement l'informatique pour la tenue du dossier médical et la gestion des soins, dans les centres hospitaliers où existe un système informatique de gestion du dossier médical;
– établir une bonne communication médecin-patient et avec la famille, si nécessaire et approprié;
– participer à l'éducation de santé du patient et de sa famille, si nécessaire et approprié;
– identifier, retrouver, consulter et critiquer les références et ressources disponibles.

Attitudes
Pendant les stages, l'étudiant doit :
– s'intégrer à l'équipe de soins et apprendre à travailler avec les différentes catégories de professionnels de la santé;
– acquérir la maîtrise et la confiance nécessaires pour poser des actes médicaux;
– démontrer la capacité d'organiser de façon adéquate son travail clinique;
– démontrer une attitude appropriée à la prise en charge du patient au point de vue organique, fonctionnel et socio-économique;
– acquérir la capacité de réagir de façon appropriée et rapide en face d'une situation d'urgence;
– faire preuve de tact et de respect envers le patient en sachant gagner sa confiance et sa coopération et en soulageant son anxiété;
– pouvoir discuter avec le patient et sa famille des modes de traitement et des résultats à attendre;
– manifester un intérêt soutenu en assistant aux réunions et activités scientifiques et en participant aux discussions et travaux de groupe;
– faire preuve de déontologie professionnelle en manifestant de l'honnêteté, de l'altruisme et du dévouement conformément au code d'éthique.

Au cours d'une seconde étape, on dresse deux listes pour chaque discipline: l'une de *problèmes cliniques* obligatoires pour lesquels l'étudiant doit démontrer un bagage de connaissances de base et une capacité de raisonnement clinique; l'autre d'*entités pathologiques,* obligatoires également, pour lesquelles l'étudiant doit aussi acquérir des connaissances et une compréhension générale des principes diagnostiques et thérapeutiques. Le nombre de problèmes cliniques pour chaque discipline dépend du nombre de séances d'apprentissage au raisonnement clinique qui y sont organisées durant les stages. Le nombre d'entités pathologiques dépend de la charge de travail considérée comme réaliste, compte tenu de la durée du stage. De la sorte, les cinq stages réguliers de l'externat comportent 265 objectifs obligatoires et 67 problèmes cliniques sont systématiquement étudiés en petit groupe (Tableau 2).

Tableau 2
NOMBRE D'OBJECTIFS OBLIGATOIRES PAR DISCIPLINE*

Disciplines	Problèmes cliniques	Entités pathologiques	TOTAUX
Chirurgie	14	45	59
Médecine	19	42	61
Gynéco-obstétrique	13	47	60
Pédiatrie	14	43	57
Psychiatrie	7	21	28
TOTAUX	**67**	**198**	**265**

* Selon le Cahier de l'externe de 1991-92.

Un stage régulier dure généralement sept semaines et ne permet d'atteindre qu'un nombre limité d'objectifs obligatoires. Chaque discipline s'astreint donc à identifier un nombre raisonnable d'objectifs, étant entendu que les étudiants disposeront encore d'au moins deux ans de formation postdoctorale avant d'obtenir leur licence de pratique autonome. Il n'est pas nécessaire d'être exhaustif, mais il convient de se concentrer sur l'essentiel.

Des objectifs circonstanciels

À l'externat, les activités cliniques sont désormais la source primordiale d'acquisition de connaissances, d'habiletés et d'attitudes. L'apprentissage est centré non plus sur le livre mais sur le malade. L'externe doit saisir toutes les occasions d'apprendre auprès des patients dont il s'occupe, même si les problèmes cliniques et les entités pathologiques qu'ils présentent ne correspondent pas aux objectifs obligatoires. Au noyau commun d'habiletés et de connaissances de base s'ajoute donc un ensemble de compétences cliniques et de connaissances constituant les *objectifs circonstanciels*. Ceux-ci dépendent de la séquence des stages, des patients rencontrés lors des activités cliniques et des intérêts particuliers de chaque étudiant. Variables par définition, ils font appel aux qualités d'autonomie et d'autoapprentissage des étudiants.

LES SÉANCES D'APPRENTISSAGE AU RAISONNEMENT CLINIQUE

Pour faciliter l'atteinte des objectifs obligatoires, le programme de l'externat fait appel à une nouvelle activité pédagogique : les *séances d'apprentissage au raisonnement clinique* (ARC). Ces activités sont structurées au sein de chacun des stages réguliers (médecine, chirurgie, pédiatrie, psychiatrie et gynécologie-obstétrique). Visant essentiellement l'atteinte d'objectifs cognitifs, les séances d'ARC veulent :

- faciliter le développement du raisonnement clinique appliqué aux problèmes obligatoires;
- promouvoir l'acquisition de connaissances en investigation et en thérapeutique pour les entités pathologiques obligatoires;
- pallier l'imprévisibilité des cas cliniques en offrant aux étudiants la possibilité de «rencontrer» les problèmes obligatoires, ainsi qu'une partie des entités pathologiques obligatoires, qu'il y ait ou non de tels patients dans les unités de soins.

Cette activité s'inspire du modèle hypothético-déductif du raisonnement clinique[11, 14], qui se caractérise par la formulation précoce d'hypothèses et leur évaluation répétitive en cours d'investigation. Durant les séances d'ARC, on simule le déroulement de la rencontre clinique : selon les renseignements fournis par le patient, le médecin formule des hypothèses; puis grâce à une stratégie d'enquête orientée par ces hypothèses, il reconstitue toutes les données du problème; enfin il réévalue ces hypothèses à la lumière des données recueillies.

Une adaptation de la méthode décrite par Kassirer[15] permet d'arriver à cette fin. Un petit groupe tente de résoudre un problème donné. L'un de ses membres qui a, au préalable, évalué un patient ou pris connaissance d'un cas en banque, en connaît toutes les données. Cet étudiant joue le rôle de *dépositaire et dispensateur de données*; il ne fait donc pas une présentation de cas habituelle. Il ne révélera les données qu'à la demande explicite des autres membres. Les étudiants peuvent poser sur l'histoire du cas ou l'examen physique n'importe quelle question susceptible de fournir des données supplémentaires. Néanmoins, chaque question doit être justifiée : quelle hypothèse l'étudiant a-t-il en tête? Pourquoi pose-t-il cette question? Le *dispensateur de données* fournit la réponse; celui qui a posé la question doit maintenant interpréter l'information recueillie. L'hypothèse est-elle modifiée? Le diagnostic est-il mieux précisé? D'autres hypothèses sont-elles possibles?

Cette méthode permet aux étudiants de reconstituer le cas clinique de façon à mettre en relief les étapes intermédiaires critiques du raisonnement clinique. Cette activité devient finalement une *simulation interactive et à voix haute de résolution de problème*. Au terme de la discussion, les étudiants doivent synthétiser de façon générale l'approche du problème et les principes d'investigation et de thérapeutique de l'entité pathologique illustrée par le cas. La séance se termine par un bilan de l'activité de groupe et par la détermination individuelle d'objectifs d'apprentissage à atteindre ultérieurement (Tableau 3).

Tableau 3
LES ÉTAPES DE L'ARC

1. L'étudiant *dépositaire de la banque de données* énonce le motif de la consultation.
2. Le groupe reconstitue les données cliniques en utilisant à haute voix la méthode Kassirer et les étapes intermédiaires du raisonnement clinique.
3. L'étudiant *dépositaire de la banque* divulgue des données qui n'ont pas été identifiées à l'étape 2.
4. Le groupe formule le problème et fait un résumé succinct, en termes non diagnostiques, des éléments clés des données cliniques.
5. Le groupe évalue les hypothèses précoces et formule un diagnostic différentiel pertinent.
6. Le groupe élabore un plan d'investigation.
7. Le groupe réévalue les hypothèses retenues à l'étape 5 et choisit le diagnostic final.
8. Le groupe élabore un plan de traitement.
9. Le groupe fait la synthèse :
   – de l'approche générale du problème discuté;
   – des principes d'investigation et de thérapeutique de l'entité pathologique discutée.
10. Le groupe dresse le bilan de l'activité.
11. Chacun rédige des objectifs personnels d'apprentissage.

En pratique, tous les problèmes obligatoires sont discutés lors de ces séances. Le programme prévoit deux séances par semaine d'une durée d'environ une heure chacune. Les petits groupes sont composés de trois à sept étudiants qui devront successivement jouer les rôles de *dispensateur de données,* d'*interviewer initial* et de *secrétaire*. Ce dernier résume au tableau, de façon concomitante, les démarches clés effectuées par le groupe. Un professeur clinicien de la discipline concernée anime et guide la démarche vers le raisonnement clinique propre à chaque discipline. Il assume le contrôle des étapes de l'ARC.

UN APPRENTISSAGE CENTRÉ SUR LES BESOINS DE LA COMMUNAUTÉ

Aux stages de l'externat traditionnel, s'en ajoutent trois: en santé communautaire, en médecine familiale et en soins aigus de première ligne. Ils doivent permettre aux étudiants de mieux percevoir les besoins de santé de leur société et de pratiquer une approche globale des patients de façon à prendre en considération leurs caractéristiques biologiques et psychosociales, tout en intégrant les soins préventifs, curatifs et de réadaptation. Dans ce but, l'externat est prolongé de trois mois, pour une durée totale de dix-huit, de janvier de la 3e année à juin de la 4e.

Le stage en santé communautaire

Le stage en santé communautaire comprend deux volets. Le premier veut permettre aux étudiants d'acquérir les connaissances théoriques indispensables à toute action en santé communautaire, notamment les principes d'intervention, leurs étapes de planification, les rôles respectifs des différents intervenants et établissements du réseau de la santé et les orientations de la politique du Ministère. Le deuxième volet offre à l'étudiant la possibilité de réaliser une activité sur le terrain auprès des représentants de la communauté. Cette activité doit être utile et répondre aux besoins de santé de la communauté au moment du stage. Elle variera selon l'évolution de ces besoins.

En 1990, le stage est axé sur une demande du Ministère, qui sollicite des réactions au document *Pour améliorer la santé et le bien-être au Québec : orientations*. Les étudiants, par groupes de deux, s'intègrent aux équipes responsables de cette consultation. Ils doivent recueillir les réactions des intervenants, au sein de chaque municipalité d'une région sanitaire désignée. Leur tâche consiste à planifier et à réaliser les consultations, puis à rédiger un rapport, sous la direction des responsables de la santé communautaire. Ces données servent à formuler les réponses officielles de la région au Ministère.

En 1991 et 1992, les étudiants, en équipes de trois ou quatre, réalisent un projet de prévention pertinent pour l'organisme de soins de première ligne ou pour l'organisme communautaire au sein duquel ils effectuent leur stage. Ces projets sont supervisés par un professionnel de la santé communautaire dont la formation de base est autre que médicale. Chaque année, vingt-quatre projets sont réalisés. Ils portent sur divers aspects préventifs dans les domaines suivants : santé cardiovasculaire, autonomie des aînés, santé mentale, périnatalité, soutien au rôle parental, toxicomanie, santé sexuelle.

Les stages en médecine familiale et en soins aigus de première ligne

Le stage en médecine familiale s'effectue en compagnie d'omnipraticiens dans un contexte de globalité et de continuité des soins de santé. Il assure ainsi un contact avec les pathologies et les problèmes les plus fréquemment rencontrés en médecine de première ligne.

L'étudiant s'intéresse plus particulièrement aux aspects organiques, psychiques et sociaux des problèmes des patients et aux influences familiales et communautaires qui peuvent l'aider à les comprendre et à les résoudre. Lors des rencontres avec les patients, l'accent est mis sur les stratégies à employer pour intégrer les mesures préventives. Il s'agit pour l'étudiant de percevoir et de vivre le rôle du médecin de famille au sein du système de santé.

Par paires, les étudiants suivent des médecins pratiquant en groupe. Les activités didactiques hebdomadaires sont fondées sur l'autoapprentissage et sur les rencontres avec les praticiens enseignants. Des thèmes présélectionnés (objectifs spécifiques) abordent différents aspects de la pratique de première ligne : la médecine préventive (hypertension artérielle), l'enfance et les maladies chroniques (l'asthme), les accidents du travail (lombalgies), la gériatrie (la dépression chez le vieillard), la thérapeutique des affections les plus fréquentes (antitussifs, antibiotiques, analgésiques...).

Un stage d'égale durée en soins aigus de première ligne s'intercale, au cours de la semaine, dans les activités de médecine familiale. Et les activités effectuées en compagnie d'omnipraticiens se réalisent toutes dans un contexte de soins aigus, à la salle d'urgence ou en clinique de première ligne, de façon à mettre l'externe en contact avec les exigences des soins primaires et des consultations sans rendez-vous.

UN APPRENTISSAGE CENTRÉ SUR L'ÉTUDIANT

La fonction d'externe comporte à la fois une composante de service clinique et une composante didactique. Le service clinique correspond à la prise en charge de patients, au sein d'une équipe de soins, selon une gamme de tâches déterminées dans chacun des services. Les responsabilités de l'externe y sont les suivantes :
- rédiger l'histoire de cas et procéder à l'examen physique des patients admis;
- inscrire les notes d'évolution du cas en les orientant vers le problème du patient et sa solution;
- soumettre un plan d'investigation et de traitement sous supervision;
- rédiger le résumé du dossier;
- participer aux activités des cliniques externes;
- présenter les cas et participer aux séminaires, clubs de lecture et réunions scientifiques.

La composante didactique, elle, implique que l'étudiant se réserve systématiquement du temps pour poursuivre son apprentissage.

L'autoapprentissage protégé

L'externe est d'abord un étudiant en période de formation clinique, avec des besoins de formation précis. Il est essentiel qu'il prenne l'habitude d'aller consulter des ouvrages ou des articles de référence au moment où il fait face à un problème clinique. Cela exige qu'il y consacre systématiquement du temps pendant les heures normales de travail. Conséquemment, pour chaque stage, un pourcentage de 15 à 20 % des heures ouvrables d'une semaine (environ 6 à 8 heures) doit être réservé pour lui permettre de combler ses besoins éducatifs en apprentissage de l'investigation, du suivi et de la résolution de problèmes cliniques.

Ce temps protégé, nécessaire mais aménagé avec souplesse, est subordonné et intégré aux activités cliniques. Il serait en effet illogique de quitter une activité clinique potentiellement formatrice sous prétexte de se rendre à la bibliothèque. Par contre, réserver du temps à l'autoapprentissage implique un changement d'attitude de la part des enseignants et des résidents. Accepter ce concept, c'est reconnaître que l'externe, au-delà de ses fonctions en service clinique, a d'autres besoins de formation: il faut lui donner du temps pour étudier les cas qui lui font sentir la nécessité d'apprendre davantage.

Modification des attitudes et du rôle du professeur

Le modèle du nouvel externat et ses principes andragogiques sous-jacents supposent, comme à la phase préclinique, un changement de rôle de la part de l'enseignant. Celui-ci cesse d'être un dispensateur de savoir pour devenir un initiateur de raisonnement clinique, un stimulateur de la motivation de l'étudiant et un évaluateur permanent.

L'enseignant doit davantage analyser la performance de l'étudiant et surtout diagnostiquer ses forces et ses faiblesses en vue de proposer des exercices correctifs. Les enseignants en médecine ne donnent souvent aux étudiants qu'une rétroaction de type évaluatif : «C'est bien, continue comme ça.» Ou au contraire : «Ça ne va pas du tout; il va falloir t'améliorer.» Or, pour être efficace dans l'apprentissage[16], la rétroaction doit être descriptive plutôt qu'évaluative. Elle doit être précoce, répétée, analytique et encourageante.

Par ailleurs, permettre aux externes de se réserver du temps pour leurs lectures (autoapprentissage protégé) n'est efficace que si l'enseignant incite l'étudiant à s'en prévaloir et l'interroge occasionnellement sur ses acquis récents. Ce rôle implique des modifications d'attitudes de la part des professeurs, l'acquisition de nouvelles habiletés et, par conséquent, la planification d'activités de perfectionnement pédagogique.

UN APPRENTISSAGE CENTRÉ SUR LE PATIENT

Au moment d'entreprendre l'externat, les étudiants issus de l'APP, un peu las des problèmes sur papier, sont avides de rencontrer des patients en chair et en os, avec des problèmes réels qu'ils pourront contribuer à résoudre. Le contexte d'apprentissage se rapproche de plus en plus du travail du médecin auquel tout étudiant aspire. Cet apprentissage provoque une stimulation puissante qui devrait être fructueuse. Pour être profitable au maximum, la formation clinique doit être centrée sur le patient, qui devient la source privilégiée d'information, d'expériences humaines et d'acquisition de la compétence.

Avec l'apprentissage par problèmes, l'étudiant a appris à organiser ses connaissances en mémoire à partir d'un problème clinique plutôt que de classifications ou de listes de maladies. Le transfert de cette démarche à l'externat devrait se faire de façon naturelle. Le contact avec le malade prend alors toute l'importance qui lui revient, car il déclenche la démarche diagnostique et stimule la résolution d'un problème clinique. Avec l'autoapprentissage protégé, l'étudiant est invité, pour ne pas dire fortement incité, à approfondir les problèmes présentés par les patients qu'il rencontre et dont il évalue l'état en clinique.

L'importance du *problème clinique* comme stimulus de l'apprentissage du raisonnement clinique est confirmée par la détermination des objectifs obligatoires de chaque stage et par la liste des problèmes prioritaires et des conditions pathologiques les plus fréquentes.

Durant la phase préclinique, l'apprentissage des habiletés cliniques comprenait l'important volet *Communication-humanisme*. À travers ces séances, échelonnées sur deux ans, les étudiants ont pu discuter, parfois même expérimenter, différents aspects de la relation d'aide. Maintenant, au chevet du malade, ils sont en mesure de profiter de la richesse de la relation médecin-patient et d'appliquer leurs acquis humanistes.

L'ÉVALUATION DES ÉTUDIANTS

La définition de nouveaux objectifs et l'adoption de nouveaux moyens d'apprentissage, en particulier les séances d'ARC, rendent nécessaire la mise à jour de l'évaluation formative et sommative des étudiants. Cet exercice vise à mieux mesurer les différentes catégories de compétence, en tenant compte de la triade classique *validité-fiabilité-faisabilité*.

L'*évaluation formative* comporte deux volets. À la mi-temps de chaque stage, l'étudiant rencontre l'enseignant clinicien responsable. Les critères d'une grille d'évaluation sommative guident la discussion. Reste à trouver des stratégies efficaces qui inciteront les enseignants cliniciens à consacrer du temps à cette évaluation, autrement que de manière informelle ou pour des cas particuliers. Le deuxième volet consiste en un examen écrit auquel toute la classe se soumet, quatre à cinq mois avant la fin de l'externat. Bâti sur le modèle de l'épreuve de certification, cet examen permet aux étudiants de mesurer leurs acquis cognitifs par rapport aux exigences terminales.

Les moyens d'*évaluation sommative* et leur pondération sont modifiés en vue de l'obtention du grade de M.D. Ces modifications ont pour but de diminuer l'importance accordée aux objectifs cognitifs de faible niveau taxonomique (mémoire seule) et d'augmenter l'importance des objectifs de niveau plus élevé (analyse et solution de problèmes) et également d'attribuer une plus grande place aux objectifs psychomoteurs et d'attitudes (Tableau 4). L'évaluation sommative à l'externat s'appuie sur quatre moyens : les grilles d'évaluation, les examens cliniques objectifs et structurés (ECOS), les examens oraux structurés et l'examen de synthèse de la Conférence des doyens des facultés de médecine du Québec.

La *grille d'évaluation* est revue de façon à adapter les différents items aux nouvelles dimensions de l'externat, notamment le raisonnement clinique, la solution de problèmes cliniques, les habiletés cliniques et techniques, l'autonomie, la communication et la déontologie. La compilation des notes obtenues au cours de chacun des stages permet de déterminer une note globale qui représente 35 % de la note finale de promotion de l'externat.

Un autre 35 % est attribué à l'évaluation spécifique des habiletés cliniques et techniques (mesurées à chaque station par un ECOS), et à l'évaluation du raisonnement clinique (lors d'un *examen oral structuré*). Ces aptitudes spécifiques à chaque discipline sont donc mesurées à la fin des stages des cinq grandes disciplines régulières (médecine, chirurgie, pédiatrie, psychiatrie, gynécologie-obstétrique).

L'*examen de synthèse de la Conférence des doyens des facultés de médecine du Québec* fournit les derniers 30 %. Il s'agit d'un examen écrit, commun aux quatre facultés de médecine, composé de 540 questions à choix de réponses mesurant les connaissances générales d'un externe au terme de sa formation. Selon une enquête effectuée auprès de la première cohorte (taux de réponse : 90 %), les étudiants estiment que la plupart des questions (70 %) font appel à la seule mémorisation.

Tableau 4
GRILLE DE COHÉRENCE ENTRE OBJECTIFS/ACTIVITÉS/ÉVALUATION

Objectifs	Activités d'apprentissage	Moyens d'évaluation
Connaissances	Étude personnelle Équipe de soins	Tests écrits (Examen de synthèse) Grille d'évaluation
Raisonnement clinique Résolution de problèmes	Séances d'ARC Équipe de soins	Grille d'évaluation Examen oral structuré ECOS*
Habiletés psychomotrices	Équipe de soins	Grille d'évaluation ECOS
Autonomie	Carnet de stage Équipe de soins Équipe de soins	
Communication Humanisme Services aux patients	Équipe de soins	Grille d'évaluation ECOS Grille d'évaluation

* ECOS : examen clinique objectif et structuré.

IMPLANTER UN NOUVEAU MODÈLE PÉDAGOGIQUE À L'EXTERNAT
FORMER LE COMITÉ DE L'EXTERNAT

En avril 1988, un an et demi avant le début de l'externat de la première cohorte inscrite au nouveau programme prédoctoral, le vice-doyen aux études de la Faculté confie au coordonnateur de l'externat, Bernard Charlin, la tâche de poursuivre la réforme pédagogique pour l'implanter au niveau de l'externat. Surprise et inquiétude se manifestent chez celui qui doit concevoir une réforme dans un secteur où, notoirement, il semble difficile d'innover.

Pour donner plus de chance à la réforme, un comité de travail dirigé par le coordonnateur fait appel à des innovateurs en pédagogie et à des leaders d'opinion provenant des différents services cliniques. Un tel mélange devrait permettre de proposer des changements et de vérifier, au fur et à mesure, s'ils sont applicabbles dans les services. Ces travaux s'étendront sur plus d'un an et demi, à raison d'une réunion statutaire de deux heures toutes les deux semaines.

Les travaux du comité progressent en dépit des difficultés habituelles. Aux phases de productivité intense succèdent des périodes de blocage sur des points parfois mineurs. La présence et la participation des membres manquent de régularité. Cette difficulté sera contournée grâce à un principe imposant aux absents d'endosser *a priori* les décisions. La nature et l'applicabilité de certaines activités pédagogiques, dont les séances d'ARC, donnent lieu à de longs débats. Les critiques se font acerbes sur les nouvelles exigences. Malgré tout, au fil des mois, les grands principes de la réforme émergent. Le projet prend forme, car il est régulièrement soumis au crible de la faisabilité, critère naturellement important pour un comité formé de cliniciens.

Un programme cohérent est présenté aux enseignants, en février 1990, dans un document d'une trentaine de pages[13], qui détaille la problématique à laquelle la réforme s'attaque, les nouvelles méthodes d'apprentissage préconisées, et le calendrier d'implantation proposé.

FORMER LES RESSOURCES PÉDAGOGIQUES EN CONTEXTE INSTITUTIONNEL

Réussir à innover dans un milieu de formation qui compte de nombreux services hospitaliers, plusieurs hôpitaux, des centres locaux de santé communautaire, des spécialistes de disciplines multiples et des médecins de famille éparpillés sur un grand territoire, suppose une culture réceptive au changement, une masse critique de professeurs formés à la pédagogie et des ressources de formation pour les autres enseignants. Comme elle l'avait fait pour le cursus préclinique, la Faculté va rendre possible la réforme de l'externat, grâce une formation pédagogique préalable de son corps enseignant (chapitre 8). Ce programme s'étalera sur plusieurs années et continuera d'offrir des séminaires de perfectionnement continu en pédagogie médicale. Il s'agit d'une condition indispensable à tout changement pédagogique d'importance.

Disposer d'un groupe d'enseignants pleins de bonne volonté représente certes une condition indispensable, mais il faut davantage. Il s'agit de construire un système de formation cohérent dans toutes ses composantes : évaluer les besoins de formation des enseignants, déterminer des objectifs, créer des activités pédagogiques adaptées, évaluer les participants de façon adéquate, mettre en place des procédures d'amélioration permanente du système de formation. Tout cela suppose que l'on puisse compter sur un certain nombre de personnes-ressources en pédagogie. Il faut vérifier si les concepts choisis cadrent avec les progrès de la pédagogie médicale, et chercher dans la documentation scientifique des solutions à des problèmes similaires. On doit compter sur une compétence pédagogique suffisante pour assurer la cohérence des innovations du niveau clinique avec celles du niveau préclinique. Les cliniciens universitaires, habitués à ce genre de recherche dans leur propre discipline, n'ont pas nécessairement l'expérience de telles recherches en pédagogie; la plupart, écartelés entre leurs activités de médecin et d'enseignant, ne disposent ni du temps ni de l'énergie pour remplir cette énorme tâche.

La fonction d'expert-consultant en pédagogie est assumée par les responsables de la réforme, le vice-doyen aux études et le directeur du programme prédoctoral, et par une enseignante, Martine Chamberland. Celle-ci, qui a également complété une formaîon spécifique en pédagogie médicale, contribue à l'élaboration des principes du nouvel externat en concevant la formule des séances d'apprentissage au raisonnement clinique (ARC). L'expérience sherbrookoise démontre qu'il est très utile que de telles personnes-ressources ne soient pas seulement des pédagogues, mais aussi des cliniciens dont la compétence est reconnue dans leur milieu. Voilà une condition nécessaire à la crédibilité de la réforme.

Parmi les principaux freins à l'amélioration des programmes d'externat en Amérique du Nord, on compte l'autonomie et la diversité des services hospitaliers où s'effectue cette période de formation. Toute innovation repose essentiellement sur la bonne volonté et l'acceptation du changement par les responsables des services. Or, le caractère impératif de la prestation des services cliniques a souvent pour effet de reléguer au second plan les besoins pédagogiques des externes. À Sherbrooke, la pratique professionnelle telle qu'organisée par la Société des médecins de l'Université (chapitre 10) et les rapports étroits des cliniciens avec la Faculté offrent des conditions peut-être plus propices à de telles réformes. Il est par ailleurs indispensable qu'une faculté de médecine dispose d'une certaine autorité auprès des services hospitaliers.

MODIFIER LA GRILLE DES STAGES

Pour augmenter la participation aux soins de première ligne et rapprocher l'étudiant des besoins réels de la communauté, le comité du canevas a prévu allonger de trois mois l'externat pour y insérer trois nouveaux stages : en santé communautaire, en médecine familiale et en soins aigus de première ligne. Cette modification créera un blocage prolongé au sein du Comité de l'externat. Dans une démarche de changement pédagogique, il est bien connu que la répartition du temps alloué entre les disciplines entraîne une modification des structures de pouvoir[17]. L'ouverture de la grille traditionnelle permet aux disciplines qui réclament depuis des années un allongement de la période de formation qui leur est allouée, de réitérer avec fermeté leur demande.

La nouvelle répartition modifie le nombre de semaines attribuées à chaque discipline, faisant varier conséquemment le quantum d'unités de reconnaissance de l'activité universitaire inscrites au compte de chaque département (chapitre 10). L'allongement de la durée de l'externat au-delà d'une année pose en outre un problème de chevauchement de deux cohortes d'étudiants.

Ces exigences, perçues comme contradictoires par plusieurs, vont entraîner des semaines de débat. Pour sortir de l'impasse, le vice-doyen exige qu'un comité spécial, avec mandat d'entendre les différents points de vue, propose un choix définitif au cabinet du doyen. Cette démarche provoque quelques grincements de dents, mais permet finalement de dénouer la situation. La nouvelle répartition (Tableau 5) évite le chevauchement, permet la réalisation de stages en communauté et maintient, pour chaque discipline, une durée adéquate de stage, selon les moyennes observées dans les facultés en Amérique du Nord.

Le programme de l'externat s'étale sur 74 semaines et comprend les cinq stages réguliers en chirurgie, pédiatrie, psychiatrie, gynécologie-obstétrique et médecine. Chacun dure sept semaines, sauf celui de médecine, fixé à dix et demie. Le programme alloue donc 38,5 semaines aux matières traditionnelles. Les stages à option sont réduits à douze semaines. Les trois nouveaux stages : santé communautaire (quatre semaines), médecine familiale et soins aigus de première ligne (sept) et un stage pluridisciplinaire de trois semaines et demie rallongent l'externat de 14,5 semaines. À ces 65 semaines de stages, s'ajoutent trois semaines de vacances et six semaines de préparation et de passation des examens nationaux (Tableau 5).

MODIFIER LES OBJECTIFS

L'externat de l'ancien cursus possédait des objectifs pédagogiques détaillés, mais inaccessibles compte tenu de la durée de chaque stage; l'évaluation des étudiants n'était pas non plus fondée sur eux. La révision des objectifs de l'externat doit corriger ces lacunes, tout en incitant les étudiants à travailler à partir des cas rencontrés dans leur activité clinique, de manière à assurer la cohérence entre les activités d'apprentissage et les objectifs.

Pour déterminer les listes de problèmes et d'entités pathologiques obligatoires, plusieurs sources sont disponibles, telles les banques de données produites par certaines universités et organisations professionnelles (McMaster, Ottawa, Conseil médical du Canada). Les objectifs sont établis au terme de démarches tenant compte d'un ensemble de facteurs : la prévalence des maladies et des problèmes de santé, leur durée, leur caractère d'urgence et de gravité, la fréquence des visites médicales occasionnées par ces affections, l'efficacité de la démarche diagnostique, thérapeutique ou préventive. Il est intéressant de constater que ces vérifications poussées aboutissent à des listes d'objectifs relativement différentes.

Nous décidons alors de nous servir à la fois des listes dressées par d'autres établissements et de nos anciennes listes. Le choix des objectifs retenus se fera au moyen d'une consultation auprès des enseignants de chaque discipline et en tenant compte des besoins propres de notre communauté. Les listes ainsi obtenues sont soumises au Comité de l'externat pour une nouvelle validation, dans le but d'éviter les dédoublements et de vérifier si les nouveaux objectifs de chaque période de stage sont réalistes et atteignables (Tableau 6). *(Voir page 225)*

Ces objectifs devant être utilisés par les étudiants et les enseignants, il est essentiel qu'une évaluation en vérifie l'atteinte. La grille d'observation de stage mesure de façon longitudinale des compétences très diverses mais à un autre niveau; elle ne mesure que partiellement l'atteinte des objectifs obligatoires. De plus, l'examen de synthèse provincial ne relève pas uniquement de notre Faculté. L'ajout d'un examen oral structuré et d'examens cliniques objectifs et structurés (ECOS) viendra renforcer le contrôle de l'atteinte des objectifs, en mettant l'accent sur l'utilisation effective des problèmes obligatoires.

Tableau 5
GRILLE DES STAGES DE L'EXTERNAT

DE JANVIER À MARS

Santé communautaire	4 semaines
Stage à option 1	4 semaines
Stage à option 2	4 semaines

D'AVRIL À MARS DE L'ANNÉE SUIVANTE

Médecine interne	3 1/2 semaines
Stage pluridisciplinaire*	3 1/2 semaines
Médecine de famille et soins aigus de première ligne	7 semaines
Vacances de juillet	1 semaine
Chirurgie générale	7 semaines
Pédiatrie	7 semaines
Obstétrique-gynécologie	7 semaines
Médecine spécialisée	7 semaines
Psychiatrie	7 semaines
Vacances de Noël	2 semaines

DU 1ER AVRIL AU 12 MAI

Préparation et passage des examens nationaux	6 semaines

DU 13 MAI AU 7 JUIN

Stage à option 3	4 semaines

TOTAL	**74 semaines**

* Stage pluridisciplinaire : ORL, ophtalmologie, dermatologie, anesthésie.

IMPLANTER LE CHANGEMENT

Disposer d'un projet innovateur, même conçu par un comité représentatif des tendances d'un milieu, ne suffit pas à en faire accepter l'implantation. Il faudra présenter le projet aux instances décisionnelles, tant facultaires qu'hospitalières, en expliquer les buts et justifier l'utilisation des méthodes préconisées. Il faudra informer, convaincre et parfois rassurer le plus grand nombre possible d'enseignants, en leur démontrant, entre autres, que le projet sera avantageux pour le milieu et formera notamment de meilleurs candidats aux programmes de résidence.

La phase de planification terminée, une petite fête facultaire célèbre le lancement du nouveau programme d'externat. Les besoins institutionnels ayant changé, il faut recruter des responsables pour chaque grande discipline, qui seront chargés d'implanter rapidement et efficacement le nouvel externat et d'en assurer la gestion quotidienne. Pour ce faire, un nouveau comité est mis sur pied, uniquement composé de représentants des différentes disciplines : le *Comité de coordination de l'externat*.

Chaque responsable accepte de convaincre les membres de son département d'organiser les activités pédagogiques du nouvel externat, mais au prix de difficultés variant selon la réceptivité des différents services cliniques. Grâce à un effort permanent de chacun, les structures se mettent progressivement en place : la première cohorte d'étudiants du nouveau programme arrive dans les services en janvier 1990!

Pauvres étudiants que ceux de cette cohorte 1987-91! À chaque nouvelle étape, ils doivent expérimenter des méthodes pédagogiques, des structures administratives, des formes d'évaluation, toutes nouvelles! Mais grâce à leurs revendications, à leur sens critique, à leur support enthousiaste, ils constitueront une force indispensable dans la mise en place de la réforme pédagogique, tant à la phase préclinique que clinique. La Faculté leur devra beaucoup.

Certaines activités seront plus difficiles que d'autres à faire adopter : l'autoapprentissage protégé, les séances d'ARC et les nouvelles modalités d'évaluation.

Le *concept d'autoapprentissage protégé* suppose de voir autrement le rôle des externes, tant du côté des enseignants que des résidents. Dans beaucoup de départements hospitaliers, la fonction «service» des externes est hypertrophiée, aux dépens des exigences pédagogiques que requiert leur formation. On oublie souvent que les externes demeurent avant tout des étudiants, avec de réels besoins d'apprentissage qui ne peuvent être complètement satisfaits par le seul service auprès des malades.

Tableau 6

LISTE DES PROBLÈMES CLINIQUES ET ENTITÉS PATHOLOGIQUES
DU STAGE DE MÉDECINE, À TITRE D'OBJECTIFS DE STAGE

1. PROBLÈMES CLINIQUES	12. Hyper et hypo de : Natrémie, Kalémie, Calcémie
1. Douleur thoracique	13. Déshydratation; surcharge volémique
2. Dyspnée	14. Perturbations acido-basiques
3. Toux	15. Reflux gastro-oesophagien
4. Hémoptysie	16. Ulcère peptique et complications
5. Syncope	17. Cirrhose et complications
6. Choc	18. Hépatite aiguë; hépatite chronique
7. Céphalée	19. Maladies de Crohn; colite ulcéreuse
8. Asthénie	20. Maladies cérébro-vasculaires ischémiques et lacunaires
9. Coma	
10. Confusion	21. Épilepsie
11. Oedème des membres inférieurs	22. Migraines; céphalées tensionnelles
12. Méléna	23. Neuropathies périphériques
13. Hypertension artérielle	24. Sclérose en plaques
14. Diarrhée aiguë et chronique	25. Démence
15. Fièvre - frissons	26. Polyarthrite rhumatoïde
16. Insuffisance rénale aiguë	27. Goutte
17. Perte de poids	28. Ostéoporose - arthrose
18. Mono-arthrite	29. Pneumopathies infectieuses aiguës et chroniques
2. ENTITÉS PATHOLOGIQUES	30. Pyélonéphrite aiguë
1. Maladie cardiaque athérosclérotique	31. Urétrites
2. Hypertension artérielle	32. SIDA
3. Insuffisance cardiaque	33. Méningite bactérienne aiguë
4. Valvulopathie mitrale et aortique	34. Bactériémie
5. Arythmies cardiaques et troubles de conduction	35. Anémies
	36. Transfusions sanguines et complications
6. Syndromes respiratoires obstructifs	37. Lymphomes
7. Pneumopathie interstitielle; épanchement pleural	38. Néoplasie pulmonaire
	39. Néoplasie de la prostate
8. Thrombose veineuse profonde; embolie pulmonaire	40. Diabète mellitus
	41. Hypo et hyperthyroïdie
9. Insuffisance rénale aiguë	42. Hyperlipidémie
10. Insuffisance rénale chronique	
11. Maladies glomérulaires	

Si l'on veut que les externes développent l'habitude de consulter les ouvrages de référence lorsqu'ils feront face à des problèmes cliniques, il faut leur laisser du temps pour le faire pendant la journée. En soirée, ils ont déjà du travail à faire pour atteindre les objectifs obligatoires de leurs stages. Apprendre requiert du temps; faire accepter ce raisonnement dans les services ne sera pas facile, surtout là où le travail hospitalier est lourd, et le nombre d'externes, restreint. Nous optons pour une stratégie douce d'adaptation progressive des milieux cliniques. Les nouveaux concepts font leur chemin à la suite d'un travail répété de sensibilisation, facilité par une répartition des externes qui tient compte de la charge de travail clinique. Après un an, l'autoapprentissage protégé est bien implanté en gynécologie-obstétrique, en psychiatrie, en médecine familiale et, à un degré moindre, en pédiatrie. Il faudra faire beacoup pour atteindre ce but dans certains services de médecine et de chirurgie.

Les *séances d'apprentissage au raisonnement clinique* (ARC), nouvelle forme d'activité pédagogique, seront d'abord expérimentées avec un petit groupe d'étudiants en médecine et en gynécologie-obstétrique, dans le but d'élaborer une méthode optimale qu'il faudra ensuite implanter dans tous les stages réguliers. Cette opération exige un investissement de temps non négligeable de la part des responsables de chaque discipline, surtout pour le recrutement et la formation des moniteurs d'ARC, et pour l'élaboration d'une banque de cas cliniques écrits illustrant chacun des problèmes obligatoires.

Deux difficultés principales marquent l'implantation des séances d'ARC. Comment établir la grille horaire dans les disciplines où les étudiants sont parfois éparpillés dans plusieurs sous-spécialités (médecine et chirurgie), ou même dans des hôpitaux différents? La grille doit, de façon réaliste, permettre le regroupement des stagiaires sans mettre en péril les activités déjà existantes au sein des différents services cliniques. L'application uniforme des étapes de la méthode d'ARC connaît aussi certaines difficultés à cause du grand nombre de moniteurs participants.

Après deux ans d'expérimentation, certaines constatations s'imposent :
- les différentes étapes proposées sont dans l'ensemble bien suivies. L'utilisation du tableau noir pour noter les faits saillants de la discussion et faciliter la réévaluation systématique des hypothèses se fait mais de façon variable : elle devra être renforcée. L'étape 9 - celle de la synthèse - est généralement prise en charge par le moniteur, qui résume de façon interactive la discussion et facilite ainsi l'organisation des connaissances et leur transfert éventuel aux autres situations cliniques;
- les rôles de *dispensateur de données*, d'*interviewer initial* et de *secrétaire* sont assumés par les étudiants, sauf en psychiatrie où le moniteur joue lui-même le rôle du patient pour ajouter tout le contenu émotif non verbal essentiel au processus de raisonnement clinique;
- de façon générale, les cas cliniques utilisés lors des séances sont puisés à même la banque élaborée pour chaque discipline. Les mêmes problèmes sont donc repris pour chaque nouveau groupe d'étudiants. Comme l'accent est mis sur la démarche de raisonnement clinique et non pas sur le diagnostic final, cette répétition ne diminue en rien la richesse de la discussion.

Par contre, les tentatives *de modifier et d'enrichir l'évaluation* se heurtent à une double résistance. Nos enseignants cliniques sont réticents à alourdir leur charge de travail, déjà considérable. Le bien-fondé du surcroît demandé pour cette évaluation n'apparaît pas évident à tout le monde. En outre, les étudiants vivent toute modification de l'évaluation comme une menace, même s'ils reconnaissent que les nouvelles techniques mesurent de façon plus valable les connaissances, les habiletés et les attitudes qu'ils ont à maîtriser. L'introduction des ECOS provoque un sérieux mouvement de contestation, causé en grande partie, prétend-on, par un manque de communication (les étudiants siègent pourtant fidèlement aux comités de l'externat). Le coordonnateur et les responsables des différentes disciplines doivent donc effectuer un long travail de sensibilisation et de persuasion; ils profitent de l'aide des membres du comité d'évaluation qui leur prêtent main-forte dans chaque département et service.

La question de l'*évaluation de programme* se pose elle aussi. Administrer de façon régulière et répétitive un questionnaire d'évaluation et obtenir un taux de réponse acceptable ne va pas de soi. L'instrument comporte 59 questions; le remplir suppose un certain temps. Les étudiants comprennent que ce temps «donné à la Faculté» sert à améliorer les stages, mais pour la cohorte suivante... Un mécanisme obligatoire est donc mis en place; la fiche d'évaluation pour le prochain stage n'est remise à chaque étudiant que sur réception du questionnaire. Le travail de compilation nécessite un budget supplémentaire.

Afin de sauvegarder l'anonymat, une entente tacite est conclue avec les étudiants; les résultats ne sont transmis qu'après la compilation de plusieurs évaluations. Les renseignements fournis aux responsables concernés contiennent des appréciations sur la qualité des stages. Ce regard facultaire sur la qualité du travail réalisé et sur la qualité de la formation remet en question la réputation de certains services cliniques. Nos traditions d'engagement pédagogique et les habitudes des étudiants du nouveau programme d'évaluer chacune des activités permettent tout de même de réaliser cette évaluation du programme de l'externat.

En juin 1993, l'évaluation de l'externat laisse apparaître le profil suivant :

- les objectifs pédagogiques obligatoires sont élaborés et la plupart des étudiants s'y réfèrent. Cependant la connaissance de ces objectifs par les professeurs demeure à approfondir et leur utilisation, à promouvoir;
- les séances d'apprentissage au raisonnement clinique sont un succès. La formule est appréciée par les étudiants et les enseignants, tous fidèles à cette activité bihebdomadaire. Pour les enseignants, l'activité est peu coûteuse en temps professoral et demeure proche de la démarche d'enseignement clinique qu'ils connaissent bien. Pour les étudiants, les séances d'ARC présentent aussi un avantage majeur. Au cours des stages réguliers de l'externat, ils ont plus de 70 occasions de raisonner à haute voix sur les problèmes cliniques caractéristiques et sur les objectifs obligatoires des différentes disciplines, en présence d'experts du domaine, qui les aident à affiner leurs habiletés à résoudre des problèmes médicaux;
- quant aux premiers stages en santé communautaire réalisés en 1991, l'opinion des étudiants demeure partagée. Certains les aiment beaucoup. D'autres trouvent qu'on

se sert d'eux comme «agents d'enquête» sans grand bénéfice pour leur formation. Des correctifs seront apportés en 1991 et 1992 pour permettre aux étudiants de réaliser des projets pertinents et utiles aux milieux communautaires, tout en s'initiant aux principes de ce type d'intervention;

- les stages en médecine familiale et en soins aigus de première ligne fonctionnent bien et répondent aux objectifs. Comme la plupart s'effectuent en région éloignée, les étudiants peuvent se familiariser avec une pratique bien différente de la médecine «technologie de pointe» avec laquelle ils sont en contact dans leurs autres stages, et mieux percevoir les besoins de la population;

- le concept d'autoapprentissage protégé est bien respecté dans la majorité des stages, mais à peu près pas dans d'autres, là où généralement la charge de travail clinique est considérable. Il était évident, dès le début, que ce serait la partie de la réforme la plus difficile à implanter. Cependant, la situation s'améliore progressivement grâce à une meilleure sensibilisation des étudiants et des enseignants;

- l'utilisation des ECOS dans l'évaluation sommative, d'abord mal perçue par les étudiants, est maintenant acceptée. L'efficacité de ce mode d'évaluation est indiscutable car il conduit les étudiants à maîtriser les objectifs de stages ssur les plans cognitif et psychomoteur;

- le système d'évaluation permanente du programme, au moyen d'un questionnaire de satisfaction, fonctionne. La communication des résultats aux responsables des stages reste toutefois imparfaite. Un programme informatique permettra de transmettre graphiquement les données sur la performance de chaque milieu de stage par rapport à la moyenne générale.

CONCLUSION

La réforme de l'externat réalisée à Sherbrooke[18] permet d'introduire dans la formation clinique un certain nombre de concepts nouveaux et de méthodes novatrices. Soulignons, entre autres, la redéfinition du contenu de l'externat, la détermination d'objectifs d'apprentissage réalistes et atteignables pour les problèmes cliniques et les entités pathologiques, l'ajout de trois mois de stages en milieu communautaire, l'aménagement de l'autoapprentissage protégé dans les services cliniques, l'implantation d'une nouvelle activité d'apprentissage au raisonnement clinique (les séances d'ARC), l'adaptation des méthodes d'évaluation aux objectifs (avec mesure des habiletés et du raisonnement cliniques) et, enfin, la mise en place d'un système d'amélioration permanente du programme de l'externat grâce à un questionnaire d'évaluation auquel répondent périodiquement les étudiants.

Ces concepts et méthodes seront introduits progressivement au cours d'une première année d'implantation. On opte pour une stratégie d'adaptation progressive des services cliniques aux nouvelles exigences pédagogiques. Celles-ci impliquent en effet de profonds changements d'attitudes, de la part des enseignants, à l'intérieur de services cliniques où la demande de soins demeure contraignante et constante 365 jours par année. Un programme prédoctoral *centré sur l'étudiant* et sur les *besoins de la communauté* exige que la phase de formation clinique soit cohérente avec la réforme de la phase préclinique.

À la lumière de l'expérience récente de Sherbrooke, il apparaît qu'un certain nombre de conditions sont utiles, sinon indispensables, si l'on veut ébranler de façon notable le bastion du traditionnalisme pédagogique des enseignements cliniques de l'externat. Parmi ces conditions, mentionnons : la présence d'une autorité facultaire qui appuie effectivement la volonté d'innovation et qui est capable d'inciter chaque service clinique à appliquer la réforme; la collaboration d'un corps professoral suffisamment motivé, convaincu de la nécessité de la réforme et pédagogiquement préparé à modifier ses habitudes d'enseignement clinique; l'action d'un groupe de professeurs intéressés à rechercher les meilleurs moyens d'améliorer l'externat et à les implanter; l'appui d'un réseau de responsables qui prennent en charge la réforme dans leur propre département; et enfin, le travail d'un noyau d'intervenants qui acceptent de consacrer temps et énergie pour coordonner une réforme qui exige des mois de réunions, de discussions et de plaidoyers avant d'aboutir à des résultats tangibles et uniformes.

Tel est le prix à payer pour réaliser un changement institutionnel grâce auquel l'étudiant, parvenu à l'étape de la formation clinique, pourra capitaliser sur sa formation préclinique d'APP et maîtriser la science médicale clinique, particulièrement le raisonnement clinique et une relation médecin-patient de qualité, ce qui est essentiel à la pratique de la médecine.

RÉSUMÉ

CARACTÉRISTIQUES INNOVATRICES DE L'EXTERNAT

1. Définition d'*objectifs spécifiques obligatoires* pour les problèmes cliniques et les entités pathologiques les plus fréquentes.

2. Implantation d'une activité pédagogique structurée, commune à tous les stages réguliers, les *séances d'apprentissage au raisonnement clinique* (ARC), habituellement deux fois par semaine, qui ont pour buts de :
   – promouvoir l'apprentissage au raisonnement clinique, à l'investigation et à la thérapeutique,
   – pallier l'imprévisibilité du contact avec les cas cliniques,
   – poursuivre le développement de l'autonomie.

3. Apprentissage centré sur les besoins de la communauté grâce à l'addition de *stages obligatoires en milieu communautaire* de quatre semaines chacun en :
   – santé communautaire,
   – médecine de famille,
   – soins aigus de première ligne.

4. Apprentissage centré sur l'étudiant:
   – concept d'autoapprentissage et de *temps protégé*,
   – modification des attitudes et du rôle des enseignants.

5. Apprentissage centré sur le patient:
   – renforcement des problèmes cliniques comme stimulus dès l'apprentissage, lors des séances d'ARC,
   – objectifs obligatoires sous forme de problèmes cliniques,
   – objectifs circonstanciels/problèmes des patients rencontrés dans les unités de soins,
   – utilisation de l'auto-apprentissage protégé dans le service auprès des malades.

6. Modification du système d'évaluation sommative des étudiants par l'introduction d'*examens cliniques objectifs et structurés* après chaque stage régulier.

7. Mise en place d'un système permanent d'évaluation et d'amélioration du programme de l'externat, grâce à l'administration d'un *questionnaire d'évaluation des stages* que chaque étudiant doit remplir après chacun d'eux.

RÉFÉRENCES

1. Eichna, L. W. «Medical School Education. 1975-1979 : A Student's Perspective», *New England Journal of Medicine*, vol. 303, 1980, p. 727-734.

2. McLoed, P. J. et R. M. Harden. «Clinical Teaching Strategies for Physicians», *Medical Teacher*, vol. 7, n° 2, 1985, p. 173-189.

3. Morgan, W. L. «The Environment for General Medical Education», *Journal of Medical Education*, vol. 61, n° 9, supplément, 1986, p. 47-58.

4. Irby, D. M. «Clinical Teaching and the Clinical Teacher», *Journal of Medical Education*, vol. 61, n° 9, supplément, 1986, p. 35-45.

5. Ambrey, B. J. «Reflections on Medical Education : Concerns of the Student», *Journal of Medical Education*, vol. 60, 1985, p. 98-105.

6. Mellikoff, S. M. «The Medical Clerkship», *New England Journal of Medicine*, vol. 317, n° 17, 1987, p. 1089-1091.

7. Association of American Medical Colleges. *Physicians for the Twenty-First Century. The GPEP Report, Report of the Panel on the General Professional Education of the Physician and College Preparation for Medicine*, Washington, 1984.

8. Schmidt, H. G., W. D. Dauphinee et V. L. Patel. «Comparing the Effects of Problem-Based and Conventional Curricula in an International Sample», *Journal of Medical Education*, vol. 62, 1987, p. 305-315.

9. Coles, C. R. «Differences Between Conventional and Problem-Based Curricula in their Students'Approaches to Studying», *Medical Education*, vol. 19, 1985, p. 308-310.

10. Newble, D. I. et R. A. Clarke. «Comparison of the Approaches to Learning of Students in a Traditional and an Innovative Medical School», *Medical Education*, vol. 20, 1986, p. 267-273.

11. Barrows, H. S. et R. M. Tamblyn. *Problem-Based Learning : An Approach to Medical Education*, New York, Springer Publishing Co., 1980.

12. Schmidt, H. G. «Problem-Based Learning : Rationale and Description», *Medical Education*, vol. 17, 1983, p. 11-16.

13. Faculté de médecine, Université de Sherbrooke. *Le programme des études médicales prédoctorales, document n° 3, Cahier de l'externat : «Le défi de l'apprentissage clinique dans le nouveau curriculum»*, février 1990.

14. Elstein, A. S., L. S. Shulman et S. A. Sprafka. *Medical Problem Solving : An Analysis of Clinical Reasoning*, Cambridge, Harvard University Press, 1978.

15. Kassirer, J. «Teaching Medicine by Iterative Hypothesis Testing : Let's Preach What We Practice», *New England Journal of Medicine*, vol. 309, n° 15, 1983, p. 921-923.

16. Ende, J. «Feedback in Clinical Medical Education», *Journal of the American Medical Association*, vol. 250, n° 6, 1983, p. 777-781.

17. Barrows, H. S. et M. J. Peters. *How to Begin Reforming the Medical Curriculum*, Springfield, Southern Illinois University School of Medecine, 1984.

18. Chamberland, M., J. E. Des Marchais et B. Charlin. «Carrying PBL into the Clerkship, a Second Reform at Sherbrooke», *Annals of the Network of Community-Oriented Educational Institutions for Health Sciences*, n° 5, 1992, p. 235-247.

TROISIÈME PARTIE

LES CONDITIONS DE LA RÉFORME

CHAPITRE 8

FORMER LES ENSEIGNANTS À UNE PÉDAGOGIE CENTRÉE SUR L'ÉTUDIANT

Paul Grand'Maison et Jacques E. Des Marchais

> *«Le plus difficile n'est pas d'allumer
> le feu, mais d'en maintenir la chaleur.»*

Quel est l'élément le plus important dans la construction d'une maison? Le plan? les matériaux? les ouvriers? leur compétence? le propriétaire? Et dans un programme de formation? Les objectifs? les étudiants? les professeurs? les méthodes pédagogiques? l'évaluation? Les cinq : c'est l'interrelation étroite et l'équilibre entre ces éléments qui assurent le succès de tout programme de formation.

Quel est l'élément le plus important dans un changement de programme? Les étudiants? Faux et vrai. Ils sont au centre de tout programme, certes, mais leur capacité d'adaptation est très grande. Ils peuvent agir comme une force de changement. Les méthodes pédagogiques et leurs objectifs? Ceci est en partie vrai, d'autant plus que c'est souvent l'élément le plus facilement observable. Sans changement de méthode pédagogique, peut-on vraiment parler de changement de programme? Les enseignants? Ils peuvent transformer complètement un programme de formation tout comme ils peuvent bloquer toute intention de changement. L'évaluation? Elle donne au programme sa direction (Evaluation drives the curriculum»). Voilà sûrement un élément majeur.

Étudiants, méthodes, objectifs, enseignants, évaluation sont autant d'éléments nécessaires à la réussite d'un changement de programme. Néanmoins, dans notre milieu, les enseignants seront la plaque tournante du changement amorcé en 1987. Le doyen l'a bien saisi lorsqu'en 1984 il donne au Bureau de développement pédagogique (BDP) de la Faculté le mandat spécifique de préparer les enseignants à l'implantation prochaine de changements pédagogiques dans les programmes d'enseignement.

Au fil des ans, à la faveur de la réforme, nous acquérons la conviction, un peu subjective, de l'impérieuse nécessité de donner une formation pédagogique substantielle aux personnes appelées à transformer, développer et administrer des programmes de formation médicale. À moins de modifier la philosophie éducative des enseignants et de leur faire acquérir une certaine compétence dans le maniement des processus pédagogiques, il ne peut y avoir de véritable changement. Cette conviction aura été renforcée à la faveur de nos séminaires en Europe.

La formation pédagogique ne conduit pas nécessairement à la transformation des programmes, comme l'a cru l'Organisation mondiale de la santé[1] dans les années 70. Cette prise de position a tout de même provoqué une floraison de bureaux de pédagogie médicale[2], surtout en Amérique du Nord, et suscité une multitude d'innovations pédagogiques. Cependant, pour nous, un programme de formation médicale ne peut être transformé par la direction d'une faculté que si les enseignants se l'approprient. Il s'agit donc d'instruire et de former les enseignants en sciences de l'éducation appliquées à la médecine, c'est-à-dire en pédagogie médicale. Telle est notre interprétation de la recommandation 4 de la conclusion 5 du GPEP Report[3], qui propose d'accroître la capacité pédagogique du corps enseignant et de l'aider à dépasser les limites du champ disciplinaire. Les enseignants sont ainsi appelés non seulement à transmettre des connaissances, mais à devenir des guides, des mentors qui créent autour d'eux un milieu propice à l'apprentissage.

Dans le but de transformer la mentalité des enseignants et de leur permettre d'acquérir de nouvelles compétences, le BDP va offrir, de 1984 à 1992, quatre programmes au corps professoral. Le BDP s'appliquera à en évaluer les résultats[4]. Comment susciter l'intérêt des enseignants pour l'éducation et pour la pédagogie médicale? Comment les amener à adopter une philosophie éducative centrée sur l'étudiant? Et à s'engager dans une démarche de changement?

LES PROGRAMMES DE FORMATION PÉDAGOGIQUE

Au moment de sa création en 1984, le BDP, qui répond de son activité directement au vice-doyen aux études, reçoit pour mission d'améliorer le processus d'enseignement-apprentissage à la Faculté au moyen d'activités de formation, de service et de recherche. De 1984 à 1992, les activités de formation y sont prioritaires. De 1984 à 1988, Paul Grand'Maison, un clinicien qui possède une formation en pédagogie, en assumera à demi-temps la direction. Une dizaine d'enseignants cliniciens lui prêtent main-forte, consacrant de 10 à 20 % de leur temps professionnel à cette collaboration, qui ira croissant.

INTRODUCTION À LA PÉDAGOGIE DES SCIENCES DE LA SANTÉ

Le BDP met d'abord au point un atelier d'introduction à la pédagogie des sciences de la santé. D'une durée de deux jours, cet atelier doit éveiller l'intérêt des enseignants pour la pédagogie médicale et l'approche pédagogique centrée sur l'étudiant. Les enseignants s'initient aux étapes de la planification systémique d'activités éducatives en suivant le modèle proposé par Guilbert[5], qui établit la séquence *définition des objectifs - planification de l'évaluation - mise en oeuvre du programme - évaluation*. L'atelier permet d'aborder aussi des thèmes tels que l'autoapprentissage, la motivation des étudiants et la formation orientée vers la communauté.

Le contenu et le processus de l'atelier sont basés en grande partie sur le *Guide pédagogique pour les personnels de santé* de Guilbert[5], le tout adapté au contexte de la réforme sherbrookoise (Tableau 1). La méthode de l'atelier respecte une démarche d'autoapprentissage tout en assurant un encadrement adéquat. Elle vise la participation maximale de chacun grâce à des activités de travail individuel, des discussions en petits groupes et des sessions plénières. Celles-ci servent à dégager les leçons et les conclusions. J.-J. Guilbert dirige lui-même le premier atelier en mai 1985 à titre de consultant-expert. Les suivants seront dirigés par les membres du BDP.

Cette introduction est considérée comme essentielle pour tout nouvel enseignant dans notre milieu. L'atmosphère est détendue mais le travail intense. Ce climat favorise la découverte de concepts que la plupart des participants connaissent peu. Les thèmes sur la motivation des étudiants et sur l'autoapprentissage les initient à l'enseignement centré sur l'étudiant.

Tableau 1
ATELIER D'INTRODUCTION À LA PÉDAGOGIE
DES SCIENCES DE LA SANTÉ

LA VEILLE DE L'ATELIER 19 h à 20 h 15	Introduction à l'atelier
JOUR 1 Matinée Après-midi	Stimuler la motivation et l'autonomie de l'étudiant Identifier les besoins d'apprentissage Déterminer les objectifs d'apprentissage Sélectionner les activités d'enseignement-apprentissage
JOUR 2 Matinée Après-midi	S'initier à l'apprentissage par problèmes Planifier et mettre en oeuvre l'évaluation

PROGRAMME DE BASE D'UN AN DE FORMATION EN PÉDAGOGIE MÉDICALE

Après un premier contact avec la pédagogie des sciences de la santé, les enseignants peuvent alors s'engager dans une démarche plus approfondie et systématique de formation pédagogique. Le BDP consacre beaucoup d'énergie à implanter ce programme destiné à exercer une influence profonde sur de nombreux professeurs de la Faculté. Nous devons son développement initial, en 1979, à l'Unité de recherche et de développement en éducation médicale (URDEM) de l'Université de Montréal[6]. S'étalant sur toute une année universitaire, le programme exige des participants un engagement non négligeable, évalué à un minimum de 100 heures de travail. Comme le congé sabbatique, il représente une intéressante solution pour les enseignants de la Faculté désireux d'acquérir une formation plus poussée que celle prodiguée dans les ateliers de courte durée - sans avoir à quitter leur milieu professionnel de recherche ou de clinique.

On veut modifier de façon permanente les attitudes traditionnelles. L'enseignant est amené à accorder plus d'importance à l'étudiant qui apprend qu'au professeur qui enseigne. Désormais, l'enseignant efficace est celui qui est capable d'aider les étudiants à apprendre. On encourage les participants à maîtriser les bases scientifiques de la pédagogie médicale grâce à une démarche systématique à travers les composantes de tout programme de formation. Les participants cherchent à assimiler les connaissances et les habiletés en enseignement-apprentissage pour pouvoir ensuite les appliquer à leurs activités d'enseignement.

Les concepts fondamentaux de la pédagogie médicale sont présentés en une séquence de dix-sept thèmes (Tableau 2). L'agencement des thèmes et leur nombre peuvent varier d'une année à l'autre en fonction des besoins et du bagage de connaissances des participants. Les thèmes sont organisés selon un modèle systémique de formation couramment utilisé (Figure 1) *(Voir page 246)*. Chaque partie d'une activité d'apprentissage y est considérée comme un élément d'un système global dans lequel toutes les composantes sont interreliées.

Chaque thème est étudié à l'aide d'un module d'autoapprentissage élaboré par les concepteurs du programme. Les modules sont regroupés dans cinq documents de travail[7], qui totalisent 574 pages. Le programme fait appel à deux méthodes d'apprentissage, soit l'autoapprentissage et la discussion en petit groupe. Pour chaque thème, la démarche pédagogique utilise une approche à trois niveaux (Tableau 3) :

1) la compréhension : grâce à l'acquisition, par la lecture, des concepts de base de l'enseignement-apprentissage, et à l'utilisation d'exercices courts bâtis sur la séquence «input-practice-feedback»;

2) l'analyse : les participants étant invités à résoudre des cas fictifs faisant appel aux nouveaux concepts;

3) l'application des nouvelles connaissances aux activités d'enseignement propres aux participants.

Tableau 2

THÈMES DU PROGRAMME DE BASE D'UN AN
DE FORMATION EN PÉDAGOGIE MÉDICALE

DÉMARCHE SYSTÉMATIQUE
1. La planification systémique des apprentissages
2. La détermination des besoins éducatifs
3. La formulation des objectifs d'apprentissage

MOYENS D'APPRENTISSAGE
4. Le choix d'un moyen pour atteindre l'objectif d'apprentissage
5. L'animation de groupes
6. Le module d'autoapprentissage
7. La leçon magistrale et les moyens audiovisuels
8. L'apprentissage par problèmes
9. L'atelier pédagogique
10. Le préceptorat clinique
11. La démonstration et les travaux pratiques

ÉVALUATION
12. Le choix d'un instrument de mesure adéquat
13. L'évaluation des connaissances
14. L'évaluation des gestes et des attitudes
15. L'évaluation d'une activité ou d'un programme de formation

ÉTUDIANT ET MILIEU
16. La motivation de l'étudiant comme levier d'apprentissage
17. La réussite d'un changement pédagogique dans son milieu

Au début, on demande aux participants de choisir un projet de formation personnel qu'ils développent par étapes durant tout le programme. Toutes les trois ou quatre semaines, ils se rencontrent en petit groupe de quatre à six pour discuter de leurs travaux personnels et des applications que chacun fait de son projet de formation. Ainsi les enseignants apprennent de leurs pairs et avec eux. Ils s'exercent à recevoir régulièrement de la rétroaction et à en donner

Un collègue enseignant - toujours un clinicien - agit comme animateur et, au besoin, comme personne-ressource pour assurer une meilleure compréhension du contenu. Cependant, à aucun moment, il n'accepte de transmettre l'information ou de prendre le rôle du maître-enseignant. À la fin, une session d'un jour permet de faire une synthèse des apprentissages. On attend de chaque participant qu'il fournisse de six à dix heures de travail personnel pour la préparation de chacune des sessions. Ces divers exercices exigent donc de 100 à 125 heures de travail personnel si l'on veut compléter le programme et maîtriser les objectifs spécifiques à l'étude et à l'application de chaque thème.

Figure 1
LE CYCLE DES ÉTAPES D'UNE PLANIFICATION
SYSTÉMIQUE DES APPRENTISSAGES[7]

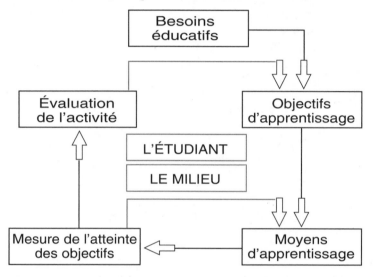

Tableau 3
LES COMPOSANTES DU PROCESSUS D'APPRENTISSAGE

NIVEAUX D'APPRENTISSAGE	COMPOSANTES		
	OBJECTIFS	ACTIVITÉS	ÉVALUATION
1	Acquisition des connaissances	Lire des documents et répondre à des questions	Réponses types
2	Analyse et solution	Résoudre des cas fictifs	Décodage de cas
3	Application pratique des connaissances	Développer un projet d'étude personnel	Critique par les pairs Expérience sur le terrain

En 1984-85, les concepteurs de l'URDEM offrent la formation à quatorze professeurs de la Faculté de médecine de Sherbrooke. Ils en choisissent quatre qu'ils entraînent en vue de les rendre aptes à diriger, l'année suivante, le même programme à titre d'instructeurs et d'animateurs de petit groupe. Depuis, le programme, offert chaque année, utilise toujours les documents-ressources produits par les concepteurs[7]. Une quinzaine d'enseignants, qui ont suivi le programme et reçu une formation en animation, agissent à titre d'instructeurs et d'animateurs au cours de la période 1985-92.

INITIATION À LA MÉTHODE D'APPRENTISSAGE PAR PROBLÈMES

Le troisième programme, un atelier d'une journée, veut aider les professeurs à s'initier à la méthode d'APP, à développer un intérêt pour son adoption, à acquérir les habiletés nécessaires à la construction de problèmes et à se familiariser avec le rôle de tuteur. L'atelier inclut des explications théoriques sur l'APP, des discussions en petit groupe, des lectures, la production de problèmes d'APP et l'expérimentation personnelle de cet apprentissage à l'aide d'un problème non médical (Annexe 1). Puis, les participants pratiquent le rôle de tuteur avec des étudiants en médecine; le tout s'accompagne d'exercices d'observation et de rétroaction. L'expérimentation du rôle de tuteur confirme que le programme est bien centré sur l'étudiant. (Tableau 4).

Tableau 4
INTRODUCTION À L'APPRENTISSAGE PAR PROBLÈMES

Matinée

- L'APP : ses objectifs et ses modalités d'application
- Élaboration de problèmes et «couverture» de concepts
- Test et validation des problèmes élaborés

Après-midi

- Expérimentation personnelle de l'APP à l'aide d'un problème non médical
- Expérimentation du rôle de tuteur à l'aide d'un des problèmes construits durant la matinée
- Discussion sur la justification de l'APP

Ce sont les travaux de Schmidt[8], puis, plus tard, de Walton-Matthews[9] et ceux, classiques, de Barrows[10, 11] qui servent de guides à l'élaboration du contenu de cet atelier. Henk Schmidt lui-même dirige, pendant deux jours, notre premier atelier en septembre 1986, en guise de préparation à l'implantation du programme dès l'année suivante. En novembre, lors du deuxième atelier, il supervise la formation des membres du BDP pour les amener à prendre en charge les ateliers subséquents. De 1987 à 1992, douze ateliers similaires sont offerts.

De 1987 à 1990, les responsables du programme de formation prédoctorale considèrent la participation à cet atelier comme un préalable à la formation du tuteur. Avec l'expérience collective de la méthode d'APP elle-même, le besoin d'un tel atelier s'estompe. Petit à petit, il devient difficile de le planifier avant l'atelier de formation de base à la fonction de tuteur. À partir de 1992, divers éléments de cet atelier d'introduction à l'APP seront donc progressivement incorporés à l'atelier de formation des tuteurs, aux ateliers annuels de perfectionnement et à l'atelier d'introduction à la pédagogie des sciences de la santé. L'atelier d'introduction à l'APP est par ailleurs inclus dans la plupart des séminaires de trois ou quatre jours que nous offrons aux visiteurs quelques fois par année, et auxquels sont invités les collègues de la région.

LE PROGRAMME DE FORMATION À LA FONCTION DE TUTEUR

Le programme de formation à la fonction de tuteur veut permettre aux professeurs d'assimiler la méthode d'apprentissage par problèmes, de comprendre les tâches du tuteur, d'acquérir les habiletés nécessaires pour les accomplir, et d'analyser les situations particulières des tutoriaux en vue d'une intervention efficace[12].

Le programme (chapitre 9) est conçu comme un processus continu de formation. Trois semaines auparavant, lors d'une rencontre de deux heures, les participants discutent des tâches du tuteur et identifient leurs besoins d'apprentissage. Puis, ils sont invités à observer, pour un problème, la totalité du processus d'APP à l'occasion de deux tutoriaux. Trois semaines plus tard, ils participent à un atelier de deux jours pour approfondir leur compréhension des tâches du tuteur et en acquérir les habiletés spécifiques grâce à une série d'exercices et à la pratique du tutorial avec des étudiants. Cette première expérience de tuteur est alors présentée comme une étape de formation. Comme c'est un programme d'éducation continue, cette expérience sert de substrat à la demi-journée annuelle de perfectionnement offerte à tous à compter de 1988.

Une consultante en éducation des adultes, Monique Chaput, reçoit le mandat de développer et de diriger le programme de formation à la fonction de tuteur, en collaboration avec des membres du BDP. Le premier atelier est offert en août 1987, quelques semaines à peine avant le début du nouveau programme. Depuis, le programme est offert annuellement.

L'EXPÉRIENCE DE 1984 À 1995

L'évaluation d'un programme de développement pédagogique n'est jamais tâche facile. Comment ont évolué nos programmes? Comment se sont-ils hiérarchisés? Qui en sont les participants? Quel est leur degré de satisfaction et leur intérêt à poursuivre leur formation? Enfin, quelles leçons pouvons-nous tirer de nos expériences? Voilà les questions auxquelles il y a lieu maintenant de répondre.

LE DÉVELOPPEMENT DES PROGRAMMES

Durant toutes ces années, les ressources pédagogiques de la Faculté et du BDP demeurent plutôt limitées. Elles comprennent essentiellement le vice-doyen aux études, le directeur du BDP et quelques cliniciens pleins de bonne volonté, mais sans formation spécifique, qui acceptent d'apporter leur collaboration et en profitent pour développer d'autres capacités et compétences. Ces limites nous forcent à adopter une stratégie qui prévoit maximiser la collaboration entre experts externes et enseignants de la Faculté désireux d'accroître leur compétence en pédagogie, l'objectif étant de faciliter le transfert des connaissances des premiers aux seconds.

Une fois identifiés nos besoins, surtout institutionnels et normatifs, des personnes-ressources, souvent des experts externes, sont invitées à développer et à réaliser la première version d'un programme; les formateurs locaux participent au processus, qu'ils observent attentivement et dont ils discutent le déroulement. La deuxième version est habituellement donnée par les formateurs locaux, le plus souvent avec la collaboration et sous la supervision de l'expert externe. Par la suite, ces formateurs doivent être en mesure de redonner le programme sans modification importante du processus. De 1984 à 1995, plus d'une vingtaine d'enseignants, tous cliniciens à temps plein, vont y collaborer et acquérir ainsi une formation pédagogique d'un niveau supérieur.

Cette stratégie de développement sert très bien nos besoins institutionnels depuis 1984. En plus de favoriser une utilisation judicieuse de ressources financières limitées, elle permet de développer un nombre significatif de programmes et d'augmente rapidement le nombre de formateurs locaux, tout en créant un noyau qui facilitera les transformations exigées par l'implantation du programme d'APP.

Enfin, la stratégie a l'ultime avantage d'associer des collaborateurs du BDP à de nombreux départements ou services : pédiatrie, psychiatrie, radiologie, anesthésie, cardiologie, oto-rhino-laryngologie, médecine familiale, gynécologie-obstétrique, médecine interne et neurologie. Chacun y devient un ambassadeur de la pédagogie médicale et du nouveau programme.

Néanmoins, cette stratégie comporte aussi des désavantages. Les enseignants-formateurs n'acquièrent pas une compétence suffisante pour leur permettre de développer de nouveaux programmes de pédagogie. Chaque fois qu'ils redonnent un programme, ils transmettent rapidement des compétences et habiletés spécifiques limitées qu'ils sont incapables d'appuyer sur un cadre de référence approprié, faute de formation théorique. Cela risque de miner la qualité d'un programme et de le rendre superficiel, sinon fade ou inadapté aux besoins d'une clientèle en évolution. Cette difficulté peut cependant être atténuée quand un des enseignants-formateurs acquiert une formation pédagogique spécifique. Ce dernier est alors en mesure d'assumer la responsabilité de la qualité d'un programme, devenant même peu à peu le «mentor» de ses collègues. Mais ses activités doivent être reconnues par la Faculté et contribuer à sa promotion universitaire.

LA HIÉRARCHIE DES PROGRAMMES

La série de programmes de développement pédagogique de notre Faculté s'inscrit dans une sorte de hiérarchie, selon une séquence optimale pour l'enseignant qui aurait l'intention de les suivre tous (Figure 2).

La séquence débute par une introduction à la pédagogie des sciences de la santé, considérée comme essentielle pour tout nouvel enseignant, et qui initie aux concepts de la pédagogie médicale. Idéalement, tout enseignant devrait ensuite s'inscrire au programme de base en pédagogie médicale, qui favorise, outre l'acquisition de concepts fondamentaux, le développement d'une attitude centrée sur l'étudiant. Ce programme amène enfin l'enseignant à s'engager dans un projet pédagogique personnel. La séquence se termine par deux programmes spécifiques, l'un d'initiation à la méthode d'APP, et l'autre, de formation à la fonction de tuteur, le tout complété par les séances annuelles de perfectionnement. Le programme de base en pédagogie médicale et celui de formation à la fonction de tuteur sont repris chaque année. L'atelier d'introduction à la pédagogie des sciences de la santé et l'atelier de formation à la fonction de tuteur sont jugés obligatoires pour tous ceux qui agissent comme tuteurs.

Figure 2

PROGRAMMES DE DÉVELOPPEMENT PÉDAGOGIQUE

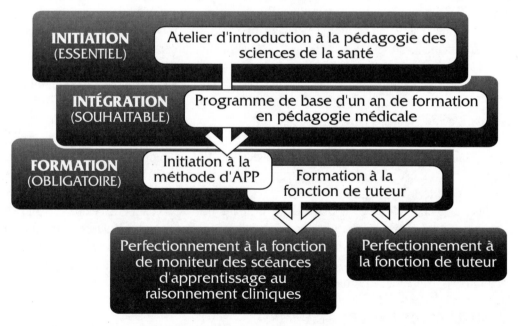

En réalité, tous les enseignants de la Faculté n'ont pas suivi cette séquence idéale. Les programmes étaient plus accessibles les premières années, lors de l'implantation progressive de la réforme. On les offrait d'ailleurs plusieurs fois au cours d'une même année, selon les besoins de la Faculté. Maintenant, pour des raisons d'ordre logistique, la Faculté favorise une approche expérientielle, l'exercice de la fonction précédant souvent l'atelier qui devrait y préparer.

Pendant la période 1986-89, c'est l'atelier d'initiation à la méthode d'APP qui semble influencer le plus la mise en oeuvre de la réforme pédagogique, d'après ses responsables eux-mêmes. Cet atelier, combiné à celui de la formation à la fonction de tuteur, permet d'acquérir les habiletés nécessaires à l'implantation des problèmes d'APP et d'agir efficacement comme tuteur. Sans ces programmes, il serait difficile d'implanter l'apprentissage par problèmes.

LES PARTICIPANTS

Une forte proportion des membres du personnel enseignant de la Faculté a participé aux programmes de formation pédagogique offerts de septembre 1984 à juin 1995 (Tableau 5).

Tableau 5
PARTICIPANTS AUX PROGRAMMES DE FORMATION PÉDAGOGIQUE

ACTIVITÉS	84-85	85-86	86-87	87-88	88-89	89-90	90-91	91-92	92-93	93-94	94-95	TOTAL	% PLEIN TEMPS (N = 290)
INITIATION À LA PÉDAGOGIE DES SCIENCES DE LA SANTÉ	20	68	16	11	7	2	13	14	8	7	12	178	61.4%
PROGRAMME DE FORMATION PÉDAGOGIQUE DE BASE *	12	17	15	7	11	6	10	11	11	5	7	112	38.7%
INTRODUCTION À L'APPRENTISSAGE PAR PROBLÈMES			81	44	23	6	13	NIL	NIL	NIL	NIL	167	57.6%
FORMATION À LA FONCTION DE TUTEUR D'APP				72	70	26	10	26	9	31	25	272	93.8%
PERFECTIONNEMENT DES TUTEURS D'APP					41	100	113	142	151	134	NIL	681	**
PERFECTIONNEMENT DES MONITEURS D'ARC***										17	21	38	***

*   Programme de 12 rencontres mensuelles précédées de travail individuel (+ 100 heures).
**   Ateliers répétés annuellement (pas de % calculé)
*** Nouvel atelier qui a débuté en 1993-94 (ARC Æ apprentissage du raisonnement clinique)

Cette forte participation, plus élevée que celle rapportée dans la documentation scientifique[13], s'explique de la façon suivante :

- étant donné que l'atelier d'introduction à la pédagogie des sciences de la santé est considéré comme *essentiel* pour tout nouvel enseignant de la Faculté depuis 1988, les enseignants sont incités de multiples façons à y participer. Depuis le printemps 1992, une directive du doyen rend chaque directeur de département ou de service responsable en quelque sorte de «susciter» la participation des enseignants nouvellement recrutés;

- l'atelier d'initiation à l'APP et le programme de formation des tuteurs sont déclarés obligatoires pour tout enseignant désireux de devenir tuteur. Le message est clairement transmis aux responsables d'unités et aux intéressés. L'inquiétude d'avoir à exercer un rôle si nouveau stimule les enseignants à profiter de cette occasion de formation;

- la révision et l'implantation du nouveau programme sont perçues comme une responsabilité collective, un objectif facultaire auquel chacun des membres du corps professoral doit contribuer;

- les membres de la direction de la Faculté qui assument la responsabilité des études continuent d'exercer une pression non équivoque sur les enseignants les plus directement concernés par l'implantation du programme d'APP. La direction veut s'assurer de leur participation, non seulement à l'atelier d'introduction, mais surtout au programme de base en pédagogie médicale. La plupart des promoteurs du nouveau programme sont d'ailleurs recrutés parmi ceux qui ont complété ces formations;

- le mode de rémunération en vigueur à la Faculté et, en particulier, la méthode de calcul de la rémunération des activités universitaires (chapitre 10) enlèvent aux enseignants la pression d'avoir à «produire financièrement» alors qu'ils sont adéquatement rémunérés pour les tâches d'enseignement;

- le vent de changement qui a soufflé sur la Faculté ces dernières années a créé une forte pression sociale en faveur de la participation à ces programmes. La formation pédagogique fait partie du processus général d'adaptation au changement; y participer, c'est «faire partie» du groupe et souscrire à la tendance du milieu facultaire.

L'abstention de certains s'explique par quelques facteurs. En raison du système de gestion des trois missions de la Faculté - enseignement, recherche, soins aux malades (chapitre 10) - un certain nombre de professeurs se consacrent totalement à la recherche et ne contribuent pas au programme d'études prédoctorales. D'autres prétendent avoir acquis ces compétences par osmose et expérience!

Paradoxalement, quelques professeurs qui n'ont suivi aucun atelier sont considérés par les étudiants comme d'excellents tuteurs. Force nous est de constater qu'aucun programme ne peut remplacer le talent particulier, ni surtout un intérêt indéfectible pour les étudiants.

Il est intéressant d'observer le taux de participation aux programmes de formation pédagogique en tenant compte de l'appartenance disciplinaire des enseignants (Tableau 6). Le nombre de participants en sciences fondamentales est supérieur à celui qui est généralement observé dans les facultés de médecine[7, 13].

Tableau 6
ORIGINE DES PARTICIPANTS*
AUX PROGRAMMES DE FORMATION PÉDAGOGIQUE

PROGRAMME	DÉPARTEMENTS					
	SCIENCES FONDAMENTALES	MÉDECINE	CHIRURGIE	MÉDECINE FAMILIALE	AUTRES**	TOTAL
Introduction à la pédagogie des sciences de la santé	24	50	25	15	64	178
Programme de base de formation en pédagogie médicale	12	25	14	20	45	116
Initiation à la méthode d'apprentissage par problèmes	36	37	20	14	60	167
Formation de base à la fonction de tuteur d'APP	40	70	35	42	94	281
Perfectionnement des tuteurs d'APP***	106	204	79	62	207	658

*   Enseignants à temps plein, de 1984 à 1995.
 **   Anesthésie-réanimation, gynécologie-obstétrique, pathologie, pédiatrie, psychiatrie, radiologie, santé communautaire, sciences infirmières.
***   Répété annuellement.

Le taux d'abandon est relativement faible, moins de 5 % (sauf pour le programme de base où il atteint environ 25 % certaines années) et même, en 1994-95, inexistant. Cette situation s'explique par la durée plus courte des ateliers et l'importance qu'y accordent les autorités de la Faculté. Le taux d'abandon du programme de base est plus élevé que celui que l'on observe dans d'autres facultés de médecine[6]. Trois facteurs peuvent expliquer ces résultats. Tout d'abord, l'enseignant de la Faculté de médecine de Sherbrooke est sollicité par un grand nombre de programmes de développement pédagogique. La réforme du programme prédoctoral, très exigeante, laisse peu de temps disponible. Enfin, sous des pressions extérieures, certains s'inscrivent, mais, peu motivés, ils ne vont pas persévérer devant la charge de travail.

Depuis 1988, les professeurs à temps partiel sont aussi invités à participer aux programmes dans le but d'augmenter leur contribution à l'enseignement préclinique. Il s'est agi tout d'abord de préparer l'implantation, en avril 1990, du nouvel externat dans lequel ces professeurs sont fortement engagés. On note d'ailleurs ces dernières années une forte attirance des professeurs à temps partiel pour l'atelier d'introduction à la pédagogie des sciences de la santé. Un atelier est même organisé au printemps de 1990 pour 25 participants dans une région située à 500 kilomètres de Sherbrooke, là où un bon nombre d'enseignants cliniques participent à la formation postdoctorale en médecine familiale. Un autre atelier a lieu dans un centre hospitalier majeur, situé à 150 kilomètres de Sherbrooke.

La participation des professeurs aux premières éditions d'un programme n'est habituellement pas difficile à obtenir. Les tout premiers ateliers attirent ceux qui sont prêts à s'engager rapidement dans la réforme pédagogique. Leur intérêt et leur participation au développement du programme les amènent à ressentir de façon particulière le besoin d'une formation pédagogique spécifique. La fonction de tuteur d'APP est tellement nouvelle et insécurisante qu'un grand nombre sont impatients d'assister aux premiers ateliers de formation. Au cours des premières années (1984-88), les professeurs à temps plein sont fortement attirés par le programme de formation, ce qui permet d'atteindre les proportions de participation d'enseignants à temps plein présentées au Tableau 5. Les années subséquentes, ces pourcentages s'accroissent plus lentement, sauf pour le programme de base qui passe de 29 à 39 % en trois ans. Les dernières années, il faut stimuler davantage la population-cible des professeurs à temps plein. On observe un certain phénomène de désaffection. Il faut dire que la réforme pédagogique ne représente plus la priorité facultaire qu'elle a été au cours des années 1985-88.

LA SATISFACTION DES PARTICIPANTS

À la fin de chacun des programmes, les participants remplissent un questionnaire destiné à évaluer leur taux de satisfaction, qui s'avère très élevé. L'intérêt pour la pédagogie augmente. Les participants se préoccupent davantage de leur propre développement pédagogique. Ces résultats sont comparables à ceux que l'on observe pour des programmes semblables[7].

Pour plusieurs enseignants, la participation à ces programmes constitue un puissant stimulus à s'engager plus intensivement dans les activités pédagogiques de la Faculté. En 1986, un seul professeur possède une formation formelle en pédagogie médicale. En 1995, quatre autres enseignants, tous médecins, ont complété leur programme de maîtrise en éducation ou sont sur le point de le faire. Tous participent activement à la formation pédagogique de leur collègues.

LES LEÇONS

Ces quelques années nous ont permis de dégager certaines leçons concernant le développement pédagogique relié à un changement de programme :

- la réforme du programme prédoctoral conduisant à l'adoption de la méthode d'apprentissage par problèmes donne naissance à une gamme de besoins de formation institutionnels, normatifs et personnels qui évoluent constamment au fil des années;
- le développement pédagogique doit pouvoir s'adapter continuellement à des besoins de formation bien identifiés et en constante évolution. On doit être prêt à modifier, le cas échéant, certains programmes;
- depuis 1984, les programmes de développement pédagogique répondent aux besoins de formation des professeurs et de la Faculté, ce qui a été reconnu par les participants eux-mêmes, les promoteurs du changement, les consultants extérieurs et finalement, en 1989, par les membres du *Liaison Committee on Medical Education* et du Comité d'agrément des facultés de médecine canadiennes;
- toutes ces activités ont pour fin le changement progressif d'attitude du corps enseignant à l'égard de l'interaction étudiant-professeur. Il s'agit de faire de plus en plus de l'enseignant un facilitateur de l'apprentissage de l'étudiant plutôt qu'un simple transmetteur d'information;
- la Faculté de médecine est convaincue que sans ce changement, il aurait été presque impossible de réaliser la réforme pédagogique amorcée en septembre 1987;
- un changement d'attitude s'effectue lentement. Les activités nécessaires pour l'amorcer et le soutenir doivent débuter avant de changer un programme et se poursuivre longtemps après;
- pour s'engager dans un tel changement majeur, une faculté doit pouvoir compter sur un petit groupe de professeurs non seulement intéressés à la promotion de la pédagogie médicale, mais surtout dévoués, prêts à apprendre et résolus à approfondir leur compréhension de l'éducation;
- il revient aux autorités d'une faculté d'encourager et de maintenir l'engagement et l'enthousiasme des enseignants qui se dévouent à la cause de la pédagogie médicale;
- pour qu'un tel groupe de professeurs se développe, il est essentiel qu'il compte au moins un mentor. Celui-ci doit soutenir les professeurs non seulement dans l'organisation des activités pédagogiques de manière à en assurer la qualité, mais aussi dans leur développement pédagogique personnel;
- il faut éviter de réinventer la roue chaque fois qu'un besoin nouveau se fait sentir. Faire appel à des consultants externes est rentable à tout point de vue, mais leur mandat doit être clair : transférer une partie de leur expérience et de leur compétence

à des enseignants prêts à prendre la relève. À Sherbrooke cette stratégie s'est avérée très fructueuse.

CONCLUSION

Depuis 1984, une série de quatre programmes de développement pédagogique est offerte aux enseignants de notre milieu. Ces programmes connaissent un fort taux de participation. Très appréciés, ils contribuent à augmenter l'intérêt pour la pédagogie médicale et à modifier la philosophie éducative des enseignants. Ils leur permettent d'acquérir efficacement les habiletés nécessaires à la réalisation du nouveau programme d'APP.

Plusieurs facteurs concourent au succès d'un changement de programme : l'engagement politique non équivoque des autorités; une expérience suffisante de l'éducation et la connaissance des théories du changement de la part des promoteurs; et un système facultaire adéquat de reconnaissance des réalisations des enseignants. Le développement pédagogique des enseignants demeure cependant l'un des éléments les plus critiques. La formation pédagogique est demeurée une priorité de la direction de la Faculté tout au long de ces années de réforme.

Même s'il est difficile d'établir une corrélation certaine entre le succès de l'expérience de Sherbrooke et la formation pédagogique du corps enseignant, la grande majorité des promoteurs du nouveau programme pensent qu'une telle corrélation existe. Notre expérience le confirme, le développement pédagogique demeure un préalable essentiel à tout changement de programme d'une faculté de médecine.

Toute cette effervescence pédagogique connaît son point culminant en mai 1992. La Faculté de médecine engage deux professeurs titulaires de la Faculté d'éducation de l'Université de Sherbrooke pour revitaliser le Bureau de développement pédagogique et le transformer en un Centre d'intervention, de recherche et de développement en pédagogie médicale. L'un d'eux en devient le directeur à temps plein. Il introduit les éléments de psychologie cognitive. La maîtrise en éducation de la Faculté d'éducation peut maintenant s'appliquer aux problématiques de l'éducation médicale. De nouvelles activités se développent : ateliers de formation à la fonction de moniteur des séances d'apprentissage au raisonnement clinique; cours de maîtrise en psychologie cognitive et séminaires de recherche. Certains enseignants entreprennent des études sur les processus d'apprentissage des étudiants. Plusieurs projets reçoivent des subventions d'organismes hautement cotés. Dorénavant, la pédagogie médicale a sa place à l'université.

La réforme prédoctorale a produit un milieu qui appelle des études et des recherches en pédagogie médicale. La Faculté a décidé d'investir dans la recherche fondamentale et appliquée en pédagogie, en vue d'enrichir une pratique devenue, au cours de toutes ces années, un laboratoire d'une étonnante fertilité.

RÉFÉRENCES

1. Guilbert, J. J. «L'O.M.S. au service de la formation pédagogique des enseignants des personnels de santé», *Union médicale du Canada*, tome 10, 1981, p. 63-70.

2. Miller, G. *Educating Medical Teachers*, Cambridge, Harvard University Press, 1980.

3. Association of American Medical Colleges. *Physicians for the Twenty-first Century. The GPEP Report, Report of the Panel on the General Professional Education for the Physicians and College Preparation for Medicine*, Washington, 1984.

4. Grand'Maison, P., J. E. Des Marchais. «Preparing Faculty to Teach in a Problem-Based Curriculum : the Sherbrooke Experience», *Canadian Medical Association Journal*, vol. 144, n° 5, 1991, p. 557-662.

5. Guilbert, J. J. *Guide pédagogique pour les personnels de santé*, Genève, Publications de l'Organisation mondiale de la santé, n° 35, 1990.

6. Des Marchais, J. E., P. Jean, P. Delorme. «Basic Training in Medical Pedagogy : A 1-year Program for Medical Faculty», *Canadian Medical Association Journal*, vol. 142, 1990, p. 734-740.

7. Jean, P., J. E. Des Marchais, P. Delorme. *Apprendre à enseigner les sciences de la santé - Guide de formation pratique*, Montréal, Université de Montréal et Université de Sherbrooke, 1990.

8. Schmidt, H. G. «Problem-Based Learning : Rationale and Description», *Medical Education*, vol. 17, 1983, p. 11-16.

9. Walton, H. S., M. B. Matthews. «Essential of Problem-Based Learning», *Medical Education*, vol. 23, 1989, p. 542-558.

10. Barrows, H. S., R. M. Tamblyn. *Problem-Based Learning : An Approach to Medical Education*, New York, Springer, 1980.

11. Barrows, H. S. *The Tutorial Process*, Springfield, Southern Illinois University School of Medicine, 1988.

12. Des Marchais, J. E., M. Chaput. «The Sherbrooke Comprehensive Continuous Problem-Based Learning Tutor Training Program» à être publié dans *Teaching & Learning*.

13. Jason, H., J. Westberg. *Teachers and Teaching in U.S. Medical Schools*, Norwalk, Appleton-Century-Croft, 1982.

ANNEXE 1
Problèmes utilisés pour l'initiation
des enseignants à l'APP

«IL PLEUT»

Imaginez une journée chaude et humide. L'air est rempli de particules. À la fin de l'après-midi, les nuages s'amassent et le temps semble devenir encore plus humide.

Soudain, des éclairs apparaissent au loin, suivis par le tonnerre. Une pluie diluvienne s'abat; c'est l'orage.

(H. Schmidt)

«LA VOILE»

Vous passez vos vacances à l'Île d'Orléans, près de Québec. Votre fille vous a convaincu d'acheter une chaloupe que vous gréez : dérive, mât et voilure. Le jour du lancement, votre équipage se compose de votre épouse, de votre fille et de son ami. Par un fort vent d'est, en plein baissant, vous mettez le cap au sud-sud-ouest, bâbord amures.

Vous descendez la dérive et hop! vous voilà tous à l'eau! Que s'est-il passé?

CHAPITRE 9

FORMER LES ENSEIGNANTS À LA FONCTION DE TUTEUR

Monique Chaput et Jacques E. Des Marchais

*De dire que vous savez quand vous savez
et de dire que vous ne savez pas quand vous
ne savez pas, cela est la connaissance.*
— *Confucius*

Année universitaire 1986-87, préparation fébrile de l'implantation de l'apprentissage par problèmes. Déjà, Henk Schmidt, de Maastricht, est venu expliquer et «modeler» le rôle de tuteur. Devenir tuteur ne va pas de soi, d'autant moins que l'animation des rencontres tutoriales est confiée aux étudiants.

Quelles qualités faut-il acquérir? Quelles compétences utiliser et, par la suite, améliorer afin de jouer adéquatement son rôle pendant un tutorial? Les enseignants espèrent bien recevoir des réponses lors des ateliers de formation. Le tuteur sera-t-il un facilitateur de l'apprentissage en groupe ou un expert du contenu? Plusieurs, surtout en sciences fondamentales, souhaitent jouer le rôle d'expert pour les problèmes qu'ils connaissent; par contre, ils s'interrogent sur leur capacité d'intervenir pour d'autres problèmes.

Au *Network of Community Oriented Educational Institutions for Health Sciences*, chaque établissement a adopté des solutions différentes pour répondre à ces questions. Par ailleurs, aucune faculté n'a encore procédé à un changement aussi global que celui que prépare la Faculté de médecine de Sherbrooke.

C'est dans ce contexte que s'élabore le programme de formation des tuteurs, grâce à l'aide d'une consultante en éducation des adultes. Tout est à faire: identifier les tâches du tuteur, développer un programme de formation pour lui permettre d'acquérir les compétences requises, et si possible élaborer une grille d'évaluation de la fonction.

LA PROBLÉMATIQUE

Dans une institution qui transforme radicalement son programme pour adopter la méthode de l'apprentissage par problèmes, deux tâches essentielles s'imposent : construire les problèmes et préparer les professeurs à bien accomplir la fonction de tuteur. Pour les enseignants, le changement est capital : ils doivent délaisser la fonction de transmetteur de connaissances pour épouser celle de guide des apprentissages.

Dans un cursus traditionnel, les professeurs communiquent la matière prévue au programme presque uniquement sous forme de leçons magistrales, enrichies de diapositives et de notes de cours. Les professeurs, recrutés pour leur compétence dans un des domaines de la science médicale, sont considérés par les étudiants comme des experts qui ont la responsabilité de transmettre un contenu.

LA FONCTION D'EXPERT ET LA FONCTION DE TUTEUR

La méthode d'APP laisse très peu de place à la fonction de «transmetteur de contenu». Si le tuteur n'a pas à donner de leçons magistrales, doit-il demeurer un expert du contenu? Répondre à cette question signifie poser une première balise à la définition du travail des tuteurs et, conséquemment, à l'élaboration d'un programme de formation.

D'après Barrows[1], un tuteur qui n'est pas expert du contenu sera incapable de guider les étudiants vers les objectifs d'apprentissage et de juger si les idées exprimées et les faits retenus sont justes ou erronés. Il précise cependant:

«There is no question that the ideal circumstance is for the tutor to be expert both as a tutor and in the discipline being studied by the students. However, if this is not possible, the next best tutor is the teacher who is good at being a tutor [...], though not an expert in the discipline being studied.»

Mais Schmidt[2], après une étude englobant 1120 étudiants et 152 tuteurs conclut:

«It seems that Barrows' assumption that tutor do not really need domain knowledge in order to facilitate student learning is not justified, at least not with regard to the curriculum studied. Tutorial groups guided by a content-expert tutor work harder and achieve better.»

Silver[3], de son côté, étudie les effets de l'expertise en contenu du tuteur sur le fonctionnement du groupe. Il démontre que, même si les étudiants ne perçoivent pas de différence dans le fonctionnement du groupe d'APP selon que le tuteur est expert ou non, les tuteurs se révèlent plus actifs et les étudiants davantage passifs durant les discussions sur un sujet qui se situe dans le champ d'expertise du tuteur. Les tuteurs experts répondent davantage aux questions, occupent plus de temps par leurs interventions, déterminent davantage les points à discuter, suscitent plus d'interaction centrée sur le tuteur et entraînent par conséquent moins d'interaction entre les étudiants.

Davis *et al.*[4] étudient l'effet de l'expertise des tuteurs sur le fonctionnement du petit groupe, la satisfaction des étudiants et leur performance à un examen portant sur la matière couverte par le problème. Les résultats démontrent que le pourcentage de temps contrôlé par les tuteurs est plus élevé dans le cas des experts (en moyenne 15,5 %) que dans le cas des non experts (en moyenne 12,2 %). Les étudiants dont le tuteur est expert apprécient davantage l'expérience que les étudiants dont le tuteur est non-expert. Les étudiants dont le tuteur est expert obtiennent un résultat moyen de 544,4 (écart-type = 92,6) et les étudiants dont le tuteur est non-expert, un résultat de 451,2 (écart-type = 87,4) avec une moyenne standardisée à 500 (écart-type = 100).

Ces deux études se rapprochent par leurs résultats et démontrent que les tuteurs experts exercent une action inhibante à l'égard de l'initiative des étudiants. L'étude de Davis fait apparaître la supériorité des tuteurs experts au moment de l'évaluation de l'apprentissage par questions de type Q.C.M..

Une étude réalisée au sein de notre Faculté sur cette question[5] ne révèle aucune différence significative dans les résultats des examens, même sur la performance aux questions d'analyse de problèmes (Q.A.P.), entre le groupe d'étudiants dont le tuteur est expert et l'autre dont le tuteur ne l'est pas. Les étudiants apprécient autant les tuteurs non-experts qu'experts lors de l'évaluation de l'unité, même si, au départ, ils auraient préféré un tuteur expert. Seul le facteur *connaissances que possédait le tuteur* présente une différence en faveur des experts. Plusieurs autres recherches, notamment les travaux de Hill[6], de Rabe[7] et de Swanson *et al.*[8], concluent dans le même sens : utiliser un tuteur non-expert ne semble pas entraver l'apprentissage des étudiants. Cependant Patel *et al.*[9] suggèrent que les tuteurs non-experts peuvent laisser les étudiants apprendre des erreurs, et que cela peut expliquer la moindre performance d'un groupe d'étudiants soumis à l'APP lorsqu'il est comparé à un groupe soumis à l'enseignement traditionnel.

La Faculté de droit de l'Université de Limburg, aux Pays-Bas, a tenté l'expérience de recruter comme tuteurs des étudiants de 3e année inscrits à un programme de quatre ans. D'après les études comparant leur performance à celle de tuteurs professeurs, il n'y a aucune différence dans les résultats des étudiants aux examens à questions de développement, pas plus qu'entre les étudiants dont le tuteur était non-expert et ceux dont le tuteur était expert. Cependant, dans l'un des deux groupes dont le tuteur était un étudiant, les participants ont consacré beaucoup plus de temps au travail personnel. L'étude conclut que comme tuteurs les étudiants ne sont pas moins efficaces que les professeurs[10].

Face au dilemme «expert/non-expert», quelles pratiques observe-t-on le plus couramment dans les universités qui utilisent l'APP[11]? À l'Université de Suez Canal, en Égypte, il n'est pas possible d'être tuteur sans être enseignant régulier à la Faculté. À l'Université de Newcastle, en Australie, les tuteurs doivent provenir du monde des sciences médicales et avoir suffisamment de connaissances des mécanismes physiologiques fondamentaux. À l'Université de Limburg, à Maastricht, les tuteurs ne sont pas experts de la matière. À l'Université de New Mexico, les responsables du programme préfèrent les tuteurs novices sur le plan du contenu aux tuteurs experts de la matière. Notons cependant, à propos de cette université, le commentaire de Lucero *et al.*[12] :

> «We have increasingly matched tutors with particular units on the basis of their expertise on the subject matter of the unit's cases. However, we do this as a recruiting device more for the comfort of particular tutors than the learning needs of the students.»

À Sherbrooke, les tuteurs non-experts envient leurs collègues qui oeuvrent dans leur champ de compétence propre. Beaucoup, surtout lors d'une première expérience dans une unité, passent de longues heures à préparer la matière du problème. Les premières années, ceux qui se contentent de jouer le rôle de facilitateur sont peu nombreux. Le tuteur consciencieux semble vouloir connaître non seulement comment mener sa barque, mais aussi où la mener. Les tuteurs pensent volontiers que les étudiants, sécurisés, valorisent les tuteurs experts pour en faire l'étalon de mesure de la performance. Au début, beaucoup craignent que les étudiants dont le tuteur n'est pas un expert du contenu n'obtiennent des notes plus faibles aux examens.

Au cours des années de planification et d'implantation de la réforme, le direteur du programme et le vice-doyen jonglent avec les éléments de cette problématique complexe avant de proposer des critères de compétence susceptibles de conduire à des résultats prévisibles en matière de performance des tuteurs. Cette réflexion aboutit finalement à un large consensus (Tableau 1).

TABLEAU 1
CRITÈRES D'EFFICACITÉ DE LA FONCTION DE TUTEUR

CRITÈRES			FONCTION DE TUTEUR
Tuteur connaissant en CONTENU	+	PROCESSUS	→ RÉSULTAT PRÉVU
FORT	+	FAIBLE	→ NON VIABLE
FAIBLE	+	FORT	→ VIABLE
FORT	+	FORT	→ ENVIABLE
«CONNAISSANT»	+	FORT	→ OPPORTUN À SHERBROOKE

Nous craignions qu'un tuteur fort en contenu, mais faible en processus puisse transformer les tutoriaux en mini-leçons magistrales. Par contre, tous les travaux démontrent qu'un tuteur faible en contenu, mais fort en processus fournit une performance *viable* (le processus portant autant sur les étapes de la méthode d'APP que sur l'animation de petits groupes). Forcément, tous souhaitent, comme Barrows[1], un tuteur fort dans les deux dimensions. Compte tenu de l'ensemble du projet de réforme de Sherbrooke, nous optons finalement pour une position d'opportunité: un tuteur fort en processus et *connaissant* en contenu.

Les tuteurs sont recrutés parmi *les professeurs suffisamment connaissants de la matière de l'unité* (par exemple, un radiologiste avec une compétence particulière en neurologie pour l'unité consacrée à ce système) et non pas uniquement parmi les experts du contenu (par exemple, tous les psychiatres pour le système psychique). Si un tuteur n'est pas très *connaissant* du contenu (par exemple un chirurgien gynécologue-obstétricien agissant comme tuteur pour l'unité de l'appareil urinaire), il lui faudra alors préparer la matière du moment à l'aide du cahier-guide du tuteur et des lectures suggérées. Toutefois, il n'est pas question, à notre Faculté, de faire appel à des tuteurs non médecins, sauf à quelques rares chercheurs et psychologues déjà membres de notre personnel facultaire. Notre choix final de recruter comme tuteurs des *professeurs suffisamment connaissants de la matière de l'unité* est fondé sur la nécessité de compter sur un nombre suffisant de tuteurs, une option stratégique pour la phase d'implantation.

FORMATION À LA FONCTION DE TUTEUR

Nous continuons de croire que la formation du corps enseignant constitue l'une des pierres angulaires de la mise en place d'un système d'APP. Dans le système traditionnel, les enseignants ont pu bénéficier de maîtres exemplaires dont ils se sont inspirés pour enseigner la médecine.

La fonction de tuteur suppose une redéfinition des rapports professeur-étudiant et une gamme d'habiletés nouvelles[13]. L'implantation de l'APP oblige désormais les enseignants à resituer leurs perceptions et à développer de nouvelles stratégies d'aide à l'apprentissage. De transmetteurs de connaissances, ils doivent maintenant devenir des facilitateurs d'apprentissage. Ce nouveau rôle exige des transformations dans plusieurs domaines (Tableau 2).

Le premier changement porte sur le contenu même. Plus question de discuter la matière en pièces détachées. Les données cliniques du problème doivent conduire à l'intégration des sciences fondamentales. L'enseignant doit oublier ses propres besoins pour se centrer sur ceux de l'étudiant, qui doit comprendre, intégrer et retenir la science médicale. Il doit donc se concentrer davantage sur l'acte d'apprendre de l'étudiant. L'APP demande aux tuteurs de maîtriser les principes et les habiletés de l'animation des petits groupes et de s'initier aux caractéristiques d'un apprentissage centré sur l'autonomie de l'étudiant.

TABLEAU 2
DOMAINES ET TYPES DE CHANGEMENT POUR LE TUTEUR

DOMAINES	CHANGEMENTS
Disciplinaire	Intégration des sciences de base et des sciences cliniques
Psychopédagogique	Programme centré sur l'étudiant et sur l'apprentissage
Didactique	Apprentissage par problèmes • Petits groupes d'apprentissage • Étudiants autonomes

Un tel changement de comportement du professeur ne peut être laissé au hasard. La fonction de tuteur revêt une importance capitale dans une implantation réussie d'un système d'APP, idée partagée par Barrows[14].

Comment les universités qui utilisent l'APP assurent-elles la formation des tuteurs[11] ? À l'Université de Suez Canal, la formation comprend deux étapes : les professeurs doivent agir comme «cotuteurs« pendant deux ou trois mois; puis, ils participent à une session de formation de quatre jours. Aucun suivi n'est prévu. À l'Université de Limburg, tout professeur qui veut devenir tuteur doit suivre au préalable un atelier d'introduction de deux jours. Lorsqu'il a exercé deux ou trois fois le rôle de tuteur, un autre atelier de formation lui est offert. Plus tard, il pourra, s'il le désire, assister à une rencontre de suivi d'une demi-journée. À l'Université de Newcastle, le programme comporte plusieurs étapes. Un premier atelier requiert deux demi-journées de formation. Le second occupe une autre demi-journée. À l'Université de New Mexico, le programme de formation est expérientiel et dure deux jours et demi; le suivi s'effectue lors de la rencontre hebdomadaire des tuteurs et leur fournit rétroaction et support. Barrows[14] promeut le partage des compétences entre tuteurs expérimentés et novices.

En somme, bien que la formation des tuteurs fasse l'objet de préoccupations partagées par tous, elle n'en correspond pas moins à des réalités différentes selon les universités. Les activités ponctuelles de formation à la fonction de tuteur semblent monnaie courante dans tous les cas. Peu de résultats de recherches sont cependant disponibles sur une planification systématique des activités de formation.

UN PROJET DE RECHERCHE DANS L'ACTION

À Sherbrooke, nous avons entrepris une recherche à long terme dans le but d'étudier les différentes composantes de la fonction de tuteur et les compétences requises du tuteur efficace. Nous voulons ainsi mettre en place un programme de formation adéquat, cohérent et économique. Nous optons donc pour l'approche développementale et dialectique décrite par Kenny et Harnish[15]. Ce modèle de recherche, fondamentalement exploratoire et inductif, convient tout à fait à nos exigences et aux impératifs de notre situation. Le modèle s'inscrit dans la séquence suivante : Recherche - Pratique -Théorie- Pratique.

Le choix du modèle repose sur la volonté de bâtir progressivement, à travers l'action, une théorie intégrée de la fonction de tuteur. Ce modèle développemental vise d'abord à construire des instruments valides et fiables à l'aide de données empiriques. Par l'addition progressive de données spécifiques, le chercheur-praticien trouve peu à peu des solutions plus adéquates aux problèmes qu'il rencontre. Il peut développer éventuellement des théories générales pour expliquer les réalités vécues.

Au début, notre recherche veut répondre à quatre questions : en quoi consistera le travail de tuteur à Sherbrooke? quelles compétences devra posséder le tuteur efficace? quelle formation doit-on lui offrir? comment évaluer la performance d'un tuteur efficace?

LE DÉVELOPPEMENT D'UN SYSTÈME DE FORMATION

Nous avions besoin au début de former environ 220 tuteurs pour les deux premières années. Impossible d'utiliser une approche centrée sur les besoins ressentis et sur les personnes, puisque le changement projeté a déclenché un mouvement de méfiance, même de résistance chez plusieurs enseignants. L'APP n'ayant jamais été ni observé, ni expérimenté, les enseignants perçoivent mal leurs besoins de formation. Notre approche institutionnelle sera donc plus normative, étant donné qu'un grand nombre d'enseignants ont pu participer à l'atelier d'introduction à l'APP (chapitre 8).

Nous choisissons un système de formation fondé sur l'acquisition de compétences, qui permettra à la fois de répondre aux besoins de la Faculté et d'éveiller chez les enseignants le besoin de formation et, plus tard, de perfectionnement. Nous nous inspirons des étapes à parcourir dans le développement d'un tel système selon le schéma de Davies[16].

ANALYSER LE RÔLE DU TUTEUR

La première étape consiste à analyser l'ensemble du système. Nous explorons les différentes facettes du rôle de professeur dans une faculté de médecine à partir des caractéristiques propres à l'Université de Sherbrooke. Cela nous amène à mieux définir le champ d'exercice de l'APP en tenant compte des autres fonctions de clinicien, chercheur, moniteur de stage, coordonnateur, «patron», directeur, etc. Un même professeur cumule généralement au moins quatre ou cinq de ces fonctions.

SPÉCIFIER LES TÂCHES

La deuxième étape consiste à analyser les tâches du tuteur. Nous profitons des connaissances acquises par certains responsables-enseignants de la Faculté lors de stages dans des universités pionnières. Un petit groupe de travail identifie huit tâches reliées à la fonction de tuteur et conformes aux grands buts de la réforme pédagogique (Tableau 3). Voilà autant de points d'ancrage pour le programme de formation.

TABLEAU 3
LES TÂCHES RELIÉES À LA FONCTION DE TUTEUR

Gérer la méthode d'apprentissage par problèmes

Faciliter le fonctionnement du petit groupe

Guider l'étude des contenus spécifiques

Favoriser l'autonomie

Favoriser l'humanisme

Stimuler la motivation

Évaluer les apprentissages

Collaborer à l'administration des études

VALIDER LES TÂCHES

La description de ces tâches va constituer un élément-clé du développement de notre programme de formation puisqu'il faut les valider. Deux études, l'une interne, l'autre externe, sont donc entreprises[17].

À l'interne, des tuteurs vont évaluer durant deux ans (de 1987 à 1989) l'importance des huit tâches à trois moments différents de l'exercice de leur fonction : lors de l'atelier de formation (F), à la fin de leur première expérience comme tuteurs d'unité (U) et au moment d'entreprendre l'activité de perfectionnement (P) (Tableau 4).

À l'occasion de ces trois moments d'appréciation, la tâche de *faciliter le fonctionnement du petit groupe* et celle de *stimuler la motivation* obtiennent le 1er rang (une cote de 4,3 sur 5 en moyenne) dans l'attribution d'un ordre d'importance. La tâche de *favoriser l'autonomie* obtient la même position chaque fois, soit la 2e avec une moyenne de 4,1. Mais *gérer la méthode d'APP*, classé en 2e position au moment de la formation, se retrouve au 5e rang après les quatre semaines de l'unité et au moment du perfectionnement. Cette dernière donnée s'explique. Pour les concepteurs du changement et les enseignants, la tâche de *gérer la méthode d'APP* semble très

TABLEAU 4
VALIDATION INTERNE DES TÂCHES DE TUTEUR

Tâches	Formation* (F)	Unité (U)**	Perfectionnement (P)***	Moyenne globale
Gérer la méthode d'APP	4,2 (0,9)	3,8 (1,1)	3,8 (1,0)	3,9 (1,0)
Faciliter le fonctionnement du petit groupe 4,5 (0,7)	4,2 (0,8)	4,3 (0,7)	4,3 (0,7)	
Guider l'étude des contenus spécifiques	4,0 (0,9)	4,0 (1,0)	4,1 (0,8)	4,0 (0,9)
Favoriser l'autonomie	4,1 (0,7)	4,0 (0,9)	4,1 (1,0)	4,1 (0,9)
Favoriser l'humanisme	3,9 (0,9)	3,7 (1,1)	3,6 (1,1)	3,7 (1,0)
Stimuler la motivation	4,3 (0,7)	4,2 (0,9)	4,3 (0,9)	4,3 (0,8)
Évaluer les apprentissages	3,7 (1,0)	3,8 (1,0)	3,6 (0,9)	3,7 (1,0)
Collaborer à l'administration des études	3,3 (1,0)	3,2 (1,0)	3,1 (0,8)	3,2 (0,9)

* N = 92   ** N = 33   *** N = 43   Score maximum = 5   ( ) = écart-type

importante avant la mise en route du système. Tous ont tôt fait de découvrir que cette dimension est rapidement maîtrisée par les étudiants qui en assurent eux-mêmes le déroulement. Par ailleurs, la responsabilité de *guider l'étude des contenus spécifiques* demeure d'égale importance, avec une cote de 4,0, peu importe le moment d'appréciation. Finalement, les trois tâches de *favoriser l'humanisme, évaluer les apprentissages* et *collaborer à l'administration des études* occupent les dernières positions, quoique l'*évaluation des apprentissages* gagne un rang lorsque le questionnaire est administré à la suite de la première expérience de l'unité (U), sans toutefois que sa moyenne d'appréciation n'augmente de façon significative.

En ce qui concerne l'évaluation externe, 70 des meilleurs tuteurs choisis par une per-sonne-ressource dans chacune des institutions utilisant la méthode d'APP - McMaster (Canada), Newcastle (Australie), Maastricht (Pays-Bas), New Mexico (États-Unis) et Ismalia (Égypte) - vont procéder à l'appréciation de l'importance donnée à Sherbrooke aux tâches identifiées. Le Tableau 5 montre les différences entre les évaluateurs externes et 102 tuteurs de Sherbrooke inter-rogés après avoir exercé cette fonction pour la première fois. On remarque que la tâche de *gérer la méthode d'APP* est beaucoup plus importante pour les tuteurs des autres universités que pour ceux de Sherbrooke. Par ailleurs, ces derniers trouvent plus importante que leurs collègues externes la tâche de *stimuler la motivation*. La différence entre les deux groupes pour ces deux tâches est nettement significative (p < 0,006 et p < 0,0002). De plus, les tuteurs externes considèrent beaucoup plus importante que leurs collègues de Sherbrooke la tâche de *faciliter le fonctionnement des petits groupes* (p < 0,02).

TABLEAU 5
VALIDATION INTERNE ET EXTERNE DES TÂCHES DE TUTEUR

TACHES	INTERNES* (N = 102)	EXTERNE (N = 70)	SIGNIFICATION (p)**
Gérer la méthode d'APP	3,8 (1,1)	4,3 (0,8)	0,006
Faciliter le fonctionnement du petit groupe	4,2 (0,8)	4,5 (0,5)	0,02
Guider l'étude des contenus spécifiques	4,0 (1,0)	3,8 (1,1)	0,2
Favoriser l'autonomie	4,0 (0,9)	3,9 (1,0)	0,3
Favoriser l'humanisme	3,7 (1,1)	4,0 (1,0)	0,1
Stimuler la motivation	4,2 (0,9)	3,5 (1,2)	0,0002
Évaluer les apprentissages	3,8 (1,0)	3,6 (1,3)	0,3
Collaborer à l'administration des études	3,2 (1,0)	2,9 (1,3)	0,06

* Moyenne après l'unité   ** Test Mann Whitney   ( ) = écart-type

Entre les différentes facultés de médecine du *Network*, l'étude révèle plusieurs différences, en particulier sur deux tâches, celle de *stimuler la motivation* (significative à 0,002) et celle d'*évaluer les apprentissages* (0,000). Ces différences sont statistiquement significatives.

À McMaster les étudiants ont en moyenne 24 ans à l'admission, par rapport à 19 ans à Maastricht. On sait qu'il est moins nécessaire de stimuler la motivation d'étudiants plus vieux et moins ardu de la soutenir. Par ailleurs, Maastricht n'évalue pas les étudiants, alors que Ismalia, New Mexico et McMaster le font. On peut conclure de cette étude de validation des tâches que les tuteurs de Sherbrooke sont plutôt centrés sur la motivation de l'étudiant (score : 4,2), le fonctionnement du petit groupe (4,2) et le contenu (4,0). Ceux du *Network* sont davantage préoccupés par le fonctionnement du petit groupe (4,5) et la méthode d'apprentissage (4,3).

SPÉCIFIER LES COMPÉTENCES

En même temps que nous procédons à la validation des tâches, nous nous appliquons à définir les compétences et les comportements qui y sont reliés. Selon le modèle de Davies[16], il nous faut spécifier les connaissances, les attitudes et les habiletés requises pour accomplir les tâches. Pour chacune d'elles, nous ne faisons pas de distinction entre compétences génériques et spécifiques[18]; en outre, nous n'estimons pas nécessaire de préciser les objectifs, les composantes et les champs de connaissances à couvrir[19].

Le moment est également venu d'élaborer des critères de mesure de l'efficacité de la fonction de tuteur d'APP. Cette réflexion nous amène à bâtir une grille-matrice qui énonce les comportements souhaités du tuteur qui accomplit ses tâches avec compétence (Tableau 6). *(Voir page 270)*

Pottinger[20] souligne le danger d'utiliser un comité d'experts pour définir les compétences. La nécessité impérieuse de mettre sur pied le programme de formation justifie pourtant un tel procédé.

VALIDER LES COMPÉTENCES

En 1988-89, au moment d'entreprendre la deuxième année d'implantation de la réforme, nous amorçons un processus de validation des compétences auprès des tuteurs encore tout imprégnés de leur première expérience. On leur demande de situer chacune des 34 compétences sur une échelle de 1 à 5, allant de *très peu utile* jusqu'à *absolument utile* pour accomplir les tâches. L'utilité des compétences sera donc évaluée au moyen de 130 feuillets-réponses à notre questionnaire.

Les résultats indiquent que les tuteurs, quelle que soit leur expérience ou l'année du programme où ils ont agi à ce titre, n'ont pas modifié leur appréciation: les compétences apparaissent vraiment fondamentales, de sorte qu'elles demeurent *utiles* avec tout groupe d'étudiants de 1re ou de 2e année, du moins lors d'une période d'implantation. Pour une seule compétence, *reconnaître quand et comment intervenir pour favoriser le processus d'apprentissage,* on note des différences significatives. Les tuteurs de 2e année considèrent cette compétence *moins utile* que ceux de 1re. Même s'ils acquièrent de l'expérience, les tuteurs de 1re continuent à trouver cette compétence *plus utile*. On n'observe aucune dif-

TABLEAU 6
IDENTIFICATION DES COMPÉTENCES ET DES COMPORTEMENTS RELIÉS AUX HUIT TÂCHES DE LA FONCTION DE TUTEUR D'APP

TÂCHES ET DÉFINITIONS OPÉRATIONNELLES	COMPÉTENCES	COMPORTEMENTS
GÉRER LA MÉTHODE D'APP Lors des tutoriaux, le tuteur surveille l'exécution consciente de chacune des dix étapes de la démarche d'APP.	• Connaître la philosophie et les attitudes de base de la méthode d'APP • Connaître les dix étapes au point de pouvoir les verbaliser spontanément • Pouvoir déterminer les caractéristiques de chacune des étapes • Pouvoir identifier, en situation, l'étape franchie par un groupe • Pouvoir évaluer la réalisation de chacune des dix étapes de l'APP • Pouvoir fournir de la rétroaction au groupe sur la manière dont il a réalisé chacune des étapes	• S'assurer que les étudiants franchissent chacune des dix étapes et le verbaliser • Rendre le groupe conscient qu'une étape est franchie ou qu'on revient à une étape antérieure ou amorcer l'étape suivante • Vérifier que chacune des étapes est complètement réalisée • Décrire comment le groupe a réalisé chacune des étapes ou certaines d'entre elles • S'assurer que les rôles des étudiants sont bien déterminés
FACILITER LE FONCTIONNEMENT DUPETIT GROUPE Le tuteur supporte la fonction d'animation d'un étudiant ou y supplée au besoin. Il tente de canaliser l'énergie en fonction de la tâche.	• Connaître le cadre de référence du fonctionnement optimal d'un groupe selon St-Arnaud[21] • Être en mesure de décrire les fonctions et les tâches d'un animateur de groupe • Pouvoir identifier, en situation de groupe, les tâches appropriées de l'animateur • Être en mesure d'exercer les tâches adéquates d'animation au besoin • Pouvoir reconnaître dans un groupe en difficulté le problème de fonctionnement et aider le groupe à trouver une solution réalisable	• S'assurer que l'utilisation du temps est planifiée et respectée • Aider les étudiants à faire la même chose en même temps • Permettre que chaque étudiant ait la chance de s'exprimer • Reformuler à l'occasion la pensée des étudiants • Favoriser l'identification des difficultés rencontrées, les nommer de façon descriptive et aider le groupe à trouver des solutions • S'assurer que le climat d'apprentissage permet les essais et les erreurs Tenir à ce que le groupe évalue son fonctionnement à la fin de la rencontre
GUIDER L'ÉTUDE DES CONTENUS SPÉCIFIQUES De par son activité, le tuteur oriente l'apprentissage des étudiants vers les mécanismes et les concepts identifiés.	• Connaître l'arbre des concepts sous-jacents aux problèmes à l'étude • Reconnaître quand et comment intervenir pour favoriser le processus d'apprentissage • Connaître les diverses formes de questions favorisant le processus d'apprentissage • Être en mesure d'utiliser judicieusement la technique des questions ouvertes	• Poser des questions ouvertes au bon moment • Faire le point périodiquement sur les concepts discutés • Confronter avec bienveillance les interventions des étudiants • Situer la production du groupe par rapport au contenu à explorer • Permettre et tolérer l'erreur sans la cautionner
FAVORISER L'AUTONOMIE Le tuteur veille à ce que chaque tutorial donne l'occasion d'expérimenter au moins un des éléments de la démarche autonome d'apprentissage	• Connaître les éléments de la démarche autonome • Connaître les limites et les conditions d'une démarche autonome • Savoir mesurer le degré d'autonomie des étudiants • Connaître les stratégies d'aide pour favoriser une démarche autonome	• Communiquer clairement l'importance de l'apprentissage à l'autonomie • Encourager l'étudiant à faire tout ce qu'il peut par lui-même • Supporter activement de façon verbale ou non verbale, les comportements de prise en charge • Amorcer au besoin les éléments de la démarche autonome • S'assurer que l'étudiant se définit, à chaque tutorial, un programme d'étude • Ajuster ses interventions au degré d'autonomie de chaque étudiant • Encourager l'auto-évaluation des étudiant

TÂCHES ET DÉFINITIONS OPÉRATIONNELLES	COMPÉTENCES	COMPORTEMENTS
FAVORISER L'HUMANISME L'humanisme s'exprime par l'intégrité scientifique, le respect des valeurs et l'empathie dans la relation avec l'autre. Le tuteur veille à ce qu'un climat d'humanisme s'établisse dans le groupe..	• Connaître les conditions d'une démarche rigoureuse d'analyse • Être capable de respecter les valeurs des étudiants • Se soucier de développer l'empathie dans ses relations avec les autres • Connaître les conditions de l'écoute active	Dénoncer le manque de rigueur intellectuelle des interventions des étudiants • Expliciter son cadre de référence scientifique en intervenant dans la démarche d'analyse • Respecter les opinions et les valeurs des étudiants • Amener les étudiants à aborder l'analyse de la dimension humaine du problème • Reformuler à l'occasion la pensée des étudiants • Formuler en «je« ses interventions • considération positive pour ses étudiants, même en cas de difficulté
STIMULER LA MOTIVATION La motivation, force interne de la personne, est le moteur de la démarche d'apprentissage; donc elle l'amorce, l'oriente et lui permet d'atteindre son but. Le tuteur intervient pour influencer la motivation de l'étudiant.	Connaître les principales théories de la motivation • Pouvoir identifier, en situation, les facteurs de motivation concernés • Pouvoir décrire les stratégies les plus efficaces pour influencer la motivation d'un étudiant	Se préoccuper du niveau d'énergie que les étudiants investissent dans leur démarche • S'enthousiasmer et démontrer de l'intérêt pour le sujet à l'étude • révoir des moments spécifiques pour permettre aux étudiants de réaliser la pertinence et l'importance pour eux de la question à l'étude • Accepter de consacrer du temps pour s'enquérir auprès des étudiants des difficultés rencontrées dans leur démarche autonome • Adopter des comportements facilitants devant les difficultés des étudiants
ÉVALUER LES APPRENTISSAGES Le tuteur assume la tâche de mesurer la capacité des étudiants à se former	Connaître les principes de mesure et d'évaluation • Maîtriser l'acte d'évaluer en tenant compte des biais de jugement • Comprendre l'ensemble du système d'évaluation des apprentissages des étudiants • Connaître les caractéristiques propres aux grilles d'évaluation utilisées • Savoir observer chacun des étudiants à l'occasion des tutoriaux	À des moments déterminés, coter l'étudiant sur sa capacité de: .développer son aptitude à analyser les problèmes .améliorer son fonctionnement comme apprenant autonome .accroître la qualité et l'efficacité de sa participation dans le groupe .manifester son sens de l'humanisme • Recevoir l'auto-évaluation de l'étudiant • Compiler ses cotes et accorder une note
COLLABORER À L'ADMINISTRATION DES ÉTUDES À titre d'intermédiaire entre les étudiants et la coordination des études, le tuteur exécute les tâches de gestion exigées par le système	Connaître le calendrier de l'unité • Comprendre avec justesse la place de l'unité dans le déroulement du programme • Comprendre les exigences du système appliquées à la fonction de tuteu	Commencer et terminer à l'heure les tutoriaux • Acheminer au responsable de l'unité la rétroaction sur le déroulement des activités • Remplir adéquatement les fiches d'évaluation des étudiants • Transmettre aux étudiants les informations de la direction qui les concernent • Vérifier la présence des étudiants

férence entre la première et la deuxième année d'expérience pour les tuteurs de 1re année, la moitié d'entre eux étant les mêmes. On peut expliquer la différence entre tuteurs de 1re et tuteurs de 2e année par le fait que les étudiants fonctionnent avec la méthode d'APP depuis le début de leurs études; ils ont développé, rendus en 2e, une plus grande autonomie dans la conduite de leur processus d'apprentissage.

Si l'on compile globalement les moyennes d'appréciation pour 33 des 34 compétences (Tableau 7), un premier bloc de trois compétences se dégage nettement, avec des moyennes variant de 4,40 à 4,35. Ces compétences ont trait aux tâches *de faciliter le fonctionnement du petit groupe*, de *guider l'étude des contenus spécifiques* et d'*évaluer les apprentissages*.

Elles sont perçues comme très près de la cote *absolument utiles* (5 points). On comprend facilement cette évaluation si l'on considère que, par leur contenu plus large, elles s'appliquent de façon constante au travail d'APP.

On constate un écart de 0,17 entre le premier groupe de compétences et le suivant, qui en comporte neuf et dont les moyennes varient de 4,18 à 3,96. Ces compétences sont considérées comme *très fortement utiles*. Trois concernent la tâche de *guider l'étude des contenus spécifiques* et trois la tâche de *favoriser l'humanisme*. Les trois autres concernent chacune une tâche différente.

Un écart de 0,07 sépare le deuxième groupe de compétences du troisième, qui en comprend six considérées comme fort utiles. Leurs moyennes varient de 3,89 à 3,79. Trois d'entre elles concernent la tâche de gérer la méthode d'APP. Les étudiants, à tour de rôle, animent les discussions et, par conséquent, gèrent la méthode d'APP. Cependant, lorsque les étudiants ne le font pas de façon satisfaisante, le tuteur doit intervenir. Il est l'ultime responsable de l'application de la méthode. Il doit donc à l'occasion exercer les compétences reliées à cette tâche. Deux autres compétences concernent la tâche d'évaluer les apprentissages et la dernière a trait à l'acquisition de l'autonomie.

Le quatrième groupe de compétences se distingue du précédent par un écart de 0,06. Il comporte également neuf compétences considérées comme assez utiles, leur moyenne d'appréciation variant de 3,73 à 3,61. Deux d'entre elles concernent la tâche d'évaluer les apprentissages; deux, celle de stimuler la motivation et, enfin, deux autres, celle de collaborer à l'administration des études.

Finalement, un écart de 0,08 sépare le quatrième groupe d'un dernier ensemble de six compétences dites peu utiles. Leurs moyennes varient de 3,53 à 3,30. Ces compétences se réfèrent à cinq des huit tâches. Ce groupe est essentiellement formé de compétences de l'ordre du savoir, de la connaissance (la formulation de cinq d'entre elles commence par connaître). À l'opposé, les trois compétences jugées les plus utiles sont des compétences génériques, directement orientées vers le savoir-faire.

TABLEAU 7
VALIDATION DE L'UTILITÉ DES COMPÉTENCES RELIÉES AUX TÂCHES DU TUTEUR D'APP

COMPÉTENCES PAR ORDRE D'UTILITÉ	MOYENNE D'APPRÉ-CIATION*	ÉCART TYPE	TÂCHES*
ABSOLUMENT UTILES			
- Pouvoir reconnaître dans un groupe en difficulté le problème de fonctionnement et aider le groupe à trouver une solution réalisable	4,40	(0,69)	2
- Reconnaître quand et comment intervenir pour favoriser le processus d'apprentissage	4,39	(0,65)	3
- Savoir observer chacun des étudiants à l'occasion des tutoriaux	4,35	(0,69)	7
TRÈS FORTEMENT UTILES			
- Connaître la philosophie et les attitudes de base de la méthode d'APP	4,18	(0,88)	1
- Connaître l'arbre des concepts sous-jacents aux problèmes à l'étude	4,17	(0,80)	3
- Être capable de respecter les valeurs des étudiants	4,11	(0,95)	5
- Être en mesure d'utiliser judicieusement la technique des questions ouvertes	4,05	(0,83)	3
- Être en mesure d'exercer les tâches adéquates d'animation au besoin	4,00	(0,76)	2
- Connaître les conditions de l'écoute active	3,98	(0,88)	5
- Se soucier de développer l'empathie dans ses relations avec les autres	3,98	(0,93)	5
- Connaître les diverses formes de questions favorisant le processus d'appprentissage	3,97	(0,77)	3
- Connaître le calendrier de l'unité	3,96	(0,89)	8
FORT UTILES			
- Pouvoir identifier, en situation, l'étape franchie par un groupe	3,89	(0,79)	1
- Connaître les stratégies d'aide pour favoriser une démarche autonome	3,83	(0,87)	4
- Pouvoir déterminer les caractéristiques de chacune des étapes	3,81	(0,79)	1
- Connaître les caractéristiques propres aux grilles d'évaluation utilisées	3,81	(0,90)	7
- Pouvoir fournir de la rétroaction au groupe sur la manière dont il a réalisé chacune des étapes	3,79	(0,90)	1
- Maîtriser l'acte d'évaluer en tenant compte des biais de jugement	3,79	(0,87)	7
ASSEZ UTILES			
- Connaître les principes de mesure et d'évaluation	3,73	(0,82)	7
- Pouvoir identifier, en situation de groupe, les tâches appropriées de l'animateur	3,72	(0,78)	2
- Comprendre l'ensemble du système d'évaluation des apprentissages des étudiants	3,72	(0,76)	7
- Pouvoir décrire les stratégies les plus efficaces pour influencer la motivation d'un étudiant	3,72	(0,92)	6
- Comprendre les exigences du système appliquées à la fonction de tuteur	3,71	(0,78)	8
- Pouvoir évaluer la réalisation de chacune des dix étapes de l'APP	3,69	(1,17)	1
- Pouvoir identifier, en situation, les facteurs de motivation concernés	3,64	(0,87)	6
- Comprendre avec justesse la place de l'unité dans le déroulement du programme	3,62	(0,84)	8
- Savoir mesurer le degré d'autonomie des étudiants	3,61	(0,98)	4
PEU UTILES			
- Être en mesure de décrire les fonctions et les tâches d'un animateur de groupe	3,53	(0,81)	2
- Connaître les éléments de la démarche autonome	3,52	(0,83)	4
- Connaître les limites et les conditions d'une démarche autonome	3,50	(0,87)	4
- Connaître les conditions d'une démarche rigoureuse d'analyse.	3,50	(0,98)	5
- Connaître les dix étapes au point de pouvoir les verbaliser spontanément	3,37	(1,11)	1
- Connaître les principales théories de la motivation	3,30	(0,93)	6

* Échelle de 1, peu utile, à 5, absolument utile.

** 1) Gérer la méthode d'APP; 2) favoriser le fonctionnement du petit groupe; 3) guider l'étude des contenus spécifiques; 4) favoriser l'autonomie; 5) favoriser l'humanisme; 6) stimuler la motivation; 7) évaluer les apprentissages; 8) collaborer à l'administration des études.

Une 34e compétence, soit connaître le cadre de référence[21] concernant le fonctionnement optimal d'un groupe, n'obtient qu'une mention de 2,94 sur l'échelle maximale de 5. Cette compétence, la moins valorisée par les tuteurs, concerne la connaissance d'un cadre d'analyse et se rattache à la tâche de favoriser le fonctionnement du petit groupe.

Nous en concluons que les tuteurs sont d'accord sur l'utilité des compétences identifiées par le groupe de travail pour exercer leur tâche. Grâce à leur expérience, ils sont en mesure de spécifier davantage le degré d'utilité de chacune d'elles. Notons que 26 des 34 compétences (76 %) sont classées d'utiles à absolument utiles. La moyenne générale des 34 compétences (3,8) tend à démontrer un niveau d'utilité élevé des tâches. Il ne faut toutefois pas perdre de vue que l'échelle proposée favorise une appréciation vers un haut degré d'utilité.

On peut maintenant regrouper les moyennes de l'ensemble des compétences pour l'exercice de chacune des huit tâches (Tableau 8).

Le Tableau 8 fait apparaître quatre blocs de tâches. Dans le premier, les tuteurs expérimentés croient que les compétences identifiées par le groupe de travail sont très fortement utiles pour guider l'étude des contenus spécifiques. Rappelons que Sherbrooke choisit comme tuteurs des enseignants relativement «connaissants» de la matière de l'unité. Ils perçoivent que les compétences sont fort utiles pour favoriser l'humanisme et évaluer les apprentissages. Ils croient qu'elles sont assez utiles pour gérer la méthode d'APP, collaborer à l'administration des études et faciliter le fonctionnement du groupe. Enfin, les tuteurs identifient deux tâches pour lesquelles les compétences requises sont utiles sans plus, soit favoriser l'autonomie et stimuler la motivation. Dans un programme fortement contingenté, les étudiants admis sont très motivés; les professeurs perçoivent peut-être moins la nécessité de les stimuler.

Les processus de validation des tâches et des compétences nous seront précieux pour guider la formation des tuteurs. Comparons maintenant ces données à celles de la validation interne. Les tâches de favoriser l'autonomie et de stimuler la motivation étaient perçues comme importantes (4,1 et à 4,3) au moment de la validation. Pourtant, les compétences qui y sont reliées sont jugées parmi les moins utiles. Ces résultats ne signifient pas que les tuteurs accordent peu de valeur à ce qu'elles représentent. Ils peuvent indiquer toutefois que les compétences proposées sont de peu d'utilité ou que les activités de formation sont peu efficaces pour les acquérir, ou que leur niveau de maîtrise s'avère trop faible. Il est clair que des ajustements s'imposent pour ces tâches. Il s'agit donc d'une information de première importance pour les planificateurs de la formation.

En résumé, lorsque l'on demande aux tuteurs expérimentés d'évaluer l'utilité des 34 compétences requises pour exercer leur fonction, on apprend que :
- aucune différence significative d'appréciation ne peut être décelée entre les tuteurs de 1e année, qu'ils en soient à leur deuxième ou à leur troisième expérience, ni entre les tuteurs de 1e et de 2e année, sauf pour la capacité de reconnaître quand et comment intervenir pour favoriser le processus d'apprentissage;

TABLEAU 8

MOYENNES D'UTILITÉ DES COMPÉTENCES REQUISES
POUR ACCOMPLIR CHACUNE DES TÂCHES DE TUTEUR D'APP

Tâches et compétences reliées	Moyenne*	Écart type	Degré d'utilité
• GUIDER L'ÉTUDE DES CONTENUS SPÉCIFIQUES (4 compétences)	4,15	(0,56)	Très forte ment utile
• FAVORISER L'HUMANISME (4 compétences)	3,90	(0,77)	Fort utile
• VALUER LES APPRENTISSAGES (5 compétences)	3,89	(0,67)	Fort utile
• GÉRER LA MÉTHODE D'APP (6 compétences)	3,87	(0,64)	Assez utile
• COLLABORER À L'ADMINISTRATION DES ÉTUDES (3 compétences)	3,75	(0,69)	Assez utile
• FACILITER LE FONCTIONNEMENT DU PETIT GROUPE (5 compétences)	3,73	(0,57)	Assez utile
• FAVORISER L'AUTONOMIE (4 compétences)	3,6	(0,78)	utile sans plus
• STIMULER LA MOTIVATION (3 compétences)	3,55	(0,80)	Utile sans plus

* Note maximale : 5. À partir de 130 feuillets-réponses.

- en classant les compétences selon leur degré d'utilité, cinq groupes apparaissent, suivant les qualifications: compétences presque absolument utiles, très fortement utiles, fort utiles, assez utiles, utiles sans plus;
- en reliant les compétences aux tâches auxquelles elles se rattachent, on constate que pour guider l'étude des contenus spécifiques, les tuteurs évaluent que les compétences identifiées s'avèrent très fortement utiles alors que pour favoriser l'autonomie et stimuler la motivation, les compétences proposées ne sont qu'utiles sans plus. Entre ces deux groupes, les compétences reliées aux autres tâches obtiennent des moyennes d'utilité variant entre fort utiles et assez utiles;

- les tuteurs, à la suite de leur expérience, proposent plusieurs autres compétences dont les éléments influenceront les futurs programmes de formation.

ÉTABLIR LES OBJECTIFS DE FORMATION

Notre système de formation des tuteurs repose sur l'identification des tâches et des compétences requises pour les exercer efficacement. Il était donc important de les valider puisqu'elles serviront de base au programme de formation, chaque enseignant étant considéré comme un novice dans les fonctions de tuteur d'APP. Ainsi, les six premières tâches seront considérées comme prioritaires, alors que les deux tâches d'évaluer les apprentissages et de collaborer à l'administration des études pourront faire partie du contenu des rencontres hebdomadaires des tuteurs pendant l'unité. Parmi la liste des compétences des six premières tâches, certaines seront privilégiées à cause de leur caractère fondamental ou de leur spectre d'utilisation plus large.

Au fur et à mesure, le système s'enrichit. Il devient plus complexe. L'expérience de tuteur s'intègre peu à peu comme une composante essentielle d'une démarche de formation continue (Figure 1).

FIGURE 1

SYSTÈME DE FORMATION CONTINUE DES TUTEURS

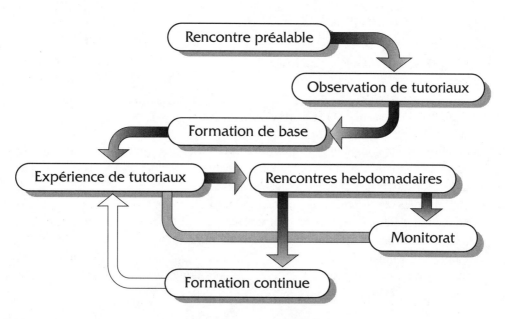

LA RÉALISATION DES ACTIVITÉS DE FORMATION

La première version de l'atelier de formation des tuteurs a lieu pendant deux jours à la fin de l'été 1987. Cet atelier a été par la suite répété à cause d'un recrutement important de tuteurs chaque année.

RENCONTRE PRÉALABLE

Le processus de formation débute par une rencontre préalable d'une heure et demie. Les participants sont invités à s'informer sur l'ensemble de la fonction de tuteur, c'est-à-dire les tâches, les compétences et les comportements qu'elle implique. Lors de la période d'observation, on leur demande de se situer individuellement par rapport à chacune des compétences (grâce à une grille d'autodiagnostic) et de préciser leurs objectifs personnels d'apprentissage.

Cette rencontre a lieu quelques semaines avant l'atelier de formation. L'ensemble du système de formation (Figure 1) est brièvement présenté; on discute dans quel esprit chacun est invité à y participer. On insiste sur la perspective de formation continue, de prise en charge par chaque tuteur de sa propre formation et de son perfectionnement, d'acquisition progressive des compétences nécessaires et de valorisation de l'apprentissage expérientiel.

Après cette introduction, un échange par groupes de trois permet à chaque professeur de répondre à cette double question : selon vous, en quoi consiste le travail de tuteur et que doit-on faire pour exercer sa fonction? La mise en commun des réponses donne lieu à l'élaboration d'un tableau descriptif de la fonction. Les huit tâches reliées à cette fonction servent de grille pour regrouper les éléments proposés par les participants, le tout comparé avec le portrait type du tuteur tel que défini par la Faculté.

Chaque participant remplit ensuite, en deux exemplaires, la grille d'autodiagnostic (Annexe 1). Chacun est aussi invité à préciser à quel degré de maîtrise il souhaite parvenir à la fin des deux jours de l'atelier de formation de base. Les responsables de la rencontre recueillent l'un des deux exemplaires, tandis que l'autre demeure en possession du participant. Il s'en servira pour définir ses propres objectifs d'apprentissage.

L'utilité de cette grille se vérifie de quatre façons: elle favorise la prise en charge par chacun des professeurs de sa propre formation de tuteur; elle indique leur degré de motivation face aux différents objectifs d'apprentissage et aux compétences à maîtriser; elle fournit un indice du niveau d'apprentissage de chaque compétence et du sentiment de maîtrise pour chacune d'elles; et elle contribue à la planification des futurs ateliers de perfectionnement en indiquant, à la fin de l'atelier de formation, les compétences que les tuteurs souhaitent encore améliorer.

D'abord conçue pour aider les tuteurs à s'engager à fond dans leur propre formation, cette grille d'autodiagnostic leur fait connaître l'ensemble des tâches de la fonction de tuteur et les compétences qui s'y rattachent. Les responsables offrent aussi à chacun l'occasion de saisir la cohérence du système de formation.

Le dernier point de la rencontre consiste à préparer l'activité d'observation obligatoire avant l'atelier de formation. On demande à chacun d'observer toutes les étapes de l'APP selon une fiche de préparation à l'observation.

La période d'observation comporte à son tour trois objectifs : chaque enseignant va se familiariser avec la réalité de l'apprentissage par problèmes, à chacune de ses dix étapes; chacun va observer un tuteur en action en prêtant davantage attention à l'exercice de certaines tâches ou compétences préalablement déterminées; et chacun identifiera les questions et besoins d'information et de formation auxquels tentera de répondre l'atelier de formation.

La rencontre se termine par la distribution d'un texte[22] qui permet au participant d'en approfondir les objectifs.

ATELIER DE FORMATION DE BASE

L'atelier de formation de base permet aux participants de réaliser les objectifs suivants :

- réviser et compléter les notions de base sur la méthode d'APP;
- acquérir des concepts permettant d'analyser les situations d'un tutorial;
- acquérir la maîtrise de certaines compétences utiles à la fonction detuteur en ce qui a trait aux six premières tâches spécifiques :
    • gérer la méthode d'APP,
    • faciliter le fonctionnement du petit groupe,
    • guider l'étude des contenus spécifiques,
    • favoriser l'autonomie,
    • favoriser l'humanisme,
    • stimuler la motivation.

TABLEAU 9
DÉROULEMENT D'UN ATELIER DE FORMATION
DE BASE DES TUTEURS D'APP

HORAIRE, DURÉE, OBJECTIFS	DESCRIPTION DES ACTIVITÉS
1er jour - Avant-midi environ 1 heure 30 minutes	MISE EN ROUTE DE L'ATELIER - Accueil - Lien avec la rencontre préalable et l'observation - Les grandes parties du programme - Présentation des personnes-ressources - Objectifs de l'atelier - Déroulement prévu compte tenu des réponses à l'autodiagnostic - Travail individuel de 5 minutes (par écrit) : - Quelles sont mes craintes ou les difficultés que j'entrevois dans le travail de tuteur? - Qu'est-ce qui n'est pas clair pour moi dans cette fonction? - Plénière sur les craintes, les difficultés et les questions - Lien avec les différentes parties de l'atelier où pourraient être abordés les points soulevés par les participants
environ 2 heures - identifier les 10 étapes de l'APP au point de les verbaliser spontanément - reconnaître les caractéristiques de chaque étape - visualiser certaines interventions utiles du tuteur pour aider à l'efficacité de chaque étape - se sensibiliser à l'art de poser des questions utiles pour optimiser l'apprentissage	INTERVENIR COMME TUTEUR DANS L'APP - Rappel des 8 tâches du tuteur - Présentation d'un vidéo et explication de la tâche - Visionnement de chaque étape de l'APP Question : quelles interventions peuvent être utiles de la part du tuteur à cette étape? - Situer les suggestions sur la grille des tâches et comportement du tuteur - Remarquer les questions ouvertes ou fermées durant l'échange - Dégager les messages importants à retenir pour intervenir efficacement à chaque étape - Boucler l'activité en revenant aux objectifs et en vérifiant leur atteinte - Distribuer le document *Interventions du tuteur pendant un tutorial* (Annexe 2)

Après-midi	FACILITER LE FONCTIONNEMENT DU PETIT GROUPE

environ 3 heures
 	
- acquérir quelques notions théoriques pour comprendre la psychologie d'un groupe et ses mécanismes d'animation
- apprendre à observer les éléments constitutifs d'un groupe et l'animation dans un groupe d'apprentissage
- développer sa compétence d'animateur de groupe
	- Identification des éléments constitutifs du fonctionnement d'un groupe
	    Individuellement, chaque personne identifie de son expérience ce qui fait qu'un groupe fonctionne ou devient inopérant.
	- Mise en commun et notation au tableau
	    Synthèse : quelques notions théoriques sur le groupe et sur l'animation[21].
	- Pratique de l'animation et de l'observation du fonctionnement d'un groupe :
	    . explication de la tâche aux observateurs et distribution des grilles d'observation
	    . explication de la tâche aux participants et distribution du feuillet «Le problème de Claude»*
	    . discussion pour aider à la solution du problème pendant environ 20 minutes
	- Retour sur l'expérience du groupe et rétroaction sur le fonctionnement du groupe et l'animation au regard des éléments constitutifs du groupe
	- Inversion des rôles et processus identique
	- Remise du devoir : le chapitre sur la motivation[23]

*   LE PROBLÈME DE CLAUDE

Chers collègues, j'ai un problème avec un de mes étudiants. Pourriez-vous m'aider? Claude est venu me voir comme parrain et m'a annoncé qu'il hésite à continuer ses études. Pourtant, à la dernière rencontre avec le groupe, il y a deux semaines, mes quatre étudiants travaillaient dur et étaient enthousiastes. Claude prenait un peu de retard car il lit trop lentement en anglais. Malgré tout, il était plein de projets comme futur médecin.

La semaine dernière, il a passé le premier examen formatif de la Faculté en immunologie. L'examen se voulait très difficile de manière à stimuler les étudiants à apprendre davantage. Claude, qui a toujours été premier, a écopé de résultats faibles (une cote D). Depuis, il est distrait et n'avance pas dans son travail. Il se demande s'il est capable de faire des études médicales. Son tuteur lui a dit de ne pas s'en faire car les examens formatifs, «ça ne compte pas». Il m'a dit qu'il n'a plus le goût.

Pouvez-vous m'aider à comprendre le problème de Claude? Comment puis-je l'aider? Malheureusement, je ne pourrai assister à votre rencontre, mais j'en discuterai avec vous à mon retour de vacances. Merci beaucoup.

Un collègue en peine

2ᵉ jour Avant-midi environ 15 minutes	ACCUEIL Retour sur les questions de départ formulées la veille et sur le contenu de la journée. Échange en plénière : quels éléments de réponse ai-je obtenus et quels éléments restent encore à clarifier?

environ 1 heure 15 minutes
 	
- identifier dans l'APP les facteurs pouvant motiver ou démotiver les étudiants
- prendre connaissance de quelques théories sur la motivation
- identifier les comportements d'un tuteur susceptibles d'optimiser la motivation des étudiants
	FAVORISER LA MOTIVATION
	
	- Présentation des objectifs et explication de la tâche :
	    Individuellement ou par petits groupes
	    de 2 ou 3, les participants identifient les facteurs
	    qui pourraient motiver ou démotiver les étudiants
	    dans la méthode de l'APP.
	- Plénière sur les facteurs liés à la méthode
	- Synthèse : quelques notions théoriques sur la motivation
	    Travail en petits groupes : identifier
	    les actions possibles du tuteur pour stimuler
	    la motivation des étudiants
	- Plénière sur les comportements efficaces du tuteur pour stimuler la motivation

environ 2 heures
 	
- expérimenter la fonction de tuteur et intervenir dans un tutorial en action
- observer un tuteur en activité et identifier les interventions utiles ou inutiles en rapport aux 4 tâches déjà vues
- discuter avec des étudiants sur le rôle de tuteur
	EXPÉRIMENTATION D'UN TUTORIAL
	
	- Présentation de la tâche des étudiants :
	    en effectuant les étapes 1 à 5 de l'APP, dégager
	    les objectifs d'apprentissage reliés à un problème
	    commencer l'étape 9 : bilan du petit groupe
	- Présentation de la tâche des professeurs :
	    observer le déroulement d'un tutorial*
	    sur désignation des responsables, exercer la fonction
	    de tuteur d'APP pour une période d'environ 10 minutes
	- Exercice de tutorial
	- Retour en plénière :
	    continuation en grand groupe du bilan entrepris par le
	    petit groupe, principalement sur les interventions
	    des tuteurs
	    reprise des situations vécues et observées à
	    chaque étape et discussion avec les étudiants
	- Lunch avec les étudiants et départ de ceux-ci

Après-midi
30 minutes
environ 1 heure 15 minutes

- se sensibiliser au respect des
  valeurs d'autrui
- développer l'empathie dans ses
  relations avec les autres
- connaître les conditions
  de l'écoute active

environ 1 heure

- connaître les éléments de la démarche
  autonome d'apprentissage
- développer l'habileté à mesurer le degré
  d'autonomie des étudiants
- identifier certains comportements du tuteur
  pour favoriser l'apprentissage de
  l'autonomie

environ 45 minutes

Retour sur le rôle de tuteur à la lumière de
l'expérience du matin

FAVORISER L'HUMANISME :
EMPATHIE ET ÉCOUTE ACTIVE

- Réflexion individuelle pour retracer des
  situations où quelqu'un a fait appel à moi pour
  l'aider à résoudre une difficulté
      Bref échange sur ce qu'on peut faire en pareille
      circonstance
- Synthèse : notions d'empathie et d'écoute active
  avec exemples de ce que
  c'est et de ce que ce n'est pas
- Jeu de rôle : une personne, devant le groupe,
  joue le rôle de celui ou celle
  qui lui a déjà demandé de l'aider à résoudre
  une difficulté et une autre personne essaie
  de l'aider en réalisant les conditions de
  l'écoute active
- Retour sur ce qui a été vécu et observé à la
  lumière des éléments théoriques fournis
Un deuxième et si possible un troisième jeu de rôle
est réalisé, toujours suivi d'un retour sur l'expérience

FAVORISER L'AUTONOMIE

- Réflexion individuelle et en petits groupes :
  Quels sont les indices d'autonomie que l'on peut
  observer chez les étudiants?
      Mise en commun des indices
      (notés au tableau)
- Synthèse : le concept d'autonomie et ses
  principaux indicateurs
- Comment élaborer sa propre grille d'observation
  pour mesurer un peu mieux le degré d'autonomie
  des étudiants?
- Discussion avec le groupe : comment le
  programme et le tuteur peuvent-ils
  favoriser l'apprentissage de l'autonomie
  chez les étudiants?

CONCLUSION DE L'ATELIER

- Questionnaire de validation des tâches reliées
  à la fonction de tuteur
- Grille d'autodiagnostic de la maîtrise des
  compétences reliées à la fonction de tuteur
- Questionnaire d'évaluation de l'atelier
      Messages importants à retenir et évaluation
      orale de l'atelier
- Visionnement de quelques séquences tirées
  du vidéo de Maastricht[24] et échange sur les
  solutions possibles aux difficultés illustrées.

Le déroulement des activités de l'atelier est conçu de manière à préserver une certaine souplesse; le canevas de son contenu assure l'homogénéité de la formation des tuteurs d'un atelier à l'autre (Tableau 9). La première présentation de l'atelier de formation de base, en août 1987, a lieu à peine une semaine avant l'arrivée des étudiants de la première cohorte! Grâce à l'évaluation verbale et au questionnaire écrit que les participants remplissent à la fin de chaque atelier, le déroulement sera grandement amélioré par la suite.

ATELIERS DE PERFECTIONNEMENT

La révision du programme de formation nous amène à conclure, dès la première année, à la nécessité de compléter la formation des tuteurs par des ateliers de perfectionnement. À partir de la deuxième année d'exercice de la fonction de tuteur, tous les tuteurs d'unité sont invités à une activité de formation dont la durée est d'une journée ou d'une demi-journée.

Les thèmes abordés (Tableau 10) ont été déterminés à partir d'observations de tutoriaux, de remarques recueillies lors des réunions de tuteurs, de commentaires des représentants étudiants, de nouveaux besoins institutionnels, des grilles d'autodiagnostic et des bilans d'évaluation du programme effectués à la fin de chaque année scolaire.

Quelles orientations prendra la formation continue des tuteurs? Les responsables prévoient un processus se déroulant du général au particulier. Les journées de formation qui, au début, regroupent les tuteurs de deux ou trois unités deviennent de plus en plus adaptées spécifiquement aux besoins d'une seule unité. L'amélioration de la cohérence entre le contenu à couvrir, la qualité des problèmes, l'environnement pédagogique (évaluation formative, activités pédagogiques complémentaires, etc.) et l'évaluation finale commande une telle orientation. La croissance du sentiment d'appartenance, du désir d'exceller, de la cohésion et de la solidarité entre les tuteurs permet également d'aller dans cette direction. Nous tentons de développer le programme de perfectionnement pour répondre davantage aux besoins des tuteurs. Le monitorat et les prescriptions individuelles sont autant de moyens mis de l'avant pour personnaliser le système de formation conçu pour eux.

L'ÉVALUATION DU PROGRAMME DE FORMATION

Évaluer un programme de formation suppose la mise en place progressive de moyens variés et la collaboration de tous[16]. Nous continuons à favoriser l'interaction entre le programme et les perceptions des participants quant à leurs besoins et à leurs apprentissages. L'instrument privilégié demeure la grille d'autodiagnostic (Annexe 1) qui traduit l'interprétation personnelle que le tuteur fait de ses propres compétences, sans la confronter avec l'opinion d'étudiants ni celle d'observateurs. Les compétences réelles du tuteur manifestées dans ses comportements quotidiens demeurent inconnues. Cependant, en analysant les écarts entre les appréciations avant et après l'atelier quant à l'état actuel des compétences et l'état désiré par chacun, on obtient des indices sur la motivation à apprendre, le sentiment d'avoir appris et le désir de continuer à se perfectionner.

TABLEAU 10
THÈMES DES ATELIERS DE PERFECTIONNEMENT

THÈMES	1988-1989	1989-1990	1990-1991	1991-1992	1992-1993	1993-1994
Retour sur l'expérience	✓	✓	✓	✓	✓	✓
Messages de la direction des études	✓	✓	✓	✓	✓	✓
Rétroaction descriptive (théorie + pratique)	✓		✓			
Humanisme	✓					
Amélioration des étapes de l'APP	4, 5, 7		7, 9	4, 7, 9		
Évaluation des étudiants par les tuteurs	validation nouvelle grille	standardisation nouvelle grille		✓		
Organisation des connaissances					✓	✓
Fonctionnement des petits groupes		exercices observation discussion		le premier tutorial		
Dernière mise au point de l'unité par les tuteurs			✓	✓	✓	

INDICE DE LA MOTIVATION À APPRENDRE

D'un atelier à l'autre, des changements sont introduits quant à l'importance accordée aux activités. Le critère utilisé pour introduire une modification demeure l'écart entre l'état actuel des compétences et l'état désiré. À titre d'exemple (Tableau 11), voici les données obtenues pour la tâche de gérer la méthode d'APP et la tâche de favoriser l'humanisme, lors de la rencontre préalable à l'atelier de formation du 25 janvier 1989.

TABLEAU 11
INDICE DE LA MOTIVATION À APPRENDRE
ÉCART ENTRE LE NIVEAU ACTUEL ET LE NIVEAU DÉSIRÉ AVANT L'ATELIER

TÂCHES	COMPÉTENCES	POUR L'ENSEMBLE DU GROUPE		
		Différence entre l'état actuel/désiré	Différence maximale possible*	%
Gérer la méthode d'APP	1.1 connais la philosophie..	32.	68	47,2 %
	1.2 connais les 10 étapes..	45	68	66,2 %
	1.3 peux déterminer les caractéristiques...	44	68	64,9 %
	1.4 peux identifier l'étape...	46	68	67,9 %
	1.5 peux évaluer la réalisation...	44	60**	73,0 %
	1.6 peux fournir de la rétroaction...	44	68	64,9 %
	SOUS-TOTAL	255	400	63,7 %
Favoriser l'humanisme	5.1 connais les conditions...	35	64	55,0 %
	5.2 suis capable de respecter...	18	64	28,0 %
	5.3 me soucie de développer...	20	68	29,3 %
	5.4 connais les conditions de...	27	64	42,2 %
	SOUS-TOTAL	100	260	38,4 %

*   Si tous indiquaient 1 pour l'état actuel et 5 pour l'état désiré (N : 17 participants).
** Un ou deux participants n'ont pas indiqué leur réponse pour l'une ou l'autre compétence.

Le Tableau 11 montre la somme des écarts entre l'état actuel et celui désiré à la fin de l'atelier. La deuxième colonne indique l'écart maximal possible compte tenu du nombre de répondants (si tous avaient indiqué 1 pour leur état actuel et 5 pour leur état désiré). Les pourcentages entre l'écart des perceptions et l'écart maximal indiquent le degré d'amélioration nécessaire ou le degré du désir d'apprendre. Par exemple pour la compétence ... peux évaluer la réalisation de chacune des 10 étapes d'APP (Tableau 11: 1.5), le désir d'apprendre (73 %) est plus grand que le désir de respecter les valeurs des étudiants (28 %)(Tableau 11: 5.2).

Au moment de la préparation de l'atelier, ces données nous permettent de confirmer le canevas prévu : nous consacrerons plus de temps à la tâche de gérer la méthode d'APP, car cet apprentissage suscite un désir de gain de 63,7 %, alors que la tâche de favoriser l'humanisme ne suscite qu'un désir de 38,4 %. Ces données rendent les participants plus conscients du degré de motivation du groupe, et les aident à prendre en charge leurs besoins de formation.

Toutefois, l'autodiagnostic ne peut être utilisé qu'à titre indicatif puisque les enseignants, qui n'en sont qu'à l'étape préalable de la formation, ne connaissent pas le contenu exact auquel se réfère chaque compétence.

En 1988-89, les résultats des compilations des grilles d'autodiagnostic permettent de vérifier les choix des activités pour chacune des cinq présentations de l'atelier de formation. Certaines activités doivent être restructurées pour correspondre davantage aux besoins des enseignants et à leur motivation à apprendre. Ainsi, nous accordons cette année-là moins de temps à l'activité portant sur la connaissance des diverses formes de questions et la pratique des questions ouvertes, pour laisser plus de place à l'acquisition des compétences relatives à la gestion de la méthode d'APP.

INDICE DE L'APPRENTISSAGE

Administré avant et après l'atelier, l'autodiagnostic de formation fournit aussi un indicateur de son efficacité. Il révèle à quel point les participants perçoivent leur progression dans la maîtrise des compétences nécessaires à leurs tâches. Plus l'écart moyen est considérable entre la perception du niveau de maîtrise avant l'atelier et la percception après, plus grande est la perception de l'apprentissage réalisé.

Ainsi, au Tableau 12, on constate que, pour 1988-89, la compilation de 54 grilles révèle des différences significatives pour les six premières tâches :

- les apprentissages réalisés sont plus considérables pour les compétences relatives à la tâche de gérer la méthode d'APP (ce qui est cohérent avec les indices de motivation et le programme remanié);

- les futurs tuteurs ont surtout fait porter leur apprentissage sur les tâches de faciliter le fonctionnement du petit groupe et de stimuler la motivation;

- la tâche de favoriser l'autonomie a conduit à un accroissement des compétences qui y sont reliées;

TABLEAU 12
INDICE DE L'APPRENTISSAGE RÉALISÉ
LORS DE CINQ ATELIERS EN 1988-1989

TÂCHES	Moyennes (maîtrise des compétences)		Moyenne des différences	
	préatelier	postatelier	(apprentissage)	Signification*
Gérer la méthode d'APP	2,40 (1,1)	3,86 (0,8)	1,46 (1,3)	S
Faciliter le fonctionnement du petit groupe	1,94 (1,0)	2,96 (0,8)	1,02 (1,1)	S
Guider l'étude des contenus spécifiques	2,62 (1,1)	3,44 (1,0)	0,82 (1,1)	S
Favoriser l'autonomie	2,24 (0,9)	3,23 (0,9)	0,99 (0,9)	S
Favoriser l'humanisme	3,30 (1,1)	3,78 (0,9)	0,48 (1,1)	S
Stimuler la motivation	2,28 (1,1)	3,30 (0,9)	1,02 (1,1)	S
Évaluer les apprentissages	2,34 (1,0)	2,60 (1,0)	0,25 (1,0)	N.S.
Collaborer à l'administration des études	2,70 (1,4)	2,90 (1,3)	0,20 (1,5)	N.S.

* Test Matched T ( ) = écart-type

- quant à la tâche de guider l'étude des contenus spécifiques, l'analyse détaillée nous apprend que la maîtrise de trois des quatre compétences qui y sont reliées s'est accrue légèrement, alors que la compétence connaître les diverses formes de questions favorisant l'apprentissage enregistre un indice de progrès important;
- les tuteurs trouvent qu'ils n'ont augmenté que très légèrement leur maîtrise des compétences pour la tâche de favoriser l'humanisme.

Les deux dernières tâches ne présentent pas de résultats statistiquement significatifs, et pour cause : ce sont deux tâches dont les compétences n'ont pas été incorporées aux objectifs de l'atelier, mais reportées à un moment plus propice. Ces résultats tendent à confirmer la sensibilité de l'instrument de mesure.

INDICE DU DÉSIR DE PERFECTIONNEMENT

Si on analyse les résultats des grilles d'autodiagnostic remplies à la fin de l'atelier de formation, pour ce qui a trait à l'écart entre le niveau de maîtrise atteint et le niveau encore souhaité, un autre indice, celui de continuer à apprendre, nous révèle le désir de perfectionnement pour les compétences des huit tâches de tuteur. Seules deux compétences spécifiques atteignent encore un écart moyen de plus de deux points alors que dix compétences suscitaient un tel indice de motivation deux semaines avant l'atelier.

Ces deux compétences concernent la tâche d'évaluer les apprentissages; on peut comprendre pourquoi les deux premières éditions de l'atelier de perfectionnement ont inclus l'évaluation (Tableau 10, 6e thème). Pour la tâche de gérer la méthode d'APP, une seule compétence présente encore un degré de motivation supérieur à 1 point après l'atelier. Il s'agit de la capacité de fournir de la rétroaction à un groupe sur la manière dont il a réalisé chacune des étapes. Cette compétence deviendra donc un objectif d'apprentissage pour aider les tuteurs lors de la première présentation de l'atelier de perfectionnement (Tableau 10, 3e thème). Il en ira de même des trois compétences reliées à la tâche de faciliter le fonctionnement du petit groupe (écart moyen de plus de 1 point). Dans le but d'accroître la capacité des tuteurs à aider l'étudiant-animateur, les concepts reliés au fonctionnement optimal d'un groupe seront illustrés et actualisés par des exercices d'animation

Si l'on considère les moyennes pour l'ensemble des compétences reliées à chaque tâche, il ressort que pour les deux dernières tâches d'importants besoins d'apprentissage subsistent à la fin de l'atelier. On se souviendra que les objectifs de l'atelier n'incluent pas ces deux tâches. Par ailleurs, stimuler la motivation et favoriser l'autonomie éveillent chez les tuteurs le désir d'aller plus loin. L'importance de la tâche de guider l'étude des contenus spécifiques suscite également le sentiment d'avoir à se perfectionner. Pour la tâche de faciliter le fonctionnement du petit groupe, on a encore besoin d'un peu de théorie et de pratique. Toutefois, les tuteurs se sentent relativement bien outillés pour gérer la méthode d'APP et favoriser l'humanisme.

La démarche de formation et de perfectionnement des tuteurs a maintenant franchi suffisamment d'étapes pour rendre nécessaire sa révision et son adaptation. Nous sommes rendus au point où il faut établir des critères de mesure et d'évaluation des compétences, toujours dans une perspective de formation continue. Cette opération représente notre nouveau défi, si nous voulons compter sur un plus grand nombre de tuteurs efficaces.

LES GRANDES ORIENTATIONS

IMPORTANCE DU RÔLE DES TUTEURS

À Sherbrooke, nous avons accordé une grande importance à l'élaboration et à la réalisation d'un système cohérent et permanent de formation des tuteurs. Cet investissement en temps, en argent et en énergie est fondé sur la certitude que la qualité des tuteurs est d'une importance capitale pour le succès de la réforme pédagogique. Gijselaers et Schmidt[25] établissent une relation significative entre le rôle du tuteur et le fonctionnement du groupe.

Dans une communication sur l'instrument de mesure utilisé à Sherbrooke pour évaluer le programme de 1re année, Schmidt *et al.*[26] indiquent que l'évaluation des activités du tuteur est reliée à la perception qu'ont les étudiants du fonctionnement du groupe, de la qualité des problèmes et de la stimulation à étudier, quels que soient les objectifs directement suggérés par le problème.

De son côté, Barrows[1] considère le tuteur comme la pierre angulaire de l'APP. Moust *et al.* emploient les mots d'acteur clé («key actor»)[27]. L'influence prédominante du tuteur dans le processus d'APP s'avère donc largement reconnue. Notre expérience corrobore ce fait. Dans les évaluations remises par les étudiants à la fin de chaque unité d'APP, il est évident que l'appréciation positive du tuteur atténue et parfois efface entièrement les perceptions négatives qu'ont pu susciter la qualité des problèmes ou les aspects négatifs de l'environnement pédagogique.

SE CENTRER SUR L'APPRENTISSAGE ET SUR L'ÉTUDIANT

Les tuteurs représentent les piliers du nouveau système au moment de son implantation; c'est à eux que la réforme impose le plus d'efforts. Ils sont habitués au rôle traditionnel du professeur d'université, dont l'enseignement est solide, incontestable, *ex cathedra*. On demandera à tous, et non à des volontaires uniquement, de se plier aux exigences de l'apprentissage par problèmes.

Cette méthode, centrée sur l'autoapprentissage plutôt que sur l'enseignement, oblige les enseignants devenus tuteurs à franchir un passage difficile. Des activités de développement pédagogique les avaient déjà éveillés à ces préoccupations. Néanmoins, on attend maintenant d'eux, de façon urgente et incontournable, qu'ils remplissent les tâches, maîtrisent les compétences et adoptent les comportements de tuteurs efficaces.

Dès le début, la direction des études donne comme but au programme de permettre aux professeurs (traditionnellement centrés sur la matière, ou sur eux-mêmes, leurs recherches, leurs cliniques...) d'acquérir les compétences d'un tuteur centré sur l'étudiant et sur l'apprentissage. C'est la perspective des programmes qui utilisent comme méthode l'APP. Ainsi lit-on dans Moust *et al.*[27] :

«The heart of the tutor-role is his changed perspective on the teaching-learning process. Instead of autonomously transmitting information on the subject-matter on hand and directing what and how the students should learn, the Maastricht tutor has to act as a guide. (...) students should become self-directed learners who feel responsible for their own learning.»

Rogers[28] a longuement décrit comment l'étudiant est le principal artisan de son apprentissage et comment le rôle de l'enseignant consiste à faciliter le processus d'apprentissage dans le groupe d'étudiants. Favoriser l'autonomie, la prise en charge, stimuler la motivation, respecter les valeurs des autres, développer l'empathie, voilà autant de thèmes que l'on retrouve partout dans la documentation scientifique humaniste bien avant qu'ils ne figurent dans le modèle descriptif de la fonction de tuteur. Entreprendre de transformer les attitudes et les comportements des enseignants pour les orienter en ce sens se révèle toutefois une entreprise ardue.

Nous savons cependant, grâce au processus de validation des tâches, que les tuteurs sherbrookois croient que leurs tâches les plus importantes consistent à stimuler la motivation à apprendre chez l'étudiant et à faciliter le fonctionnement du petit groupe. Ils accordent aussi de l'importance au fait de favoriser l'autonomie des étudiants. Ces résultats nous permettent de formuler l'hypothèse que nos professeurs sont prêts à apprendre à se centrer sur les étudiants.

FORMATION PONCTUELLE OU FORMATION CONTINUE

Sherbrooke a choisi, dès le départ, de faire de la formation des tuteurs un projet d'éducation continue. Son objectif est d'assurer la formation et le développement personnel du tuteur en lui permettant d'acquérir progressivement les connaissances, les compétences et les comportements requis pour l'exercice de sa fonction. Dans un programme d'études médicales prédoctorales centré sur l'étudiant et ayant pour but de favoriser chez ce dernier des attitudes d'autonomie et d'humanisme axées sur les besoins de la communauté, le tuteur voit s'étendre devant lui un vaste chantier. Il doit devenir compétent pour faire en sorte que l'étudiant atteigne ce but tout en poursuivant de solides études de médecine au moyen de l'apprentissage par problèmes.

L'importance que nous accordons au développement intégral de la personne du tuteur fait explicitement écho à ce qui se passe à l'Université de Californie à Davis (Lanphear et Cardiff[29]). Berquist et Phillips[30] considèrent qu'un programme de formation efficace rejoint souvent les professeurs jusque dans leurs objectifs, leurs valeurs, leur croissance personnelle, leurs habiletés dans les relations interpersonnelles et même dans la planification de leur carrière.

Les activités ponctuelles de formation nous semblent adaptées à l'ampleur du changement d'attitude envisagé : celui de faire des professeurs des pédagogues centrés sur les étudiants. Notre système de formation propose des activités diversifiées et fournit des occasions de rejoindre toute la personne. Atelier de formation, observation, expérimentation, réunions, monitorat, rétroaction, atelier de perfectionnement, voilà autant de moyens actuellement disponibles. À Sherbrooke, dès la rencontre préalable, le programme de formation est présenté comme un processus continu.

UN PROGRAMME BASÉ SUR L'ACQUISITION DE COMPÉTENCES

Notre modèle de formation présente des éléments interreliés, de manière à former un tout cohérent que nous ne voulons ni rigide ni linéaire. Les compétences que nous identifions comme nécessaires chez le tuteur découlent des tâches qui lui sont attribuées et supposent des comportements grâce auxquels un tuteur compétent manifeste qu'il maîtrise le processus.

Étant donné que les tâches et les compétences requises pour exercer la fonction de tuteur ont été choisies dans le but d'orienter le programme de formation continue des tuteurs, il faut donc procéder à une validation de ces éléments du modèle. Les moyennes obtenues pour les huit tâches lors de la validation interne se situent toutes au-dessus de 3 points sur une échelle de 5. Chaque nouvelle activité de formation puise ses objectifs spécifiques dans cette banque de données sur les tâches et sur les compétences.

Le modèle reste très ouvert quant au comportements exigés des tuteurs. À mesure que l'expérience progresse, les ateliers de formation et de perfectionnement fournissent l'occasion de rajuster les consignes concernant l'actualisation des compétences par des comportements précis. Au début de l'implantation, on demandait aux tuteurs d'observer plus que d'intervenir, d'être discrets pour permettre la prise en charge du processus par les étudiants. Aujourd'hui, les tuteurs, plus actifs, procèdent davantage par des questions ouvertes.

Le modèle mis en place à l'Université Ben Gourion (Benor et Mahler[31]) suppose des liens étroits entre les composantes du système de formation, et prévoit un enchaînement progressif de ses objectifs. La logique et la cohérence d'un tel système imposent un parcours déterminé, allant du générique au spécifique[32], de la philosophie de l'établissement à la maîtrise d'habiletés particulières, en passant par les attitudes et la motivation des tuteurs.

Sherbrooke a, elle aussi, conçu un programme de formation des tuteurs dont la progression est déterminée par une logique cohérente et un enchaînement dans le processus de formation. L'acquisition progressive des compétences devient le fil conducteur. Le processus est influencé par le développement du nouveau programme d'APP, la rétroaction provenant des évaluations des étudiants, les bilans de fin d'année, les résultats des observations et le partage des expériences. Nous avons choisi de demeurer souples et ouverts de manière à pouvoir nous ajuster aux mouvements du processus d'implantation d'un nouveau programme prédoctoral.

PERSISTANCE DE LA PRÉOCCUPATION DU CONTENU À COUVRIR

La difficulté de passer d'une attitude centrée sur le contenu à une attitude centrée sur l'apprentissage et sur l'étudiant demeure grande. Les tuteurs d'APP, du moins à Sherbrooke, semblent toujours tentés de se centrer plutôt sur la couverture du contenu médical visé par les problèmes, dénominateur commun à l'enseignement et à l'apprentissage. Dans les cursus traditionnels, c'est le contenu qui est valorisé. Le milieu biomédical fait pression pour qu'on lui accorde une place toujours plus importante. Dans le programme d'APP, le contenu, vite maîtrisé par les tuteurs, représente un moyen de se sentir utile, à la hauteur de la situation, et compétent. Néanmoins, le tuteur doit s'en tenir à la discussion, à la justesse des concepts. Il ne doit intervenir que pour faire expliquer, faire compléter, questionner, apporter des exemples cliniques, vérifier si l'arbre des concepts a été entièrement couvert, favoriser l'intégration des sciences fondamentales et la maîtrise des mécanismes physiopathologiques.

Lors des premiers ateliers, presque tous les tuteurs, autant ceux de 1re année que de 2e, vont vouloir discuter de la couverture des contenus. Au moment de la validation des compétences, soit avant d'entreprendre une deuxième ou une troisième expérience comme tuteur, les quatre compétences reliées à la tâche de guider l'étude des contenus spécifiques sont considérées comme utiles au plus haut point; elles obtiennent le premier rang dans la perception d'utilité. Parmi les compétences considérées comme les plus utiles, on retrouve : connaître l'arbre des concepts sous-jacents aux problèmes à l'étude, reconnaître quand et comment intervenir pour favoriser le processus d'apprentissage. On peut donc émettre l'hypothèse que la grande importance accordée au contenu stimule la perception de l'utilité des compétences reliées à cette tâche.

La problématique des tuteurs experts par opposition aux tuteurs facilitateurs découle de l'importance accordée au contenu à couvrir. Il semble que les tuteurs ont tendance à amplifier l'importance d'être experts dans le domaine à l'étude. L'habitude de couvrir des contenus spécifiques et l'importance qu'ils y accordent les incitent fortement à s'orienter dans cette voie et limitent grandement leur intérêt pour les autres aspects de leur fonction. Pourtant, après avoir démontré la relation de cause à effet entre les habiletés du tuteur à travailler avec un petit groupe et le fonctionnement de ce dernier, Gijselaers et Schmidt[25] ajoutent : «Therefore, tutors should be trained on aspects of group dynamics.

Plusieurs tuteurs ont tendance à demander que les ateliers de perfectionnement accordent moins de place au processus et traitent davantage des compétences reliées au contenu médical. D'autres affirment qu'une formation continue, particulière à chaque unité, représente une excellente façon d'obtenir l'harmonie entre la méthode bien appliquée et le contenu bien formulé. À peine quelques-uns expriment le besoin de développer davantage leurs capacités d'observer et d'intervenir adéquatement pour aider le fonctionnement du petit groupe. Dans l'ensemble, les tuteurs, ayant le sentiment d'en savoir assez sur le fonctionnement et l'animation des petits groupes, estiment que s'attarder sur ce sujet représente du temps mal investi: ils veulent augmenter leurs capacités d'intervenir pour aider à la compréhension de la matière et à l'apprentissage de l'étudiant.

En résumé, un programme de formation continue, fondé sur l'acquisition de compétences générales et spécifiques, semble être une approche cohérente avec la philosophie éducative qui guide l'APP.

LES LEÇONS DE L'EXPÉRIENCE

Schmidt *et al.*[33], Benor et Mahler[31], Moust *et al.*[27] ont étudié les changements produits et les réactions des enseignants à la suite des ateliers de formation. À Sherbrooke nous savons que des enseignants sont parfois surpris ou déçus de notre programme de formation. Surpris de ne pouvoir acquérir rapidement des habiletés spécifiques. Déçus de ne pas avoir suffisamment de temps à consacrer à la découverte et à l'apprentissage patient de l'art d'aider à l'apprentissage. «Quels sont les meilleurs trucs pour réussir? Il n'y a pas 56 façons de faire une arthroscopie du genou ou une bonne diapositive. Ça doit être un peu la même chose pour être tuteur.» Les enseignants sont tentés de qualifier d'atermoiement le fait de leur donner des réponses nuancées qui clarifient les grands principes et les renvoient à leur propre jugement sur la situation pédagogique, faisant ainsi appel au relatif plutôt qu'à l'absolu, à la formation de la compétence pédagogique plutôt qu'à des recettes toutes faites.

Il ne suffit pas d'avoir entendu parler d'un sujet et d'avoir fait des exercices de sensibilisation pour être en mesure d'intégrer une nouvelle attitude et d'ajuster ses comportements en conséquence. Il en est ainsi de la maîtrise de certaines habiletés reliées à la facilitation du travail en petit groupe, à l'humanisme, à la motivation des étudiants, à l'aide à l'apprentissage de l'autonomie. Et pourtant, les tuteurs ont parfois l'impression de perdre leur temps sur des sujets jugés peu importants ou imprécis...

Les questionnaires d'évaluation remplis à la fin de chaque activité de formation confirment, cependant, que la grande majorité apprécient beaucoup les ateliers. L'analyse des grilles d'autodiagnostic révèle que l'écart entre le niveau auquel les participants souhaitent parvenir et le niveau auquel ils sont rendus à la fin de l'atelier de formation est très mince. Nous y voyons une confirmation de la satisfaction exprimée dans les feuillets d'évaluation. Pour les six tâches dont il est question pendant cet atelier, le niveau de maîtrise des compétences s'accroît de façon significative.

De plus, on observe un taux de satisfaction très élevé à la fin des ateliers de perfectionnement qui marquent le début de chaque unité. Les tuteurs évaluent positivement le fait de rafraîchir et d'accroître le savoir, le savoir-être et le savoir-faire qui les aideront dans l'exercice de leur fonction. Ils apprécient les consignes qui leur sont transmises chaque année dans le but d'harmoniser le déroulement du programme et d'assurer l'évolution et les changements qui s'imposent.

Toutes ces données nous portent à croire que le programme de formation continue des tuteurs, en dépit de ses imperfections, est quand même un moyen utile et apprécié.

Mais la phase d'implantation du programme d'APP s'achevant, il faut déjà penser à la consolidation des acquis et à la relève. Au moment de l'implantation, la nouveauté et l'envergure du changement constituaient des raisons suffisantes de participer aux ateliers de formation des tuteurs. À l'heure de la consolidation, il apparaît que, dans une perspective de recherche d'excellence, c'est l'accroissement de la qualité pédagogique du programme qui s'imposera comme le grand objectif à atteindre. Dans un tel cadre de réflexion et d'action, la formation continue des tuteurs, prenant tout son sens, continuera de jouer un rôle indispensable.

Pour identifier les besoins de formation des tuteurs et y répondre, l'une des sources privilégiées par les responsables du développement pédagogique devra être la situation concrète de chaque unité quant à la cohérence de ses composantes pédagogiques et à la cohésion de son équipe de tuteurs. On devra se préoccuper également des besoins de formation ressentis par les directeurs d'unité. En troisième lieu, la formation pédagogique des tuteurs devra être organisée de façon à répondre aussi aux besoins individuels de formation et de perfectionnement ressentis par les tuteurs en exercice, indépendamment de l'unité à laquelle ils appartiennent. Finalement, on devra se préoccuper des besoins de formation continue révélés par la performance réelle des tuteurs, conformément à la responsabilité institutionnelle de maintenir la compétence des professeurs dans leur fonction de tuteurs d'APP. Pour ce faire, l'utilisation d'instruments d'évaluation de l'efficacité des interventions des tuteurs apparaît nécessaire.

La poursuite du programme de formation continue passe par une décentralisation, une adaptation à chaque unité et une plus grande disponibilité pour des services individualisés, offerts sur mesure. L'évaluation du système mis en place et le contrôle de la qualité de ce qu'il produit devront aussi constituer des dossiers prioritaires, ce qui ouvre un nouveau chantier : l'analyse détaillée des comportements du tuteur efficace.

RÉFÉRENCES

1. Barrows, H. S. *The Tutorial Process*, Springfield, Southern Illinois University School of Medicine, 1988.

2. Schmidt, H. G., A. Van der Arend, J. H. C. Moust, I. Kokx et L. Boon. *Influence of Tutors' Subject-matter Expertise on Student Achievement in Problem-based Learning*, Maastricht, Université de Limburg (communication personnelle).

3. Silver, M. T. *Authority and Knowledge in Medical Education : Effect of Tutor Expertise on Tutorial Functioning*, mémoire de maîtrise sous la direction de Lu Ann Wilkerson, Office for Education Development, Harvard Medical School, 1989.

    Silver, M. T. et L. A. Wilkerson. «Effects of Tutors with Subject Expertise on the Problem-based Tutorial Process», Academic Medicine, vol. 66, nº 5, 1991, p. 298-300.

4. Davis, W. K., R. Nairn, M. E. Paine, R. M. Anderson et M. S. Oh. «Effects of Expert and Non-expert Facilitators on the Small-group Process and on Student Performance», Academic Medicine, vol. 67, 1992, p. 470-474.

5. Lesage-Jarjoura, P, R. Black et J. E. Des Marchais. *Impact de l'expertise des tuteurs sur les résultats académiques des étudiants*, Université de Sherbrooke, Faculté de médecine, 1990 (texte non publié).

6. Hill, W. F. *Learning thru Discussion*, Beverly Hills, Sage, 1969.

7. Rabe, A. N. «A Comparison of Student-led Discussion Groups to Teacher-led Discussion Groups of Teaching College Introductory Health Courses», texte presenté au Scientific Forum of the American School Health Association, Chicago, 1973.

8. Swanson, D. B., B. F. Stalenhoef-Halling et C. P. M. Van der Vleuten. *Effect of Tutor Characteristics on the Best Performance of Students in Problem-based Curriculum*, (communication personnelle).

9. Patel, V. L., G. J. Groen et G. R. Norman. «Effects of Conventional and Problem-based Medical Curricula on Problem-solving», Academic Medicine, vol. 66, 1991, p. 380-389.

10. Moust, J. H. C. et H. G. Schmidt. «Undergraduate Students as Tutors : Are They as Effective as Faculty in Conducting Small-Group Tutorials?», communication présentée à The Second International Symposium on Problem-based Learning, Yokyakarta, Indonésie, 1990.

11. Des Marchais, J. E. *Références sur les programme de formation des tuteurs*, renseignements recueillis à l'occasion du congrès du Network of Community Oriented Educational Institutions for Health Sciences, Pattaya, Thaïlande, 1987 (texte non publié).

12. Lucero, S. M., R. Jackson and W. R. Galey. «Tutorial Groups in Problem-based Learning», in A. Kaufman, éd. Implementing Problem-based Medical education, Lessons from Successful Innovations, New York, Springer Publishing Co., 1985.

13. Bouhuijs, P. A. J. «Faculty Development», in C. Van der Vleuten et W. Wijnen, éd. PBL : Perspectives from the Maastricht Experience. Amsterdam, Thesis Publishers, 1990.

14. Barrows, H. S. *How to Design a Problem-Based Curriculum for the Preclinical Years*, New York, Springer Publishing Co., 1985.

15. Kenny, W. R. et D. L. Harnish. «A Developmental Approach to Research and Practice in Adult and Continuing Education», Adult Education, vol. 33, nᵒ 1, 1982, p. 29-54.

16. Davies, I. K. *Competency Based Learning : Technology, Management and Design*, New York, McGraw-Hill Book Co., 1973.

17. Des Marchais, J. E. et M. Chaput. «Validation by Network and Sherbrooke Tutors of Problem-Based Learning Tutor Tasks», communication présentée à The Second

International Symposium on Problem-Based Learning, Yokyakarta, Indonésie, 1990, in P. A. J. Bouhuijs, H. K. Schmidt et H. J. M. Van Berkel. Problem-based Learning as A Strategy, Network of Community Oriented Educational Institutions for Health Sciences, Maastricht, 1993.

18. Segall, A. «Generic and Specific Competence», Medical Education, vol. 14 (supplément), 1980, p. 19-22.

19. Stone, D. H. «A Method of Deriving Definitions of Specific Medical Competencies : a Framework for Curriculum Planning and Evaluation», Medical Teacher, vol. 9, no 2, 1987, p. 155-159.

20. Pottinger, P. S. «Competence Assessment : Comments on Current Practices», in P.S. Pottinger et J. Goldsmith, éditeurs. Defining and Measuring Competence. New Directions for Experiential Learning, no 3, Jossey-Bass Inc., 1979.

21. St-Arnaud, Y. Les petits groupes - participation et communication, Montréal, Les Presses de l'Université de Montréal et Les Éditions du CIM, 1989.

22. Delorme, P., P. Jean P. et J. E. Des Marchais. «Des professeurs expérimentent l'apprentissage par problèmes», Union médicale du Canada, vol. 116, no 5, 1987, p. 278-284.

23. Jean, P., J. E. Des Marchais et P. Delorme. «La motivation de l'étudiant comme levier d'apprentissage», in P. Jean, J. E. Des Marchais et P. Delorme. Apprendre à enseigner les sciences de la santé. Guide de formation pratique, chapitre 16, section V, Universités de Montréal et de Sherbrooke, 1993.

24. Schmidt, H. G. Vidéo tourné à l'Université de Limburg sur les difficultés de fonctionnement que peut rencontrer un petit groupe d'apprentissage par problèmes, Maastricht (communication personnelle).

25. Gijselaers, W. H. et H. G. Schmidt. «Development and Evaluation of a Causal Model of Problem-based Learning», in Z. M. Nooman, H. G. Schmidt et E. S. Ezzat, éd. Innovation in Medical Education : An Evaluation of its Present Status, New York, Springer Publishing Co., 1990, p. 95-113.

26. Schmidt, H. G., J. E. Des Marchais et R. Black. «Theory-Guided Design of a Rating Scale for Course Evaluation in Problem-based Medical Curricula«, communication présentée au Annual Meeting of the American Educational Research Association, San Francisco, 1989.

27. Moust, J. H. C., W. S. de Grave et W. H. Gijselaers. «The Tutor Role, A Neglected Variable in the Implementation of Problem-based Learning», in Z. M. Nooman, H. G. Schmidt et E. S. Ezzat, éd. Innovation in Medical Education : An Evaluation of its Present Status, New York, Springer Publishing Co., 1990, p. 135-151.

28. Rogers, C. R. Freedom to Learn, Columbus, Merrill, 1969.

29. Lanphear, J. H. et R. D. Cardiff. «Faculty Development : An Essential Consideration in Curriculum Change», Archives of Pathological Laboratory Medicine, vol. 111, 1987, p. 487-491.

30. Berquist, W. H. et S. R. Phillips. «Components of an Effective Faculty Development Program», Journal of Higher Education, vol. 46, 1975, p. 177-210.

31. Benor, D. E. et S. Mahler. «Training Medical Teachers : Rationale and Outcomes«, in H. G. Schmidt, M. Lipkin Jr, M. W. de Vries et J. M. Greep, éd. New Directions for Medical Education : Problem-based Learning and Community-oriented Medical Education, New York, Springer-Verlag, 1989, p. 248-259.

32. Segall, A. J. «Generic and Specific Competence in Medical Education and Health Care», Medical Education, vol. 14 (supplément), 1980, p. 19-22.

33. Schmidt, H. G., P. A. J. Bouhuijs, T. Khattab et F. Makladi. «Attitude Change Among Medical Teachers : Effects of a Workshop on Tutorials», in H. G. Schmidt, J. Lipkin Jr, M. W. de Vries et J. M. Greep, éd. New Directions for Medical Education, New York, Springer-Verlag, 1989, p. 243-247.

ANNEXE 1

GRILLE D'AUTODIAGNOSTIC

TÂCHES	COMPÉTENCES REQUISES	ÉTAT ACTUEL (selon ma propre perception)	ÉTAT DÉSIRÉ (niveau que j'aimerais atteindre)
GÉRER LA MÉTHODE D'APP	Jusqu'à quel point est-ce que je...	− +	− +
	- connais la philosophie et les attitudes de base de la méthode d'APP	1 2 3 4 5	1 2 3 4 5
	- connais les 10 étapes au point de les verbaliser spontanément	1 2 3 4 5	1 2 3 4 5
	- peux déterminer les caractéristiques de chacune des étapes	1 2 3 4 5	1 2 3 4 5
	- peux identifier, en situation, l'étape franchie par le groupe	1 2 3 4 5	1 2 3 4 5
	- peux évaluer la réalisation de chacune des étapes	1 2 3 4 5	1 2 3 4 5
	- peux fournir de la rétroaction à un groupe sur la manière dont il a réalisé chacune des étapes	1 2 3 4 5	1 2 3 4 5
FACILITER LE FONCTIONNEMENT DU PETIT GROUPE	Jusqu'à quel point est-ce que je...		
	- connais le cadre de référence élaboré par Y. St-Arnaud concernant le fonctionnement optimal d'un groupe	1 2 3 4 5	1 2 3 4 5
	- suis en mesure de décrire les fonctions et les tâches d'un animateur de groupe	1 2 3 4 5	1 2 3 4 5
	- peux identifier, en situation, les tâches appropriées d'animation	1 2 3 4 5	1 2 3 4 5
	- suis en mesure d'exercer les tâches adéquates d'animation au besoin	1 2 3 4 5	1 2 3 4 5
	- puis reconnaître dans un groupe en difficulté le problème de fonctionnement et aider le groupe à trouver une solution réalisable	1 2 3 4 5	1 2 3 4 5
GUIDER L'ÉTUDE DES CONTENUS SPÉCIFIQUES	Jusqu'à quel point est-ce que je...		
	- connais l'arbre des concepts sous-jacents aux problèmes à l'étude	1 2 3 4 5	1 2 3 4 5
	- reconnais quand et comment intervenir pour favoriser le processus d'apprentissage	1 2 3 4 5	1 2 3 4 5
	- connais les diverses formes de questions favorisant le processus d'appprentissage	1 2 3 4 5	1 2 3 4 5
	-suis en mesure d'utiliser judicieusement l a technique des questions ouvertes	1 2 3 4 5	1 2 3 4 5

FAVORISER L'AUTONOMIE	Jusqu'à quel point est-ce que je... - connais les éléments de la démarche autonome	1 2 3 4 5	1 2 3 4 5
	- connais les limites et les conditions d'une démarche autonome	1 2 3 4 5	1 2 3 4 5
	- sais mesurer le degré d'autonomie des étudiants	1 2 3 4 5	1 2 3 4 5
	- connais les stratégies d'aide pour favoriser une démarche autonome	1 2 3 4 5	1 2 3 4 5
FAVORISER L'HUMANISME	Jusqu'à quel point est-ce que je... - connais les conditions d'une démarche rigoureuse d'analyse	1 2 3 4 5	1 2 3 4 5
	- suis capable de respecter les valeurs de mes étudiants	1 2 3 4 5	1 2 3 4 5
	- me soucie de développer l'empathie dans mes relations avec les autres	1 2 3 4 5	1 2 3 4 5
	- connais les conditions de l'écoute active	1 2 3 4 5	1 2 3 4 5
STIMULER LA MOTIVATION	Jusqu'à quel point est-ce que je... - connais les principales théories de la motivation	1 2 3 4 5	1 2 3 4 5
	- peux identifier, en situation, les facteurs de motivation concernés	1 2 3 4 5	1 2 3 4 5
	- peux décrire les stratégies les plus efficaces pour influencer la motivation d'un étudiant	1 2 3 4 5	1 2 3 4 5
ÉVALUER LES APPRENTIS-SAGES	Jusqu'à quel point est-ce que je... - connais les principes de mesure et d'évaluation	1 2 3 4 5	1 2 3 4 5
	- possède la maîtrise de l'acte d'évaluation en tenant compte des biais de jugement	1 2 3 4 5	1 2 3 4 5
	- comprends les caractéristiques propres aux grilles d'évaluation utilisées	1 2 3 4 5	1 2 3 4 5
	- sais observer chacun de mes étudiants à l'occasion des rencontres tutoriales	1 2 3 4 5	1 2 3 4 5
COLLABORER À L'ADMINIS-TRATION DES ÉTUDES	Jusqu'à quel point est-ce que je... - connais le calendrier de l'unité	1 2 3 4 5	1 2 3 4 5
	- comprends la place de l'unité dans le déroulement du programme	1 2 3 4 5	1 2 3 4 5
	- comprends les exigences du système appliquées à la fonction de tuteur	1 2 3 4 5	1 2 3 4 5

CHAPITRE 10

LA RÉMUNÉRATION DU CORPS PROFESSORAL ET LE FINANCEMENT DU NOUVEAU PROGRAMME

Jacques E. Des Marchais et Henry Haddad

*«Thinkers know that human capital is the
only one that really counts now».*
- W. Bennis

L'université Harvard aurait bénéficié de plusieurs millions de dollars pour développer son *General Pathway for Medical Education*[1]. En 1987, la Faculté de médecine de Sherbrooke, quant à elle, s'apprête à s'engager dans un changement majeur de programme sans pouvoir compter sur de nouvelles ressources financières. Après cinq ans, ce sera chose faite. Comment a-t-on mobilisé les ressources de la Faculté pour réaliser un changement aussi coûteux?

LE PLAN DE PRATIQUE DES MÉDECINS DE L'UNIVERSITÉ DE SHERBROOKE

Tout le financement du nouveau programme repose sur les unités d'activités universitaires (UAU) et sur la comptabilité départementale, deux concepts clés difficiles à saisir si on ignore le plan de pratique des médecins de l'Université de Sherbrooke, élément tout à fait caractéristique de notre Faculté.

LE CONTEXTE NORD-AMÉRICAIN

En 1910, le rapport Flexner[2] prône l'élimination de la notion de profit dans le système de formation des médecins. La réforme va connaître un succès remarquable pendant un quart de siècle. Flexner n'est cependant pas en mesure d'anticiper certains changements.

Avant la Deuxième guerre mondiale, la plupart des facultés comptent un petit groupe d'enseignants réguliers à temps plein, la plupart étant des chercheurs fondamentalistes. Pour l'enseignement clinique, les facultés ont recours à des médecins volontaires à temps partiel. Vers les années 50, des départements cliniques seront constitués de professeurs à temps complet. Cette expansion coïncide avec le développement des sous-spécialités médicales et la progression rapide de la recherche clinique.

Durant les années 70, de nouvelles contraintes économiques s'imposent au financement de la recherche clinique aux États-Unis. Les départements cliniques sont en quête de nouvelles sources de financement pour maintenir leurs activités de recherche. Les membres à temps plein du corps professoral mettent en commun les revenus de leur pratique clinique pour payer des salaires et soutenir des programmes universitaires. Dans certaines facultés, ce plan peut inclure tous les départements cliniques; dans d'autres, certains seulement. Dans la plupart, le doyen ou le directeur de département veille à l'application du plan, mais ailleurs, ce peut être la responsabilité de tous les membres de la faculté.

En 1977, l'Association des facultés de médecine américaines (AAMC) observe que de tels plans sont désormais indissociables du bon fonctionnement des facultés, soucieuses de maintenir la qualité de leurs programmes malgré la baisse des revenus d'autres sources[3].

En Amérique du Nord, on reconnaît maintenant que les fonds produits par ces «plans de pratique» sont essentiels à la survie des facultés de médecine. Étant donné l'importance des disparités de salaires qu'il y aurait autrement entre enseignants cliniciens et enseignants en sciences fondamentales, la plupart d'entre elles admettent qu'elles ont besoin des revenus cliniques pour demeurer compétitive avec la pratique privée.

Dans un rapport publié en 1989[4], l'AAMC signale que les revenus tirés du soin des patients comptent désormais pour une part substantielle du financement des facultés. Ils compensent aussi les services rendus par les facultés à leurs hôpitaux affiliés. En 1987-88, au moins 39 % des revenus des facultés provenaient de ces plans; en 1960-61, cette contribution n'était que de 6 %.

De plus, un plan de pratique facultaire bien conçu est souvent essentiel à l'accomplissement des missions de la faculté. Il doit poursuivre les objectifs suivants[5, 6] :

- assurer des salaires concurrentiels à des cliniciens pour leur permettre de prodiguer des soins de grande qualité dans les cliniques universitaires;

- assurer un enseignement clinique de grande qualité grâce à un éventail d'expériences de pratique;

- faire des activités administratives une simple routine;

- offrir un milieu de pratique concurrentiel, qui permette à la faculté de recruter et de retenir des cliniciens universitaires de haute qualité, y compris des chercheurs;

- produire plus de revenus pour permettre à la faculté de soutenir non seulement l'enseignement clinique, mais aussi les autres programmes d'enseignement, les activités de recherche, les publications, etc.

L'HISTORIQUE DU PLAN DE PRATIQUE MÉDICALE
AU CENTRE HOSPITALIER UNIVERSITAIRE DE SHERBROOKE

Dans son histoire du Centre médical de l'Université de Sherbrooke, l'ancien recteur, Mgr Roger Maltais[7], mentionne qu'avec l'hôpital intégré, la médecine sociale et l'abolition des départements, le professorat à temps plein figurait en 1961 «parmi les nouveautés dont la Faculté de médecine se faisait gloire». Selon les «objectifs« établis en 1964, le Centre comprend, pour l'enseignement clinique, «un hôpital universitaire dont le personnel médical est à plein temps.» De ce principe, découlent naturellement la pratique de groupe et, par conséquent, la mise en commun des revenus de l'activité médicale des professeurs cliniciens.

En 1964, l'Université demande d'étudier «la réglementation touchant la perception, la distribution et l'administration des honoraires professionnels que percevront les professeurs de la Faculté et dont ils pourront toucher une certaine proportion en fonction d'échelles établies par la Faculté[7]». En 1969, les 71 professeurs-cliniciens fondateurs forment une société civile particulière pour l'exercice de la médecine dans un milieu universitaire. Certains parlent déjà de «s'immuniser contre le virus de la course aux revenus».

La mission de la Société des médecins de l'Université de Sherbrooke, version de 1992, devient la suivante :

> *«... regrouper les médecins professeurs de la Faculté de médecine qui ont, au préalable, accepté ses exigences et ses modes de fonctionnement dans le but de pratiquer, sans compétition monétaire, une médecine universitaire de haut standard en vue de dispenser les meilleurs soins possible et de permettre à ses membres de réaliser des activités d'enseignement et de recherche requis par la Faculté de médecine[8].»*

Dès le début, la Société des médecins sera intimement liée à l'évolution de la Faculté et vice versa. L'orientation et le fonctionnement de la Société doivent constamment tenir compte des missions, des objectifs, des contraintes et des plans d'action de la Faculté. De même, la Faculté ne peut ignorer les objectifs et les contraintes de la Société, qui a aussi comme mission l'enseignement et la recherche, la qualité des soins et le bien-être financier de ses membres. Pour assurer leur viabilité, l'une et l'autre sont contraintes au respect constant d'objectifs collectifs.

La Société des médecins est la propriétaire exclusive de tous les droits, honoraires et revenus professionnels de ses membres, de quelque source qu'ils proviennent. Cette exclusivité de service est une caractéristique propre à la Société des médecins. Les sociétaires mettent en commun leur habileté pour exercer la médecine dans un milieu universitaire, et chacun donne au doyen de la Faculté, de façon irrévocable et exclusive, le mandat de fixer annuellement le revenu maximum qu'il peut tirer de la Société.

Un Comité exécutif de sept membres administre les affaires courantes, et le doyen en est membre d'office.

L'APPLICATION DU PLAN GRÂCE AU SYSTÈME ERGAP

Au cours des premières années, les fonds de la Société des médecins sont distribués surtout sous forme de surplus de fin d'année; ils servent aussi à financer une partie de la recherche clinique et fondamentale et contribuent aux salaires des membres de la direction de la Faculté. Cependant, en 1981, l'Université réduit de 149 à 126 les postes de professeur, soit une baisse de 15 % du budget de la Faculté. Grâce à son plan de pratique, la Société prend en charge les collègues qui ont perdu leur poste et donne ainsi la preuve de la solidarité de ses membres.

Pour planifier l'avenir de façon prudente, le doyen demande à un groupe de travail de voir comment assurer «le maintien et le développement du corps professoral». En 1984, un document[9] détermine la distribution des ressources financières provenant de l'Université. On y réaffirme la triple mission indissociable de la Faculté - **E**nseignement - **R**echerche - **G**estion et **A**ctivités **p**rofessionnelles - dont découlera le système ERGAP. La Faculté assume ainsi, par une organisation pécuniaire interne, sa mission de produire, transmettre et appliquer le savoir. Les ressources nécessaires proviennent du budget de l'Université, des bourses attribuées aux chercheurs, des subventions de recherche et des revenus des services cliniques.

Le budget de l'Université sert à financer seulement l'enseignement et la recherche, ainsi que la gestion de la Faculté quant à ces deux missions. La Faculté assure aussi, par ses cliniciens, les services médicaux de son centre hospitalier, mais les ressources nécessaires à ces activités cliniques sont financées par la Société des médecins, laquelle perçoit la totalité des honoraires médicaux des professeurs cliniciens. Les sommes requises pour le fonctionnement de l'hôpital et pour son personnel paramédical et administratif proviennent des programmes gouvernementaux.

La Faculté met en place un système de gestion capable de maintenir un juste équilibre entre, d'une part, les buts poursuivis et les tâches accomplies et, d'autre part, les pouvoirs en présence : départements, direction de la Faculté et cliniciens. Un professeur pourra ainsi participer aux diverses tâches convenues avec son directeur de département : Enseignement, Recherche, Gestion et Activités Professionnelles, «ses ERGAP annuels». Il en tirera une rémunération pour sa participation à chacune d'elles.

Chaque directeur de département ou de service s'entend annuellement avec le doyen sur les objectifs de son groupe. Il convient alors avec ses collègues de la répartition des tâches et des responsabilités de chacun, le tout devant être accepté par les membres du département. Le pourcentage de la contribution individuelle dans un domaine particulier varie selon la formation, la compétence et les choix professionnels de chacun. Ce système va progressivement s'établir au milieu des années 80 pour devenir, au milieu des années 90, partie intégrante de la culture du milieu.

Le plan de pratique de la Société est devenu un outil puissant pour le développement d'une médecine consacrée aux soins tertiaires, pour le recrutement des compétences nécessaires à la qualité des programmes de formation, pour la création de nouvelles équipes de recherche et aussi pour l'établissement d'un programme de médecine familiale centrée sur la communauté.

LE FONCTIONNEMENT DU PLAN DE PRATIQUE

La rémunération des actes cliniques étant perçue par la Société et déposée à son compte bancaire, les professeurs n'ont plus à se préoccuper de l'aspect administratif de leur pratique. Tout comme les revenus cliniques résultent des actes cliniques, les revenus d'enseignement proviendront de toute une série de tâches reliées à l'enseignement. Ces dernières tâches sont donc payées à l'acte et inscrites au compte du département concerné grâce au système des unités d'activités universitaires.

LES UNITÉS D'ACTIVITÉS UNIVERSITAIRES

Le système des unités d'activités universitaires (UAU) est fort simple. Le budget de la Faculté est adopté par l'Université, selon les ressources que lui alloue le ministère, sur la base d'un coût *per capita* par discipline d'études : le nombre d'étudiants inscrits aux programmes d'une faculté en détermine le budget. Grâce à un système d'unités, la Faculté transforme chaque poste d'enseignant en environ 1 100 UAU, selon un quantum défini en 1988, ce qui équivaut, en 1995, à quelque 65 000 $ canadiens. Donc, chaque UAU équivaut à une valeur monétaire déterminée, soit la valeur moyenne annuelle d'un poste d'enseignant divisée par 1 100 UAU.

Ces unités servent à rétribuer à sa juste valeur la mission d'enseignement selon la participation réelle de chacun. La recherche n'avait pas été comptabilisée en UAU jusqu'en 1995, sauf pour le volet contribution à la formation des étudiants inscrits aux programmes de maîtrise et de doctorat, pour les crédits qui y sont accordés.

Somme toute, les activités d'enseignement sont payées en fonction de la tâche d'enseignement grâce à des unités retransformées en dollars, tandis que les services cliniques et les soins médicaux sont rétribués en dollars selon l'acte clinique.

À titre d'exemple, pour 1989-90, les 121 postes d'enseignant correspondent à 135 000 unités réparties de la façon suivante : 36 % pour les études prédoctorales; 25 % pour l'ensemble des 28 programmes de formation postdoctorale; 11 % pour les études de maîtrise et de doctorat; 3 % pour une série d'autres programmes; 13 % pour l'ensemble des fonctions administratives reliées à l'enseignement et assumées par la direction de la Faculté et des départements; et 12 % accordés comme crédits de recherche. On peut conclure que 75 % du budget de la Faculté est alloué cette année-là uniquement à la mission d'enseignement, coûts administratifs non compris.

Jusqu'en 1982, l'attribution des UAU et des portions de postes se fait par ententes particulières entre le doyen et chacun des directeurs des départements et services. Mais cette année-là, des professeurs réclament que les UAU soient attribuées selon les heures consacrées aux diverses activités, ce qui conduit à l'attribution de portions de postes à chacun des départements selon les heures consacrées aux activités ERGAP.

En 1987-88, on reconnaît les UAU en les pondérant, cette fois, selon les types d'activités universitaires. Pour illustrer le fonctionnement du système, examinons les activités du Dr Lafortune, du Département de gynécologie-obstétrique : leçons magistrales, cours de sémiologie, stage clinique de l'externat, présentation à des résidents, activités d'éducation continue (Tableau 1).

Tableau 1
EXEMPLES D'ACTIVITÉS RÉMUNÉRÉES EN UNITÉS D'ACTIVITÉS UNIVERSITAIRES EN 1988-1989

Activités	Nombre d'unités/heure	Exemples	Résultat
Leçon magistrale	3 unités/heure	3 heures sur les dystocies foetales	9 unités
Cours de sémiologie	2 unités/heure	2 heures sur la hauteur utérine	4 unités
Stage des externes	2 unités/jour/étudiant	4 externes	8 unités/jour (pour 1 professeur ou groupe)
Direction scientifique pour une journée en éducation continue	15 unités/demi-journée + 5 unités/demi-journée	Journée scientifique pour omnipraticiens sur les grossesses à risques	20 unités
Président de séance en éducation continue	1 unité/heure contact	2 heures de présidence Journée scientifique sur les problèmes urinaires chez la femme enceinte	2 unités

Ses activités d'enseignement lui seront payées en UAU. Pour ce qui est des programmes de formation postdoctorale, la Faculté détermine une enveloppe d'UAU allouées aux départements en fonction de leurs activités et du nombre de leurs résidents. Une tranche de 30 % de l'enveloppe est consacrée aux fonctions administratives : accueil des résidents, répartition des stages dans les hospitaux, mise à jour et gestion du programme, et participation à des activités interdisciplinaires d'enseignement. Le reste (70 %) est alloué aux activités d'encadrement en fonction du nombre de jours de stage des résidents au sein du service clinique. Ainsi, pour les six résidents qui sont constamment présents au Département de gynécologie-obstétrique au Centre hospitalier universitaire, le Département se verra reconnaître, en fin d'année, un certain nombre d'UAU dans sa comptabilité départementale.

L'ATTRIBUTION DES UAU DANS LE NOUVEAU PROGRAMME

Pour illustrer comment le système des UAU s'appliquera au nouveau programme d'APP, supposons que le Dr Lafortune agit comme tuteur pour l'unité de reproduction. Ce travail est rémunéré à 75 UAU pour une période de quatre semaines (Tableau 2).

Tableau 2
RÉMUNÉRATION D'UN TUTEUR EN UNITÉS D'ACTIVITÉS UNIVERSITAIRES
POUR UNE UNITÉ D'APPRENTISSAGE PAR PROBLÈMES
DE QUATRE SEMAINES

ACTIVITÉS	HEURES	PONDÉRATION	RÉSULTAT
AVANT : Rencontre	3	1	3 unités
DURANT : Tutoriaux (2 x 4 semaines x 3 h) Rencontres hebdomadaires (1 x 4 semaines) Préparation (8 tutoriaux x 1,5 h) Évaluation formative (8 étudiants x 1 h)	24 4 12 8	1,5 1 1 1	36 unités 4 unités 12 unités 8 unités
APRÈS : Rencontre Corvée sommative (correction d'examens) Perfectionnement	1 6 5	1 1 1	1 unité 6 unités 5 unités
TOTAL	63		75 unités

Le Dr Lafortune sait que certaines activités sont plus lucratives que d'autres. La Faculté demande à un département clinique de consacrer 30 % de son temps à l'enseignement, 50 % aux activités cliniques, 15 % aux activités de recherche et 5 % à l'administration et aux affaires professionnelles, alors qu'en recherche fondamentale, un département doit consacrer 70 % de son temps à la recherche. De plus, chaque professeur doit agir comme tuteur d'APP de deux unités par année ou, s'il n'en a qu'une, participer aussi aux séances d'enseignement des habiletés cliniques. Le Dr Lafortune, qui aime l'enseignement, agit également comme moniteur d'habiletés cliniques pour les séances de 2e année. L'ensemble de ses activités d'enseignement, rétribuées en UAU, correspond à environ un demi-poste universitaire. La valeur monétaire de ce demi-poste sera créditée au compte du Département de gynécologie-obstétrique.

LA COMPTABILITÉ DÉPARTEMENTALE

La comptabilité départementale tient compte de tous les coûts d'un département ou service (débits) et de tous les revenus (crédits) qui proviennent d'activités d'enseignement, de recherche, de gestion ou encore d'activités cliniques. Le Tableau 3 présente ces données pour les professeurs-cliniciens du Département de gynécologie-obstétrique. Chaque département ou service clinique, si petit soit-il (deux cliniciens), est traité comme une entité financière séparée. Ce système vise à mesurer la productivité d'un département et à répartir équitablement les surplus engendrés par l'ensemble des activités professionnelles. D'autres revenus doivent donc entrer pour compenser les dépenses engagées pour payer des professeurs : ceux provenant de la pratique clinique. Voyons plus en détail ces différentes composantes.

Les coûts personnels et les coûts directs

Le coût de chaque professeur clinicien pour son département est précis, car, outre les coûts directs et indirects, les coûts personnels comprennent une rémunération totale assurée et prédéterminée chaque année. Cette rémunération comprend, en plus du traitement universitaire fixé selon l'échelle de son rang professoral, un montant d'honoraires anticipés provenant de la Société des médecins. Le traitement universitaire entraîne des coûts (13 % en 1989) pour les avantages sociaux (caisse de retraite, assurances, etc.). L'ensemble de ces coûts personnels constitue par exemple, 83 % des coûts du professeur Lafortune (pour les fins de la démonstration, il représente la moyenne des professeurs du Département de gynécologie-obstétrique).

Il faut ensuite tenir compte des coûts directs. Le professeur bénéficie d'avantages départementaux (frais de représentation, frais de voyages, cotisations professionnelles). Pour le Dr Lafortune, ces avantages représentent un coût additionnel de 8 %.

Les coûts indirects

Les coûts d'administration de la Faculté, y compris la rémunération du doyen, sont supportés par l'ensemble des professeurs. Ces coûts indirects sont répartis sur une base *per capita* entre tous les départements et services. Les membres du Cabinet du doyen consacrent une grande partie de leur temps à la gestion des affaires de la Faculté; le doyen s'y dévoue entièrement. Ces membres de la direction sont regroupés dans un département fictif pour les fins du système de comptabilité départementale. Ils ont moins de temps à consacrer aux activités cliniques et à l'enseignement; leurs coûts excédentaires sont répartis sur l'ensemble des professeurs, se transformant en un coût indirect pour la comptabilité des autres départements.

Tableau 3

EXEMPLE DE COMPTABILITÉ DÉPARTEMENTALE : ÉTATS DES COÛTS, DES CRÉDITS ET DES OBJECTIFS FINANCIERS

COÛTS PERSONNELS	
Traitement universitaire*	
Avantages sociaux de l'Université	13%
Honoraires de la Société des médecins	
Caisse de retraite, assurance-invalidité, etc.	83%
COÛTS DIRECTS	
Frais de représentation	
Frais de déplacement	
Cotisations professionnelles, assurance-responsabilité, etc.	8%
COÛTS INDIRECTS	
Administration de la Faculté	
Frais de gestion de la Société des médecins	
Centre de recherches médicales de l'Université	
de Sherbrooke (CREMUS)	9%
Fonds de préretraite de la Société des médecins	
TOTAL DES COÛTS DES PROFESSEURS	100%
CRÉDITS	
Fonctions d'enseignement : quatre postes	31,5 %
Fonctions administratives	1,5 %
Recherche	5%
TOTAL DES CRÉDITS	38%
OBJECTIFS FINANCIERS (coûts - crédits)	
Revenus nécessaires de facturation clinique	62%

---

*   Traitement universitaire déterminé selon les échelles de rémunération du protocole de relations de travail conclu entre l'Université et l'Association des professeurs de la Faculté de médecine.

Il en est de même de tous les coûts relatifs à la gestion du plan de pratique de la Société des médecins. Les coûts comprennent les frais de collecte des services médicaux dispensés, la facturation des honoraires professionnels et les autres travaux administratifs. En 1995, la totalité de ces coûts est répartie uniquement sur une base per capita entre les 200 cliniciens.

À cette répartition s'ajoute un certain montant qui sert à soutenir les activités du Centre de recherches médicales de l'Université de Sherbrooke (CRMUS), à alimenter un fonds spécial de préretraite, à pourvoir aux congés de maternité, etc. Chaque année, depuis 1969, les membres de la Société font un don au CRMUS pour promouvoir la recherche au sein de la Faculté. En 1994-95, ce don équivaut à 2 % de la facturation des honoraires professionnels. Le montant total du don est réparti également entre tous les professeurs cliniciens. Grâce à cette épargne, les membres de la Société ont ainsi créé pour leur Faculté une sorte de réserve pour les années difficiles.

Ainsi, les coûts indirects imputés au Dr Lafortune représentent 9 % de son coût annuel. Le fonds facultaire accorde aussi des crédits-subventions aux départements à titre de compensation pour des activités de recherche ou pour des fonctions administratives qui profitent à l'ensemble : présidence de la Société des médecins, de l'Association des professeurs, de l'Assemblée facultaire et du Conseil des médecins, dentistes et pharmaciens du Centre hospitalier universitaire.

La somme de ces coûts directs et indirects représente donc les coûts réels de l'ajout d'un nouveau sociétaire au sein du système Faculté-Société des médecins, comme dans le cas de l'engagement du Dr Lafortune. Ces coûts doivent être équilibrés par des revenus, désignés ici par des crédits départementaux (Tableau 3).

LES CRÉDITS D'ACTIVITÉS D'ENSEIGNEMENT, LES REVENUS, LES SURPLUS

Les crédits d'activités universitaires sont attribués à chaque département ou service, sous forme de fractions de postes d'enseignant équivalant (en dollars) aux activités universitaires réalisées au cours d'une année et comptabilisées en UAU. Bien que les postes permanents d'enseignants soient alloués à ceux qui jouissent de la sécurité d'emploi en milieu universitaire, chaque détenteur doit gagner ses UAU pour que son département obtienne une fraction de poste. Au Département de gynécologie-obstétrique, ces crédits représentent 31,5 % de l'ensemble. Un membre du Département a obtenu une bourse de recherche, ce qui amène 5 % de crédits. Et 1,5 % est attribué aux fonctions administratives du directeur. Au total, les membres du Département ont «gagné» 38 % de crédits en UAU pour équilibrer leurs coûts.

En vertu de ce système d'allocation de postes, la Faculté attribue aux départements et aux services cliniques leur juste part des ressources professorales financières que l'Université met à sa disposition, dans la mesure où les membres du Département ont effectivement contribué aux activités d'enseignement, de recherche et de gestion reliées aux programmes de formation dont la Faculté est responsable. Un système complexe, certes, mais dont l'efficacité et la maturité ont maintenant fait leurs preuves.

LES OBJECTIFS FINANCIERS

La somme des coûts personnels, des coûts directs et des coûts indirects, moins la valeur des crédits d'activités universitaires et de recherche, représente le solde négatif à combler. C'est l'objectif financier annuel que chaque Département doit atteindre grâce aux revenus de facturation clinique (Tableau 3) pour équilibrer ses coûts. Dans notre exemple, cet objectif représente 62 % des coûts pour le Département de gynécologie-obstétrique. Cela vaut aussi pour le professeur Lafortune, que l'on a situé dans la moyenne de son Département.

On comprend pourquoi ce système requiert l'exclusivité de service, qui existait déjà à la Faculté. En signant le contrat de la Société des médecins, chaque professeur clinicien s'engage à remettre à la Société tous ses revenus professionnels, sans exception, de quelque nature que ce soit : soins aux patients, conférences, consultations, commandites, etc.

Avec ses objectifs financiers, la comptabilité départementale devient ainsi l'outil précieux destiné à favoriser la production clinique (revenus cliniques) dans un système de plan de pratique où tous les intervenants sont interdépendants. Chaque membre de la Société peut suivre mensuellement, par l'intermédiaire de son directeur, l'évolution de ses états financiers.

LE SURPLUS OU LE DÉFICIT

La différence entre les objectifs financiers et la facturation clinique réelle (ou l'addition de la facturation clinique avec les UAU) détermine donc pour le département ou le service son surplus ou son déficit en fin d'année. Pour réaliser vraiment des surplus, on doit faire plus d'enseignement ou traiter plus de malades. Comme le traitement des malades s'avère beaucoup plus payant, l'enseignement est forcément *perdant* dans cette équation.

Le partage des surplus

Lorsqu'il y a surplus financier dans un département, cela donne un droit de participation au partage des surplus produits par la Société des médecins, une fois les coûts collectifs assumés. Les surplus annuels de la Société sont redistribués aux membres sous forme de bonus ponctuels et de forfaits au mérite, à la suite des recommandations adressées au doyen par un Comité de pairs cliniciens. Ces recommandations sont déposées pour consultation auprès du Comité exécutif de la Société des médecins, à l'Assemblée des directeurs de département et de service et au Cabinet du doyen. Fort de tous ces avis, le doyen prend les décisions finales qui, traditionnellement, reflètent un «certain» consensus.

Le doyen est le seul responsable auprès de l'Université du budget de la Faculté; et la Société des médecins est elle-même redevable envers ses membres de la juste redistribution des honoraires encaissés. Dans un souci d'équité, ces deux budgets, celui de l'Université et celui de la Société (administré par un comité exécutif de sociétaires), sont mis en commun pour la réalisation des missions de la Faculté.

Après l'absorption des coûts indirects du fonds facultaire, représentant de 32 à 46 % du total, les surplus résiduels deviennent disponibles pour le département ou le service et pour les professeurs cliniciens eux-mêmes, et sont divisés en deux parts, les incitatifs départementaux et les incitatifs personnels.

Les incitatifs départementaux - Un minimum de 10 % du surplus ou 1 500 $ par sociétaire, soit le montant le plus élevé des deux, est déposé à titre d'incitatif départemental pour diverses utilisations : activités de formation continue, achat d'ordinateurs, personnel supplémentaire, etc.

Figure 1

Financement
Faculté de médecine/professeurs cliniciens

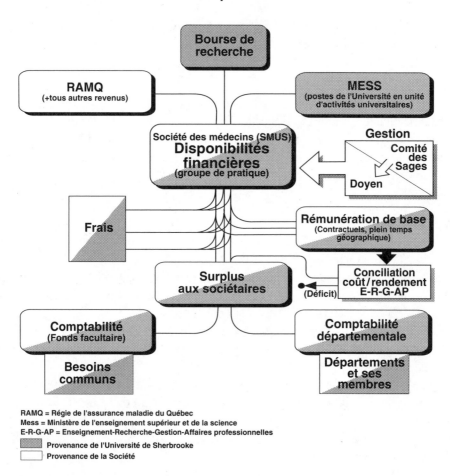

RAMQ = Régie de l'assurance maladie du Québec
Mess = Ministère de l'enseignement supérieur et de la science
E-R-G-AP = Enseignement-Recherche-Gestion-Affaires professionnelles

▓ Provenance de l'Université de Sherbrooke
☐ Provenance de la Société

Les incitatifs personnels - Le solde est distribué sous forme de supplément à la rémunération totale de base. Ces incitatifs sont attribués à chaque membre du département, sur recommandation du directeur et après approbation du doyen, jusqu'à l'atteinte d'un plafond maximum de rémunération totale établi chaque année après consultation auprès du Comité des pairs. Le doyen se réserve la possibilité d'attribuer des incitatifs, pour des cas très particuliers, à un niveau qui permet de concurrencer le revenu moyen d'une spécialité, pourvu que cela soit en conformité avec les missions de la Faculté. Le doyen distribue aussi annuellement des forfaits spéciaux au mérite à un petit nombre de professeurs dont les contributions ont été particulièrement bénéfiques à la collectivité.

Qui parle de surplus parle de déficits possibles. Pour toutes sortes de raisons, quelques rares départements ou services se trouvent parfois en situation déficitaire. Forcément, ils sont soutenus par l'ensemble du système et viennent «gonfler» les besoins auxquels le fonds facultaire répond. Chaque cas est étudié minutieusement. Le directeur est convoqué chez le doyen; un plan d'action est adopté. Les correctifs sont suivis de près. Si plusieurs départements ou services décidaient de «se laisser vivre» par le système, celui-ci ne résisterait pas longtemps. Car sa force réside dans son équilibre et dans la volonté collective de le préserver.

La Figure 1 illustre la synthèse des processus des trois outils de gestion de la Faculté, soit le système d'allocation des postes, la conciliation de la comptabilité départementale et le système de partage des surplus à partir de trois sources de financement : le budget des postes de l'Université, transformé en UAU, les bourses de recherche et tous les autres revenus, en particulier les revenus cliniques. Ces trois systèmes permettent :

- à la Faculté, d'assurer ses missions d'enseignement, de recherche et de services cliniques;
- aux cliniciens, de bénéficier de la production de leur pratique clinique;
- aux enseignants, d'assumer leurs tâches d'enseignement et de recherche;
- aux membres de la Société des médecins, de contribuer au développement de la Faculté tout en bénéficiant équitablement de la productivité globale du milieu.

La comptabilité de la Société reflète, en matière de revenus, prélèvements, dépenses et avantages financiers, toutes les activités qu'elle transige au nom de ses sociétaires. Mais la tentation de la pratique clinique «effrénée» est contrée par le système des contributions collectives et le plafond de la rémunération.

Le traitement universitaire comme composante de la rémunération d'un professeur n'a pas à se traduire par une part équivalente de temps d'enseignement. Grâce à l'allocation des postes, la Faculté réinvestit les crédits correspondant à l'enseignement effectué par chacun des membres d'un département. La Faculté peut ainsi offrir à ses cliniciens un avantage concurrentiel par rapport au marché privé, sans quoi elle aurait du mal à recruter les professeurs dont elle a besoin en formation pré et postdoctorale.

Avec le nouveau programme d'APP, le système mis en place par la Faculté et la Société des médecins va-t-il résister? Il en coûte tout de même plus cher d'enseigner à des groupes de huit étudiants qu'à toute une classe. Au moment d'approuver le nouveau programme, l'Université, on s'en souvient, ne voulait pas accorder de crédits supplémentaires pour l'implantation de la réforme. Comment faire sans nouvel apport apparent de l'Université?

LE COÛT DU PROGRAMME D'APP

Comment mobiliser les ressources financières pour réaliser un changement pédagogique aussi coûteux? Dans un contexte sociopolitique de contrôle et d'équilibre financier, l'implantation du nouveau programme peut paraître encore plus menaçante.

En 1987, le doyen assure au recteur que le changement sera accompli avec les ressources existantes, à condition que l'Université maintienne sa part du financement de la Faculté. Départements et services reçoivent aussi l'assurance que ce changement ne se fera pas au détriment des programmes postdoctoraux, des études avancées ou la recherche. Les directeurs acceptent la réforme à condition qu'elle ne perturbe pas trop leur comptabilité.

En novembre, un comité *ad hoc* de l'Assemblée des directeurs des départements et services étudie les critères de reconnaissance des UAU. Il recommande de maintenir la gestion *quantitative* de la tâche professorale afin d'améliorer aussi les processus de recrutement et de promotion. Il suggère toutefois d'éviter la *division microscopique des critères*, et d'envisager leur intégration *dans une notion de tâche universitaire globale*. Il juge important de budgétiser au préalable le nombre total d'UAU pour chacun des grands secteurs. Enfin, le comité insiste, dans la pondération des critères d'attribution, sur la prestation d'enseignement, à distinguer de l'implantation de nouvelles formules pédagogiques. Il reconnaît que l'allocation des UAU doit distinguer entre, d'une part, la prestation d'enseignement proprement dite et sa gestion et, d'autre part, les tâches spécifiques de développement et d'implantation du programme d'APP. Ces recommandations exercent une influence déterminante sur l'attribution des crédits alloués aux processus eux-mêmes de la réforme.

La modification du programme devrait exiger l'attribution momentanée de ressources supplémentaires puisqu'il faut procéder au développement du nouveau programme et, en même temps, offrir l'enseignement à des groupes plus petits, donc demandant plus de temps professoral.

COMPARAISONS AVEC L'ANCIEN CURSUS

Si l'on compare les tutoriaux aux leçons magistrales, le temps de contact avec les étudiants exigé des professeurs les deux premières années est trois fois plus important que dans l'ancien cursus. Forcément, diviser une classe de 100 étudiants en 12 petits groupes requiert plus d'intervenants, même si l'on réduit la durée des activités prévues à l'horaire. Le programme traditionnel totalisait 1 645 heures de cours, les deux premières années, tandis que les tutoriaux d'APP en exigent 4 880. Une leçon magistrale valait trois UAU l'heure, puisqu'il fallait compter deux heures de préparation. Le nouveau système en alloue 1,5 par heure de tutorial (Tableau 2). Voilà une première constatation.

Deuxième constatation : en comparant l'année scolaire 1990-91 à celle de 1986-87, une deuxième constatation s'impose : le coût des deux premières années du programme d'APP est supérieur dans une proportion de 111 % (18 449 UAU contre 8 979 dans l'ancien cursus). Ces coûts incluent ceux du développement. Cependant la troisième année du nouveau programme ne dure qu'un trimestre et son coût n'est que de 3 085 UAU (Tableau 4).

Si l'on compare les coûts des cours magistraux et des laboratoires pour les trois premières années de l'ancien cursus (1986-87), soit 6 597 UAU, aux coûts des tutoriaux et des autres activités, incluant les laboratoires, pour les deux premières années et demie (1990-91), soit 15 125 UAU, on observe une augmentation de 8 528, excluant l'enseignement des habiletés cliniques et les stages. D'où une troisième constatation : l'introduction de l'APP, sans son développement, coûte 129 % plus cher.

Les habiletés cliniques sont étalées sur toute la période de formation préclinique et remplacent les cliniques d'enseignement auprès du malade ainsi que les stages des 2e et 3e année de l'ancien cursus. Le coût de ces stages en 1986-87, soit 12 003 UAU, doit être comparé au coût de 4 342 UAU des habiletés cliniques des 1re, 2e et 3e année, en 1990-91, soit une nette diminution de 7661 (64 %). De fait, la nouvelle unité longitudinale des habiletés cliniques ne coûte que 36 % du coût des enseignements similaires de l'ancien cursus. Voilà une quatrième constatation.

Dans l'ancien cursus, les stages de 3e et de 4e année coûtaient respectivement 8195 et 29 441 UAU, pour un total de 37 636 UAU. Si l'on y ajoute les 3 808 UAU pour les stages de 2e année, on arrive à un coût global de 41 444 UAU pour la formation clinique dans l'ancien cursus. Avec le nouveau programme, le coût des stages est réduit de façon significative. Si l'on ajoute les coûts des habiletés cliniques des trois premières années du programme d'APP, soit 1 194 UAU en 1re , 1 898 en 2e et 1 250 en 3e, aux 19 324 UAU des stages de l'externat, on ne dépense plus que 23 666 UAU pour la formation clinique, soit 57 % seulement du coût de la formation clinique antérieure. C'est la cinquième constatation.

Le Tableau 4 illustre comment nous réussissons à financer l'implantation du programme d'APP, sans injection de nouvelles ressources. On remarque qu'une masse de plus de 10 000 UAU, soit 20 % des coûts de l'ancien cursus, est déplacée des stages cliniques de l'externat vers les tutoriaux des premières années. En même temps, nous réduisons le coût des anciens stages de 2e et de 3e année, grâce à l'efficience de l'unité des habiletés cliniques, pour réaffecter les UAU libérées aux activités de développement des unités d'APP. Il y a déplacement d'UAU à l'intérieur de la masse déjà attribuée au programme prédoctoral : telle est la sixième constatation.

Tableau 4
COÛTS EN UNITÉS DU CURSUS CONVENTIONNEL (1986-1987) ET DU PROGRAMME D'APP (1990-1991)

Cursus conventionne 1986-1987		Programme d'APP 1990-1991	
1re année		**1re année**	
Cours	2465	Tutoriaux	6772
Laboratoires	188	Développement	1046
		Autres	203
		Habiletés	1194
	2653	2 653*	9215	9 215*
2e année		**2e année**	
Cours	2372	Tutoriaux	6480
Laboratoires	146	Développement	1052
Stages	3808	Autres	304
		Habiletés	1898
	6326	8 979*	9734	18 949*
3e année (8 mois)		**3e année (4 mois)**	
Cours	1384	Tutoriaux	1161
Laboratoires	42	Développement	469
Stages	8195	Autres	205
		Habiletés	1250
	9621	18 600*	3085	22 034*
Externat (15 mois)		**Externat (18 mois**	
Stages	29441	Stages	19324
Gestion	2736	48 041*	Gestion	4727	41 358*
Total		50 777	Total		46 085

Laboratoires = activités de laboratoires; tutoriaux = tutoriaux d'APP; développement = activités d'amélioration; autres = activités diverses, démonstrations, laboratoires, visites; habiletés = habiletés cliniques.

* Sous-total cumulatif

Enfin, si l'on compare le coût total en 1990-91, soit 46 085 UAU, à celui de 1986-87, soit 50 777, on constate tout de même une réduction nette de 9,2 % après trois ans d'implantation. Voilà la septième et dernière constatation (Tableau 5).

Plusieurs facteurs reliés à la situation prévalant au moment de l'implantation du nouveau programme peuvent expliquer une transition qui s'est faite en douceur. Premièrement, dans l'ancien cursus, les stages de l'externat sont démesurément «payés» par rapport à d'autres tâches d'enseignement. Pour la comptabilité d'un département, il est beaucoup plus rentable de recevoir des externes que de donner des cours magistraux. Deuxièmement, dans les programmes de formation postdoctorale, la rétribution fait partie d'un contrat social entre les cliniciens et l'administration, ce qui conduit à injecter dans la comptabilité départementale des masses considérables d'UAU. Ainsi, en 1989, 25 % du budget universitaire est alloué à ce secteur. Ce financement des programmes postdoctoraux est proportionnellement plus important à Sherbrooke qu'ailleurs.

Tableau 5
LES SEPT CONSTATATIONS SUR LES COÛTS DU PROGRAMME D'APP

1	L'introduction de l'APP remplace 1 645 heures de cours magistraux par 4 880 heures de tutoriaux.
2.	Le coût des deux premières années d'APP, y compris les coûts de développement, est supérieur de 111 % à celui du cursus traditionnel.
3.	Sans leur développement, la réalisation des tutoriaux coûte, pour les trois premières années, 129 % de plus que les anciennes méthodes.
4.	L'implantation de l'unité longitudinale des habiletés cliniques conduit à une réduction de 64 % des coûts antérieurs de la formation clinique.
5.	Les coûts totaux de la formation clinique incluant l'externat sont réduits de 43 % dans le nouveau programme.
6.	Une enveloppe représentant 20 % des coûts de l'ancien externat est déplacée vers les tutoriaux d'APP et leur développement.
7.	Globalement, en 1990-1991, le nouveau programme coûte 9,2 % moins cher que l'ancien cursus.

Pour ces programmes de formation postdoctorale, la part d'autofinancement varie selon les pays. En France, par exemple, aucun crédit universitaire n'est accordé. Dans les programmes américains reliés à des centres universitaires, les budgets seraient aussi peu importants. Au Canada, tous les programmes de résidence sont reliés aux universités. Dans les provinces anglophones, les budgets affectés à ces programmes dépassent rarement 15 % de l'enveloppe globale de la faculté. Dans les deux autres facultés francophones du Québec, ce pourcentage est moins important que dans la nôtre. A Sherbrooke, le financement de la formation postdoctorale a conduit les départements cliniques à considérer leur enseignement aux externes et aux résidents comme un tout. À preuve, les virements entre enveloppes budgétaires effectués au moment de l'implantation de la réforme n'affectent pas, à toutes fins utiles, la comptabilité des départements. On comprend ici que les mêmes cliniciens effectuent des tâches modifiées sans perdre leurs portions de postes universitaires.

Cette opération permet finalement de trouver les UAU nécessaires pour valoriser suffisamment les tâches des tuteurs d'APP, rendant leur recrutement relativement aisé. Cette redistribution des ressources prouve la souplesse et l'efficacité de la transformation des budgets facultaires en UAU. Elle permet le développement, l'implantation et le maintien des tutoriaux d'APP, de même que la réorganisation complète des activités d'apprentissage des habiletés cliniques; et le nombre de postes alloués à chaque département demeure stable à la condition que les membres d'un département ou d'un service participent aux activités tutoriales d'APP, ce qui constitue un incitatif supplémentaire.

LE BUDGET DE DÉVELOPPEMENT

En 1990-91, le nouveau programme coûte globalement beaucoup moins cher que l'ancien. Une étude, réalisée en 1992, compare les coûts envisagés au départ, en 1988, avec le coût moyen de cinq ans d'implantation (1987-92) pour chaque grande activité; on fait de même pour chacune des quatre années du programme On constate une économie réelle de 13 %. L'économie est à peu près égale les trois premières années, soit 28, 35 et 34 % , alors que l'externat coûte 14 % de plus.

Enfin, quelques mots d'explication sur les coûts de développement d'un tel programme. En 1988, on prévoit une enveloppe spéciale d'UAU, dont 60 % doivent être dépensées la première année, 20 % la deuxième et 10 % par la suite. En observant le Tableau 6, on remarque que tel n'a pas été le cas.

En effet, la dépense d'UAU est un peu plus forte au cours de la deuxième année de l'implantation, en 1988-89, de même que chaque fois qu'une nouvelle année du programme est mise en route. Fait étonnant, les dépenses de développement se maintiennent, chaque année, entre 35 et 55 % des coûts initiaux prévus. La budgétisation initiale des coûts de développement par vague (60 % la première année) résulte d'une conception relativement mécanique de l'enseignement. La réalité est tout autre, comme le démontrent les dépenses de développement des cinq premières années du programme. Même si le directeur du programme exerce un jugement discrétionnaire sur l'attribution de ces UAU, ce profil de dépenses correspond tout à fait à la réalité : tout n'est pas parfait dès la première année. Il faut continuer d'investir pour adapter, améliorer, renouveler. Le changement des directeurs d'unités d'APP est peut-être le facteur qui influence le plus l'utilisation de ces UAU de développement. La nomination d'un nouveau directeur correspond souvent à un besoin de révision majeure des problèmes d'APP, voire de la production d'une toute nouvelle édition. Le deuxième facteur important découle des données recueillies grâce aux mécanismes d'évaluation interne du programme (chapitre 12). Ces données permettent au directeur du programme de faire pression sur le directeur d'unité pour forcer l'amélioration des problèmes et des questions d'examen, les deux grands éléments des coûts de développement.

Tableau 6
DÉPENSES DE DÉVELOPPEMENT DES UNITÉS D'APP
EN COÛTS D'UNITÉS D'ACTIVITÉS UNIVERSITAIRES
POUR LA PÉRIODE DE 1987 - 1992

	86-87	87-88	88-89	89-90	90-91	91-92	Coût moyen/année
1re année	——	1724	1380	600	926	627	1051
2e année	——	——	1492	824	932	807	1014
3e année	——	——	——	338	289	191	273
Total		1724	2872	1762	2147	1625	

Une subvention spéciale, à la quatrième année, permet de transformer trois petits amphithéâtres en 16 salles polyvalentes pour les tutoriaux et pour les séances d'habilités cliniques.

LES COÛTS DE SYSTÈME

À l'occasion d'une réforme pédagogique majeure, les supports administratifs doivent eux aussi s'adapter. En 1990, une étude portant sur les indices de productivité du soutien secrétarial démontre que l'ancien cursus nécessitait une série d'interventions, dont la réception des notes de cours, leur pagination, leur photocopie et leur distribution. Le nouveau programme en requiert 19, dont la préparation des guides de l'étudiant et du tuteur et surtout les opérations reliées aux évaluations. Bref, l'implantation du programme exige une série d'opérations qui vont consommer 3,7 fois plus de temps que la gestion de l'ancien cursus, du moins les premières années. Ces analyses conduisent à l'ajout d'un poste de secrétaire. De fait, après quatre ans, les activités de secrétariat vont se stabiliser avec l'addition d'un poste et la constitution d'une deuxième équipe pour l'aménagement des salles de tutoriaux, les habiletés cliniques et le matériel didactique. Le système s'administre maintenant de façon harmonieuse, mais les tâches secrétariales ont complètement changé. (Tableau 7)

Trois ans après le début de l'implantation, la répartition des enveloppes d'UAU entre les grands programmes de la Faculté a quelque peu varié. On a ajouté 23 postes, qui iront à d'autres programmes qu'en études prédoctorales (par exemple, le baccalauréat en sciences infirmières), et en majorité, aux programmes de recherche fondamentale et clinique. Le doyen Michel A. Bureau s'emploie en effet, depuis 1988, à améliorer notre performance en recherche. À la suite de ces ajouts, les crédits d'enseignement, qui totalisaient 75 % du budget facultaire en 1989, ne représentent plus que 71,6 % en 1992 (Tableau 8 et Figure 2). Les modifications favorisent les études avancées (+ 3,4 %), les autres programmes (+ 4,9 %, surtout pour le bac en sciences infirmières) et les crédits à la recherche (+ 2,5 %), aux dépens des programmes de formation postdoctorale (- 2,7 %) et surtout du programme d'études prédoctorales (- 9,0 %).

Tableau 7
CINQ CONSTATATIONS SUR LES COÛTS DE SYSTÈME

1.	Le système de contrôle de l'utilisation des unités d'activités universitaires s'améliore et permet d'appréciables économies de système.
2.	Les coûts sont globalement inférieurs de 13 % aux prévisions budgétées trois ans à l'avance; ce pourcentage s'élève à environ 30 % pour les premières années du programme.
3.	Au cours de la première année, les coûts de développement sont inférieurs aux prévisions, mais ils se répercutent dans une proportion de 40 à 80 % de leur valeur initiale au cours des années subséquentes.
4.	Une réserve annuelle pour l'amélioration et le renouvellement des problèmes d'APP et des questions d'examen s'avère nécessaire.
5.	Les tâches de secrétariat changent complètement. Une deuxième équipe est nécessaire pour assurer le support logistique des salles et le matériel didactique.

Figure 2

Répartition des enveloppes du budjet universitaire selon les programmes en 1992

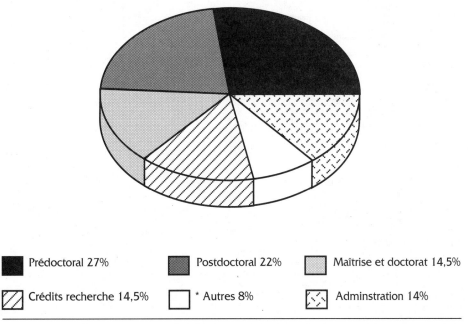

■ Prédoctoral 27%		▦ Postdoctoral 22%		☐ Maîtrise et doctorat 14,5%	
▨ Crédits recherche 14,5%		☐ * Autres 8%		⊡ Adminstration 14%	

* Autres programmes de formation: sciences infirmières, biochimie, éducation continue, sciences de la santé communautaire

Cette évolution confirme la tendance prise par la Faculté. Une université d'enseignement ne consacre que 10 % de son budget (12 % pour nous en 1989) aux dépenses de recherche, alors qu'on devrait s'attendre à un minimum de 25 % ou, préférablement, 33 %, selon les propos tenus par le doyen Bureau à l'Assemblée des professeurs de la Faculté en janvier 1993. Ces proportions sont fondées sur la prémisse voulant qu'une université de recherche consacre 60 % de son budget aux activités de recherche et 40 % aux activités d'enseignement. De quoi raviver un débat qui anime depuis tant d'années les universités : milieu d'enseignement ou aussi centre de recherche?

Tableau 8

POURCENTAGE DE LA RÉPARTITION DES UNITÉS
SELON LES PROGRAMMES EN 1989 ET EN 1992

PROGRAMMES	% en 1989	% en 1992
Études prédoctorales	36	27
Formation postdoctorale	25	22,2
Programmes de maîtrise et de doctorat	11	14,4
Autres programmes: - sciences infirmières - biochimie - éducation continue - sciences de la santé communautaire	3	8
Sous-total enseignement seulement	75	71,6
Administration et direction départementale pour l'enseignement	13	13,9
Recherche crédits partiels	12	14,5
Total	100	100

CONCLUSION

«Nous n'avons pas les moyens d'effectuer un tel changement de programme», rétorquaient, en 1986-87, ceux qui résistaient au projet de réforme. Ce chapitre démontre comment nous avons réussi à mobiliser les ressources existantes, à même les budgets de l'ancien cursus d'études prédoctorales, puisque l'Université avait décidé de ne pas y ajouter de ressources.

Changer les leçons magistrales pour des tutoriaux d'APP a entraîné un accroissement de coûts de l'ordre de 129 %. Pourtant, le coût total du programme est inférieur de 9,2 %, en 1990-91, à ce qu'il était en 1986-87. En fait, les frais d'implantation du programme d'APP ont été absorbés à même une réduction de 20 % du coût de l'externat, une diminution du coût des habiletés cliniques, un contrôle administratif plus rigoureux de la dépense des UAU (une économie de système) et le développement sans frais du nouvel externat. Enfin, les coûts de développement sont demeurés, malgré nos prévisions, relativement stables.

Ces modifications n'ont été rendues possible que grâce à l'ingénieux système des UAU, qui a permis la transformation de 121 postes universitaires en une masse de 133 000 UAU. Ces UAU sont redistribuées selon la prestation d'enseignement pour le programme d'études prédoctorales, et selon le nombre de stagiaires et de résidents pour la formation clinique (à l'externat et au niveau postdoctoral) et pour la recherche de deuxième cycle et troisième cycle.

Les UAU sont remonnayées en fractions de poste universitaire à l'intérieur du système de comptabilité départementale, qui gère les revenus (activités cliniques, enseignement, recherche) de chaque département ou service afin d'équilibrer les dépenses (traitements, avantages sociaux, frais de déplacement, contribution aux coûts indirects du système facultaire).

Cet équilibre des divers sous-systèmes à l'intérieur du système facultaire et clinique n'est possible que grâce à l'adhésion indéfectible de tous les cliniciens au plan de pratique. Celui-ci exige l'exclusivité de service et la mise en commun des revenus de toute nature. Cependant, le professeur clinicien peut contribuer à la productivité générale du système faculté-soins cliniques en obtenant en fin d'année des incitatifs pour son département, et pour lui-même, des incitatifs financiers, parfois même un forfait spécial au mérite. La participation aux activités de développement et d'implantation du nouveau programme peut donc avoir un impact sur les bonus ponctuels annuels.

Ainsi se referme la boucle d'un système cohérent dont le premier élément, le plan de pratique, a démarré au moment même de la fondation de la Faculté. Puis, la comptabilité départementale s'est instaurée au début des années 80. La méthode de calcul détaillé des UAU a été mise en place précisément au moment de l'implantation du nouveau programme et l'a nettement favorisé. Administrativement, le tout se tient.

Bref, même si quelques-uns trouvent que le système d'UAU est trop axé sur un système comptable, la grande majorité le trouve satisfaisant. L'exclusivité de service demeure, à la Faculté de médecine de Sherbrooke, un principe inviolable, une sorte d'orthodoxie qui survit depuis plus de 20 ans. Le paiement à l'acte des activités d'APP est très équitable, même si le système est nettement moins avantageux pour les cliniciens dont la moyenne de revenus de leur spécialité est très élevée. Par ailleurs, au cours de ces années, les études de deuxième cycle et de troisième cycle et la recherche ont augmenté leur part du budget facultaire, aux dépens des programmes d'enseignement, surtout au niveau prédoctoral.

Cette analyse nous conduit naturellement au débat de fond qui continue d'animer nos systèmes facultaires et d'y entretenir des tensions : l'attribution des ressources à l'enseignement ou à la recherche. Malgré la complémentarité de ces deux missions, les décisions ponctuelles prises à leur égard révèlent les choix de valeurs d'un milieu, stimulant dans un secteur ou ralentissant dans l'autre l'investissement humain des professeurs, seule vraie richesse durable de nos facultés.

RÉFÉRENCES

1. Tosteson, D. C. *«New Pathways in General Medical Education»*, New England Journal of Medicine, vol. 322, 1990, p. 234-238.

2. MacLeod, C. K. et M. R. Schwarz. *«Faculty Practice Plans, Profile and Critique»*, Journal of the American Medical Association, vol. 256, 1986, p. 58-62.

3. Hilles, W. C., G. Argo, J. Rosenthal *et al.* An In-depth Study of Seven Medical Practice Plans, Washington, Association of American Medical Colleges, 1977.

4. Association of American Medical Colleges. American Medical Education : Institutions, Programs, and Issues, Washington, Association of American Medical Colleges, 1989.

5. Thrower, R. W. et J. K Hasson Jr. *«Developing a Clinical Faculty Practice Plan in a University Clinic»*, Journal of Medical Education, vol. 58, 1983, p. 921-928.

6. Bentley J. D., J. Chusid, G. R. D'Antuono, J. Kelly et D. B. Tower. *«Faculty Practice Plans : the Organization and Characteristics of Academic Medical Practice»*, Academic Medicine, vol. 66, 1991, p. 433-439.

7. Maltais, R. Le Centre médical de l'Université de Sherbrooke. Une esquisse de son histoire 196-1979, Sherbrooke, Les Éditions de l'Université de Sherbrooke, 1980.

8. La Société des médecins du Centre hospitalier universitaire de Sherbrooke. Contrat de société, Sherbrooke, Faculté de médecine, Université de Sherbrooke, 1969.

9. Faculté de médecine, Université de Sherbrooke. Maintien et développement du corps professoral plein temps de la Faculté de médecine de l'Université de Sherbrooke, document facultaire, Sherbrooke, 1984.

QUATRIÈME PARTIE

L'ÉVALUATION DE LA RÉFORME

CHAPITRE 11

LE SYSTÈME D'ÉVALUATION DU PROGRAMME

Jacques E. Des Marchais

> *«Evaluation of the program is important in the process to identify strengths and weaknesses. The process is frustrating, however, because what is important is difficult to measure and what is measurable is usually not important.»*

> *John Evans*

Évaluer le produit, telle est la dernière étape du modèle de changement que nous avons utilisé comme cadre de référence[1]. Cette étape continuera de s'enrichir avec les années, puisqu'elle est devenue la nouvelle priorité de la direction des études, suite à la réforme de la formation clinique[2]. Notre Faculté n'a pas su vraiment tirer profit de la présence concomitante, durant trois ans, du cursus traditionnel et du nouveau programme. Peu de comparaisons entre les performances de deux cohortes d'étudiants ont été effectuées. Nous partageons cette faute d'omission avec d'autres établissements. Néanmoins, nous avons, tout au long des six années d'implantation, bénéficié d'une grande variété d'activités de mesure et d'évaluation.

LES ACTIVITÉS DE MONITORAT CONTINU

Au fur et à mesure de l'implantation des unités du nouveau programme, les activités d'évaluation ont suivi. On peut diviser les mesures d'évaluation en deux groupes : celles qui sont reliées à la démarche (processus) et celles qui s'attachent au produit du programme, une segmentation largement acceptée dans la documentation scientifique de la pédagogie médicale[3, 4], mais pas aussi utile qu'on pourrait le croire. La rétroaction sur le processus et celle sur le contenu du programme s'interinfluencent. Ainsi les commentaires des étudiants à la fin de l'unité entraînent souvent à retravailler l'un ou l'autre problème. Les examens écrits indiquent le degré d'apprentissage; cette évaluation peut conduire à des modifications à court terme des problèmes. Processus et produit influencent ici la qualité des problèmes.

Et bien que l'examen du Conseil médical du Canada, à la fin de l'externat, ne fasse pas partie de notre programme d'évaluation, ces premiers résultats influencent nos perceptions.

Lors de l'implantation de la réforme, la Faculté était moins préoccupée par le produit final que par le processus du nouveau programme. C'est pourquoi toute une série de stratégies ont été mises en place pour suivre continuellement les modifications progressives des composantes de la réforme (Tableau 1), chacune contribuant à l'élaboration du profil des années d'implantation.

Tableau 1
ACTIVITÉS DE MONITORAT CONTINU DU PROCESSUS
DU PROGRAMME D'APP

Durant les unités d'APP
- rencontres hebdomadaires des tuteurs
- rencontre des intendants
- critique des problèmes
- appréciation individuelle des unités par les étudiants

Après les unités d'APP
- rapport bilan du professeur responsable
- rencontre annuelle du responsable d'unité et de la direction du programme
- rapport bilan de l'étudiant responsable
- rencontres des responsables d'unité
- journées de perfectionnement des tuteurs
- évaluation sommative de l'apprentissage des étudiants

En fin d'année ou périodiquement
- rencontres du Comité de coordination
- journée bilan annuel
- présentations au Comité du programme
- ateliers de visiteurs
- visites d'évaluation externe

Voici comment s'insèrent dans une année universitaire les différents instruments et mécanismes de cueillette de données.

DURANT LES UNITÉS D'APP

Les rencontres hebdomadaires des tuteurs - Chaque semaine, le responsable d'une unité d'APP réunit les tuteurs pendant environ une heure pour discuter de la qualité des problèmes et mettre au point celui du prochain tutorial. C'est l'occasion de solliciter la préparation des évaluations formatives et sommatives, de transmettre des directives aux tuteurs, et d'évoquer les difficultés qui surgissent pendant les tutoriaux. Selon les unités, de 60 à 80 % des tuteurs assistent à ces rencontres.

La rencontre des intendants - Au milieu d'une unité, le coordonnateur de phase ou le directeur du programme rencontre les délégués de chacun des petits groupes d'étudiants. Ces intendants, désignés par leurs pairs, font le lien entre l'administration et leurs collègues. Les premières années, le directeur du programme dirige toutes ces réunions, moyen pour lui de suivre de près l'implantation de chaque unité. Depuis, le coordonnateur de la formation préclinique partage l'animation des rencontres, qui continuent de se tenir religieusement pour chacune des unités des deux premières années.

Les étudiants en profitent pour exprimer leur appréciation générale sur l'unité, la qualité des problèmes ou le comportement des tuteurs. À l'occasion, ils réclament de meilleures évaluations formatives ou manifestent leur inquiétude face aux examens sommatifs trimestriels, tandis que le coordonnateur transmet les messages de la Faculté, prévient les dérapages de la méthode ou s'enquiert de la «culture» de l'unité.

Les réunions d'intendants révèlent de quelle façon les étudiants gèrent leur auto apprentissage. Elles permettent aussi de clarifier la relation qui existe entre les problèmes, les objectifs et le niveau d'étude attendu, et entre les ouvrages de référence et les problèmes et objectifs spécifiques. Cette fonction motive les étudiants à participer à ces réunions. L'évaluation du programme s'avère alors un bénéfice secondaire et souvent indirect.

La critique des problèmes - À la fin de chaque tutorial, au moment de l'étape 9, l'intendant a la responsabilité de recueillir l'opinion des étudiants, et parfois du tuteur, sur la capacité du problème à provoquer la discussion, sa pertinence par rapport aux objectifs d'étude, l'utilité des références, etc.

Ces appréciations et les commentaires émis à la réunion des intendants permettent à l'étudiant responsable de l'unité de rédiger son bilan. Ce rapport vient confirmer ou infirmer les allégations des intendants, partielles de toute façon. Cette analyse fournit une documentation immédiate sur la qualité des problèmes et représente un outil précieux pour le responsable d'unité.

L'appréciation individuelle des unités par les étudiants - À la fin de chaque unité d'APP, l'étudiant répond de façon anonyme à un questionnaire sur les composantes de l'unité, version sherbrookoise de l'instrument de Maastricht[5] (Annexe 1). Cette évaluation a pour but de recueillir l'appréciation de tous les étudiants sur la qualité des problèmes, le rôle du tuteur, l'intérêt de la matière et les modes d'apprentissage.

L'«évaluation des tutoriaux» fait partie intégrante du paysage préclinique. Dès leur arrivée, les étudiants sont fortement incités à respecter ce volet du contrat social : nous avons besoin périodiquement de leur appréciation pour améliorer, à court terme, la qualité de nos unités d'APP et, à plus long terme, constituer notre dossier de préparation de la visite d'agrément.

APRÈS LES UNITÉS D'APP

Le rapport bilan du professeur responsable - En principe, chaque responsable d'unité doit soumettre annuellement à la direction du programme son bilan d'unité et ses propositions d'amélioration. Cette règle sera rigoureusement respectée au cours des deux premières années d'implantation du programme. Par la suite, le taux de conformité tombe à environ 60 %. Après cinq ans, seulement le tiers des responsables se donnent la peine de mettre par écrit leur évaluation. Le rapport, considéré comme essentiel au tout début, devient moins pertinent au fur et à mesure que les unités d'APP atteignent leur vitesse de croisière.

La rencontre annuelle du responsable d'unité et de la direction du programme - Les rapports écrits diminuent, mais le directeur de programme veille à rencontrer tous les responsables d'unité individuellement, immédiatement après l'unité et quelques mois avant la reprise de la même unité, ce qui permet de fixer des objectifs spécifiques d'amélioration.

C'est ainsi que la majorité des unités offrent maintenant des problèmes qui en sont au moins à leur troisième édition. Certaines unités ont même été complètement reconstruites. Les professeurs peuvent être rémunérés pour développer de nouvelles activités pédagogiques grâce à une enveloppe d'unités d'activités universitaires (UAU) (chapitre 10). Les montants ainsi distribués se maintiennent à un niveau élevé d'année en année. Ces dépenses reflètent l'effort des responsables d'unité d'APP pour améliorer le matériel pédagogique.

Le rapport bilan de l'étudiant responsable - Un étudiant qui s'est porté responsable d'une unité d'APP rédige un bilan à l'intention du responsable de l'unité et du coordonnateur du programme. Il collige les appréciations des intendants, compile l'évaluation de chacun des problèmes et recueille les opinions de ses collègues. Ce rapport d'environ une dizaine de pages rend compte du climat de l'unité et de son organisation; il analyse chacun des problèmes, critique les références, propose des améliorations, suggère d'autres modes d'apprentissage (séances de dissection lors de l'unité de l'appareil locomoteur), et commente les leçons magistrales et les évaluations formatives et sommatives. Il résume les forces et les faiblesses de l'unité.

Ces rapports, moins nombreux la première année d'implantation, portent sur 50 % des unités. Ce pourcentage passe à 86 % au cours de la deuxième année pour ensuite diminuer à 60 % les deux années suivantes et enfin se situer à 90 % au cours des dernières années. Les étudiants ont le goût de participer à l'amélioration du programme. Ils savent que les professeurs en tiennent compte, puisque les étudiants des années subséquentes les informent des changements. Ces rapports objectivent les discussions entre les responsables d'unité et les responsables du programme et contribuent à identifier des sujets de discussion pour les journées de bilan. Ce type d'évaluation bilan et rétroaction fait maintenant partie intégrante du système de formation préclinique.

Des trois premières années, un message clair se dégage : on peut suivre l'amélioration d'une unité à la lumière des commentaires des étudiants. On exige encore de tels rapports, mais leur objectif est préventif plus que curatif.

Les rencontres des responsables d'unité - À compter de la troisième année d'implantation, les responsables des unités précliniques sont invités régulièrement à des rencontres avec le coordonnateur de la formation préclinique. D'abord considérées comme une activité de gestion et, dans une certaine mesure, de formation, ces rencontres servent aussi au monitorat du programme.

On y aborde deux ordres de sujets : les affaires courantes dont le traitement s'impose de façon immédiate (modifications d'horaire), et d'autres questions qui nécessitent une discussion approfondie, par exemple : la séance d'introduction des unités d'APP, l'évaluation des tuteurs, les questions d'analyse de problèmes.

Les rencontres, sporadiques jusqu'à récemment, ont un effet valorisant pour les directeurs d'unité, qui peuvent ainsi continuer à exercer un rôle déterminant dans l'évolution du programme.

Les journées de perfectionnement des tuteurs - Chaque année, les tuteurs sont invités à une journée de perfectionnement (chapitre 9) quelques jours avant le début de leur unité. On rediscute du rôle de tuteur; on revoit le déroulement et les problèmes de l'unité; on approfondit des sujets particuliers, par exemple l'évaluation des étudiants par les tuteurs. Depuis 1990-91, ces journées sont préparées avec le responsable de l'unité. On peut y réexaminer les résultats du rapport de l'étudiant responsable et les recommandations du Comité de coordination.

L'évaluation sommative de l'apprentissage des étudiants - Évaluer les étudiants, c'est évaluer le produit (chapitre 5). C'est la pièce maîtresse de tout programme éducatif. Chaque responsable d'unité veut donc connaître l'impact des problèmes sur l'apprentissage cognitif. Il doit revoir les résultats analysés et en défendre la qualité et les indices docimologiques auprès du Comité d'évaluation, lequel a la responsabilité d'en accepter, au nom de la Faculté, les résultats.

Il est difficile de mesurer tous les apprentissages, faute d'instruments appropriés. À Sherbrooke, la dimension cognitive demeure prédominante. Au moment de l'implantation du programme, la Faculté s'inquiète surtout des résultats obtenus à l'examen de synthèse de la Conférence des doyens des facultés de médecine du Québec et à l'examen d'aptitude du Conseil médical canadien.

EN FIN D'ANNÉE OU PÉRIODIQUEMENT

Les rencontres du Comité de coordination - Depuis trois ans, la direction du programme est assistée d'un Comité de coordination (chapitre 2), qui se réunit mensuellement et contribue énormément au rajustement du programme. Tous les deux ou trois ans, chacun des responsables d'unité d'APP y fait le «bilan de santé» de son unité. Il en est de même pour les unités longitudinales d'apprentissage des habiletés cliniques et de l'éthique médicale, ou pour les autres activités comme le stage d'immersion clinique ou le cours de sexualité. Ces activités d'évaluation, de mise à jour, de replanification apportent la matière du bilan annuel du responsable du programme de formation prédoctorale, présenté au Cabinet du doyen et au Conseil de faculté.

La journée «bilan annuel» - Depuis 1988, une journée bilan permet une rétrospective des activités pédagogiques de l'année; de 40 à 50 personnes, enseignants, étudiants, administrateurs, y vont de leurs suggestions et recommandations. Les étudiants transmettent les messages qu'ils jugent importants. Les professeurs réclament plus de participation, décriant par exemple, au début de la réforme, le rôle trop passif du tuteur d'APP.

En 1989, le bilan porte sur le rôle du tuteur. Après deux ans d'implantation du programme, il devient impérieux que le tuteur joue un rôle plus actif. La fiche d'évaluation remplie par les tuteurs pose problème : les étudiants n'apprécient pas être évalués dans d'autres domaines que celui des connaissances. On maintient cette forme d'évaluation, mais une nouvelle fiche doit être construite. On veut améliorer la qualité des examens, mais on trouve difficile de formuler de bonnes questions d'analyse de problèmes (Q.A.P.). Un groupe de travail est mis sur pied.

En 1990, le développement de la formation préclinique est contesté. Les questions à étudier (étape 5), et l'explication du problème (étape 7), retiennent particulièrement l'attention. Et on discute de stratégies pour accroître l'intérêt des étudiants.

En 1991, trois thèmes différents sont abordés. Comme l'unité d'Introduction à la biologie médicale présente toujours des disciplines compartimentées, un projet d'intégration prend naissance. La révision de l'unité des habiletés cliniques révélant d'importants problèmes administratifs et des insuffisances dans l'observation individuelle avec rétroaction, un groupe de travail en développera une deuxième édition. Enfin, étant donné que l'encadrement des étudiants au cours de l'unité multidisciplinaire de la 3e année doit être renforcé, on ajoute une demi-journée à la tâche du mentor pour lui permettre d'observer l'étudiant avec un patient.

L'année 1992 est consacrée à la révision du système d'évaluation. En bref, on réclame plus de rétroaction pour que l'évaluation serve à l'apprentissage et favorise davantage les acquisitions dans un modèle en spirale.

En 1993, le bilan se concentre sur l'externat, car, suivant les milieux cliniques, il se déroule en dents de scie. La réforme doit être complétée...

Ces journées, toujours organisées à l'extérieur de la Faculté, sont chaque fois très profitables aux administrateurs, aux professeurs et aux étudiants. En plus de favoriser les échanges et d'améliorer le savoir-faire, elles révèlent les difficultés, les anachronismes et les déviations.

Les présentations au Comité du programme - Dans notre Faculté, toute une série de comités spéciaux remplissent successivement les fonctions d'un comité de programme : Comité de planification de la réforme, Comité du canevas, Comité de validation des problèmes d'APP. À l'automne 1990, un Comité du programme, officiellement formé par le vice-doyen aux études, a mandat d'étudier l'adéquation entre les activités du programme et les intentions de la réforme. Il invite les responsables d'unité à discuter de l'évolution du programme en fonction d'une grille d'analyse pour en dégager les forces et les faiblesses. En février 1993, son rapport sera une pièce majeure d'une révision du programme qui deviendra bientôt nécessaire.

Les ateliers de visiteurs - Un changement complet et subit comme le nôtre suscite beaucoup de curiosité. C'est ainsi que nous développerons un atelier pour les enseignants de l'extérieur désireux de se familiariser avec l'APP. Certains proviennent même de programmes non médicaux.

En cinq ans, près de 300 enseignants participent à 19 ateliers, dont environ 30 % originaires d'Europe, et les autres, des facultés de médecine du Québec et de l'Ontario, deux provinces canadiennes, des États-Unis et aussi de facultés autres que médicales. Chaque fois, nous présentons le programme, et les visiteurs observent des tutoriaux, ont des échanges avec des étudiants, des enseignants, des administrateurs. C'est l'occasion de discuter du bien-fondé de nos choix pédagogiques et de nos activités d'apprentissage et d'évaluation. Ces confrontations sont stimulantes et forcent à préciser les objets de notre réforme et même à activer son évolution.

Les visites d'évaluation externe - Au Canada, chaque faculté de médecine doit se soumettre, à intervalle régulier, à une évaluation externe qui relève d'un comité conjoint d'agrément de l'Association des facultés de médecine canadiennes et du *Liaison Committee on Medical Education* des États-Unis. En plus d'évaluer la qualité du programme prédoctoral, les visiteurs donnent leur appréciation sur la Faculté, ses départements de sciences fondamentales, ses départements cliniques, les ressources financières, les relations avec les hôpitaux d'enseignement, les programmes de recherche, la qualité de la formation postdoctorale, etc. Les recommandations de ce comité ont un impact majeur sur l'évolution d'une faculté. Il s'agit indiscutablement d'une évaluation externe sommative. La visite d'agrément du printemps 1989 a évidemment pour objet le nouveau programme.

Le concept d'une évaluation externe formative est peu connu et surtout peu utilisé. En Europe, la mention d'une telle évaluation soulève des interrogations. Quant à nous, dès janvier 1988, nous invitons une dizaine d'éducateurs médicaux et non médicaux à nous rendre visite. Durant deux jours, nous soumettons le programme à leur critique. Cette expérience s'avère si fructueuse que nous la répétons dès l'automne 1988; cette fois, quatre éducateurs médicaux de réputation internationale sont invités pour une visite formelle d'évaluation de trois jours. Nous renouvelons l'expérience en 1991, au moment où notre première cohorte termine le nouveau programme. La Faculté, qui finance ces visites, démontre ainsi la valeur indéniable qu'elle accorde à la réussite du programme. Au printemps 1994, nous organisons la troisième visite d'évaluation externe formative.

LES RÉSULTATS DES ÉVALUATIONS PARTICULIÈRES

Lorsqu'on parle d'évaluation de l'enseignement[6], on assimile souvent cette activité à l'unique évaluation faite par les étudiants. Ce n'est pas notre cas, même si pour nous les étudiants sont sûrement la première source d'information.

LA VISITE D'ÉVALUATION FORMATIVE EXTERNE, SEPTEMBRE 1988

Un an après le début de la réforme, la Faculté invite, pour une première visite d'évaluation externe formative, quatre éducateurs médicaux : Robert Colvin, pathologiste de l'Université Harvard (Massachusetts, U.S.A.), Victor Neufeld, vice-doyen aux études à la Faculté de médecine de McMaster (Ontario, Canada), Gilles Hurteau, doyen de la Faculté de médecine de l'Université d'Ottawa (Ontario) et Jean-Jacques Guilbert, ancien médecin-chef de la formation des personnels de santé, de l'Organisation mondiale de la santé à Genève. Durant trois jours, ils rencontrent le corps professoral et les étudiants

Leur impression générale «très positive» est basée sur notre choix de la trilogie conceptuelle : *besoins de la communauté, autonomie de l'apprentissage et développement du sens de l'humanisme.* En utilisant l'apprentissage par problèmes et l'apprentissage en milieu professionnel, Sherbrooke a su «mettre en oeuvre des principes dont les éducateurs parlent, mais que si peu mettent en pratique». La tâche qui reste à accomplir est «vaste et ardue». Les années qui suivront exigeront «encore plus de ténacité et de persévérance».

LES RECOMMANDATIONS

Le rapport des évaluateurs comporte 24 recommandations regroupées sous quatre thèmes : le processus de planification du programme, la structure du programme, le mécanisme d'évaluation et la formation des tuteurs.

Le processus de planification du programme

1. Être encore plus attentif à éviter la création ou l'élargissement d'un fossé d'«incompréhension» entre certains enseignants et le groupe de planificateurs (en ce qui concerne le rôle, la charge, les éléments logistiques, etc.) par la mise en oeuvre d'un mécanisme approprié d'information continue.

2. Reconsidérer la quantité réelle de temps nécessaire pour les tâches à accomplir par chacun, obtenir si possible du personnel supplémentaire selon le cas afin de corriger la sous-estimation du temps nécessaire au cours des années de démarrage/investissement.

3. Rassurer les enseignants des sciences de base que l'importance de leurs disciplines ne sera pas sacrifiée, qu'ils auront accès aux étudiants afin de suivre le développement de leur approche scientifique et de porter remède à leur insuffisance tout au long des quatre années du programme, notamment en les faisant participer aux comités d'unité des trois phases.

4. Obtenir l'opinion, quant à la qualité et à la dimension du concept humaniste, de personnes extérieures au système de santé, à savoir : des philosophes, des gens de lettres, des membres du clergé, des représentants d'associations communautaires, etc.

La structure du programme

Les recommandations suggèrent, pour la plupart, des remèdes à la «couverturite aiguë» dont souffre le programme à ce stade de développement. Cette forme de «curriculopathie» refait surface tout au long des entretiens avec les enseignants de toutes disciplines; il semble même que l'infection déjà très répandue soit aggravée par les étudiants.

---

5. Considérant que l'«arbre de concepts» est un instrument utile à la planification, offrir l'aide nécessaire aux enseignants pour en faire une meilleure élaboration et le mettre à la disposition des étudiants après que, vers la fin de chaque unité, ils aient construit leur propre arbre de concept et puissent ainsi le comparer utilement avec celui des enseignants.

6. Faire participer graduellement les étudiants plus activement à la planification de leur programme (par exemple, la planification de leurs activités d'apprentissage pour les unités 13 et 14, en fin de phase II, sur la base d'un problème prioritaire de santé suffisamment vaste).

7. Placer plus tôt dans le programme des activités d'apprentissage en milieu professionnel (du type «immersion clinique») et mieux utiliser les services de santé périphériques qui existent au Québec et qui sont justement renommés.

8. Tenir compte de cette orientation vers les besoins de la communauté lors de la sélection et de la construction des «problèmes» par les enseignants pour les unités suivantes.

9. Prendre en considération les avantages qu'il y aurait à passer du concept par «systèmes ou organes» au concept des «problèmes prioritaires de santé de la population» comme ligne directrice pour la construction du programme afin de mieux réaliser l'orientation désirée vers les besoins de la communauté.

10. Diminuer le nombre de «problèmes» en élargissant leur dimension, par regroupement ou préférablement sur la base de problèmes prioritaires de santé, et en attribuant aux étudiants plus de temps d'analyse.

11. Éviter de placer des tutoriaux le vendredi ou le lundi et s'assurer qu'en général un problème sera abordé au cours de deux tutoriaux.

12. Ramener le nombre d'étudiants par tutorial à six (ou sept maximum). Il semble que cette nécessité soit ressentie par les tuteurs et fortement exprimée par les étudiants.

13. Préparer un plan afin de permettre l'incorporation du concept humaniste, y compris un mécanisme permettant de vérifier si sa mise en oeuvre est effective.

14. Préparer un plan afin de permettre l'incorporation de considérations sur l'économie de la santé, la vérification de la qualité des soins et la maîtrise des coûts au cours des activités d'apprentissage, y compris un mécanisme permettant d'évaluer si les étudiants ont acquis les compétences correspondantes.

15. Préparer un plan afin de s'assurer que les étudiants acquièrent la capacité de trouver les ressources d'information nécessaires et de gérer cette information pour aborder les problèmes à résoudre.

Le mécanisme d'évaluation

16. Prendre en considération les avantages d'utiliser le système de cote succès/échec comprenant une justification par courts paragraphes narratifs, notamment pour donner plus de poids aux activités d'apprentissage en tutoriaux et pour diminuer le sentiment de compétitivité entre étudiants.

17. Construire des épreuves de certification telles qu'elles puissent se dérouler «à livre ouvert» afin de donner la primeur aux compétences intellectuelles supérieures (interprétation de données et résolution de problèmes).

18. Construire des épreuves mesurant le degré d'autonomie à apprendre chez les étudiants, notamment leur capacité à trouver les sources d'information utiles.

19. S'assurer, impérativement, que les épreuves d'évaluation formative sont «identiques (en indice de difficulté et de discrimination) aux épreuves de certification».

20. Associer les étudiants à la construction des instruments d'évaluation (au titre de l'objectif d'autoévaluation) et à l'élaboration graduelle d'une banque d'instruments.

La formation des tuteurs

Les évaluateurs, impressionnés par l'effort mis en oeuvre pour la formation des tuteurs, apprécient que la formation de base soit complétée par une journée annuelle de formation continue avec un taux de participation de 80 %. Selon eux, cette formation pédagogique contribue beaucoup à la réalisation du changement.

21. Poursuivre la formation des tuteurs en utilisant les aspects positifs de l'expérience acquise pour démontrer qu'une bonne application de l'apprentissage par problèmes permet de tenir le pari que ce qui n'est pas «enseigné» sera appris avec succès par les étudiants lorsque cela sera nécessaire.

22. Renforcer la capacité de recherche dans le domaine du processus éducationnel, en publier les résultats et en tenir compte lors des promotions.

23. Réévaluer le rôle actif de facilitateur du tuteur pour augmenter la qualité de la formulation des problèmes (étape 3) par les étudiants, en étant plus flexible quant à la séquence des dix étapes du processus d'apprentissage par problèmes, si la nature du problème l'indique.

24. Explorer la possibilité de confier à l'avenir le rôle de tuteur à d'anciens étudiants ayant bénéficié du programme d'APP.

LES RÉPONSES DU COMITÉ DE COORDINATION

Dès décembre 1988, le Comité de coordination du programme prédoctoral se penche sur les mesures à prendre pour donner suite à ces recommandations. Plusieurs questions se règlent facilement, par exemple, celle de «diminuer le nombre d'étudiants par petit groupe» (n° 12), mais d'autres exigent des stratégies à long terme, telle la recommandation d'«étudier la dimension du concept d'humanisme» (no 4).

Ce premier exercice d'évaluation externe, très salutaire pour tous, renforce notre démarche, qui devient un projet continu de recherche-action.

LA VISITE D'ÉVALUATION DU *LIAISON COMMITTEE* ET DU COMITÉ D'AGRÉMENT, FÉVRIER 1989

Nous recevons en février 1989 une équipe composée de trois évaluateurs canadiens, d'un doyen d'une faculté américaine et d'un observateur du Collège des médecins du Québec. L'analyse des documents, les entrevues durant quatre jours et les délibérations vont aboutir, pour la première fois de notre histoire, à un agrément complet d'une durée de sept ans.

Les visiteurs se déclarent satisfaits de l'orientation de la réforme. Les relations de la Faculté avec ses hôpitaux affiliés exigent, selon eux, une rationalisation de l'utilisation des centres hospitaliers. On remarque l'importance de l'effort fourni en faveur de la recherche. On note que le programme a été implanté sans que l'Université y consacre de nouvelles ressources humaines ou financières. On signale l'urgent besoin d'augmenter le nombre de professeurs.

LES RECOMMANDATIONS DE LA VISITE D'AGRÉMENT LCME-CAFMC

- Les étudiants, souvent encouragés en cela par les tuteurs, ont tendance à déterminer des objectifs d'apprentissage qui dépassent les connaissances essentielles à être couvertes. Développer des stratégies qui vont diminuer la tendance obsessive d'une couverture complète des connaissances.
- Les sciences fondamentales sont intégrées aux sciences cliniques dans les problèmes. Démontrer que l'essentiel des sciences fondamentales est maîtrisé par les étudiants.
- Diminuer la taille des petits groupes de tutoriaux à moins de 10 étudiants.
- Continuer les efforts pour entraîner les tuteurs dans leur nouveau rôle de facilitateur d'apprentissage et d'évaluateur.
- Développer et implanter un protocole d'évaluation pour mesurer et suivre les interventions pédagogiques des tuteurs.
- Offrir aux étudiants des méthodes additionnelles d'enseignement et d'apprentissage. Encourager le corps professoral à développer des méthodes d'évaluation cohérentes avec les processus d'apprentissage. Accorder une attention particulière à l'évaluation de la performance des étudiants durant les tutoriaux.
- Continuer les révisions internes et externes, même si les processus d'évaluation continue du programme sont impressionnants.
- Réviser les processus d'admission dans un contexte d'apprentissage par problèmes favorisant l'autoapprentissage.

Le Comité d'agrément demande, pour décembre 1991, un rapport d'étape sur les points suivants:

- une évaluation du nouveau programme, en particulier sur les résultats obtenus par les étudiants en sciences fondamentales et cliniques, l'apprentissage autonome, la performance des résidents. On exige de commenter les résultats à l'examen d'aptitude du Conseil médical du Canada;
- les initiatives prises par la Faculté pour augmenter le nombre d'enseignants engagés dans l'implantation du nouveau programme;
- la disponibilité des services aux étudiants ainsi que le nombre de monographies et de périodiques médicaux disponibles à la Bibliothèque.

Généralement, une faculté donne suite aux recommandations au cours des années de la durée de l'agrément, en l'occurrence sept ans. Mais l'impact de ces recommandations s'est déjà fait sentir à la Faculté, notamment en ce qui concerne la formation des tuteurs et le développement de méthodes d'évaluation comme l'examen oral structuré et l'examen clinique objectif et structuré. Les processus d'admission n'ont cependant pas encore été modifiés (chapitre 13).

L'ÉVALUATION FORMATIVE EXTERNE, OCTOBRE 1991

Lors de la visite d'agrément d'avril 1989, la Faculté s'engage à se soumettre à une évaluation externe formative après la fin des études des premiers diplômés. En octobre 1991, nous recevons une équipe internationale d'évaluateurs, composée de L. J. Kettel, directeur du programme de recherche sur les changements de la pédagogie médicale de l'Association américaine des facultés de médecine; C. Boelen, médecin-chef au développement par l'éducation des ressources humaines pour la santé, au siège social de l'OMS à Genève; H. S. Barrows, vice-doyen aux études et directeur du département d'éducation médicale à la Southern Illinois University, États-Unis; G. Bordage, directeur du programme de maîtrise en pédagogie des sciences de la santé de l'Université Laval, Québec, Canada, et H. Schmidt, de l'Université de Limburg, Maastricht, Pays-Bas, secrétaire général associé du *Network of Community-Oriented Educational Institutions for Health Sciences*.

Cette fois, les objectifs sont fort simples : évaluer la réforme de la formation préclinique après quatre ans d'implantation. En deux jours, les visiteurs rencontrent les responsables du programme, les responsables d'unité, des groupes de tuteurs et de nombreux étudiants. Ils assistent à des tutoriaux, étudient les cahiers d'unité, les guides du tuteur, les examens écrits. Ils évaluent l'autonomie d'apprentissage, l'humanisme, les stages en communauté, le modèle «sherbrookois» d'APP, la cohérence de la formation des tuteurs avec les activités d'enseignement, et l'adéquation des valeurs véhiculées par le nouveau programme avec la mission et les buts de la Faculté. Les conclusions sont élogieuses.

Les observations générales

1. Ouverture d'esprit des professeurs. Enthousiasme des étudiants et des enseignants. Clarté des documents. Qualité des instruments didactiques et des guides du tuteur.

2. Expérience unique, remarquable et réussie de l'Université de Sherbrooke d'avoir pu passer, dans une période relativement courte, d'un programme traditionnel à un programme centré sur l'étudiant et entièrement basé sur l'apprentissage par problèmes. «C'est peut-être la vraie façon de réussir un changement majeur», de dire les évaluateurs.

3. Fidélité aux objectifs initiaux. Partage homogène de la philosophie sous-jacente. Désir de poursuivre et sentiment d'appartenance évidents.

4. Félicitations pour avoir mené un processus de changement, en engageant le plus grand nombre possible d'enseignants. Gestion efficace tant au niveau de la coordination qu'au niveau des unités. Participation de toute la Faculté avec un consensus exemplaire et une prise de décision qui suit toujours le modèle d'une consultation se faisant de la base vers le haut. Implantation planifiée étape par étape, rendant le changement confortable pour les étudiants et pour les professeurs.

5. Conversion de la Faculté entière, incluant les professeurs et les étudiants, à un nouveau processus éducatif où les concepts de l'apprentissage par problèmes et du travail en petits groupes sont bien maîtrisés.

6. Succès réalisé et désir collectif de poursuivre les changements créant le momentum propice pour explorer de nouvelles avenues et entretenir l'intérêt pour d'autres innovations.

La réponse ne tardera pas, puisque la mission de la Faculté est redéfinie[7] et que le Bureau de développement pédagogique est transformé en un Centre de pédagogie médicale voué à la recherche, une étape qui précédera l'établissement d'un département de pédagogie médicale. Par ailleurs, les propositions sur le contrôle de l'apprentissage et la construction des problèmes d'APP trouveront un écho dans la nouvelle édition du programme, après les activités de la Commission de révision.

Tout de même, les visiteurs suggèrent six améliorations :

Les propositions d'amélioration

1. Le contrôle de l'apprentissage

On observe une tendance du corps professoral à vouloir guider les apprentissages, ce qui a pour effet d'orienter ainsi le programme vers une certaine rigidité. Les étudiants ne bénéficient pas de l'esprit de découverte qui guide la méthode d'APP. Le programme, qui devrait être centré sur l'étudiant, est beaucoup trop structuré par les enseignants en raison de la forme des problèmes, des objectifs très spécifiques et du guide très élaboré du tuteur. Les références sont précises au point d'indiquer même les pages de chapitre. Certains tuteurs dirigent directement les apprentissages de façon très spécifique. Dans ce contexte, il est difficile pour l'étudiant d'apprendre à son propre rythme. On suggère d'ouvrir le système, en quelque sorte de le «débarrer». C'est une question d'attitude du corps professoral, qui doit maintenant faire davantage confiance à la capacité d'apprendre des étudiants. Forcément, il faudra aussi revoir les mécanismes d'évaluation des apprentissages.

2. L'unité de biologie médicale

On suggère d'intégrer les sciences fondamentales tout au long du programme. Les unités d'APP devront être restructurées; les professeurs de sciences fondamentales devraient être invités à y participer davantage, voire à diriger plusieurs unités d'APP. La réalisation optimale de l'apprentissage par problèmes exige la contribution des enseignants des sciences fondamentales dans toutes et chacune des unités de la phase préclinique.

3. La construction des problèmes d'APP

On suggère de revoir la construction des problèmes d'APP afin qu'ils simulent davantage la réalité clinique telle qu'elle se présente dans les mots du patient. On aurait avantage à utiliser plus de matériel visuel et à mieux l'intégrer. Les problèmes devraient permettre davantage la recherche d'éléments critiques, la genèse d'hypothèses et l'élaboration d'objectifs personnels d'approfondissement des sciences fondamentales.

4. L'orientation vers la communauté

C'est davantage sur le processus que sur le produit et ses impacts qu'on juge l'implantation de la dimension «orientation vers la communauté». On devra décrire les types d'impacts souhaités et les services particuliers que cette orientation devrait entraîner. Cette dimension est importante sur les plans éducatif et politique. On pourrait s'attendre à ce que la Faculté de médecine de l'Université de Sherbrooke trouve des solutions à des problèmes d'orientation communautaire à plus large échelle que celle de son seul programme d'études prédoctorales.

5. Un département de pédagogie médicale

On suggère de capitaliser sur les acquis exceptionnels de la Faculté et de recruter des professionnels en pédagogie médicale. Un département de pédagogie médicale devrait surtout être orienté vers la recherche en formation médicale tout en contribuant à l'enseignement et à des services particuliers, par exemple la docimologie, le développement du programme, etc.

6. Le développement de la Faculté

On suggère de revoir la mission et les buts de la Faculté. Les visiteurs croient avoir identifié des incohérences entre les buts éducatifs et la mission sociale qui doit répondre à des nouveaux besoins d'une société en évolution rapide.

LE RAPPORT DU COMITÉ DU PROGRAMME, FÉVRIER 1993

En septembre 1990, un Comité du programme relevant du vice-doyen aux études est créé. Constitué de six professeurs, deux étudiants et un conseiller pédagogique, il reçoit le mandat précis de trouver une réponse positive à la question suivante : les activités d'enseignement et d'apprentissage, à l'intérieur du nouveau programme, sont-elles congruentes avec les grandes orientations que s'est données la Faculté, à savoir l'apprentissage par problèmes centré sur l'étudiant sous forme de tutoriaux en petits groupes, visant à former des médecins autonomes dans leur apprentissage et démontrant des comportements humanistes ainsi qu'une préoccupation communautaire?

Le Comité va siéger pendant deux ans. Il interroge les directeurs d'unités d'APP de la formation préclinique et discute des orientations et des moyens à recommander au regard de la question posée. Selon son rapport, déposé en 1993, pratiquement tous les responsables d'unité se sont approprié les grandes orientations et les modifications aux méthodes et aux activités d'apprentissage. Une très grande partie du corps professoral semble «favorable» à cette réforme et y participe de façon «plus ou moins active». Il persiste toutefois «des îlots de professeurs indifférents ou résistants».

Puis, le rapport présente des observations sur les trois grandes orientations du programme : humanisme, orientation communautaire et autonomie de l'apprentissage.

LES ORIENTATIONS DU PROGRAMME
L'humanisme

«On ne peut considérer pour le moment que cet objectif ait été atteint et qu'il soit devenu une caractéristique distinctive de notre programme.» Le Comité constate que si on veut maintenir cette orientation, il faudra :
- définir l'humanisme en termes d'attitudes et de comportements exigés par l'exercice compétent de la médecine; travailler à construire, à l'intérieur du corps professoral, une compréhension uniforme de cette caractéristique du programme; présenter l'humanisme aux étudiants comme un objectif à atteindre progressivement au cours des études par un ensemble de moyens pédagogiques stratégiquement orchestrés à cette fin;

- inciter le corps professoral à pratiquer ces attitudes et comportements humanistes dès les premiers contacts avec les étudiants, lors des tutoriaux ou autres activités;

- affirmer clairement que le tutorial n'est pas uniquement une expérience d'apprentissage cognitif, mais aussi une occasion privilégiée de développer et de manifester des comportements humanistes. En conséquence, la Faculté devra élaborer des stratégies pour armer ses professeurs de moyens concrets pour parvenir à cette fin;

- réaliser qu'en ce qui concerne l'humanisme, l'exemple donné par le corps professoral, surtout par le comportement verbal et non verbal de tous les jours, est plus puissant que tout enseignement didactique dispensé dans ce domaine.

Alors que la Faculté souligne l'excellence pédagogique, il serait souhaitable qu'elle accorde une reconnaissance aussi officielle à l'humanisme de ses professeurs afin de stimuler ceux-ci à servir de modèles de rôle pour les étudiants.

L'orientation communautaire

Le Comité prend acte des activités qui s'inscrivent dans l'orientation communautaire : le choix des problèmes d'APP, le stage d'immersion clinique, le stage d'APP en communauté, le stage en médecine de famille, en santé communautaire et en soins de première ligne.

«Cette préoccupation devrait s'intégrer davantage à la vaste majorité de nos activités d'enseignement et d'apprentissage. Nous souhaiterions que les membres du Département des sciences de la santé communautaire ou encore du Département de santé communautaire du C.H.U.S. influencent chacune des unités et composantes du programme. Il apparaît également essentiel que les comportements caractéristiques d'un médecin ayant une vision communautaire de la santé soient définis clairement, que des méthodes permettant d'évaluer l'acquisition de ces comportements soient élaborées et que des stratégies soient imaginées afin que nos étudiants puissent progressivement s'enrichir, tout au long de leurs études, de cette vision communautaire de la médecine.

Il nous paraît souhaitable de développer des stratégies pour rendre nos étudiants conscients de la réalité de la pratique médicale courante en centre hospitalier et les sensibiliser à la prévention. Un enseignement clinique qui tiendrait compte des ressources humaines et physiques de la communauté québécoise et qui insisterait sur les aspects préventifs de la maladie ainsi que sur les équations risques-bénéfices et coûts-bénéfices des interventions diagnostiques et thérapeutiques, serait, en plus d'être politiquement bienvenu, une caractéristique enviable de notre programme. Cette même préoccupation communautaire devrait également être transposée du côté de la recherche, autant fondamentale que clinique.»

L'autonomie de l'apprentissage

«Il semble qu'actuellement, seules les activités qui se déroulent en communauté, soit les stages d'immersion clinique et d'apprentissage par problèmes dans la communauté, et peut-être certaines activités de l'unité 14, favorisent l'exercice de cette autonomie (comprise dans le sens de «self-directed learning«).

Peut-être est-il prématuré d'atteindre une totale autonomie d'apprentissage au niveau prédoctoral. Cependant, l'objectif d'inculquer à nos étudiants la capacité d'identifier leurs propres besoins de formation, de travailler à les combler et d'évaluer par la suite l'atteinte des buts fixés doit faire l'objet d'activités d'apprentissage particulières au niveau prédoctoral. Des outils permettant l'acquisition ou l'actualisation d'une certaine autonomie doivent être élaborés et utilisés stratégiquement à l'intérieur de chacune des unités, selon un axe de progression gradué en termes d'exigences et de comportements à acquérir tout au long du programme prédoctoral.»

Les délibérations du Comité l'amènent à formuler des commentaires sur l'apprentissage par problèmes, le travail en petit groupe et le programme centré sur l'étudiant.

Les moyens

L'apprentissage par problèmes

«La préoccupation principale dans la démarche d'APP gravite presque exclusivement autour des objectifs et du contenu.» On devrait entreprendre des actions pour intéresser davantage les professeurs à la dimension pédagogique de leur tâche. Le Comité suggère de leur attribuer des ressources financières et humaines spécifiques. Enfin, parce que l'APP est basé sur le rappel des connaissances antérieures et sur l'organisation des connaissances nouvelles, on suggère que les tuteurs aient une vue d'ensemble du programme pour mieux situer leurs interventions et aider les étudiants à les intégrer.

Les petits groupes

Motivant pour les étudiants, le format des tutoriaux se déroule de façon très structurée, les rôles de chacun étant bien observés d'une unité à l'autre. Parce que les individus poursuivent des objectifs personnels plutôt que communs, on propose d'expliciter davantage les raisons du travail en petits groupes en fonction d'une production de groupe plutôt qu'en terme de relation psychosociale. On recommande «qu'une formation à la rétroaction et à l'animation de groupe, brève mais systématique, soit donnée aux étudiants précocement, de façon à mieux les outiller pour fonctionner en groupe».

Le programme centré sur l'étudiant

D'auditeurs passifs, les étudiants sont devenus plus actifs dans la détermination de leurs objectifs d'apprentissage et dans la construction de leur savoir. Cependant, un niveau de latitude et de liberté dans la détermination des objectifs d'apprentissage est loin de la perfection. Le mode actuel d'évaluation en serait en grande partie responsable. «Les évaluations sommatives fréquentes et par matière ont plus ou moins transformé ce qu'on idéalisait comme un programme orienté vers l'étudiant en un programme centré sur les examens.» Le Comité s'interroge sur la cohérence entre les pratiques évaluatives et les visées pédagogiques.

Le Comité termine son rapport en affirmant «que les activités d'apprentissage de notre programme sont, en grande partie, congruentes avec les orientations que s'était données la Faculté au moment de l'implantation du nouveau programme.» Il formule une série de recommandations.

Les recommandations

- Définir l'humanisme, l'orientation communautaire et l'autonomie en termes de connaissances, d'habiletés et d'attitudes exigées pour l'exercice compétent de la médecine.
- Établir un schème d'évolution de nos étudiants en ce qui concerne la maîtrise de ses connaissances, de ses habiletés et de ses attitudes et planifier des activités d'apprentissage destinées à les atteindre.
- Élaborer des méthodes d'évaluation de l'humanisme, de l'orientation communautaire et de l'autonomie, afin de vérifier l'atteinte des objectifs dans chacun de ces domaines et d'en confirmer l'importance aux yeux des étudiants et du corps professoral.
- Revoir le mode actuel d'évaluation de façon à ce que sa rigidité ne constitue pas un obstacle à l'épanouissement cognitif de nos étudiants ainsi qu'à l'acquisition de comportements d'autoapprenant.
- Faire valoir la pertinence de l'utilisation du travail en petits groupes.
- Renforcer la formation à l'animation de groupe et à la rétroaction afin d'optimiser la production en petits groupes.
- Établir un programme structuré d'aide pédagogique pour les étudiants présentant des difficultés afin de les aider à atteindre l'autonomie d'apprentissage.
- Compléter la formation générale déjà acquise par les professeurs de la Faculté en mettant l'accent sur les principes pédagogiques sur lesquels se fonde l'APP et, pourquoi pas, sur la métacognition...
- Pourvoir les tuteurs d'une vision globale du programme prédoctoral.
- Munir les tuteurs de moyens concrets pour favoriser l'acquisition de l'autonomie, de l'orientation communautaire et de l'humanisme chez les étudiants.
- Réaffirmer le rôle des responsables d'unité de manière à ce que ces derniers se voient accorder un pouvoir réel, tant au point de vue de l'élaboration que de l'administration de leur unité.

Le Comité conclut que l'actualisation des recommandations exigera «des énergies supplémentaires», tant sur le plan humain que sur le plan financier. Dès l'automne 1993, une Commission de révision est mise sur pied pour préparer les propositions d'une seconde édition du programme pour le printemps 1994.

LES RÉSULTATS DES APPRÉCIATIONS INDIVIDUELLES DES UNITÉS D'APP PAR LES ÉTUDIANTS

Dès l'été 1987, on peut profiter, grâce au professeur Henk Schmidt, du questionnaire d'appréciation des unités d'APP développé selon le modèle théorique de Gijselaers et Schmidt[8]. Les connaissances antérieures des étudiants, la qualité des problèmes, la performance des tuteurs agissent fortement sur le fonctionnement du groupe. Et ce dernier influe, comme les autres activités d'apprentissage, sur le temps et l'intérêt que les étudiants consacreront à la matière. (Figure 1).

Figure 1

MODÈLE CAUSAL DES FACTEURS INFLUENÇANT L'APPRENTISSAGE PAR PROBLÈMES*

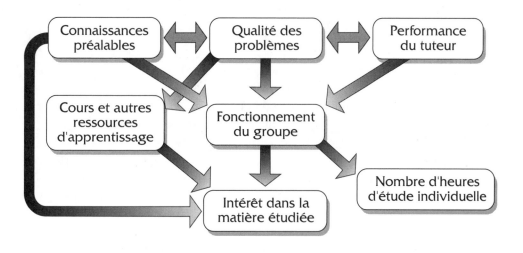

* adapté de Gijselaers et Schmidt (1988) [8]

À la fin de chacune des unités, les étudiants remplissent le questionnaire. Cet outil d'appréciation continue permet de corriger toute faille dans les unités d'APP. Une version sherbrookoise[9], utilisée à partir de 1990-91, comprend 32 questions, dont 22 tirées du questionnaire de Maastricht. Chacune comporte un énoncé (Annexe 1) que l'étudiant doit apprécier selon une échelle de type Likert, allant de «tout à fait d'accord» (5 points) à «tout à fait en désaccord» (1 point).

Pour la période 1987-92, le taux de réponse varie entre de 71 à 96 % pour la première année du programme et de 57 à 90 % pour la deuxième. Toutefois, au cours de 1991-92, le taux diminue nettement. L'administration du questionnaire faisait appel aux intendants des groupes de tutoriaux. La Faculté va désormais annoncer, à l'inscription à à la faculté, la contribution «obligatoire» de l'étudiant aux diverses évaluations du programme. On exige qu'il remette son questionnaire avant de lui donner son bulletin. Le taux de réponse se situe maintenant à 100%.

Toutes les unités d'APP de 1re et 2e année sont analysées, à l'exception de l'unité d'Initiation aux méthodes d'apprentissage, du cours de sexualité humaine et de l'unité longitudinale d'apprentissage des habiletés cliniques. Ce genre d'évaluation permet de fournir deux types de résultats : une rétroaction-profil de chacune des unités et un profil individualisé de chaque tuteur; et des analyses comparatives entre les diverses années selon une série de facteurs tenant aux dimensions du questionnaire.

Le profil d'une unité

À la fin de l'unité, le responsable en reçoit le profil. Par exemple, une unité de 1re année (Tableau 2) : pour les 32 facteurs, sa performance est comparée aux moyennes des unités de 1re année de l'année universitaire précédente. On note que cette unité est plus appréciée pour la planification et l'enrichissement qu'elle apporte, et mieux cotée globalement. On observe des différences quant à la qualité des problèmes, à la performance des tuteurs, etc. C'est une unité jugée excellente par les étudiants. Des facteurs comme le climat, le fonctionnement du groupe sont toutefois moins bien appréciés. (Tableau 2).

Le responsable d'unité est ainsi en mesure de comparer sa performance pédagogique à celle de ses collègues de la même année du programme. Pour l'instant, il est le seul maître des actions à entreprendre pour modifier les aspects dont il est moins satisfait.

La rétroaction au tuteur

Chaque tuteur reçoit, comme le responsable d'unité, le profil de l'unité en même temps que son propre profil. En voici deux exemples reproduits au Tableau 3. Dans l'exemple A, le tuteur constate que sa performance se situe bien au-dessus de celle de ses pairs, pour six des sept dimensions mesurées, dont trois couronnées d'une note parfaite. Dans l'exemple B, les performances du tuteur sont nettement inférieures à celles de ses collègues. Dans les deux cas, on ajoute deux cotes évaluatives sur l'appréciation que les étudiants font du fonctionnement en groupe et de l'unité en général au regard de la moyenne accordée au tuteur.

Les appréciations des étudiants sont transmises directement au bureau d'évaluation des examens de la Faculté. Un statisticien prépare les divers profils pour les transmettre au vice-doyen aux études, qui les achemine sous pli confidentiel à chaque tuteur. Personne d'autre ne connaît le profil d'un tuteur, ni le directeur du programme, ni le coordonnateur de la formation préclinique, ni le responsable de l'unité où le tuteur intervient. C'était le contrat social en vigueur de 1987 à 1994. Depuis, les profils sont déposés au secrétariat du programme, disponibles pour consultation par le responsable spécifique d'unité, mais seulement en présence du directeur de programme ou du coordonnateur préclinique.

Ces dernières années, certains profils se sont nettement améliorés. Jugés parfois sévèrement par les étudiants, les tuteurs trouvent par eux-mêmes comment améliorer leur performance. Le tuteur peut, s'il le souhaite, faire appel au service d'observation et de monitorat (chapitre 9). Certains profils parfois se détériorent, mais aucune sanction n'a été appliquée.

Tableau 2
UN EXEMPLE DE PROFIL D'UNITÉ DE PREMIÈRE ANNÉE

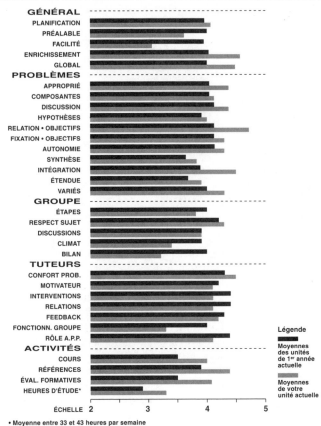

Tableau 3
DEUX PROFILS DE TUTEURS D'APP

A

	La moyenne de l'unité	Votre moyenne	Écart relatif
Confort avec les sujets	3.8	5.0	**
Encouragement au travail	4.1	4.8	*
Stimulation et interventions	4.1	5.0	*
Relations avec les étudiants	4.3	4.8	*
Feedback aux étudiants	4.2	4.8	*
Evaluations du fonctionnement du groupe	3.7	4.3	*
Globalement, rôle du tuteur	4.1	5.0	*
Vu par les étudiants			
Fonctionnement en groupe	3.9	4.0	
Évaluation de l'unité	3.6	3.3	

B

	La moyenne de l'unité	Votre moyenne	Écart relatif
Confort avec les sujets	4.1	3.9	
Encouragement au travail	3.8	2.6	**
Stimulation et interventions	4.0	2.7	**
Relations avec les étudiants	4.2	3.6	*
Feedback aux étudiants	3.9	3.3	*
Evaluations du fonctionnement du groupe	3.6	2.3	**
Globalement, rôle du tuteur	4.0	2.4	**
Vu par les étudiants			
Fonctionnement en groupe	3.8	3.0	*
Évaluation de l'unité	4.1	3.9	

345

Tableau 4

LES 32 FACTEURS D'APPRÉCIATION INDIVIDUELLE DES UNITÉS D'APP	
FACTEURS	QUESTIONS CORRESPONDANTES
A. IMPRESSION GÉNÉRALE DE L'UNITÉ	
1. Planification	La répartition du travail pendant l'unité était bien planifiée.
2. Préalables	La matière de l'unité était adaptée à mes connaissances préalables.
3. Facilité	La matière de l'unité était facile à comprendre.
4. Enrichissement	L'intérêt de l'unité a fait que j'ai beaucoup appris.
5. Global	Globalement, je cote cette unité comme excellente.
B. LES PROBLÈMES (Pb)	
6. Pb appropriés	Les problèmes étaient clairement énoncés et s'appliquaient facilement à l'apprentissage par problèmes.
7. Pb composantes	Les composantes des problèmes se définissaient facilement.
8. Pb discussion	Les problèmes stimulaient suffisamment la discussion de groupe.
9. Pb hypothèses	Il était facile d'élaborer des hypothèses.
10. Pb objectifs	Les problèmes étaient liés de façon suffisante aux objectifs de l'unité.
11. Pb fixation des objectifs	Il était aisé de fixer des objectifs.
12. Pb autonomie	Les problèmes stimulaient suffisamment l'autonomie de l'apprentissage.
13. Pb synthèse	La synthèse des explications était facile.
14. Pb intégration	Les problèmes m'ont aidé à intégrer les sciences fondamentales aux sciences cliniques.
15. Pb étendue	Au cours de l'unité, j'ai appris beaucoup d'autres choses qui n'étaient pas en relation avec les problèmes eux-mêmes.
16. Pb variés	Les problèmes me sont apparus suffisamment variés.
C. LE PROCESSUS DE GROUPE	
17. APP en groupe	Mon groupe appliquait de façon systématique les étapes de l'apprentissage par problèmes.
18. Respect des sujets	Après consensus, les membres de mon groupe ont respecté leurs engagements face aux sujets d'étude.
19. Discussions	Les discussions pendant les tutoriaux ont été productives et stimulantes pour mes activités d'autoapprentissage.
20. Participation	Le climat de mon groupe était agréable et chacun participait de façon active.
21. Bilan	Il était facile de faire le bilan de groupe.

D.	**LE TUTEUR**	

22.	Connaissances	Le tuteur se sentait confortable avec les sujets des problèmes.
23.	Motivateur	Le tuteur nous encourageait à travailler fort.
24.	Interventions	Les questions du tuteur stimulaient la discussion et ses interventions étaient pertinentes.
25.	Relations	J'ai eu de bonnes relations avec mon tuteur.
26.	Rétroaction	Le tuteur m'a fourni de la rétroaction lors de l'évaluation formative.
27.	Évaluation du fonctionnement	À intervalles réguliers, le tuteur évaluait avec nous le fonctionnement du groupe.
28.	Rôle du tuteur	Globalement, le tuteur assumait bien son rôle.

E.	**AUTRES ACTIVITÉS D'APPRENTISSAGE**	

29.	Cours	Les leçons magistrales étaient pertinentes, cohérentes et bien présentées.
30.	Références	Les références proposées étaient adéquates.
31.	Évaluations formatives	Les évaluations formatives m'ont aidé à mieux orienter mon apprentissage.
32.	Heures d'étude hors tutoriaux*	Le nombre d'heures utilisées à étudier de manière indépendante (étude personnelle) en moyenne chaque semaine.

* Il est à noter qu'une échelle différente est utilisée pour graduer ce facteur. La voici :

A	B	C	D	E
<20	20-30	30-40	40-50	>50

L'appréciation des tutoriaux

Les 32 questions d'évaluation des unités d'APP sont transformées en autant de facteurs, à la suite d'analyses échelonnées sur plusieurs années[9] (Annexe 1) (Tableau 4).

Si l'on compare les facteurs entre eux et d'une année à l'autre, on peut observer divers phénomènes intéressants :

- les cinq facteurs relatifs aux groupes sont toujours dans la moyenne;
- ceux relatifs aux tuteurs restent parmi les plus appréciés;
- le facteur connaissance (le tuteur se sentait à l'aise avec les sujets des problèmes) demeure, au fil des ans, en tête du peloton;
- en 1992, les cours (les leçons magistrales) occupent en position moyenne alors que durant les quatre années précédentes, ils étaient presque toujours au dernier rang.

Ces appréciations nous aident à dresser des bilans d'évolution selon les années et même des profils d'années.

Tableau 5

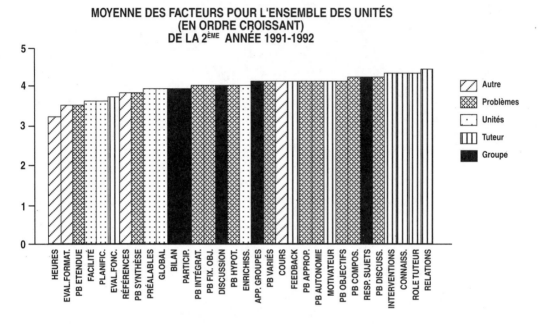

MOYENNE DES FACTEURS POUR L'ENSEMBLE DES UNITÉS (EN ORDRE CROISSANT) DE LA 2ᵉᵐᵉ ANNÉE 1991-1992

Le Tableau 5 reproduit à titre illustratif la moyenne des facteurs pour l'ensemble des unités de 2ᵉ année en 1991-92. Plusieurs observations sont intéressantes :

-   les cours (les leçons magistrales) se trouvent vers le tiers supérieur des facteurs les mieux pondérés;
-   en 1990-91, la matière a été perçue comme plus facile; ce facteur qui occupait alors la deuxième position se classera au dernier rang l'année suivante;
-   dans l'ensemble, les facteurs occupent à peu près les mêmes positions d'une année à l'autre, à l'exception de variations momentanées parfois difficiles à expliquer; par exemple le facteur enrichissement se retrouvait en 1990-91 en queue de peloton alors qu'habituellement, il se situe dans la moyenne comme ici;
-   l'évaluation formative et l'évaluation du fonctionnement du groupe par les tuteurs reçoivent toujours une cote très basse.

Ces données globales, intéressantes pour dégager un portrait général du programme, s'avèrent peu pratiques au quotidien pour les responsables d'unité et les directeurs du programme.

La comparaison entre les unités

La compilation permet aussi d'établir des comparaisons entre les unités, et de préciser le profil particulier de chacune. De façon systématique, ces portraits spécifiques permettent, surtout à la suite des rencontres des intendants, de confirmer ou d'infirmer les perceptions subjectives de la direction du programme.

Observons la 1re année (1990-91) pour huit des 32 facteurs; deux se rapportent à l'impression générale de l'unité, planification et facilité, deux à la qualité des problèmes, élaborer les hypothèses et capacité d'intégration, deux au processus de groupe, participation et bilan, et deux à la fonction de tuteur, rétroaction-feedback et évaluation du fonctionnement du groupe (Tableau 6).

Tableau 6

PROFIL DES UNITÉS (1ère année 1990-1991)
SELON CINQ FACTEURS

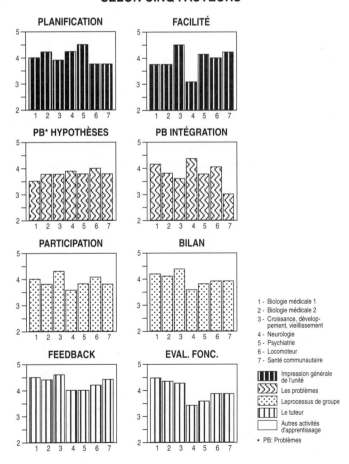

1 - Biologie médicale 1
2 - Biologie médicale 2
3 - Croissance, développement, vieillissement
4 - Neurologie
5 - Psychiatrie
6 - Locomoteur
7 - Santé communautaire

▓ Impression générale de l'unité
▧ Les problèmes
⸭ Le processus de groupe
▥ Le tuteur
☐ Autres activités d'apprentissage

* PB: Problèmes

Les données du Tableau 6 permettent de dégager les constatations suivantes:

Impression générale de l'unité
- planification : l'unité de psychiatrie demeure la mieux planifiée; elle est suivie de près par l'unité de neurologie et celle de biologie médicale II, alors que les autres unités sont jugées moins bien planifiées;
- facilité : la neurologie est l'unité la plus difficile; elle est suivie des deux unités de biologie, alors que l'unité de croissance-développement-vieillissement est jugée la plus facile.

Les problèmes
- hypothèses : la plupart des unités ont un profil relativement similaire, à l'exception de l'unité de biologie médicale I, qui ne permet pas de formuler un grand nombre d'hypothèses, et de l'unité consacrée à l'appareil locomoteur, pour laquelle la formulation d'hypothèses est jugée facile;
- intégration : les unités de neurologie, de l'appareil locomoteur et de biologie médicale I favorisent davantage l'intégration des connaissances alors que l'unité de santé communautaire la favorise beaucoup moins.

Le processus de groupe
- participation : la participation est relativement facile pour toutes les unités, sauf celle de croissance-développement-vieillissement, où elle l'est davantage, et celle de neurologie où elle l'est moins;
- bilan : il s'avère plus difficile de faire le bilan en neurologie et facile en croissance-développement-vieillissement.

Le tuteur
- rétroaction : lors des unités de neurologie et de psychiatrie, les tuteurs donnent moins de rétroaction, alors que c'est pendant l'unité de croissance-développement-vieillissement et les deux unités de biologie médicale que les étudiants disent recevoir le plus de rétroaction;
- évaluation du fonctionnement du groupe : l'évaluation du fonctionnement du groupe se fait moins bien lors de l'unité de neurologie, beaucoup mieux au cours des unités de biologie et de croissance-développement-vieillissement.

Ces profils comparés des unités s'avèrent un outil précieux pour le maintien de l'objectivité, la standardisation des commentaires et la pondération ou la valorisation des opinions des intendants. En fin d'année, les responsables de programmes déterminent quelles dimensions améliorer. Coordonnateur de la formation préclinique et responsables d'unités en discutent en vue de préparer la prochaine édition. Si on veut maintenir la validité d'un tel processus d'évaluation du programme, il est nécessaire, on le conçoit aisément, d'obtenir un taux de réponse élevé dans les appréciations individuelles des unités d'APP.

Le profil d'unité

On peut penser qu'un groupe de tuteurs d'une unité particulière et son responsable s'efforceront d'offrir une performance relativement similaire d'une année à l'autre. Mais un changement de responsable entraînerait-il un changement de la situation? Pour vérifier cette hypothèse, examinons le profil d'une même unité en 1990-91 et 1991-92 (Tableau 7).

Tableau 7

**PROFILS DE L'UNITÉ
D'HÉMATOLOGIE-IMMUNOLOGIE AU COURS DES
ANNÉES 1990-91 VERSUS 1991-92**

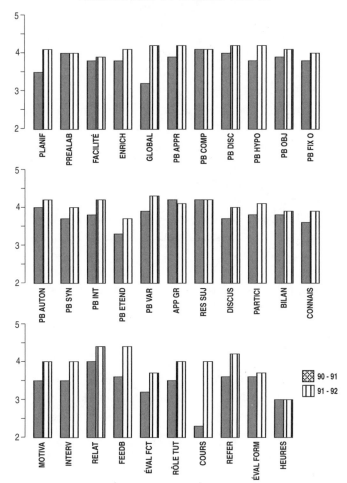

En 1991-92, certains handicaps au déroulement général de l'unité d'hémato-immunologie ont été éliminés. Un professeur s'était consacré à améliorer la planification de l'unité, et on avait révisé des modalités d'apprentissage, tels les cours et les références. Les résultats de l'évaluation confirment une amélioration notable : meilleure planification, intérêt plus grand, appréciation globale deux fois plus élevée. Presque tous les facteurs reliés aux problèmes et au processus de groupe présentent des améliorations, mais certains davantage : rôle des tuteurs, motivation, intervenant, relation, rétroaction, évaluation du fonctionnement du groupe. On note ainsi les éléments qui se sont améliorés en fonction d'actions spécifiques.

Dans ces résultats descriptifs, la direction du programme trouve une confirmation des efforts fournis par les professeurs et par les responsables d'unité pour s'améliorer; du même coup, ces améliorations sont valorisées.

Enfin, à partir de ces appréciations, on peut déduire que le déroulement des unités d'APP, au cours des années d'implantation, est relativement stable. Les tuteurs sont fort appréciés, tant par les étudiants de 1re année que par ceux de 2e. Un profil général se dégage qui donne un portrait éminemment précieux de l'implantation :

- Environ la moitié des facteurs - et souvent davantage - atteignent ou dépassent la moyenne de 4, considérée comme le seuil limite d'un «bon résultat»; aucun ne descend à 3, une réponse neutre.
- Les tuteurs sont très bien notés; les sept questions qui leur sont consacrées occupent toujours la tête des moyennes annuelles, en particulier le facteur connaissances. Cependant, l'évaluation du fonctionnement en groupe présente toujours une moyenne significativement plus basse.
- Quant aux cinq facteurs du processus de groupe et aux dimensions reliées aux problèmes, les moyennes globales restent bien placées autour de 4.
- Pour terminer, le facteur heures d'étude hors tutoriaux - de 30 à 40 heures par semaine - semble être régulièrement plus bas en 1re année qu'en 2e, où on compte deux ou trois heures de plus.

Il n'en reste pas moins qu'il y a des unités «traditionnellement» mieux notées que d'autres dans l'ensemble des évaluations des étudiants. C'est toujours le cas de l'unité de cardiologie en 2e année. C'était le cas de l'unité de neurologie en 1re année, mais elle semble avoir été rejointe par les autres au cours des récentes années.

Il y a de fortes variations d'une unité à l'autre et, à l'intérieur d'une même unité, d'une année universitaire à l'autre. Nulle unité n'est à l'abri d'une baisse subite dans l'évaluation de l'un de ses facteurs; en général, compte tenu du bon usage que les responsables d'unité font de la rétroaction, le remède est apporté dès l'année suivante et la situation se redresse.

LES ÉTUDES ET LES ANALYSES SPÉCIALES

Depuis que les premières cohortes ont obtenu leur diplôme, l'évaluation du produit est devenue la priorité de l'évaluation du programme.

LES ADMISSIONS

Le nouveau programme a-t-il un effet sur les caractéristiques des candidats admis à la Faculté? Une étude sur les neuf cohortes admises de 1987 à 1995 par rapport aux cohortes des cinq années antérieures (Tableau 8) nous amène à faire certaines constatations :

- L'Université de Sherbrooke tient, chaque année au mois de mai, une journée d'accueil à l'intention des candidats susceptibles de recevoir une offre d'admission. C'est l'occasion d'«expliquer» le programme et de faire connaître les particularités de l'établissement. Avant l'instauration de cette journée, des 200 meilleurs candidats provenant des collèges d'enseignement général et professionnel du Québec (les cégeps, qui offrent les 12e et 13e année de scolarité préuniversitaire), 37 % acceptaient l'offre. Depuis que l'Université tient cette journée, le pourcentage a monté à 56 % en moyenne entre 1982 et 1986, mais il a grimpé à 83 % et à 79 % les deux premières années d'implantation du nouveau programme (1987 et 1988). En 1989, le pourcentage chute à 66 %, puis il remonte à   95 % en 1990 et à 97 % en 1991. De 1992 à 1995, la part des étudiants provenant du réseau des cégeps est comblée avant d'atteindre le 200e candidat d'une liste d'excellence d'environ 1 900. De fait, de 1987 à 1995, la dernière admission est passé du 225e au 150e rang de notre liste d'excellence.

On peut déduire de cette étude que :
- Le nouveau programme attire des cégeps des candidats deux fois plus forts qu'avant, sur le plan scolaire;
- Bien que, depuis l'implantation du nouveau programme, l'on s'adresse à des candidats plus forts, au-delà de 60 % en moyenne acceptent notre offre; sous l'ancien cursus, alors que l'offre s'adressait à des candidats plus faibles, la réponse n'était que de 35 %. C'est donc en raison du nouveau programme qu'une plus grande proportion de candidats ayant un dossier scolaire supérieur accepte l'offre de Sherbrooke.
- Le nouveau programme n'a pas modifié l'âge des candidats, qu'il s'agisse des cégépiens (19,5 ans) ou des étudiants ayant une expérience universitaire (22 ans);
- De plus en plus de femmes sont admises en médecine à Sherbrooke, les pourcentages variant de 51% à 73% selon les années pour une moyenne de 61%. Cette évolution ne dépend pas du nouveau programme, puisqu'on observe le même phénomène dans les autres facultés de médecine du Québec.

Tableau 8

PROFILS DES ÉTUDIANTS ADMIS DE 1982 À 1995

Années	Pourcentages d'inscriptions			% des 200 meilleurs cégépiens admis
	Homme	Femmes	Total	
1984	58	52	110	42 %
1983	52	58	110	50 %
1984	37	65	102	58 %
1985	43	50	93	71 %
1986	32	62	94	61 %
moyenne	56 %			56 %
1987	38	63	101	83 %
1988	44	56	98	79 %
1989	45	55	94	66 %
1990	36	64	102	95 %
1991	36	64	101	97 %
1992	30	70	104	100 %
1993	32	68	102	100 %
1994	45	52	97	100 %
1995	36	56	92	100 %
moyenne	61 %			91 %

* Collège d'enseignement général et professionnel.

LA DIPLOMATION ET L'ATTRITION

Au cours des années 1980-85, le taux d'attrition des cohortes est en moyenne de 7,2 % par année, pour un taux de diplomation de 92,8 %. Le type de candidat à risque est alors une étudiante provenant d'une petite ville éloignée, qui se trouve seule à Sherbrooke, sans support socio-affectif[10].

Au cours de la période 1983-87, avant le nouveau programme, le taux de diplomation se maintient à 90 % en moyenne. Après, il amorce un mouvement à la hausse avec un taux moyen de 94 % pour les cinq premières années (Tableau 9).

Durant les trois dernières années de l'ancien cursus, on compte au moins une exclusion par année, pour un total de quatre, deux reprises d'année, un retard et vingt-six départs. Les cas d'étudiants faibles au point de vue scolaire se règlent le plus souvent par des départs. Avec le nouveau programme, on n'enregistre que trois exclusions, mais neuf retards à compléter une année, quatorze reprises d'année (dont huit en 2e année pour la cohorte 1988-92), seize congés d'étude et seulement neuf départs.

Tableau 9

POURCENTAGE DE DIPLOMATION DU NOUVEAU PROGRAMME
PAR RAPPORT À L'ANCIEN CURSUS

	%	Moyenne
<u>Ancien cursus</u>		
1984 - 1988	93,1	
1985 - 1989	88,2	89,7 %
1986 - 1990	87,9	
Nouveau programme		
1987 - 1991	93,0	
1988 - 1992	94,9	
1989 - 1993	96,0	93,8 %
1990 - 1994	89,0	
1991 - 1995	96,07	

Une conclusion générale se dégage : le nouveau programme permet aux étudiants de surmonter leurs difficultés (scolaires ou autres) et d'obtenir leur diplôme de M.D. Le nouveau système accorde en effet des reprises, des congés et des retards de façon plus

La première cohorte 1987-91; les pionniers du nouveau programme sur qui l'administration a compté jusqu'à leur diplomation MD. On les considére comme de véritables agents de changement.

généreuse. Enfin, c'est du moins l'avis de ses directeurs, l'administration du programme est plus humaine, plus libérale, plus souple.

L'ÉVALUATION TERMINALE DES APPRENTISSAGES DES ÉTUDIANTS

L'évaluation de l'apprentissage des étudiants est la pièce maîtresse de l'évaluation de tout programme d'enseignement. Il est difficile de mesurer tous les apprentissages, faute d'instruments appropriés, mais la dimension cognitive demeure encore prédominante. Preuve en est l'introduction, en 1976, de l'examen de synthèse de la Conférence des doyens des facultés de médecine du Québec. Depuis lors, tous les étudiants doivent le réussir pour obtenir leur diplôme de M.D., du moins dans les trois facultés francophones. D'ailleurs, à Sherbrooke, 30 % de l'évaluation sommative de l'année et demie des stages d'externat repose sur la note obtenue lors de cet examen. Et bien que l'examen d'aptitude du Conseil médical du Canada soit facultatif, la presque totalité de nos étudiants s'y présentent aussi.

Au moment de l'implantation du nouveau programme, la grande inquiétude de la Faculté porte sur les résultats des étudiants à l'examen de synthèse et à l'examen d'aptitude du Conseil médical du Canada. Les mois de juin de 1991 et de 1992 sont donc attendus avec impatience. Le projet de réforme présenté en 1986 reposait sur la promesse d'un meilleur produit. Nos étudiants, disions-nous, apprendront à raisonner à partir de problèmes, à développer une meilleure compétence clinique; en même temps, ils atteindront un niveau de compétence cognitive comparable à celui des autres facultés, réussissant tout aussi bien aux examens provinciaux et canadiens que leurs collègues des autres facultés.

Les responsables du nouveau programme prévoient donc une période plus longue de préparation à ces examens, soit six semaines au lieu de quatre dans l'ancien cursus. À l'examen de synthèse, la performance des trois premières cohortes du nouveau programme est comparable à celle des trois dernières cohortes du cursus traditionnel. La performance à l'examen d'aptitude du Conseil Médical du Canada (Tableau 11) montre une amélioration de quatre des six matières, soit en médecine, gynécologie-obstétrique, psychiatrie et chirurgie. Les étudiants du nouveau programme font mieux que leurs prédécesseurs du cursus traditionnels : il n'y a eu que six échecs par rapport à vingt-trois dans les trois dernières classes du cursus traditionnel. Cependant, comparés à leurs collègues canadiens, il n'y a pas de différence pour les six années de l'étude.

LES ATTITUDES DES DIPLÔMÉS

Afin d'évaluer si le nouveau programme atteint son objectif de développer une approche de soins centrée sur le patient, une étude préliminaire va comparer les attitudes professionnelles des diplômés du nouveau programme et de ceux de l'ancien cursus, immédiatement après l'obtention de leur diplôme de M.D., soit au début de leur formation post-doctorale. On se demande si les résidents issus du nouveau programme sont enclins à attribuer une plus grande valeur à une approche globale des soins de santé.

Tableau 11
PERFORMANCE SELON LES MATIÈRES À L'EXAMEN D'APTITUDE
DU CONSEIL MÉDICAL DU CANADA

Matières	Années			Ancien programme	Années			Nouveau programme	Test de Student
	1988	1989	1990		1991	1992	1993		
Médecine	61,5	64,4	62,4	62,7	70,4	63,2	67,5	67,0	*
Gynéco/ Obstétrique	66,6	72,0	72,6	70,3	75,0	73,1	72,9	73,7	*
Pédiatrie	67,9	69,2	62,1	66,3	69,1	64,7	67,3	67,0	NS
Santé communautaire	63,2	64,0	66,0	64,5	64,5	60,9	70,3	65,2	NS
Psychiatrie	58,1	62,3	62,8	61,0	68,4	66,9	72,0	69,1	*
Chirurgie	68,1	70,2	71,3	69,8	77,4	68,8	72,7	72,9	*
Total	**64,3**	**67,1**	**66,2**	**65,8**	**70,8**	**66,2**	**70,4**	**69,1**	*

* = significatif avec $p < 10^{-4}$

Ces attitudes sont mesurées au moyen d'un questionnaire autoadministré, auquel répondent 74 % des 124 diplômés visés par l'étude, grâce à une méthodologie d'enquête bien contrôlée[11]. Les diplômés de l'ancien cursus répondent dans une proportion de 65,6 % et ceux du nouveau programme, dans une proportion de 83,3 %. Le questionnaire mesure : la perception de la relation médecin-patient; l'orientation générale des soins (vers la maladie ou vers le patient); l'éducation des patients; les facteurs psychologiques dans les soins aux patients; le counseling de santé; l'approche multidisciplinaire; et la perception qu'ils ont des enseignants en tant que modèles quant à ces dimensions.

Les deux cohortes sont en tout point identiques quant à l'âge, à la distribution selon le sexe, au niveau scolaire et à l'expérience de vie avec la maladie. Les six échelles analysées comportent des coefficients de fiabilité (Cronbach) oscillant entre 0,67 et 0,93. Les résultats de l'étude sont très intéressants. Comparativement aux diplômés de l'ancien cursus, les diplômés du nouveau programme semblent accorder significativement ($p < 0,001$) plus d'importance au rôle du médecin, à une approche des soins de santé centrée sur le patient et à la multidisciplinarité (Tableau 12). Aucune différence n'est signalée entre les groupes en ce qui a trait aux aspects psychosociaux des soins, à l'éducation des patients, à la prévention du tabagisme et aux aspects techniques.

Par ailleurs (Tableau 13), les étudiants du nouveau programme jugent l'attitude de leurs professeurs davantage centrée sur les aspects interpersonnels de la communication

Tableau 12
ATTITUDES DES DIPLÔMÉS DE L'ANCIEN CURSUS (COHORTE DE 1990) ET DU NOUVEAU PROGRAMME (COHORTE DE 1991)

	Cohorte 1990 (N = 59)	Cohorte 1991 (N = 65)	Valeur p*
Importance du rôle du médecin soignant/expert	3,10	3,80	0,001
Soins de santé centrés sur le patient/la maladie	2,47	4,81	0,001
Multidisciplinarité	- 0,80	0,72	0,001

* Valeur p statistiquement significative si p < 0,05.

médecin-patient (p < 0,001). Par ailleurs, ils jugent ces mêmes professeurs davantage centrés sur la maladie que sur le patient, un résultat qui parait, à première vue, contradictoire.

Ces résultats sont encourageants. Les orientations du nouveau programme - centré sur l'étudiant, orienté vers la communauté et consacré au patient - semblent avoir un impact bénéfique. Les diplômés, du moins ceux de la première cohorte, voient davantage le médecin comme support aux malades; ils favorisent une approche multidisciplinaire et d'équipe; et, finalement, ils apprécient l'accent que leurs professeurs mettent sur la communication médecin-patient, même s'ils les jugent davantage orientés vers la maladie que le malade dans leur rôle de soignant. Peut-on conclure que le corps professoral lui-même est influencé positivement par les orientations du programme, ou bien cette appréciation n'est-elle qu'une perception discutable des étudiants? Ces résultats, préliminaires, ont besoin d'être validés; toutefois, ils indiquent déjà une tendance favorable, à l'exception de l'importance du rôle très scientifique qu'on observe chez les professeurs.

LE CADRE DE RÉFÉRENCE

En matière d'évaluation de programme, comment choisir un cadre de référence adapté aux aspects essentiels d'une réforme et aux besoins de l'institution, et qui tienne compte du contexte socioculturel d'un milieu? Déjà en 1970[3], on proposait d'utiliser une grille d'analyse à trois dimensions - les intrants, la démarche ou processus, et les extrants - selon le modèle connu de Scriven[12]. Les intrants correspondent au groupe d'étudiants et au corps professoral, aux buts et aux objectifs du programme, aux coûts de financement du sys-

Tableau 13

OPINIONS DES ÉTUDIANTS DE L'ANCIEN CURSUS (COHORTE DE 1990)
ET DU NOUVEAU PROGRAMME (COHORTE DE 1991)
QUANT AUX ATTITUDES DE LEURS ENSEIGNANTS

	Cohorte 1990	Cohorte 1991	Valeur p*
Aspects interpersonnels de la c ommunication médecin-patient	- 0,02	0,51	0,001
Le role du médecin centré sur le patient/sur la maladie	4,06	2,65	0,001

* Valeur p statistiquement significative si $p < 0,05$.

tème, etc. Le processus a trait aux activités d'apprentissage, au contenu des cours, au support et à l'interaction étudiants-enseignants, à la structure administrative, etc. Enfin, les extrants sont les produits d'un programme, les apprentissages des connaissances et des habiletés cliniques, l'impact du programme sur les enseignants et les étudiants, l'influence du programme sur la diplomation, les choix de carrières des étudiants, le profil de leurs attitudes professionnelles, les coûts du système, etc.

En 1990[13], de prestigieux pédagogues médicaux américains et canadiens se réunissent pour déterminer les critères d'évaluation d'un programme novateur. Ils identifient six domaines : les habiletés psychosociales et interpersonnelles; les habiletés d'apprentissage continu; la satisfaction professionnelle; les comportements de pratique, particulièrement la capacité de résolution de problèmes; les performances éducatives et les développements cognitifs; enfin, les problématiques institutionnelles, dont les coûts de système. Cette grille, subdivisée en 26 thèmes qui mettent l'accent sur les produits (les extrants) du programme, nous servira à construire notre propre grille d'indicateurs pour les différents domaines de l'évaluation de notre programme (Tableau 14).

Ce concept d'évaluation des produits d'un programme a pris une plus grande importance depuis que le *Liaison Committee* et le Comité d'agrément tiennent à obtenir ces données. Cette tendance se confirme en Amérique du Nord, alors que, sous les pressions sociales, les facultés doivent davantage démontrer leur capacité de répondre à de nouveaux besoins de santé. Notre grille comporte des intrants, telle l'admission des étudiants; des indicateurs de processus, tel le contenu en sciences fondamentales; et des indicateurs de produit, tels les choix de carrières (Tableau 14). Cette grille, adaptée de Kassebaum[4], nous apparaît la plus utile en fonction de nos besoins institutionnels, alors que le groupe de Freeman[13] s'intéresse plus généralement aux produits globaux de tout le continuum de la formation pré et postdotorale.

Cette insistance sur les extrants ne correspond pas tout à fait aux besoins institutionnels qui surgissent lors de l'implantation d'une réforme majeure, comme celle de Sherbrooke. À cette époque, l'évaluation du processus s'imposait de manière impérative. À mesure que le programme atteint sa vitesse de croisière, on s'intéresse davantage aux impacts et aux effets durables d'une telle transformation. Ces impacts ne peuvent apparaître qu'une fois les modifications définitives stabilisées (chapitre 13). L'effet novateur d'un programme n'est pas sans en influencer le produit dès les premières années; c'est l'effet d'Hawthorne, bien connu en éducation. Mais d'autres impacts intéressent davantage les décideurs : administrations universitaires, organismes extérieurs tels que le *Liaison Committee* et le Comité d'agrément du Canada, et la société en général.

LES CHOIX DE SHERBROOKE

L'évaluation de programme est devenue la norme en Amérique du Nord. Il nous faut rendre des comptes à de multiples organismes, Université, ministère de l'Éducation, Association des facultés de médecine, Collège des médecins du Québec et, ultimement, Comité d'agrément et LIAISON COMMITTEE. Au cours des dernières années, le concept de qualité globale viendra renforcer cette tendance nord-américaine[14].

Il faut d'abord déterminer si la démarche d'évaluation choisie, quelle qu'elle soit, aura un caractère formatif ou sommatif[15]. Notre choix de l'évaluation formative a correspondu à des questions précises qui se sont posées en cours d'implantation. Il s'agit donc d'une démarche typiquement réactive, empirique, parfois même opportuniste, tenant compte des ressources disponibles (comme dans le cas de l'étude sur les orientations des finissants, confiée au groupe Maheu-Beaudoin de l'Université de Montréal). On aura déjà compris que Sherbrooke n'a pas suivi l'avis des auteurs[15,16,17 et 18], et n'a pas établi dès le départ une planification systématique de son système d'évaluation de programme.

Selon Anderson and Ball[18], toute évaluation de programme doit poursuivre six buts majeurs :

1) évaluer les besoins et les demandes, tester la conception des éléments critiques, apprécier les ressources; c'est le dossier d'opportunité. Cette démarche a été effectuée à Sherbrooke dans les années 1985 et 1986;

2) contribuer aux décisions de continuer le programme, de le certifier ou d'y mettre fin. C'est typiquement l'évaluation sommative du *Liaison Committee* et du Comité d'agrément;

3) contribuer aux décisions de modifier le programme, son contenu, ses activités, etc. Ainsi à Sherbrooke, l'évaluateur externe, les visiteurs, les étudiants constatent que les unités de biologie médicale ne sont pas cohérentes avec un programme d'APP. Cette question sera épineuse au moment des travaux de la Commission de révision du programme en 1993-94;

TABLEAU 14

GRILLE D'INDICATEURS DES DIFFÉRENTS DOMAINES DE L'ÉVALUATION
DU PROGRAMME PRÉDOCTORAL

DOMAINES	INDICATEURS	MESURES	RÉSULTATS
Intrants			
• étudiants	• admissions (cote Z) • degré d'attirance	• politiques et réglementa- tion	• chapitre 9, 11
• enseignants	• formation spécifique		• chapitre 8
• buts et objectifs	• définition • mission de la Faculté	• revue des documents	• chapitre 2
• coûts de financement	• budget facultaire	• analyse des coûts	• chapitre 10
Démarche (processus)	**CURSUS**		
• activités d'apprentissage	• APP, conditions • qualité des problèmes	• thèmes d'études • monitorat continu	• chapitre 3, 4 • chapitre 12,13
• contenu	• habiletés cliniques • sciences fondamentales • sciences cliniques	• visiteurs externes • «mapping» • inventaires des problèmes	
• interaction étudiant-enseignant	• joie d'apprendre, satisfaction • heures d'études • atmosphère	• recherches en pédagogie médicale • rayonnement	• chapitre 5, 7, 12
• structure administrative	• comité de coordination • flexibilité	• attribution des tâches	• chapitre 2
Extrants (produits)	**Qualités du diplômé**		
• apprentissage • compétence clinique	• analyse • raisonnement clinique	• évaluation interne • examens nationaux • résultats aux ECOS	• chapitre 5, 12
• choix de résidence • diplomation • choix de carrière • orientation communau- taire • autonomie • humanisme • attitudes professionnelles • coûts-système	• attrition • lieux de résidence • lieux de pratique • éducation continue • attitudes professionnelles interpersonnelles • temps - professeurs • \$, \$, \$,	• 1er choix de résidence • lieux de pratique • performance à l'externat	• chapitre 2, 7 • chapitre 11 • chapitre 10
• corps enseignant	• évaluation	• le profil du tuteur	• chapitre 8, 9, 12, 13

4) identifier les indices venant soutenir l'évolution d'un programme. À maintes repri- ses, les ateliers de visiteurs, les messages des étudiants, leurs appréciations indi- viduelles des unités, les évaluations externes formatives, les séminaires réalisés en Europe renforceront l'établissement du programme. La meilleure performance des diplômés aux examens nationaux aura le même effet;

5) favoriser la cueillette de preuves propres à rallier les opposants. Patel[19] démontre que nos étudiants utilisent davantage les sciences fondamentales que les étudiants des programmes traditionnels;

6) contribuer à la compréhension des processus fondamentaux, psychologiques et sociaux d'un programme. Le chapitre 13 vise ce but.

Qu'on évalue un programme ou un apprentissage, chaque mesure, étude ou analyse doit se caractériser par sa validité, sa fiabilité, sa pertinence et sa praticabilité. Nos premières études ont voulu tenir compte de cette exigence. Néanmoins, plusieurs questions capitales demeurent :

- Les diplômés du nouveau programme de Sherbrooke seront-ils des médecins différents, répondant mieux aux exigences de la société, manifestant des comportements professionnels empreints d'humanisme, et acceptant d'aller pratiquer dans les régions moins nanties en ressources médicales?

- Pendant leur formation en résidence, nos diplômés font-ils montre de plus d'autonomie? Sont-ils professionnellement plus dévoués, cliniquement plus compétents, plus habiles à manier le raisonnement clinique?

- L'évaluation d'un programme répond souvent à des exigences sociales, à des intérêts d'universitaires ou à des préoccupations de gestionnaires. De nos jours, on ne peut la dissocier du nouveau contrat social liant les établissements d'enseignement à la société qu'ils doivent desservir. Notre programme ayant été développé pour répondre plutôt à ces nouvelles orientations, l'évaluation devrait montrer à quel point il y réussit. Déjà, la réforme a influé sur le système social facultaire, au point d'en modifier la culture sociopédagogique (chapitre 13).

La structure cognitive des étudiants et des diplômés, leur capacité d'analyser et de résoudre des problèmes, de maîtriser l'expertise professionnelle, leur comportement professionnel et leur humanisme, leur souci de servir la communauté, leur engagement au sein d'un monde médical en devenir, voilà autant de questions qui préoccupent encore la direction du programme[20].

CONCLUSION

Toute réforme pédagogique doit être analysée dans son contexte socio-économico-politique. Les situations changent, les questions varient, les résultats sont différents. Néanmoins, les principes d'une démarche d'évaluation demeurent les mêmes, pour peu qu'une faculté de médecine, où qu'elle se trouve, veuille remplir adéquatement sa mission sociale.

RÉFÉRENCES

1. Levine, A. Why Innovations Fail, Albany, New York, State University of New York, 1985.

2. Chamberland, M., J. E. Des Marchais et B. Charlin. Carrying PBL into the Clerkship : A Second Reform in the Sherbrooke Curriculum«, Annals of Community Oriented Education, vol. 5, 1992, p. 235-247.

3. Holzemer, W. L. «A Protocol for Program Evaluation», Journal of Medical Education, n° 51, 1976, p. 101-108.

4. Kassebaum, D. G. «The Measure of Outcomes in the Assessment of Educational Program Effectiveness», Academic Medicine, vol. 65, n° 5, 1990, p. 293-296.

5. Gijselaers, W. H. et H. Schmidt. «Development and Evaluation of a Causal Model of Problem-Based Learning», in Nooman, Z. M., H. G. Schmidt, E. S. Ezzat. Innovation in Medical Education, New York, Springer Publication, c. 8, 1990, p. 95-113.

6. Aleamoni, L. M. et P. Z. Hexner. «A Review of the Research on Student Evaluation and a Report on the Effect of Different Sets of Instructions on Student Course and Instructor Evaluation», Instructional Science, vol. 9, 1980, p. 67-84.

7. Plan de développement de la Faculté de médecine, 1992-1996, Bulletin de la Faculté de médecine, Université de Sherbrooke, janvier 1993.

8. Gijselaers, W. «Curriculum Evaluation», in Van der Vlenten, C. et W. Wijnen. Problem-based learning : Perspectives from the Maastricht experience. Amsterdam, Thesis Publication, c. 5, 1990, p. 51-61.

9. Black, R., E. Galanis et J. E. Des Marchais. Évaluation du nouveau curriculum, 5ᵉ année d'existence, Université de Sherbrooke, Faculté de Médecine, 1992 (rapport interne).

10. Brazeau-Lamontagne, L. Études des attritions, Rapport du Comité d'admission, Faculté de médecine, Université de Sherbrooke, 1988 (rapport interne).

11. Béland, F. et B. Maheux. «The measurement of Attitudes and Behaviors in Public Health Surveys», American Journal of Public Health, vol. 81, 1991, p. 103-105.

12. Scriven, M. The Methodology of Evaluation. Perspectives of Curriculum

Evaluation, Chicago, American Educational Research Association, Monograph Series on Curriculum Evaluation, n° 1, Rand McNally, 1967.

13. Friedman, C. P., R. de Bliek, D. S. Greer, S. P. Mennin, G. R. Norman, C. G. Sheps, D. B. Swanson et C. A. Woodward. «Charting the Winds of Change : Evaluating Innovative Medical Curriculum», Academic Medicine, vol. 65, 1990, p. 8-14.

14. Nadeau, M. A. L'évaluation des programme d'études, théorie et pratique. Québec, Les Presses de l'Université Laval, 1991.

15. King, J. A., L. L. Morris et C. Taylor Fitz-Gibbon. How to Assess Program Implementation, California, Sage Publication, 1987.

16. Tyler, R. W. Basic Principles of Curriculum and Instruction, The University of Chicago Press, Chicago, 1949.

17. Shadis, W. R., T. C. Cook, L. C. Leviton. Foundations of Program Evaluation, Theories and Practice, California, Sage Publication, 1991.

18. Anderson, S. B. et S. Ball. The Profession and Practice of Program Evaluation, San Francisco, London, Jossey-Bass Publication, 1978.

19. Patel, V. L., J. E. Des Marchais et D. Hallomby. Biomedical Knowledge and Reasoning by Students in Different Medical Curricula, 1994 (rapport interne).

20. Friedman, C. P., D. S. Krams et W. D. Matter. «Improving the Curriculum throught Continous Evaluation», Academic Medicine, vol. 66, 1991, p. 257-258.

Annexe 1

APPRÉCIATION* INDIVIDUELLE DES UNITÉS PAR LES ÉTUDIANTS

1. La répartition du travail pendant l'unité était bien planifiée.
2. La matière de l'unité était adaptée à mes connaissances préalables.
3. La matière de l'unité était facile à comprendre.
4. L'intérêt de l'unité a fait que j'ai beaucoup appris.
5. Globalement, je cote cette unité comme excellente.
6. Les problèmes étaient clairement exprimés et s'appliquaient facilement à l'apprentissage par problèmes.
7. Les composantes du problème se définissaient facilement.
8. Les problèmes stimulaient suffisamment la discussion de groupe.
9. Il était facile d'élaborer des hypothèses.
10. Les problèmes étaient liés de façon suffisante aux objectifs de l'unité.
11. Il était aisé de fixer les objectifs.
12. Les problèmes stimulaient suffisamment l'autonomie de l'apprentissage.
13. La synthèse des explications était facile.
14. Les problèmes m'ont aidé à intégrer les sciences fondamentales aux sciences cliniques.
15. J'ai appris beaucoup d'autres choses qui n'étaient pas en relation avec les problèmes eux-mêmes.
16. Les problèmes me sont apparus suffisamment variés.
17. Mon groupe appliquait de façon systématique les étapes de l'apprentissage par problème.
18. Après consensus, les membres de mon groupe ont respecté leurs engagements face aux sujets d'étude.
19. Les discussions pendant les tutoriaux ont été productives et stimulantes pour mes activités d'APP.
20. Le climat de mon groupe était agréable et chacun participait de façon active.
21. Il était facile de faire le bilan de groupe.
22. Le tuteur se sentait à l'aise avec les sujets des problèmes.
23. Le tuteur nous encourageait à travailler fort.
24. Les questions de tuteur stimulaient la discussion et ses interventions étaient pertinentes.
25. J'ai eu de bonnes relations avec mon tuteur.
26. Le tuteur m'a fourni de la rétroaction lors de l'évaluation formative.
27. À intervalles réguliers, le tuteur évaluait avec nous le fonctionnement du groupe.
28. Globalement, le tuteur assumait bien son rôle.
29. Les leçons magistrales étaient pertinentes, cohérentes et bien présentées.
30. Les références proposées étaient adéquates.
31. Les évaluations formatives m'ont aidé à mieux orienter mon apprentissage.
32. Le nombre d'heures à étudier de manière indépendante (étude personnelle) en moyenne chaque semaine.

A	B	C	D	E
<20	20-30	30-40	40-50	>50

---

* Selon une échelle de type Likert, allant de «tout à fait d'accord» (5 points) à «tout à fait en désaccord» (1 point).

CHAPITRE 12

LE NOUVEAU PROGRAMME VU PAR LES ÉTUDIANTS

Michel Beaudoin*
avec la collaboration de
Nathalie Cauchon*, Béatrice Des Marchais**, David Fortin**,
François Belzile*** et Caroline Giguère***

* Étudiants de la classe de 1988-92
** Étudiants de la classe de 1987-91
*** Étudiants de la classe de 1989-93

INTRODUCTION*

Comment les étudiants ont-ils vécu l'aventure du nouveau programme de formation médicale de l'Université de Sherbrooke? Même s'il est impossible d'exprimer le point de vue de tous les étudiants, nous pensons refléter toutefois l'opinion de la majorité, car de 52 à 74 % d'entre eux ont rempli les questionnaires distribués aux étudiants, les trois premières années d'implantation du programme. Notre bilan tient aussi compte des données de divers rapports préparés par des étudiants. De plus, on ne saurait négliger notre expérience personnelle, autant lors de la cueillette des données qu'au moment de leur interprétation. L'adoption de la nouvelle méthode d'enseignement à la Faculté de médecine a entraîné d'importants changements, pour les professeurs et les étudiants, vécus tantôt paisiblement, tantôt brusquement. C'est en décrivant ses points forts et ses points faibles que nous livrons nos impressions sur le nouveau programme, tel que nous le vivons au jour le jour.

Ce changement radical a tôt fait de marquer chacun d'entre nous puisque nous devons y faire face dès les premiers jours d'études en médecine. Nous ne demeurons plus passifs devant un professeur qui nous enseigne, mais nous devenons actifs et maîtres de notre propre apprentissage. C'est ce que les responsables du nouveau programme appellent l'autonomie. Chacun d'entre nous vit cette transition différemment; chose certaine, elle ne laisse personne indifférent. Voici donc ce que nous, les étudiants, pensons de la nouvelle

---

* Ce chapitre, rédigé au cours de l'été 1990, n'a pas fait l'objet de mise à jour, de manière à conserver la saveur des opinions recueillies lors de l'implantation initiale.

méthode d'apprentissage par problèmes, du fonctionnement en petits groupes, des tuteurs, de l'évaluation, des moyens d'apprentissage et de la vie étudiante.

LE CHOIX DE L'UNIVERSITÉ DE SHERBROOKE

La majorité d'entre nous avons choisi l'Université de Sherbrooke à cause de sa nouvelle méthode d'enseignement de la médecine. Lors de la journée d'accueil organisée par la Faculté à l'intention des étudiants qui ont reçu une offre d'admission, l'apprentissage par problèmes nous est présenté comme la voie de l'avenir. Nous voulons faire partie de cette nouvelle génération de médecins qui seront des autoapprenants.

Dès la première semaine, l'adaptation s'avère facile pour les deux tiers d'entre nous, mais pénible pour l'autre tiers. Il est évident que, pour des étudiants qui proviennent de programmes conventionnels, un tel changement ne peut être vécu sans heurt. Pour la première fois de notre vie, nous entendons parler de l'apprentissage par problèmes. Il faut mettre la méthode en application sur-le-champ! Il n'est pas facile pour des habitués de l'enseignement magistral de s'adapter aussi rapidement à l'autonomie qu'exige cette forme d'enseignement. D'autant moins qu'il nous faut apprivoiser en même temps de nouvelles conditions de vie : ville, amis, domaine d'étude, gestion du temps, lecture en anglais, adaptation à la vie universitaire, tout est nouveau. Il nous faudra, pour la plupart, plusieurs semaines avant de nous sentir à l'aise dans cette aventure.

Qui dit autonomie dit insécurité. La méthode provoque sans contredit chez nous tous de l'insécurité à divers degrés. Nous sommes responsables de notre apprentissage, et malgré que chacun ait sa feuille d'objectifs d'étude en main, il nous incombe de faire la distinction entre l'important et l'accessoire. C'est une tâche parfois difficile à assumer pour des gens habitués à vouloir tout savoir et à aller au fond de chaque élément de la matière. Un étudiant compulsif aura du mal à ne pas tout lire sur un sujet donné s'il en a la possibilité... Il faut donc apprendre à être sélectif dans les lectures et à laisser de côté les sujets moins pertinents.

L'insécurité provient de plusieurs facteurs. Nous ne savons pas toujours quelles références consulter; nous avons peur de ne pas couvrir toute la matière nécessaire; souvent nous ne devons nous fier qu'à nous-mêmes pour juger si l'étude effectuée est adéquate, alors que nous étions habitués auparavant à un encadrement plus serré. De 1987 à 1992, nous fréquentons la seule université québécoise qui applique une telle méthode d'enseignement. Qui plus est, aucun étudiant formé à Sherbrooke selon cette méthode n'a encore obtenu son diplôme...

La nouvelle méthode d'APP, bien qu'insécurisante à plusieurs égards, est aussi très stimulante. Le fait d'être actifs dans un processus d'échange dynamique entre étudiants devient une source de motivation. Nous apprenons à travailler par et pour nous-mêmes. Les rencontres en petit groupe favorisent l'ouverture d'esprit et la communication. Les problèmes piquent notre curiosité, nous poussent à poser des questions et à lire pour y répondre. Nous avons toujours le goût d'en savoir plus. Nous sommes motivés puisque nous avons un but commun : comprendre le problème. La fréquence des rencontres en petit groupe nous force à nous tenir constamment à jour dans notre étude personnelle pour pouvoir suivre le fil de la discussion.

LES ÉTAPES DE L'APPRENTISSAGE PAR PROBLÈMES

Revoyons les dix étapes de l'APP et les difficultés qu'elles représentent pour nous.

1. LES TERMES À DÉFINIR

La définition des termes du problème représente l'étape la plus facile. On trouve avec l'aide du tuteur ou dans un dictionnaire (le plus souvent disponible dans la salle) la définition des termes inconnus.

2. LA DÉFINITION DU PROBLÈME ET L'IDENTIFICATION DE SES COMPOSANTES

Pour définir le problème, les étudiants en arrivent assez rapidement à un consensus. La difficulté se situe dans l'identification des composantes du problème. Deux façons de penser s'affrontent. Certains préfèrent réécrire les composantes au tableau, soit dans l'ordre chronologique, soit sous forme d'un schéma; d'autres choisissent de souligner les composantes directement dans le texte du problème.

Le fait d'écrire les composantes au tableau est considéré par plusieurs comme une perte de temps puisque nous réécrivons souvent le problème tel quel. Pour un problème de quatre pages, il s'agit d'une corvée plutôt pénible. En contrepartie, les tenants de l'écriture prétendent que cette façon de faire les aide à formuler de meilleures hypothèses. Le débat se poursuit. Il appartient à chaque groupe de décider laquelle des deux méthodes lui est la plus utile au moment de l'étude d'un problème. Voilà une adaptation de la méthode en fonction des besoins du petit groupe.

3. LES HYPOTHÈSES

L'élaboration des hypothèses est profitable parce qu'elle nous permet d'établir des liens entre les différentes composantes et nous oriente donc vers les objectifs de l'étape 5. Nous essayons ainsi d'expliquer le problème. Ce but commun augmente notre motivation et notre curiosité. Lors de ce travail en groupe, chacun peut greffer des hypothèses sur celles qui viennent d'être énoncées.

L'élaboration des hypothèses met à contribution notre esprit de raisonnement et d'analyse. Voilà la pierre angulaire de l'APP. Nous apprenons à raisonner et à déduire plutôt qu'à apprendre par coeur. C'est également une étape au cours de laquelle le travail en groupe et la collaboration entre étudiants se manifestent de façon plus évidente.

4. LE SCHÉMA

L'élaboration d'un schéma sert à synthétiser les hypothèses de façon ordonnée, succincte et compréhensible dans le but de relier les différentes composantes entre elles. Cette étape nous permet d'acquérir une vue d'ensemble du problème et de nos propositions d'explication.

Théoriquement, nous devrions faire un schéma à chaque problème. Il en va tout autrement dans la pratique. Selon la nature du problème, le groupe décide d'élaborer ou non un schéma. Parfois, les hypothèses formulées ne se prêtent pas à la schématisation. Par ailleurs, lorsque les hypothèses sont imprécises et les liens entre elles difficiles à établir, le schéma peut améliorer notre perception du problème et même susciter de nouvelles hypothèses.

Il arrive que le groupe ne trace un schéma que lors du deuxième tutorial. Une fois la matière du problème étudiée, nous sommes davantage en mesure de synthétiser l'information pertinente à son explication. La construction d'un schéma permet aussi aux membres du groupe de participer activement.

La schématisation du problème devient donc facultative au fil du déroulement du programme. C'est l'étape que plusieurs considèrent comme la plus difficile, ce qui explique peut-être qu'elle soit escamotée. Toutefois, il ne faut pas oublier l'intérêt que revêt le schéma: si on ne peut l'établir, c'est sûrement que nos idées ne sont pas claires. Raison de plus d'essayer de schématiser!

5. LES OBJECTIFS

La formulation des objectifs d'apprentissage s'avère d'une importance capitale. C'est le fondement sur lequel nous nous appuyons pour entreprendre notre étude personnelle.

Si les objectifs sont clairs et précis, nous pouvons orienter nos recherches et lire sur les sujets d'étude pertinents au problème. Par contre, des objectifs vagues, imprécis ou trop généraux nous amènent à lire sur des sujets non directement reliés au problème ou encore à vouloir couvrir trop de matière et ainsi perdre un temps précieux.

Le tuteur doit donc s'assurer que les objectifs d'étude que nous nous sommes fixés sont conformes aux objectifs vers lesquels le problème doit nous mener. Ce n'est pas toujours le cas. Au deuxième tutorial, après avoir fait le tour du sujet, nous nous apercevons qu'il nous manque un ou deux objectifs. Nous sommes alors pressés par le temps pour étudier les sujets oubliés puisqu'il nous faut aussi commencer l'étude du problème suivant. Quelques-uns parmi nous veulent donc que les tuteurs distribuent les objectifs avant de passer à l'étape 6 de manière que nous puissions étudier exactement ce qu'il faut. Toutefois, une telle modification entraînerait inévitablement une baisse de motivation puisque nous saurions, avant même de commencer l'étude d'un problème, que les objectifs nous seraient donnés à la fin de l'étape 5. De toute façon, l'équipe parvient généralement d'elle-même à découvrir les concepts majeurs du problème et à formuler les objectifs appropriés. Ici, le tuteur joue un rôle très important pour dissiper la confusion et nous éviter des pertes de temps au moment de l'étude personnelle.

6. L'ÉTUDE PERSONNELLE

Après avoir formulé les objectifs d'étude, le groupe termine le premier tutorial et s'accorde quelques jours d'étude personnelle après avoir fait le choix des références pertinentes.

Cette période représente l'étape la plus profitable puisque c'est le moment d'acquérir les nouvelles notions théoriques nécessaires à notre formation médicale. Nous pouvons nous servir de tous les moyens didactiques jugés utiles. Nous en faisons le choix de façon personnelle. Quoi qu'il en soit, avec l'expérience de la méthode, chacun développe ses préférences en matière de références.

La majorité d'entre nous travaillons de façon individuelle, tant pour la lecture des références que pour la rédaction des notes personnelles. Quelques-uns se réunissent en «clubs de résumés» : chacun prend des notes sur une partie des références lues et en fait des photocopies pour les autres. Ce système permet de gagner du temps. Ces étudiants prétendent pouvoir lire davantage. Quelques autres, en plus de leur étude personnelle, discutent du problème avec des collègues avant le deuxième tutorial.

Certains étudiants considèrent que la rédaction de résumés personnels est laborieuse et leur fait perdre beaucoup de temps. Ils souhaiteraient plutôt que la Faculté prépare des notes pour chaque unité, pour épargner aux étudiants ce long processus de rédaction. D'autres, par contre, s'opposent à la distribution de ce genre de documents parce qu'une telle mesure irait à l'encontre des buts visés par le nouveau programme. L'esprit d'initiative et d'autonomie qui nous habite serait très vite inhibé par les notes. Plusieurs trouveraient alors les tutoriaux inutiles puisque nous n'aurions qu'à lire les notes. Le cheminement de l'APP, qui mène à la formulation d'objectifs d'étude, perdrait sa pertinence.

Pour lors, l'étape de l'étude personnelle demeure satisfaisante puisque chacun peut la modeler selon ses goûts.

7. L'EXPLICATION DU PROBLÈME

Quelques jours plus tard, nous nous réunissons de nouveau pour le deuxième tutorial. Ce retour en groupe nous permet de compléter l'explication du problème. Après l'étude personnelle, c'est l'étape la plus profitable. Elle nous permet de faire la synthèse des connaissances fraîchement acquises, d'améliorer notre compréhension des processus explicatifs du problème et de poser des questions sur les points que nous n'avons pas compris.

Il y a plusieurs façons de procéder lors de cette étape. Là aussi, nous adaptons la méthode à nos besoins. La majorité des étudiants de 1re année reprennent les objectifs formulés lors de l'étape 5 en tentant d'orienter la discussion dans ce sens. Pour les autres, la méthode consiste à suivre un ordre du jour précis établi par l'animateur. Cette façon-ci de procéder est fort simple : à la suite des objectifs d'étude définis au cours de l'étape 5 et des lectures effectuées lors de l'étape 6, l'animateur dresse la liste précise des points que les étudiants veulent discuter lors du retour en groupe. Chacun est libre d'ajouter ou d'enlever des sujets à la liste. La discussion débute après l'adoption de l'ordre du jour. Une autre façon de faire, très appréciée, consiste à reprendre l'explication du problème. Celui-ci est alors relu par l'animateur et le groupe analyse et confirme les mécanismes explicatifs. Parfois, la discussion engendrée par une composante peut déborder du cadre du problème. Cette méthode exige non seulement de la mémoire, mais également une bonne compréhension des concepts.

Il arrive aussi, à cette étape, que le groupe choisisse d'élaborer un schéma. Certains problèmes se prêtent d'emblée à une telle schématisation. Le groupe cherche alors à faire la synthèse de l'information sous forme de tableau. Une autre méthode, très peu utilisée mais appréciée, consiste à répéter le contenu des lectures. Elle fait appel seulement à la mémoire ou aux notes personnelles, très peu à la logique; nous nous donnons alors des mini-cours les uns aux autres! Cette méthode de travail est utilisée surtout en 1re année, alors que nous demeurons encore hésitants face à la matière à couvrir et peu habitués à fonctionner avec l'APP.

L'étape 7 permet, au moment du retour en groupe, de mettre en commun nos connaissances et de synthétiser l'information recueillie pour l'explication du problème. Cette étape peut s'effectuer de multiples façons selon les groupes, les problèmes et les préférences des membres. Le tuteur devient la personne-ressource si le reste du groupe ne peut répondre aux questions. Les interventions du tuteur doivent être pertinentes et appropriées, de préférence sous forme de questions, à moins que le groupe ne demande directement une information.

Plusieurs facteurs contribuent à rendre un tutorial intéressant et constructif : une bonne préparation de chacun, la participation de tous, des réponses à nos questions, le fait de résumer la matière plutôt que de la réciter, un tuteur qui oriente bien le groupe, la synthèse des concepts majeurs et la motivation de chacun. À l'inverse, il nous arrive de trouver les tutoriaux longs et pénibles, pour plusieurs raisons : le fait de s'attarder aux détails non pertinents, une discussion qui tourne en rond, une animation déficiente, des étudiants pressés d'en finir ou la répétition de chapitres que chacun a lus...

La participation du tuteur au cours de ces étapes s'avère cruciale. Si le tuteur est directif, il prend alors la place de l'animateur, ce qui a souvent pour effet d'inhiber le groupe. À l'inverse, un tuteur qui ne participe pas à la discussion crée de l'incertitude. Il est sage que le tuteur participe judicieusement, selon les besoins du groupe. Il doit également intervenir lorsque la discussion piétine et que l'animateur semble incapable de la relancer. Notre préférence, c'est que le tuteur pose des questions, dans le but de nous faire chercher l'information par nous-mêmes et de nous faire raisonner sur des éléments du problème.

8. LES QUESTIONS DE RECHERCHE

L'étape des questions de recherche est la grande négligée de l'APP. Sa signification de même que son utilité n'ont jamais été clairement comprises; on la relègue donc vite aux oubliettes.

Cette étape vise à identifier les questions pour lesquelles les réponses ne sont pas disponibles au moment du tutorial et dont il faudra trouver l'explication ultérieurement. Le but est noble, mais dans la pratique, le groupe escamote cette étape. Premièrement, par manque de temps; sitôt un problème terminé, il faut en aborder un autre. Et puis, raison fort simple : si une question n'a suscité aucune réponse, ni des étudiants ni du tuteur, c'est qu'elle est probablement trop spécialisée. Elle ne nous serait donc pas nécessaire... ce qui n'est pas toujours vrai!

9. LE BILAN DE GROUPE

Le bilan de groupe est un élément indispensable à la bonne marche de l'APP. Il permet à chacun d'exprimer ce qu'il pense du fonctionnement du groupe, des références qui ont été utilisées et du problème sur lequel nous avons travaillé. Cette étape est, en général, toujours réalisée. Elle peut durer dix secondes si tout va bien, ou plusieurs minutes si des difficultés sont survenues. C'est le moment de discuter des réajustements à apporter au fonctionnement du groupe.

Ce bilan fournit également l'occasion de discuter du rôle du tuteur. Toutefois, puisque le tuteur est présent, nous trouvons très difficile d'exprimer notre inconfort face à certaines de ses attitudes... De plus, quelques tuteurs comprennent mal l'importance de cette étape et nous incitent à passer outre en disant : «Tout s'est bien déroulé; on revient dans dix minutes pour commencer le problème suivant.» Les tuteurs devraient être davantage informés de l'importance de cette étape et contribuer à faciliter l'expression des points forts et des points faibles du groupe.

10. LE BILAN PERSONNEL

L'étape du bilan personnel consiste à effectuer individuellement, après le tutorial, un retour sur le problème étudié. Il s'agit de synthétiser de façon personnelle l'information accumulée au cours des neuf premières étapes. L'exercice permet de revenir en arrière pour s'autocritiquer, évaluer sa méthode et revoir les points mal couverts ou restés ambigus.

Une contrainte majeure empêche toutefois certains étudiants de réaliser ce processus : le manque de temps. En effet, sitôt un problème terminé, nous en abordons un autre, ce qui a pour effet de décourager plusieurs d'entre nous d'effectuer un retour sur le problème précédent. En fait, seulement le tiers des étudiants font un bilan personnel : il leur permet plus souvent qu'autrement de combler les lacunes que la discussion de groupe a mises en évidence plutôt qu'à réaliser une synthèse de l'information.

Le manque de temps fait partie de l'APP et il faut apprendre à vivre avec cette réalité!

LE FONCTIONNEMENT EN PETIT GROUPE

Apprendre la médecine à partir de l'analyse de problèmes, voilà pour l'essentiel en quoi consiste l'APP. La méthode exige de travailler en petit groupe. Pourtant, notre apprentissage est individuel. Donc, le travail en petit groupe présente des avantages et des inconvénients.

LES AVANTAGES...

Le fonctionnement en petit groupe plaît à la majorité d'entre nous. La coopération entre étudiants y est valorisée, ce qui améliore l'interaction entre les personnes. Les avantages sont nombreux : mise en commun des connaissances, participation active, collaboration et entraide, confiance en soi, ouverture d'esprit, meilleure compréhension de la matière, motivation accrue, etc. Nous apprenons à fonctionner avec les autres : cela nous prépare aux relations que nous aurons à vivre avec des collègues et des intervenants du domaine de la santé. Le travail en petit groupe fournit une bonne occasion de comprendre les subtilités des relations humaines; des relations qui seront au coeur de notre pratique médicale. On voit aussi se développer une relation de respect mutuel entre les membres du groupe et le tuteur; une étonnante complicité naît de notre travail collectif.

... ET LES INCONVÉNIENTS

Le fonctionnement en petit groupe a cependant des côtés moins invitants. Il peut devenir la source d'une compétition malsaine entre des étudiants qui tentent de monopoliser l'attention du tuteur pour obtenir une meilleure note. Cette situation peut engendrer des conflits entre étudiants. L'inverse peut aussi se produire : certains étudiants timides ou ayant de la difficulté à s'exprimer parlent très peu lors des discussions. Ils sont alors désavantagés au moment de l'évaluation par le tuteur...

La préparation des tutoriaux varie d'un étudiant à l'autre. Certains participants, moins bien préparés, ne peuvent jouir pleinement de la discussion; ils laissent les autres faire le travail! Il arrive parfois que seulement deux ou trois aient fait des lectures sur un objectif particulier. La discussion ne se déroule qu'entre eux tandis que le reste du groupe les écoute passivement sans pouvoir intervenir. La discussion peut aussi s'éterniser sur des détails et tourner en rond... Le rôle d'un tuteur efficace pourrait dans ce cas s'avérer bénéfique.

UN RÔLE PAS TOUJOURS FACILE : CELUI D'ANIMATEUR

Le rôle d'animateur étudiant est certes plus exigeant que ceux de préposé au tableau ou de secrétaire. Certains ne se sentent pas à l'aise pour diriger la discussion du groupe. Faute d'avoir une vision globale de connaissances fraîchement acquises, il devient parfois ardu pour l'animateur de réorienter une discussion qui piétine. Le plus grand défi des animateurs consiste à faire participer ceux qui sont peu loquaces. Il est délicat de forcer quelqu'un à s'engager davantage dans une discussion. Ceux qui s'expriment moins n'aiment pas se faire pointer du doigt! Conscient de cette situation, l'étudiant animateur hésite la plupart du temps à solliciter la participation des silencieux...

LE CHANGEMENT DE GROUPE

Le nombre optimal de personnes dans un groupe est de sept ou huit étudiants. Chacun peut alors y prendre la parole dans une discussion soutenue. Il nous semble bénéfique de changer de groupe à chaque unité et ce, pour plusieurs raisons : connaître plusieurs de nos collègues, éviter la monotonie, apprendre à fonctionner avec différentes personnes, éviter les conflits, augmenter la motivation, etc.

LA MOTIVATION

La motivation revêt une importance primordiale pour l'apprentissage de chaque étudiant. Elle augmente avec un tuteur motivé et motivant, une matière intéressante, un groupe dynamique, des références adéquates, et grâce aussi aux stages cliniques en 1re et 2e année et aux séances d'habiletés cliniques (particulièrement la rencontre de patients). Par ailleurs, la motivation diminue quand la charge de travail est trop élevée pour le temps d'étude disponible; les objectifs, mal définis; les tutoriaux, longs et peu productifs; ou quand un groupe s'attarde aux moindres détails. La motivation baisse aussi avec l'incertitude sur la matière à étudier, et en raison de la longueur de l'année scolaire (neuf mois et demi).

Plusieurs de ces facteurs sont directement reliés au fonctionnement des petits groupes et c'est pourquoi il faut en discuter lors des bilans de groupe (étape 9), de façon à toujours garder un niveau optimal de motivation.

LES TUTEURS

Dans la méthode d'APP, le tuteur joue un rôle très important pour le bon fonctionnement du groupe. Il doit pouvoir s'adapter aux étudiants avec lesquels il est appelé à travailler durant quatre à cinq semaines. Sa fonction est multiple : il guide les étudiants dans leur cheminement au cours des étapes d'APP; il sert de personne-ressource, le cas échéant, et il évalue l'apprentissage des étudiants.

Il est donc primordial que le tuteur assume bien son rôle s'il veut agir comme catalyseur lors des tutoriaux. Certains groupes préfèrent un tuteur plutôt directif; d'autres privilégient celui qui leur laisse le champ libre. Le fait qu'un tuteur soit trop directif a souvent pour effet d'inhiber la discussion. Nous sommes portés à l'écouter et à ne pas intervenir, puisqu'il fait figure d'autorité. À l'inverse, le tuteur «muet» engendre un sentiment d'insécurité, car nous sommes alors obligés de ne nous fier qu'à nous-mêmes. De plus, ce style nous amène à douter de la compétence du tuteur dans la matière et de son intérêt pour les tutoriaux; le tuteur perd ainsi beaucoup de sa crédibilité. Il doit donc exister un juste milieu dans la participation du tuteur et dans la fréquence de ses interventions.

Il est agréable de sentir que le tuteur s'intéresse au groupe et se soucie de son bon fonctionnement. Celui qui s'intègre au groupe devient vite un allié sur qui nous pouvons compter. Les qualités que nous aimons bien retrouver chez un tuteur sont la compétence, l'engagement, l'esprit de synthèse, l'intégration au groupe et la motivation pour la tâche. Le tuteur doit être à l'écoute des étudiants de manière à pouvoir les aider dans leur cheminement. Nous souhaitons qu'il nous oriente vers les bons objectifs grâce à des interventions opportunes, sans nuire pour autant à la discussion. Nous voulons qu'il nous aide à discerner l'important de ce qui l'est moins, surtout par son art de poser des questions stimulantes, et qu'il s'abstienne de donner une mini-leçon magistrale lors du tutorial. Le tuteur est généralement très apprécié s'il nous fait part de ses expériences cliniques; une telle attitude a pour effet d'associer la théorie à la pratique et d'augmenter par le fait même notre motivation.

Nous n'apprécions guère les tuteurs qui dirigent la discussion et prennent la place de l'animateur; ceux qui manquent d'intérêt, qui sont passifs et ne parlent à peu près pas; ou encore ceux qui manquent de connaissances dans la matière. Ce dernier point fait surgir à nouveau un vieux débat : certains étudiants aimeraient que les tuteurs soient tous des experts dans la matière. Par exemple, un cardiologue lors de l'unité de cardiologie. D'autres préfèrent avoir des tuteurs non experts, qui insistent moins sur les détails de peu d'importance, surtout que des périodes de questions avec des experts sont mises à notre disposition pour approfondir certains sujets. Le consensus semble se dégager : ce qui importe, ce n'est pas la spécialité du tuteur, mais plutôt sa connaissance de la matière de l'unité et sa motivation à remplir son rôle.

Bref, nous sommes très exigeants à l'égard des tuteurs. Voilà, croyons-nous, une attitude compréhensible de notre part; les tuteurs demeurent nos seuls guides dans l'acquisition de l'autonomie dans notre apprentissage. Ils font le lien entre ce que nous étudions et ce que la Faculté souhaite que nous apprenions.

L'ÉVALUATION

L'évaluation fait partie de tout programme d'études universitaires. Nous devons la subir comme partout ailleurs. Il existe toutefois quelques particularités propres au nouveau programme implanté à Sherbrooke. Il est donc normal que nous en parlions avec intérêt.

L'ÉVALUATION FAITE PAR LE TUTEUR

L'évaluation faite par le tuteur représente 25 % de la note finale de l'unité, ce qui n'est pas négligeable. Au milieu de l'unité, nous sommes soumis à une évaluation formative, et à la fin, à une évaluation sommative.

L'évaluation sommative a donné lieu à de nombreux débats depuis le début du nouveau programme. En effet, la majorité des étudiants trouvent que l'importance qu'on lui accorde (25 % de la note finale) est trop grande, et même plus du tiers se prononcent carrément contre. L'insatisfaction tient au manque d'homogénéité des évaluations des tuteurs; pour certains, l'excellence vaut 70 %, alors que pour d'autres, un rendement moyen vaut 80 %. Il devient donc évident que la note de cette évaluation ne représente pas notre valeur réelle par rapport à l'ensemble des étudiants, mais plutôt la perception qu'a le tuteur de chacun de nous selon son propre barème. Les critères de cette évaluation nous apparaissent trop subjectifs.

Autre lacune, l'évaluation formative est faite par le tuteur, au milieu de l'unité, deux semaines après qu'elle ait débuté. Il nous semble improbable qu'un tuteur ait pu se faire une opinion valable après seulement trois ou quatre tutoriaux. De plus, cette évaluation devrait servir à nous fournir de la rétroaction sur notre performance lors des rencontres en petit groupe, ce qui est rarement le cas. On nous dit trop souvent que tout va bien, ce qui n'est pas très formateur, ou encore de participer davantage, sans plus de précision... Mais qu'est-ce qu'un tuteur peut bien nous dire de plus après deux semaines? Il est pris lui aussi dans le piège de cette forme d'évaluation. D'une unité à l'autre, on nous répète donc les mêmes choses, sans lien avec l'évaluation formative de l'unité précédente. La note donnée lors de l'évaluation sommative est habituellement la même qu'au moment de l'évaluation formative; est-ce à dire que le tuteur s'est fait une opinion de nous durant les deux premières semaines?

S'ils n'étaient pas évalués par le tuteur, plusieurs étudiants modifieraient leur comportement lors des tutoriaux. Certains seraient moins stressés et se sentiraient moins obligés d'épater le tuteur. Toutefois, d'autres avouent franchement qu'ils seraient moins motivés et que leur participation à la discussion diminuerait.

Bref, il est facile de constater les nombreux biais que cette évaluation comporte. Nous croyons néanmoins qu'il est souhaitable que l'évaluation par le tuteur demeure puisqu'elle suscite une motivation supplémentaire chez plusieurs. Toutefois, selon l'opinion de la majorité, elle ne devrait représenter que 5 ou 10 % de la note finale de l'unité. Le tuteur devrait aussi tenir compte des évaluations formatives des unités précédentes, ce qui serait beaucoup plus formateur.

LES EXAMENS

Les examens font partie de tout processus d'évaluation et nous ne saurions y échapper! En général, leur niveau de difficulté est adéquat. Ils sont assez représentatifs de la matière qui a été vue durant la phase. De plus, nous y sommes plutôt bien préparés.

Le système actuel d'évaluation consiste en une série d'examens que les étudiants doivent subir à la fin de chaque trimestre. Les examens portent sur la matière de chaque unité étudiée durant le trimestre. Plusieurs étudiants proposent un autre type de calendrier : ils préféreraient que les examens soient placés directement à la fin de chaque unité. Des arguments appuient chacune de ces deux positions. Pour les uns, le système actuel permet de ne pas se soucier des examens pendant trois mois. De plus, une meilleure intégration semble possible puisque la matière vue dans les autres unités aide à mieux comprendre celle d'une unité donnée. Par exemple, certains pensent qu'il est plus facile de passer l'examen de pneumologie après avoir terminé l'unité de cardiologie. Pour d'autres, par contre, il faut bien réussir durant cette semaine d'examens, car c'est la seule période d'évaluation écrite. Si les examens étaient placés après chaque unité, la matière serait plus fraîche à notre mémoire. Toutefois, les examens seraient plus fréquents et l'idée d'un stress répété déplaît à plusieurs. Le débat est loin d'être terminé et l'opinion des étudiants se partage également en faveur de chacune des deux positions.

Comme la philosophie du nouveau programme est fondée sur la compréhension plutôt que sur la mémorisation, il serait souhaitable que nous puissions comprendre les erreurs que nous avons commises dans les examens sommatifs. Nous éviterions ainsi de les répéter! Cela s'est fait en 2e année lors de l'unité de gastro-entérologie, alors que les responsables de la correction ont décidé d'expliquer davantage les questions pour lesquelles l'examen avait été moins bien réussi. Cette activité nous a plu : profiter d'une rétroaction sur nos erreurs, n'est-ce pas une bonne façon d'apprendre? Nous souhaitons donc qu'une telle expérience puisse se répéter après les examens des autres unités.

LES AUTRES MOYENS
APPRENDRE PAR PROBLÈMES

Il est intéressant de noter qu'une large proportion d'étudiants préfère l'APP aux leçons magistrales. L'apprentissage par problèmes est donc devenu pour eux la méthode privilégiée. N'est-il pas évident que l'on apprend mieux avec une méthode d'enseignement que l'on trouve agréable? Toutefois, nous notons que plusieurs d'entre nous aimeraient que la synergie soit plus grande entre l'APP et les leçons magistrales. De fait, certains sujets seraient peut-être plus facilement abordables sous forme de mini-conférences.

LES LEÇONS MAGISTRALES

Les leçons magistrales ont leur place, même si l'APP doit garder une nette prédominance. Leur fréquence actuelle nous apparaît convenable. Toutefois, elles seraient plus utiles si elles étaient mieux préparées. Beaucoup considèrent que ces leçons, plus ou moins bien structurées, apportent peu de nouvelles connaissances. Elles méritent d'être repensées pour s'articuler davantage à l'APP; elles ne devraient pas trop emprunter aux méthodes traditionnelles. En fait, les étudiants semblent préférer les «séances» aux «leçons magistrales». De telles séances prennent différentes formes : synthèses, actualisation des connaissances, cas cliniques, ou introductions.

Le modèle des séances d'intégration lors de l'unité d'endocrinologie plaît à plusieurs; la présentation de cas cliniques est suivie de séries de questions reliées à l'étude des cas. Peut-être y aurait-il lieu d'adapter certaines leçons magistrales selon ce modèle?

De plus, les étudiants apprécieraient beaucoup recevoir des cours de base en anatomie; cette absence est une lacune majeure de notre formation. Nos connaissances en ce domaine sont limitées compte tenu du peu d'importance que le programme lui accorde et de la difficulté de l'aborder en apprentissage par problèmes. Selon la majorité, l'enseignement de la pharmacologie présente également des lacunes. Encore là, il y aurait lieu d'y apporter des correctifs.

LES PROBLÈMES

Les problèmes sont au coeur de l'APP! De fait, ils constituent la pierre angulaire de tout le nouveau système d'enseignement. Leur élaboration revêt donc une importance capitale. Un problème bien formulé devrait nous permettre d'émettre plusieurs hypothèses et nous orienter vers les objectifs d'apprentissage pertinents. La majorité des problèmes répondent à ces critères et nous orientent vers les concepts qu'il est nécessaire de connaître.

Par ailleurs, l'humanisme étant l'un des fondements de la philosophie du nouveau programme, il est déplorable de constater que peu de problèmes s'y réfèrent explicitement, ce qui suscite très peu d'échanges sur le sujet au cours des tutoriaux. Il est évident que nous n'avons pas le temps de parler d'humanisme pendant la moitié d'un tutorial, mais il serait bon d'en discuter au moins durant quelques minutes. On tente de nous inculquer la notion de globalité du patient plutôt que la notion de maladie; il faudrait donc que les problèmes soient bâtis en conséquence.

Les habiletés cliniques viennent heureusement compenser le peu de place fait à l'humanisme dans les problèmes. En effet, la partie COMMUNICATION ET HUMANISME nous fait davantage découvrir cette facette de la médecine et nous permet d'en discuter. Ces échanges nous amènent à prendre conscience des difficultés que peut vivre une personne aux prises avec une maladie ou un handicap; nous apprenons à mieux connaître les ressources que nous possédons pour établir une relation d'aide avec elle, mais aussi à mieux évaluer nos limites personnelles.

LES RÉFÉRENCES

Abordons l'épineux sujet des références! Pourquoi épineux? Parce que les étudiants ont une opinion très partagée sur ce sujet. Voici le dilemme : le tuteur doit-il ou non indiquer aux étudiants quelles références consulter pour comprendre et analyser le problème? La question est fort simple, mais la réponse, plutôt complexe...

Plusieurs aimeraient que le tuteur indique quelles sont les pages à lire dans tel ou tel ouvrage. Dans ce cas, il pourrait le faire à la fin de l'étape 5 (formuler les objectifs d'apprentissage). Ce serait très rassurant; les étudiants seraient bien orientés même si les objectifs ne sont pas clairs. Nous perdrions également moins de temps à chercher quel volume consulter. Enfin, nous serions assurés d'avoir couvert «la bonne matière».

D'autres souhaiteraient que les références soient données lors du retour en groupe, après l'étape 7 (faire la synthèse de l'information recueillie et la vérifier en l'appliquant au problème), et ce, dans l'unique but de s'assurer du contrôle de la matière à couvrir. Cette façon de procéder permettrait également de combler certaines lacunes.

Mais plus d'un se prononce contre ces suggestions. Cette façon de faire inhiberait beaucoup l'autonomie, l'esprit d'initiative et, conséquemment, la motivation des étudiants. Elle irait à l'encontre des buts du nouveau programme. Nous serions portés à tout lire ce que les tuteurs nous indiqueraient et nous manquerions de temps. Si les objectifs d'apprentissage sont clairs et précis, nous pouvons trouver les bonnes références sans qu'il soit besoin qu'on nous les dicte. La diversité des références consultées par les étudiants représente l'une des facettes qui font la richesse des retours en groupe au moment de l'étape 7.

En fait, seuls quelques tuteurs nous donnent des références; la plupart nous les laissent trouver nous-mêmes. Celles que nous utilisons proviennent principalement des livres que nous avons achetés, et qui coûtent cher, surtout en 1re année. De plus, nous passons de nombreuses heures en tête-à-tête avec la photocopieuse. Les différentes opinions sur le sujet étant bien arrêtées, le débat risque de durer encore un bon moment.

LES STAGES
LE STAGE D'IMMERSION CLINIQUE

Le stage d'immersion clinique a lieu à la fin du premier trimestre de la 1re année. Certains pourraient croire qu'il arrive prématurément dans notre formation. Il en est tout autrement! Ce stage de trois semaines n'a pas pour but de nous inculquer de nouvelles connaissances, mais de nous plonger dans la «pratique quotidienne d'un médecin ordinaire». Le fait de posséder alors très peu de connaissances s'avère même un avantage, puisque nous sommes plus portés à voir le côté pratique et humain de la médecine.

Ce stage est très enrichissant. Il permet à plusieurs de confirmer leur choix de carrière. Il suscite beaucoup de motivation en faisant un lien entre la théorie, plutôt indigeste, du premier trimestre et la pratique médicale courante, que nous connaîtrons plus tard. Nous avons l'occasion de voir comment vivent réellement les médecins et de discuter avec eux de la façon dont ils intègrent leur profession dans leur vie personnelle. De plus, ce stage apporte une touche d'humanisme à notre vision de la médecine.

Le stage d'immersion clinique est grandement apprécié. Il nous aide à surmonter les obstacles de la 1re année.

LE STAGE D'APPRENTISSAGE PAR PROBLÈMES EN COMMUNAUTÉ

Le stage d'apprentissage par problèmes dans la communauté a lieu à la fin du deuxième trimestre de la 2e année, en mars et en avril. Chaque jour, nous devons faire l'histoire de cas et l'examen physique d'un patient, en vue de tenter d'expliquer ses problèmes. Cette démarche s'effectue en groupes de trois à cinq étudiants dans un hôpital.

Tout comme le stage d'immersion, ce stage est très apprécié. Il nous permet de mettre en pratique les notions apprises depuis le début de l'unité des habiletés cliniques.

L'analyse des problèmes du patient s'inscrit en continuité avec la formule des problèmes de l'APP. N'ayant pas à apprendre de nouvelles notions théoriques, nous pouvons relaxer entre le deuxième et le troisième trimestre de cette 2e année plutôt chargée!

En somme, ce stage est enrichissant. Il est bien placé dans le calendrier du programme, tout comme le précédent. Il est tout à fait conforme à la philosophie du nouveau programme : autonomie, travail en petit groupe, apprentissage par problèmes, auto-apprentissage, humanisme.

LES HABILETÉS CLINIQUES

L'unité des habiletés cliniques nous apporte beaucoup. Cette partie du programme débute dès le deuxième trimestre de la 1re année, en janvier, et se termine avec l'unité 14, au milieu de la 3e année. Il s'agit d'un long continuum qui vient greffer la partie pratique de la médecine aux notions théoriques apprises lors des tutoriaux.

Nous considérons d'abord et avant tout les habiletés cliniques comme un outil qui nous prépare à la pratique future. Elles concrétisent les notions théoriques, en créant un lien entre les connaissances et leurs applications, et aident ainsi à accroître notre motivation. Nous sommes privilégiés de pouvoir discuter de communication et d'humanisme dans notre cours de médecine. Ce sera un outil de travail au même titre que les connaissances théoriques. Quelle chance de pouvoir appliquer avec de vrais patients, dès la 1re année, les notions fraîchement acquises!

Il subsiste cependant quelques lacunes... En effet, certains moniteurs semblent mal préparés pour la tâche qui leur est confiée, puisqu'ils ne suivent pas exactement la méthode décrite dans le livre de référence. Cette situation entraîne des variations dans les apprentissages d'un groupe à l'autre. On peut également déplorer que nous n'ayons pas assez d'occasions de pratiquer et que nos gestes ne soient pas suffisamment corrigés...

Nous trouvons le programme très chargé. Les habiletés cliniques n'y échappent pas. Il est parfois difficile de tout faire quand, en moins de deux jours, on doit étudier en vue d'un tutorial, faire des lectures pour la séance d'habiletés cliniques et rédiger une histoire de cas!

Toutefois, ces défauts sont mineurs et les habiletés cliniques sont très enrichissantes et stimulantes.

LA VIE ÉTUDIANTE

Ce qui nous frappe le plus dans l'atmosphère de notre Faculté, c'est l'entraide et la coopération entre les étudiants. La fraternité est également au rendez-vous. La nouvelle méthode, avec ses rencontres en petit groupe et ses discussions, y est sûrement pour quelque chose. Toutefois, quelques-uns trouvent que les tutoriaux favorisent la compétition; chacun veut avoir une meilleure note de la part du tuteur et ne pense plus en fonction du groupe.

La moitié des étudiants de la Faculté trouve qu'on accorde aux activités extrascolaires (sports, activités culturelles, etc.) assez de temps, alors que l'autre moitié estime que non. Paradoxalement, l'horaire du nouveau programme contribue à la fois à la satisfaction et à l'insatisfaction. Les nombreux moments libres permettent la planification personnelle du temps d'étude et du temps de loisir; chacun peut ainsi jouir de ses activités préférées. Par contre, la matière à couvrir est très dense et on peut étudier sans relâche si on le désire. Ceux qui manquent d'assurance ou étudient de façon compulsive négligent les temps libres. Bien que le programme soit très chargé, la majorité a peu de difficulté à gérer son temps.

Comme le Centre hospitalier universitaire et la Faculté de médecine sont situés loin du campus principal de l'Université, à l'extérieur de Sherbrooke, certains étudiants trouvent le temps long! Cet isolement déplaît à plusieurs car nous ne vivons qu'avec des étudiants de médecine. Les rencontres sociales avec les étudiants des autres facultés sont très limitées.

En résumé, l'isolement géographique de la Faculté déplaît à plusieurs, mais l'ambiance qui y règne convient à la majorité.

CONCLUSION

Nous vivons au coeur du nouveau programme. Nous estimons être bien placés pour l'évaluer. C'est pourquoi la Faculté nous écoute, même si pour nous les choses ne bougent pas toujours assez rapidement.

Le nouveau programme nous apporte beaucoup, entre autres :
-    l'autonomie,
-    la confiance personnelle,
-    le sens critique,
-    la curiosité,
-    le contact étroit avec les professeurs,
-    l'esprit de synthèse,
-    la coopération entre collègues,
-    le raisonnement et la compréhension,
-    la responsabilité personnelle de notre temps d'étude,
-    l'approche globale face à un problème,
-    l'humanisme,
-    le travail en groupe.

De petits changements pourraient cependant améliorer le programme :
-    une meilleure préparation des leçons magistrales (plus de synthèses) pour qu'elles s'intègrent mieux à l'APP;
-    une augmentation du nombre de séances d'intégration;
-    de meilleures références lors de certaines unités;
-    une amélioration de l'enseignement de l'anatomie;

- un changement de formule d'évaluation des étudiants par les tuteurs, même si la nécessité d'une telle évaluation est acceptée par la majorité des étudiants;
- une approche plus homogène de la part des moniteurs d'habiletés cliniques;
- une rétroaction plus adéquate de la part du moniteur lors des examens physiques en habiletés cliniques;
- un retour sur les principales erreurs lors des examens sommatifs.

La méthode d'apprentissage par problèmes provoque de l'insécurité chez beaucoup d'entre nous, compte tenu de sa nouveauté et de l'autonomie qu'elle nous laisse. Les étudiants se demandent s'ils étudient la bonne matière, s'ils en voient suffisamment et s'ils apprennent la même chose que les autres. Il faut s'adapter tant à l'APP qu'à l'insécurité qu'elle engendre. Toutefois, la méthode est stimulante puisqu'elle apprend à travailler par et pour soi-même, individuellement et en groupe, et à coopérer.

RÉFÉRENCES

1. Barbeau, D. *Implantation de l'apprentissage par problèmes à la Faculté de médecine de l'Université de Sherbrooke*, document interne, Faculté de médecine, Université de Sherbrooke, 1988.

2. Barbeau, D., J. Quesnel et B. Des Marchais. «Student's Perceptions After One Year of Problem-based Learning at Sherbrooke», Annals of Community-Oriented Education, vol. 3, 1re partie, 1990, p. 25-33.

CHAPITRE 13

PROBLÉMATIQUES PERSISTANTES D'UNE NOUVELLE CULTURE SOCIO-ÉDUCATIVE

Jean-Pierre Bernier et Jacques E. Des Marchais

«Il croit, aveuglé par l'absolu, que cet incident isolé dans le temps et dans l'espace est un état permanent. Il ne comprend pas que ce qui s'est produit ne peut jamais se reproduire exactement, le contexte n'étant jamais le même.»

- Stuart Chase

Mars 1993. Deux artisans de la réforme pédagogique, Bertrand Dumais et André Plante, et les deux auteurs de ce chapitre sont réunis pour réfléchir à l'avenir de la réforme entreprise en 1987. Au-delà du succès remporté jusqu'alors et des résultats de nos analyses, des interrogations, des attentes inassouvies et des inquiétudes persistent. Nos expériences et les acquis récents des sciences de l'éducation nous ont amenés, à titre de médecins péda-gogues, à de nouvelles perceptions sur l'art de structurer la formation médicale. Nous souhaitons évaluer notre expérience pédagogique mais selon une approche plus globale.

UNE NOUVELLE CULTURE SOCIO-ÉDUCATIVE

Les observations que nous avons rapportées jusqu'ici pourraient être qualifiées d'«ethnographiques», portant sur deux dimensions majeures du changement d'une culture éducative : les activités quotidiennes et les conditions pédagogiques dans lesquelles peut dorénavant s'exercer le métier d'étudiant ou celui d'enseignant. Voyons maintenant les dimensions du changement de la culture socio-éducative.

LES NOUVELLES ACTIVITÉS DES ÉTUDIANTS

Dès leur première semaine à la Faculté, les nouveaux arrivés découvrent un nouveau cycle de la vie étudiante : l'alternance entre le travail en petit groupe, les périodes d'ap-prentissage individuel et les rares leçons magistrales. Le travail en petit groupe constitue le format prédominant des activités structurées du calendrier. La vie de l'étudiant est condi-tionnée dans une large mesure par les déplacements et les assignations aux petits groupes.

Ces groupes sont, par nature, éphémères; leur composition, aléatoire. L'étudiant ne choisit pas ses compagnons. Cette contrainte crée une nécessité d'adaptation continuelle, mais aussi des occasions d'enrichissement. La présence à la Faculté devient donc intermittente et fluide, par opposition aux mouvements monolithiques des anciens programmes, dominés par des leçons magistrales dispensées à des classes complètes, avec des horaires couvrant la semaine.

La diversification des rôles, des lieux et des modes d'apprentissage

Durant les séances d'APP et d'ARC, le rôle des étudiants n'est plus univoque; il varie d'une séance à l'autre : animateur, étudiant au tableau, dépositaire de la «banque de données» de l'ARC, etc. Ces différentes fonctions, nécessaires à l'efficacité du groupe de travail, favorisent l'acquisition de compétences intellectuelles et sociales variées. Pour répondre à leurs besoins d'apprentissage individuel, les étudiants se procurent un plus grand nombre d'ouvrages; ils fréquentent davantage la Bibliothèque et photocopient plus de documents. À cause de l'importance des périodes d'autoapprentissage, ils passent moins de temps à la Faculté, surtout ceux qui proviennent de l'extérieur de la région de Sherbrooke. Certains prétendent que ce phénomène entraîne une érosion du sens de l'appartenance facultaire. Par ailleurs, cette liberté récupérée permet une vie universitaire plus diversifiée, par exemple la pratique régulière d'activités sportives ou artistiques. En même temps, le système demande plus d'autonomie dans la gestion du temps, ce qui n'est pas sans causer quelque insécurité et même de la solitude.

Les relations interpersonnelles

L'étudiant établit des liens interpersonnels différents avec ses collègues, les aînés du programme, les professeurs, de même qu'avec l'administration de la Faculté. À cause de l'interdépendance au sein des petits groupes d'apprentissage, les collègues deviennent beaucoup plus tôt des «associés professionnels». Cette nouvelle dynamique suscite des attitudes d'entraide et de collaboration dans les tâches communes, mais aussi de la compétition. Le milieu des études anticipe de cette façon sur la vie professionnelle. Dans un système éducatif où l'étudiant joue un plus grand rôle dans le choix de ses moyens d'apprentissage, le recours aux étudiants plus avancés devient une source attrayante et nécessaire d'information, un parrainage de bon aloi. Ce réseau entre cohortes successives peut toutefois avoir un effet pervers s'il sape l'impact éducatif d'un problème d'APP ou d'une activité d'évaluation, dont l'efficacité repose en partie sur le caractère inédit et réaliste de la situation.

L'étudiant rencontre maintenant ses professeurs en tant que membres de petits groupes d'apprentissage. L'enseignant est certes investi d'un savoir, d'une expérience de clinicien et de chercheur et d'une autorité morale qui sont indéniables. Mais ces qualités sont perçues dans un rapport de proximité qui fait de l'enseignant un partenaire senior dans le projet éducatif plutôt qu'une «prima donna» dogmatique. L'enseignant devient un facilitateur plus qu'un dispensateur de la science médicale; ses interventions portent sur le processus autant que sur le contenu. Son degré de connaissance varie quant au contenu disciplinaire, ce qui demande parfois une certaine indulgence de la part des étudiants. Ce rapprochement donne un avant-goût des conditions qui prévaudront au sein des équipes traitantes et favorise la transmission de l'expérience spécifique du clinicien ou du chercheur. C'est ainsi que l'étudiant percevra le rôle de l'enseignant.

En confiant l'observation de l'étudiant au tuteur, au mentor ou au moniteur d'habiletés cliniques, a-t-on institué un «conflit de fonctions»: évaluateur contre formateur? La responsabilité d'évaluateur cohabite harmonieusement avec celle d'éducateur dans la mesure où l'évaluation joue pleinement son rôle formatif et où l'enseignant comprend l'acte d'évaluer comme central à la formation.

Un nouveau rôle dans l'apprentissage

Dans notre programme, l'étudiant participe davantage à l'évaluation de l'enseignement. Il collabore aussi à la formation des professeurs en matière de pédagogie médicale.

L'évaluation faite par les étudiants des composantes du programme porte autant sur les activités d'apprentissage que sur les instruments qui permettent d'en évaluer les résultats. Les rencontres des intendants et des petits groupes d'APP avec les directeurs d'unité, les questionnaires et les rapports d'unité sont autant d'instruments de changement continu. La participation étudiante est sollicitée chaque année aux journées-bilans. Aux réunions du Comité d'évaluation, les étudiants ont l'occasion d'exprimer leur appréciation des examens sommatifs. Ils sont aussi invités à se prononcer sur le niveau taxonomique des questions d'analyse de problèmes; leur contribution à ces recherches pédagogiques les aide à mieux comprendre le cursus médical.

Des groupes d'étudiants sont invités à tenir certaines rencontres tutoriales devant un miroir unidirectionnel au bénéfice de nos professeurs en formation ou encore de visiteurs venus d'autres universités. Ces démonstrations sont suivies de retours critiques et de discussions informelles: les étudiants se trouvent alors investis d'une sorte de compétence empirique de la pratique de l'APP. Ces échanges leur sont également profitables dans la poursuite de leurs études, puisqu'ils approfondissent en même temps la théorie et la pratique du processus d'APP.

Bref, la réforme pédagogique a multiplié et diversifié considérablement les activités des étudiants, en modifiant qualitativement les processus d'acquisition du contenu d'apprentissage. Ces modifications ont pour effet de rendre les étudiants plus aptes à remplir les rôles, nouveaux ou différents, que la société veut désormais voir ses médecins assumer.

LES NOUVELLES ACTIVITÉS DES PROFESSEURS

Paradigme scientifique contre paradigme éducatif

Depuis le début de la réforme, particulièrement au cours du décanat du Dr Michel Bureau, la Faculté a recruté nombre de nouveaux professeurs. Et même si l'APP fait maintenant partie du paysage facultaire, on continue de choisir le plus souvent les professeurs de médecine en fonction de leur compétence disciplinaire ou d'un profil prometteur dans un secteur de pointe de la recherche fondamentale. Les cliniciens sont attirés dans un tel complexe faculté-hôpital par la possibilité d'y pratiquer une médecine de type tertiaire, surspécialisée et de technologie de pointe. Les fondamentalistes, quant à eux, y trouvent une occasion de mener des travaux de recherche subventionnés sur une base concurrentielle avec leurs pairs; leurs thèmes de recherche se situent le plus souvent à bonne distance des phénomènes cliniques de base. Ces facteurs, structurels par rapport à la carrière de ces professionnels, conduisent nos professeurs à privilégier tant la pratique médicale et l'enseignement de niveau postdoctoral que l'élaboration et la réalisation de projets de recherche et la formation d'étudiants de deuxième cycle et troisième cycle. En somme, ce contexte professionnel confère à un professeur une orientation et des préoccupations avant tout disciplinaires.

Lors des ateliers de formation à la pédagogie médicale qui ont précédé et accompagné l'implantation du nouveau programme, les professeurs ont dû prendre conscience de deux approches de l'éducation: celle qui est liée à la discipline médicale et celle du processus éducatif lui-même. Ils ont alors été invités à réfléchir ensemble à une définition plus générale, donc moins différenciée, de leur rôle de professeur. Du même coup, ils ont dû s'interroger sur le passage d'une formation réductionniste à une formation humaniste. De plus, ils ont été incités à concentrer leur démarche davantage sur le processus que sur le contenu à enseigner. La référence en matière de compétence s'est quelque peu déplacée de la sommité scientifique disciplinaire au spécialiste en pédagogie; ce déplacement a suscité des conflits d'autorité et d'allégeance. À cette réaction instinctive s'est greffée la crainte que l'exigence scientifique, fondement de la formation médicale depuis Flexner, ne cède le pas à des considérations nébuleuses inspirées de disciplines molles comme le sont, dans l'esprit de beaucoup de scientifiques, les sciences humaines.

Adopter l'APP

Par la suite, la construction des unités d'APP a amené nos professeurs à faire face à la nécessité de circonscrire le contenu de la matière et de renoncer à des objectifs de connaissance jugés auparavant essentiels à l'enseignement de leur discipline. Ce processus d'épuration sélective s'est déroulé sous l'oeil critique et vigilant de spécialistes soucieux de pertinence et de validation.

L'intégration, laborieuse, des professeurs de sciences fondamentales différentes (biochimie, pathologie, biophysique, immunologie) au sein de l'unité de biologie médicale de la Phase I, a pris au moins quatre ans. En cours de tutorial, les professeurs ont dû résister constamment à la tentation de donner des mini-leçons magistrales, surtout lorsque le savoir antérieur des étudiants laissait ceux-ci à court d'hypothèses explicatives. Les tuteurs ont dû favoriser l'usage du «pourquoi?» au lieu du «voici pourquoi». Cependant, plusieurs professeurs, devenus tuteurs ou mentors dans une unité dont le contenu leur était moins familier, y ont découvert des avenues prometteuses de formation continue. D'autres, plus réticents à sortir des sentiers de leur spécialité, se sont sentis un peu marginalisés. La disponibilité requise des professeurs durant les unités d'APP a nécessité des changements dans l'organisation des soins hospitaliers (par exemple, dans les salles d'opération) et dans la direction des laboratoires de recherche.

Contribuer aux examens

Le domaine de l'évaluation des étudiants a connu, avec le nouveau programme, toute une expansion, tandis que les modalités d'application se diversifiaient. Le recours à un type nouveau d'examen écrit, les questions d'analyse de problèmes (Q.A.P.), a suscité chez les professeurs des besoins de formation qui n'ont pas été entièrement satisfaits en dépit des quelques ateliers dispensés en début d'implantation.

La nécessité de garnir adéquatement les banques de questions des différentes unités afin de pourvoir aux examens formatifs et sommatifs crée des pressions cycliques. La majorité des professeurs sont moins sensibilisés aux exigences de l'évaluation qu'à celles de l'enseignement proprement dit, la fonction de tuteur étant une responsabilité individuelle alors que celle de l'évaluation est collective et perçue comme davantage institutionnelle. L'introduction des questions à réponses ouvertes et courtes, les Q.R.O.C., et des questions d'analyse de problèmes, les Q.A.P., sollicite la présence d'un plus grand nombre de professeurs, y compris pour la corvée de correction de l'évaluation sommative écrite. Les examens cliniques objectifs et structurés des habiletés cliniques, les ECOS, mobilisent en moyenne de douze à quinze professeurs pendant au moins trois heures, quatre fois par année, au cours de la formation préclinique et, par la suite, pour chaque grande discipline de l'externat. On éprouve continuellement des difficultés à recruter un nombre suffisant de correcteurs. Pourtant, l'ensemble du corps professoral reconnaît que ces méthodes d'évaluation sont adéquates pour vérifier si des objectifs de ce type ont été atteints. Ces problèmes de participation ont amené la direction à ajouter une rémunération, sous forme unités d'activités universitaires (UAU), pour ces actes d'évaluation jugés essentiels.

Évaluer les étudiants durant les tutoriaux

Les tuteurs et les mentors éprouvent de la difficulté à évaluer les étudiants durant les séances de travail en petit groupe. Une partie du malaise provient des objets de l'évaluation.

En effet, le tuteur ou le mentor n'a pas à vérifier directement l'acquisition et la mémorisation des connaissances. Son évaluation porte sur des éléments nouveaux pour lui : la capacité d'analyse, la communication, les relations interpersonnelles, la coopération, l'humanisme. Bref, des domaines nouveaux et des instruments de mesure qui lui semblent subjectifs. Par ses interventions, le tuteur encourage la couverture et l'application du contenu, tout en motivant les étudiants à apprendre de manière autonome. L'enseignant doit en plus observer sélectivement, pendant une période relativement courte, chacun des huit étudiants afin d'être en mesure de lui fournir une rétroaction descriptive au milieu de l'unité. Il est aussi invité à évaluer le plus rigoureusement possible les performances des étudiants à la fin de l'unité. À cause du peu de temps alloué pour élaborer un tel jugement (quatre semaines en moyenne), à cause également du problème des étudiants «silencieux» et de la difficulté de transformer des perceptions subjectives, le plus souvent «holistiques», en jugements circonstanciés, cette activité d'évaluation n'a pas cessé de valoir aux responsables du programme un tollé de critiques et de récriminations.

Bref, le nouveau programme centré sur l'étudiant a entraîné des changements profonds dans les activités professorales. Difficiles, ces changements ont été efficacement soutenus par des programmes de formation appropriés et dynamiques, par un leadership facultaire inspirant, par un système de rémunération équitable et, enfin, par un régime de promotion tenant compte des «actes d'enseignement». La plupart des professeurs, malgré des réticences persistantes, se sont approprié avec dévouement et conviction les fondements théoriques, les buts et les moyens de la réforme. Le défi des études prédoctorales, après toutes ces réalisations, est maintenant de se renouveler pour éviter de s'enliser dans une nouvelle «curriculopathie».

LES CONDITIONS PÉDAGOGIQUES DE LA RÉFORME

Le point de vue des étudiants

Le tutorial vient de débuter. L'intendant du groupe d'APP est allé chercher le texte du problème au secrétariat. Les membres du groupe le lisent à voix basse. Un crayon à la main, ils encadrent ou soulignent les mots dont le sens est obscur, les signes et les symptômes cliniques, les indices prioritaires du problème, de même que les résultats de tests de laboratoire et les traitements administrés aux «patients sur papier». En 1re et en 2e année, l'exercice porte sur l'analyse des phénomènes. Les cas cliniques ont tellement valeur de prototype que le savoir antérieur des étudiants rend ceux-ci souvent aptes à formuler un diagnostic précoce, bien avant qu'ils ne soient capables d'expliquer les phénomènes cliniques individuels plus ou moins familiers auxquels ils font face.

Puis, on aborde la formulation des hypothèses portant sur les phénomènes à expliquer. Certains étudiants connaissent déjà l'explication : leurs expériences précédentes les y ont préparés, le problème ressemble à une situation déjà rencontrée. Il s'agit d'un véritable travail de construction, d'élaboration de savoirs nouveaux fondés sur des connaissances antérieures, but ultime et justification de l'APP. La structure de la phase préclinique organisée en unités définies par systèmes et appareils tend à favoriser des explications fondées sur le contexte du problème autant que sur son contenu.

L'attention des participants est centrée sur le tableau, qui devient la véritable mémoire du travail du groupe. S'y entassent plus ou moins pêle-mêle des composantes du problème; les hypothèses, acceptées ou rejetées; des schémas organisés selon une chronologie (enchaînant les causes des phénomènes biomédicaux), ou selon une structure anatomique (remaniée en fonction de la pathologie). On efface, on s'entend sur ce qu'on retient; ce qui demeure de ce traitement collectif du texte est rigoureusement reproduit pour que chaque membre puisse en conserver la trace: c'est le travail de l'étudiant «scribe», dont le résumé-synthèse d'une page sera remis à ses collègues dès la sortie du tutorial.

À l'étape 5, les étudiants, tenant le tuteur pour un expert en la matière, lui font entièrement confiance. Le tuteur annonce parfois qu'il va falloir étudier un certain nombre de notions, non discutées durant le tutorial : enfin, croient-ils, l'agenda caché du problème! Pour le reste, la liste des objectifs formulés par les étudiants correspond à celle du Guide du tuteur. De toute façon, on sait que tel problème de neurologie, par exemple, se retrouve au chapitre 8 du principal ouvrage de référence recommandé. Parce que les indications du problème discuté dans l'unité y conduisent. Parce que l'on s'est familiarisé avec l'organisation de l'ouvrage de référence. Et aussi parce que les étudiants de 2e année l'ont dit précédemment. Mais à l'étape 9, où il s'agit d'évaluer le processus et la dynamique de groupe, la tendance naturelle du groupe est d'escamoter certaines discussions délicates qui pourraient amener à pointer du doigt certains individus «dysfonctionnels». On préfère orienter la discussion vers un terrain neutre, soit la qualité du problème et des ouvrages recommandés.

En milieu d'unité, le programme prévoit une évaluation formative de l'étudiant par le tuteur. L'étudiant s'évalue toujours lui-même d'abord, souvent avec trop de sévérité ou trop d'indulgence, de toute façon de manière plutôt globale. Avant d'en recevoir les observations, l'étudiant-type tient à le renseigner sur les caractéristiques de son style personnel et à le rassurer quant à ses progrès («tout va bien»). L'étudiant profite de l'occasion pour formuler des commentaires sur le fonctionnement du groupe, ce qu'il avait jugé plus prudent de ne pas aborder lors des discussions prévues à cet effet à l'étape 9 du tutorial...

Les ouvrages recommandés par les responsables d'unité n'ont vraiment pas été écrits en fonction de l'apprentissage par problèmes. Les objectifs des tutoriaux sont éparpillés dans plusieurs chapitres différents. Parfois, le contenu est davantage du niveau de la maîtrise, par exemple en biochimie; parfois, le texte s'enlise dans le traitement des maladies, que le programme a reporté au moment de l'externat. Les étudiants s'inquiètent. Il faudra demander aux directeurs d'unité, à la prochaine réunion des intendants, s'il faut apprendre tout cela pour l'examen. L'idéal, c'est un problème, un chapitre, un ouvrage, nous répète-t-on encore! Pour tel problème, il faut traverser la physiologie avec Guyton, la pathologie avec Robbins, la clinique avec Harrison - l'apprentissage individuel à son meilleur! Les problèmes de l'unité multidisciplinaire de 3e année (unité 14) sont longs et compliqués; les patients ont trois maladies, qui touchent cinq systèmes; il faut vraiment «intégrer» le tout; heureusement, on a une semaine pour le faire!

Quant aux problèmes de l'unité 14, les étudiants estiment qu'ils offrent vraiment une bonne préparation pour les stages d'externat en centre hospitalier universitaire. En effet, au cours des séances d'habiletés cliniques, la première fois qu'on va voir un malade sur l'étage, on est dans ses petits souliers. Les patients ont été «vus» depuis leur admission par le résident, le stagiaire, le patron et plusieurs personnes de même catégorie travaillant avec les différents consultants. Les patients sont très fatigués. Ils ont des dossiers «épais comme ça!», trois volumes, huit hospitalisations antérieures. Mais dans d'autres stages d'externat, les patients ressemblent moins aux «malades» de l'unité 14, comme en médecine familiale ou en orthopédie.

Durant l'externat, l'apprentissage du raisonnement clinique est «moins stressant», trouvent les étudiants. L'ARC est fait seulement pour apprendre à raisonner; là, on laisser tomber les instruments de la salle d'opération! Plus besoin de questionner le patient, sa famille, ni de l'aider à se déshabiller, ni de l'examiner, ni d'écrire l'histoire de son cas en quatre pages. Avec un vrai patient, la raison de la consultation et l'histoire de sa maladie ne sont pas toujours claires, alors qu'aux séances d'ARC, on nous les donne. On formule même une hypothèse; on précise quelle information supplémentaire demander, pourquoi on la veut, et l'étudiant responsable de la banque de données nous la fournit. Pas besoin de prescrire des tests de labo sur Ariane - le système informatique médico-administratif du Centre hospitalier universitaire de Sherbrooke - et d'attendre les résultats. Tout ce qu'il y a à faire, mais il faut le faire, c'est de raisonner! De plus, l'ARC permet d'atteindre certains des objectifs obligatoires de l'externat pour lesquels des patients réels ne sont pas toujours disponibles dans l'hôpital au cours du stage.

Voilà autant de commentaires que les étudiants nous font année après année, surtout à l'occasion des soirées sociales...

Le point de vue des professeurs et des responsables

Dans l'ancien cursus, la tâche d'enseignement de tout professeur consistait en général à donner trois ou quatre sessions de trois heures de cours magistraux sur les sujets préférés de sa spécialité. La tâche impliquait, la première année, de préparer des diapositives, des transparents et des notes de cours, de même que trois questions à choix de réponses par heure de cours. On n'avait qu'à introduire des modifications de détail tous les deux ans pour tenir compte des progrès scientifiques.

Avec le nouveau programme, on place les étudiants au centre du cycle d'apprentissage et de la méthode. Les professeurs, qui doivent concevoir cette nouvelle planification, ont tôt fait de découvrir qu'il leur faut d'abord répondre aux besoins de l'étudiant. Ils doivent le faire non seulement en respectant des normes, mais en comprenant ce que l'étudiant ressent. On a beaucoup insisté sur la nécessité d'établir la congruence entre les objectifs d'apprentissage, la méthode d'enseignement et les instruments d'évaluation des étudiants.

Ces dernières années, la Faculté a amorcé un changement de paradigme éducatif. La psychologie cognitive est vue comme la science de base de l'activité de l'enseignant. Il a fallu apprendre à distinguer cognition (le fait de comprendre un sujet) et métacognition (l'analyse du «comment-on-arrive-consciemment-à-comprendre-le-sujet»). Les nouvelles connaissances s'élaborent désormais sous forme de schémas et de réseaux sémantiques, riches et complexes, à partir des connaissances antérieures. Pour que ce processus d'acquisition soit efficace et que les connaissances soient accessibles dans les situations cliniques futures, il fallait en susciter un encodage spécifique en mémoire; on l'a fait en construisant des situations qui anticipaient l'activité médicale et utilisaient des prototypes de syndromes cliniques parmi les plus aptes à servir de support à une analyse. Ce changement du pôle de référence de l'enseignement forçait également à prendre conscience de la nature de la réforme.

Ces nouvelles normes ont guidé l'élaboration des problèmes pour les unités d'APP. À partir du manuel de référence ou d'anciens plans de cours magistraux, il a fallu d'abord construire, pour chaque discipline, l'arbre des concepts de l'unité. Chaque unité devait comporter un nombre limité de problèmes, de six à douze. Il a donc fallu faire des choix parfois douloureux. On devait tenir compte avant tout de l'importance épidémiologique des maladies dans la population québécoise et de la valeur de certains syndromes (les prototypes), incontournables pour l'apprentissage des sciences de base. On devait aussi s'assurer qu'une rédaction réaliste du problème allait susciter une discussion intéressante. Ces problèmes devaient surtout inciter les étudiants à apprendre le plus possible et en profondeur. Lors de leur rédaction, la tâche la plus difficile a été de traduire les objectifs d'apprentissage en phénomènes cliniques. On ne pouvait pas se contenter de dire : «Le professeur demande aux étudiants d'aller lire sur l'anatomie du cervelet ou sur les différents types d'acides aminés.»

Puis, les professeurs ont commencé à exercer leur nouveau rôle de tuteur. Pour contrer une éventuelle tendance à donner des mini-leçons magistrales, on a d'abord privilégié le style tuteur passif, caractérisé surtout par son sens de l'écoute active. Il ne pouvait intervenir, en ultime recours, que lorsque les étudiants s'étaient égarés dans leur remue-méninges plus ou moins structuré. Forcément, bon nombre d'objectifs n'étaient pas formulés. On a alors débattu de l'opportunité de fournir les objectifs à l'étudiant, au risque de compromettre l'efficacité de la méthode d'APP. Et on a incité les tuteurs à devenir plus actifs pour s'assurer, en posant des questions, de la couverture du contenu.

Comment évaluer la capacité d'un étudiant d'analyser des problèmes, de communiquer efficacement, de manifester des comportements humanistes et de progresser de manière autonome dans ses apprentissages? Il y en a toujours un ou deux par groupe qui s'expriment peu. Il faudrait pouvoir accorder plus d'attention à celui qui a des difficultés d'apprentissage; mais le tuteur est mobilisé par ceux qui ont le plus de facilité. Il faut également donner une rétroaction descriptive à l'occasion de l'évaluation formative; les étudiants en difficulté ont souvent une mince prestation en tutorial et, lorsqu'on leur demande de s'évaluer, peu de sens critique. À partir de certaines interventions des étudiants durant les tutoriaux, on peut parfois leur suggérer de modifier leur stratégie d'apprentissage, c'est-à-dire d'étudier en profondeur plutôt qu'en superficie, afin d'emmagasiner en mémoire des connaissances logiquement élaborées plutôt que simplement compilées.

Les niveaux cognitifs des évaluations

Pour s'orienter dans la construction des examens écrits, les professeurs ont redécouvert la hiérarchie des facultés cognitives mise de l'avant par de grands pédagogues comme Bloom[1] ou McGuire[2]. Ces classifications cartésiennes, d'apparence limpide sur le plan théorique, se sont avérées complexes et ambiguës à l'application. Selon nous, il devenait possible d'évaluer respectivement les processus de mémorisation, de compréhension et d'analyse en utilisant une gamme d'instruments jugés congruents avec ces facultés mentales : soit, dans le même ordre, les questions à choix de réponses (Q.C.R.) pour la mémorisation de faits isolés, les questions à réponse ouverte et courte (Q.R.O.C.) pour la compréhension des phénomènes, et les nouvelles questions d'analyse de problèmes (Q.A.P.) pour l'analyse et le raisonnement clinique. La mémorisation des faits isolés, donc l'utilisation de la seule mémoire, s'est vue reléguée au plus bas niveau de la taxonomie des facultés mentales de l'étudiant. Mémoire et mémorisation auront par conséquent été discréditées, alors que les capacités d'analyse et de raisonnement clinique, promues au sommet des fonctions mentales, sont investies d'une déférence presque inconditionnelle.

L'approche taxonomique jouit d'une haute considération au sein de notre Faculté. Pourtant, le professeur moyen n'a pas encore bien saisi, dans son quotidien, les avantages de ces savantes catégorisations... Il faut tout de même reconnaître à ces approches taxonomiques l'intérêt qu'elles suscitent pour la planification stratégique graduée des moyens d'apprentissage tout au long des études prédoctorales; le profit que l'on peut en tirer est susceptible d'aider l'étudiant à élaborer la «spirale» de ses connaissances et de ses compétences cliniques.

Les questions d'analyse de problèmes (Q.A.P.) ont été élaborées dans un contexte de recherche-développement. Des études docimologiques ont établi pour ce construit une certaine validité. La psychologie cognitive n'en est qu'à ses premiers balbutiements et il est encore risqué d'en transposer les assertions dans des activités éducatives, car elle semble encore grevée de contradictions. Ainsi, une faculté générale d'analyse existerait indépendamment de la capacité de mémoriser des faits isolés et de les relier en schémas; pourtant, certains contenus spécifiques déclencheraient d'autant plus la capacité d'un individu de raisonner qu'il s'est créé en mémoire une plus riche banque de connaissances sur un sujet en particulier. La psychologie cognitive a redonné ses lettres de noblesse à la mémorisation en expliquant la signification de la mémoire à long terme; pour pouvoir raisonner, l'acquisition de connaissances spécifiques est nécessaire. Ainsi, en diagnostic médical, l'expert se distinguerait du novice par son processus de raisonnement fort efficace: pour la plupart des cliniciens expérimentés, cette performance tiendrait à un mécanisme particulier appelé «pattern recognition». Dans cette opération, l'expert peut, à grande vitesse, relier à sa riche expérience théorique et clinique les données historiques obtenues du patient et les signes physiques trouvés à l'examen.

Les nouvelles frontières dans l'enseignement et l'évaluation des habiletés et des attitudes cliniques

Dans le secteur des habiletés cliniques, certains concepts et instruments ont acquis une plus grande importance depuis la réforme du programme. Les changements ont porté sur l'enseignement des habiletés psychomotrices et aussi affectives. Dans la pratique, ces deux domaines sont étroitement interdépendants. C'est le cas particulièrement de la communication patient-médecin, qui a bénéficié d'une attention particulière dans le développement du nouveau programme. Les professeurs se sont familiarisés avec des techniques d'enseignement que peu d'entre eux connaissaient : jeu de rôle, cahier de bord, patient standardisé, etc. Le programme des patients standardisés a été conçu pour enseigner les principes de l'entrevue avec les patients à la personnalité ou au comportement difficiles. En ce qui concerne l'enseignement de l'histoire de cas et de l'examen physique, on insiste de plus en plus sur la nécessité pour le moniteur de procéder, à l'aide de grilles spécifiques, à l'observation directe de l'étudiant mis en présence d'un patient réel ou simulé. Cette période d'observation est suivie de rétroaction formative immédiate.

L'enseignement de l'humanisme médical représente le secteur qui a provoqué le plus d'incompréhension et qui continue de susciter des réticences de la part des étudiants et des professeurs. Cette résistance s'est aussi manifestée à l'égard de l'enseignement de l'interdisciplinarité. Personne ne conteste la pertinence de ces aspects relationnels, inséparables de la pratique contemporaine, mais on a du mal à définir le contenu propre de l'humanisme médical. On ne s'entend pas non plus sur l'importance d'en faire l'objet d'activités d'enseignement spécifiques, car certains souhaiteraient amplifier plutôt l'acquisition de nouvelles connaissances : oncologie, pharmacologie clinique, génétique moléculaire, dissection anatomique, pour n'en citer que quelques-unes. Nombreux sont les professeurs qui considèrent que leur exemple, mis à profit de manière judicieuse, suffit pour appuyer cette partie importante de la formation médicale.

Somme toute, depuis l'implantation du nouveau programme, on s'est efforcé de traduire en recherche et en développement des modèles théoriques attrayants, complexes et en constante évolution, touchant tout autant la planification des apprentissages des étudiants que la formation du corps professoral. Ces réflexions et ces développements, par exemple ceux qui sont rattachés aux Q.A.P., de même que les rôles nouveaux des professeurs et des étudiants, ont permis d'imprégner en profondeur la vie universitaire des enseignants, de leur fournir les concepts et les instruments nouveaux de la pédagogie médicale moderne. Ces changements, de même que l'apport récent de la psychologie cognitive, ont suscité chez eux à la fois l'enthousiasme, la perplexité et, avant tout, le dynamisme créateur.

Il faut avoir été professeur à la Faculté au début des années 1980 et encore en 1994 pour constater l'incroyable différence qui existe entre ces deux périodes. Nous avons quitté un cursus dit conventionnel pour adopter un nouveau paradigme, un système socio-éducatif qui n'a gardé que trois éléments traditionnels : les examens à choix de réponses, l'impérieux besoin d'apprendre la science médicale, et la présence du patient avec ses problèmes cliniques. Tant de choses sont aujourd'hui nouvelles - même le constant souci des besoins de la communauté, concept qui fait maintenant partie de notre paysage tant social que pédagogique. Professeurs paisibles que nous étions au début des années 80 -alors que notre prestation se résumait à quelques heures de cours sur notre mini-spécialité et à l'accompagnement d'externes - nous voilà constamment sollicités par des générations changeantes d'étudiants auprès de qui notre rôle de tuteur d'APP, de moniteur d'ARC, d'instructeur d'habiletés cliniques va se modifier d'une année à l'autre.

PROBLÉMATIQUES PERSISTANTES

L'APPRENTISSAGE CUMULATIF SELON UN MODÈLE EN SPIRALE

Notre nouveau système éducatif peut se conceptualiser selon la figure métaphorique d'une spirale. Cette image évoque des acquisitions qui s'étalent dans le temps autour d'un axe longitudinal, sous forme de cercles et de boucles concentriques qui s'élargissent de la base au sommet[3] (Figure 1).

L'acquisition de la grammaire des sciences médicales

Cette démarche en spirale se traduit, aux phases I et II de la formation préclinique, par une approche centrée sur la compréhension des phénomènes cliniques et des principes de leur traitement. Ainsi, la physiopathologie constitue le véhicule privilégié d'intégration des sciences fondamentales et des sciences cliniques. Cette approche implique un certain morcellement des contenus selon une organisation des connaissances de type organes-systèmes.

En ce qui a trait à l'enseignement des habiletés cliniques, une démarche parallèle et complémentaire consiste à promouvoir surtout la maîtrise des composantes élémentaires de l'histoire de cas et de l'examen physique, qui sont morcelées par systèmes et appareils.

Au cours de la phase III, durant le premier trimestre de la 3e année, les cercles s'élargissent aux connaissances des procédés cliniques qui conditionnent le traitement des pathologies. Durant cette unité multidisciplinaire qui s'étend sur tout le trimestre, on met

FIGURE 1

PROGRAMME MD

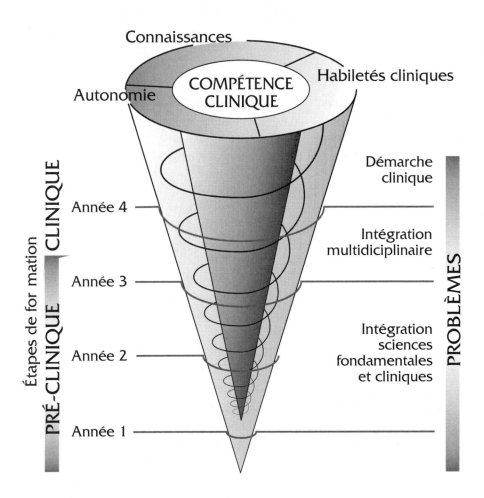

l'accent sur la physiopathologie de syndromes complexes. Ces syndromes affectent le malade dans plusieurs systèmes de son organisme et dans plusieurs de ses dimensions humaines; ils se modifient en cours d'évolution. . Au cours de l'apprentissage des habiletés cliniques, la cueillette des données de l'histoire de cas et l'examen physique complet permettent d'effectuer une démarche parallèle d'intégration des compétences dans une structure unitaire. Les connaissances s'enrichissent avec le diagnostic différentiel et la planification de la conduite à suivre en vue de solutionner des problèmes complexes. La spirale des connaissances permet à l'étudiant, en phase III, d'effectuer un bond non seulement quantitatif, mais surtout qualitatif dans l'acquisition des compétences requises pour la pratique médicale.

L'acquisition contextuelle et expérientielle durant l'externat

Le diamètre de la spirale s'élargit davantage au moment de l'externat. L'étudiant est intégré à la structure des services cliniques. Il commence à cumuler les doubles rôles d'apprenant et d'intervenant sous la supervision de cliniciens. Le champ des connaissances potentiellement requises pour la solution des problèmes cliniques est grand ouvert en fonction des présentations cliniques, plus ou moins complexes et souvent indéterminées. L'apprentissage doit alors se centrer sur les besoins du patient, au moment et dans le contexte où ils s'expriment. L'étudiant doit par conséquent devenir beaucoup plus proactif que durant la formation préclinique. Les connaissances s'élargissent et nécessitent une intégration globale pour permettre la mise en oeuvre de toutes les étapes du raisonnement clinique, de la raison de la consultation jusqu'au traitement efficace du patient. La spirale de l'acquisition des connaissances, arrivée à ce stade de son élaboration, reste un processus dynamique permanent, théoriquement ouvert à l'infini; elle devrait se poursuivre tout au long de la formation postdoctorale et, par la suite, durant toute la carrière du médecin. En conséquence, pour être maîtrisé, le contenu doit être émondé et réparti aux moments les plus propices.

La spirale des stratégies pédagogiques : adapter les problèmes au niveau des étudiants

Afin d'aider l'étudiant dans son processus d'apprentissage, il s'avérait nécessaire d'élaborer des contextes et des véhicules qui soient efficaces et cohérents tout au long des boucles ascendantes de la spirale des compétences. L'apprentissage par problèmes aura joué un rôle essentiel, mais non sans avoir connu différentes applications et transformations. Quelles seront les conséquences de nos choix pédagogiques, notamment quant à l'équilibre à établir entre le dirigisme propre à l'encadrement des activités d'enseignement, et une formation qui veut rendre les étudiants autonomes?

Un compromis paradoxal : un paradigme cognitiviste dans une structure behaviorale

Déjà plus jeunes que leurs collègues des autres facultés de médecine du Québec, nos étudiants abordent la phase préclinique à 19 ans environ, soit trois ans plus tôt que ceux des facultés anglophones du Canada. Ils proviennent d'un système d'éducation assez rigide qui laisse en général peu de place à la découverte. Leurs connaissances antérieures des matières biomédicales sont réelles, mais élémentaires. Leur compétence à analyser des phénomènes biomédicaux ou à résoudre des problèmes est forcément rudimentaire.

Nous avons choisi de les initier à l'apprentissage par problèmes à l'aide d'une méthode stricte en dix étapes (chapitre 3). Cette application particulière de l'enseignement coopératif. définit de façon précise le rôle des étudiants. Sa construction s'inspire de la démarche de l'analyse scientifique des phénomènes naturels; elle nous semble appropriée à l'acquisition par l'étudiant du noyau dur des connaissances à la base de notre spirale. Les problèmes sur papier soumis aux étudiants dans un premier type d'APP sont courts, bien définis, donnés en entier en un seul temps d'étude; ils sont destinés à illustrer des phénomènes types, isolés et bien individualisés à l'intérieur d'une matrice par organes et systèmes. Dans l'exercice de la médecine, le professionnel compétent construit le problème de manière autonome à partir des données cliniques et paracliniques révélées par le patient. Sa tâche consiste généralement à déterminer une conduite thérapeutique, celle-ci étant conditionnée par la manière dont le problème se présente. Dans le contexte de l'APP, le problème est reconstruit de façon abstraite par l'enseignant, presque toujours un expert, à partir de situations réalistes, organisées en fonction d'un arbre de concepts prédéterminés lors de l'organisation de la matière de l'unité. Le problème devient l'expression symbolique d'une réalité clinique; il s'agit en général d'un texte narratif, par conséquent privé des conditions réelles d'une vraie rencontre avec un patient.

En début de formation, on pense que le système doit être dirigiste puisqu'il vise avant tout à entraîner les étudiants aux procédures d'analyse et à la gestion autonome de leur temps d'autoapprentissage selon une approche plus ou moins behaviorale. L'étudiant n'est pas libre d'assister ou non aux tutoriaux, ni d'analyser les problèmes selon son intuition; seulement une certaine autonomie lui est consentie quant au nombre, au moment, au mode et au contenu de ses interventions au sein du petit groupe. Dans l'apprentissage individuel, l'étudiant n'a pas le loisir de retarder son étude puisqu'il doit connaître le contenu minimal des objectifs d'étude pour le prochain tutorial. Cependant, il jouit d'une grande autonomie quant à l'organisation de son temps personnel, quant au choix des sources de référence qu'il peut utiliser, et de ses techniques d'étude personnelle.

Au cours des phases I et II, les tâches principales du tuteur d'APP portent sur la gestion du processus d'analyse et sur la dynamique de groupe. Pour être efficace, le tuteur doit être un expert du processus alors qu'il lui suffit de «connaître suffisamment le contenu» pour bien agencer ses interventions. Au premier tutorial, il aide à activer les connaissances antérieures et à les faire partager. Il doit créer un milieu non menaçant, où l'erreur est tolérée, puisque l'étudiant est libre d'apporter ses propres solutions: il suffit que les hypothèses formulées soient logiques et cohérentes par rapport au bagage de connaissances du groupe à ce moment-là. Au deuxième tutorial, le tuteur est plus directif, confrontant les fausses interprétations afin de procéder à la validation des connaissances.

L'ascension dans la spirale de la complexité et de l'autonomie

À l'unité multidisciplinaire de la phase III, les problèmes cliniques à l'étude se rapprochent davantage, par leur complexité, des problèmes réels. Le cas-problème conserve son format écrit, mais la main de l'enseignant expert est moins apparente: on se rapproche d'un résumé de dossier (sur le modèle des textes utilisés dans les conférences clinico-pathologiques). Le problème est donné de manière séquentielle pour simuler une présentation en contexte clinique et amorcer la démarche de raisonnement clinique qui en découle. L'étudiant est appelé à relier par des arcs hiérarchisés, sous forme de schémas, les noeuds morcelés de connaissances acquises précédemment. À cette étape charnière dans le processus d'apprentissage, à la fois conclusion de la phase préclinique et préparation à la phase clinique, l'encadrement se fait moins dirigiste et le territoire concédé à l'étudiant s'accroît d'autant, car il n'y a plus qu'un seul tutorial de trois heures par semaine. C'est l'étudiant qui identifie et délimite ses objectifs d'étude; à lui de trouver l'information dans les ouvrages de référence les plus appropriés.

Le format des tutoriaux de cette unité multidisciplinaire favorise chez les petits groupes l'apprentissage coopératif grâce à une grande souplesse dans les procédures collectives choisies pour l'analyse des problèmes. Il n'y a plus d'étapes imposées comme au cours des deux premières années, sauf quand un des étudiants doit amorcer la discussion du problème pour en ébaucher la construction et proposer un schéma approprié d'organisation physiopathologique du cas. Le Tableau 1 indique, pour chaque niveau d'apprentissage, un format pédagogique différent, avec des tâches cognitives spécifiques pour l'étudiant, le petit groupe et le professeur.

Le petit groupe d'ARP (apprentissage à la résolution de problèmes) se réunit avec son mentor mais une seule fois par semaine, pour effectuer un bilan précis d'un processus d'apprentissage dont l'étudiant assume seul, en totale autonomie, la réalisation des étapes préliminaires : analyse des phénomènes, intégration physiopathologique des phénomènes cliniques, établissement des objectifs d'étude, choix des sources d'information, soit humaines, soit tirées de la documentation médicale. On assiste ici, quant à l'autonomie requise des étudiants, à un véritable déploiement en spirale.

Le mentor d'ARP sonde chacun de ses étudiants pour les entraîner à l'analyse critique et à la construction d'une synthèse, à la mise en relation des connaissances menant à la discussion de diagnostics différentiels et à la présentation d'un plan de conduite thérapeuthique. Il faut au mentor à la fois une expertise en processus et une expérience clinique multidisciplinaire avec approche globale du problème.

À l'externat, pour les stages dans les services cliniques, l'apprentissage de l'étudiant se fait à partir de patients réels, qui se présentent de manière aléatoire dans les services hospitaliers et les cliniques externes de médecine générale, de médecine spécialisée ou surspécialisée.

TABLEAU 1

VARIÉTÉS DE FORMATS PÉDAGOGIQUES SELON LES NIVEAUX D'APPRENTISSAGE, RÔLES VARIÉS POUR LES ÉTUDIANTS ET LES PROFESSEURS

Niveaux	Formats pédagogiques	EXIGENCES COGNITIVES POUR LES ÉTUDIANTS				RÔLE DES PROFESSEURS	
		Tâches cognitives	Contenu cognitif/ Banque de connaissances	Modalités de problèmes	Tâches du petit groupe	Appellation	Tâches
Phase I & II 1re, 2e année	**APP** apprentissage par problèmes	- Analyser - Expliquer - Processus déclaratifs	Principes-concepts-mécanismes des sciences fondamentales/problèmes cliniques	Prototypes courts regroupés en appareils et systèmes	- exploration structurée et par étapes - synthèse des acquis - collaboratif-coopératif - validation sociale	TUTEUR	- intervenir processus d'analyse du «contenu» - faciliter la dynamique du groupe, - gérer les étapes la méthode, le temps - valide les connaissances
Phase III 3e année	**ARP** apprentissage à la résolution de problèmes	- Intégrer - Établir des liens Initiation à la résolution de problèmes	Entités cliniques complexes exigeant un diagnostic différentiel	Situations cliniques longues multidisciplinaires présentées en séquence	- idem - établir des liens pour résoudre - raisonnement critique	MENTOR	- guider l'analyse critique/résolution - initier les discussions des diagnostics différentiels, multidisciplinaires, dans une approche globale
Stages cliniques de l'externat	**ARC** apprentissage au raisonnement clinique	Initiation à la démarche du raisonnement clinique/ processus procéduraux	Application à des cas cliniques, fréquents, disciplinaires	Cas disciplinaires cliniques fréquents, spécifiques mal définis	- stratégie d'enquête - justifier décision (réflexion à voix haute) - prescription diagnostique d'une conduite - modèle du raisonnement des pairs	INSTRUC-TEUR	- entraîner aux processus de raisonnement clinique - faciliter l'utilisation des connaissances antérieures et des expériences cliniques

Les problèmes cliniques rencontrés dans les unités de soins et les cliniques externes sont par nature ouverts, non structurés, et définis par l'orientation spontanée des patients dans le service où l'étudiant les reçoit. Le problème est plus ou moins reconstruit par l'étudiant, dans la mesure où ce travail n'a pas été accompli au préalable par le collègue senior. Le niveau de compétence cognitive requise de l'étudiant varie donc beaucoup selon le contexte de son activité clinique. Il tire un plus grand profit à cette étape de sa formation s'il peut mettre en pratique, en première ligne et sous une supervision la plus directe possible, les différentes étapes du processus de raisonnement clinique : formulation d'hypothèses précoces, cueillette d'information guidée par le processus hypothético-déductif, boucle de rétroaction sur son raisonnement et ses décisions d'exploration. Cette démarche requiert de l'étudiant une application proactive de ses connaissances, selon une démarche intégrée et séquentielle dont il devrait seul orchestrer le déroulement. Ayant à participer aux décisions médicales concernant des patients réels, l'étudiant doit exercer de façon rigoureuse ses compétences métacognitives.

Dans ce contexte, il y a un hiatus considérable entre les objectifs obligatoires définis par le programme et les problèmes cliniques rencontrés dans les unités de soins. Au cours de la phase préclinique, un couplage plus ou moins strict entre les objectifs et les méthodes d'apprentissage est possible. À l'externat, la spirale d'acquisition de l'autonomie dans l'apprentissage prend toute son envergure. On peut néanmoins formuler une critique: le programme ne tient pas assez compte de la tentation d'utiliser l'étudiant à des tâches d'intendance, de faible niveau cognitif, au sein de l'équipe soignante.

Les séances d'apprentissage au raisonnement clinique (ARC) ont donc pour but de parer au caractère aléatoire de l'activité clinique de l'étudiant externe afin de lui permettre de maîtriser les objectifs obligatoires du programme autant que de pratiquer le raisonnement clinique et d'en assimiler les étapes. L'étudiant devrait construire lui-même, de manière prospective, les différentes composantes d'un cas clinique, de la cueillette des données aux décisions thérapeutiques, en passant par l'investigation paraclinique, le tout en conformité avec les règles du raisonnement clinique. Il devrait travailler de manière rétrospective à partir d'un dossier de patient réel et à l'aide de données disponibles dans une banque d'information déjà standardisée. L'étudiant devrait justifier sa démarche lorsqu'il désire avoir accès à des éléments additionnels de cette banque. Une telle «régression» par rapport au contexte clinique réel est largement compensée par le bénéfice cognitif de l'exercice. Car cette réplique de son travail auprès des patients de l'unité de soins se déroule dans un contexte de simulation très fidèle où une démarche structurée et constamment justifiée guide la réflexion analytique.

Le rôle de l'instructeur d'ARC, lui, consiste à guider les stratégies d'enquête, à questionner, à confronter et à stimuler. Il doit puiser dans ses expériences et dans ses stratégies personnelles avec les patients. Son efficacité suppose la compétence en processus et en contenu; le recrutement des instructeurs se fait donc auprès de cliniciens expérimentés dans la discipline concernée.

Ce système éducatif en spirale favorise, croyons-nous, l'acquisition intégrée et progressive de connaissances de différents types. Dans ce processus, on utilise des problèmes dont le réalisme va croissant, selon les différentes adaptations de l'APP et le matériel clinique. Les activités d'apprentissage sont caractérisées par un assouplissement progressif des règles méthodologiques imposées aux étudiants. Progressivement l'étudiant dirige et gère son apprentissage. Le programme lui propose des visites; cependant, l'étudiant est seul guide de ses découvertes. Plus il progresse, plus grande est sa responsabilité.

L'ADMISSION DES ÉTUDIANTS

Notre réforme pédagogique a laissé en suspens, à dessein, une question qui préoccupe au plus haut point l'opinion publique et nos dirigeants politiques. Il s'agit des qualités spécifiques attendues du médecin qui exercera sa profession à l'aube du 21e siècle. Aborder cette question équivaut à mettre en cause les critères d'admission à la Faculté de médecine.

En clair, il s'agit de jeter un regard critique sur les critères de sélection des candidats et sur la fiabilité et la validité du processus d'admission. Un tel exercice vise, à long terme, à permettre l'identification des étudiants les plus aptes à relever les défis de la profession médicale. À court terme, il s'agit pour nous d'identifier les étudiants capables de s'épanouir dans un système prônant l'autonomie de l'apprentissage et, grâce au travail en petit groupe, la communication. Ces étudiants devraient déjà faire montre des qualités humaines appropriées, dont la curiosité scientifique.

À Sherbrooke, environ 80 % des étudiants admis en médecine proviennent directement des collèges d'enseignement général et professionnel (cégeps); 20 % seulement ont déjà complété une année ou plus de formation universitaire, alors que la proportion va de 40 à 60 % pour les autres facultés de médecine du Québec. La moyenne d'âge des candidats n'est que de 19,5 ans, soit la plus basse des quatre facultés du Québec. Depuis plus de dix ans, les responsables de l'admission ne considèrent que la qualité du dossier scolaire antérieur (correspondant au Grade Point Average - GPA - des universités américaines). Ce mode de sélection a suscité de vives critiques tant à l'intérieur qu'à l'extérieur de la Faculté. Plusieurs ont réclamé de toute urgence une révision des critères et des procédures d'admission.

En 1990-91, une commission étudie le sujet. La première théorie suggère que les qualités attendues du «bon docteur» sont déjà présentes et identifiables chez les candidats; le programme n'a pour mandat que de leur permettre de s'épanouir dans un contexte approprié. La tâche qui incombe aux agents d'admission consiste à administrer, voire développer, des instruments de mesure valides, fiables et pratiques qui permettent de sélectionner des candidats aux qualités appropriées.

Selon une seconde théorie, ces qualités sont moins importantes que les aptitudes intellectuelles de base. Des recherches[4] sur la valeur prédictive des résultats scolaires montrent qu'ils ne sont significatifs que pour l'enseignement magistral des premières années précliniques du cursus traditionnel. Dans cette hypothèse, les qualités attendues du médecin ne seront acquises que si le système pédagogique possède des caractéristiques propres à les susciter. Bref, le milieu formant la personne, il vaut mieux investir des ressources, rares et coûteuses, dans l'apprentissage que dans la sélection.

La vérité tient probablement des deux théories. En retardant la réforme de ses procédures d'admission, la Faculté a choisi de tester son modèle pédagogique chez une population étudiante comparable à celle de son ancien programme.

L'expérience acquise depuis 1987, avec six cohortes d'étudiants, dont trois menées à terme, ainsi que des méthodes éducatives originales, nous font mieux percevoir les qualités requises pour traverser ces études avec succès et satisfaction. Mais au stade de la formation postdoctorale, une troisième année d'observation montre que, bon an mal an, environ 20 % des étudiants n'ont pas réussi à harmoniser leurs traits de personnalité et leur préférence d'apprentissage avec les exigences de la Faculté.

Une révision des critères d'admission tiendra compte des aspects privilégiés par d'autres programmes aux choix pédagogiques similaires, en attendant que l'expérience sherbrookoise ait atteint une maturation suffisante pour susciter des propositions plus précises. À compétence scolaire égale, une première sélection devrait privilégier le sens de l'initiative chez les candidats et donc leur capacité d'autonomie et de fonctionnement en petit groupe. Puis, une deuxième sélection favoriserait ceux qui ont déjà fait preuve d'un souci d'humanisme.

L'ÉVALUATION DES ÉTUDIANTS

La question de l'évaluation des étudiants a été abordée dès les premières étapes de la planification de la réforme. On savait que les décisions prises auraient un impact considérable sur la façon d'apprendre et le degré d'apprentissage. Après plusieurs années d'application du programme d'APP, les différents types de problèmes utilisés dans l'apprentissage sont fort satisfaisants. Cependant, l'évaluation des apprentissages continue de représenter un véritable défi.

L'évaluation par les tuteurs

Au printemps 1993, les «intendants» expriment de nouveau les inquiétudes des étudiants quant à l'évaluation faite par les tuteurs. Ils lui reprochent sa grande subjectivité et se plaignent de certains tuteurs qui donnent la cote «compétent» à tout le monde, ce qui pénalise les étudiants forts. Les étudiants doutent des capacités de la plupart des tuteurs d'utiliser de manière valide et fiable la grille proposée. Ils déplorent qu'on lui accorde une pondération de 20 % du total de l'évaluation de l'unité, alors qu'elle devrait, selon eux, n'être que de 5 à 10 % . Voilà des commentaires typiques que l'on ne cesse d'entendre depuis plusieurs années.

Pour la direction du programme, les raisons d'utiliser ce mode d'évaluation au niveau des unités d'APP sont toujours valables : les domaines non cognitifs sont difficilement appréciables par d'autres instruments, et ce qui n'est pas évalué est souvent considéré comme négligeable. Il faut cependant concéder aux étudiants que l'évaluation par les tuteurs présente des imperfections, et que les correctifs apportés n'ont pas donné les résultats escomptés. Beaucoup de tuteurs ne semblant pas être de bons évaluateurs, le terrain est fertile aux reproches et au sentiment d'injustice. La difficulté de standardiser, d'un tuteur à l'autre, les résultats d'évaluation demeure l'élément le plus irritant. L'instrument fait toujours peu de distinction entre forts et faibles, même si la grille a été remaniée par les tuteurs.

Une étude[5] démontre que seuls deux facteurs influencent le pouvoir de discrimination de cet instrument, soit la longueur de l'unité et la moyenne élevée de la note qu'accorde le tuteur. En effet, plus une unité est longue, meilleur est le pouvoir de dispersion des notes. Et, plus la moyenne des notes attribuées est élevée, plus grand est ce pouvoir de dispersion. Tous les autres facteurs étudiés, le sexe de l'évaluateur, l'âge, l'expertise, etc., n'influencent pas la dispersion des notes, donc le pouvoir de discrimination de l'instrument.

Ces résultats confirment deux impressions maintes fois exprimées par les tuteurs. Une présence de vingt-cinq heures avec les mêmes étudiants en tutorial permet difficilement de porter certains jugements. De plus, il est malaisé de distinguer entre les cotes «compétent», «fort», «supérieur», «excellent». Les étudiants se comportant de façon relativement homogène, il est difficile d'accorder des cotes supérieures, alors qu'il est facile de distinguer les performances des faibles (bien qu'il soit délicat de les exprimer par une cote «faible»). Enfin, on prétend souvent qu'autonomie et humanisme sont presque impossibles à évaluer en contexte tutorial. Comme l'a démontré une étude récente[6], les tuteurs d'APP sont réticents à inscrire une note «faible» même quand leurs commentaires écrits identifient des faiblesses.

Les enseignants acceptent mal que la note d'évaluation des tuteurs, comprise dans celle des unités, permette à des étudiants faibles de réussir même s'ils ont échoué à la partie sommative écrite. On préférerait que les dimensions de la grille des tuteurs soient appréciées longitudinalement, au cours de toutes les unités (chapitre 5). Dans ce cas, quelle serait la note de passage et la pondération pour l'ensemble des unités?

Bref, le message demeure clair. Activités de formation pédagogique, journées de perfectionnement et réunions hebdomadaires des tuteurs, homogénéité des tuteurs d'une même unité, rien n'a permis de faire accepter complètement cette évaluation, ni par les enseignants, ni par les étudiants, ni même par les responsables du programme (certains ne se gênent pas pour critiquer publiquement le manque de crédibilité de l'instrument). On connaît encore mal l'ampleur de cette résistance. Combien de tuteurs utilisent inadéquatement cette forme d'évaluation? Combien d'étudiants se sentent lésés? Toutefois, certains tuteurs confirment leur fatalisme ou leur impuissance en s'obstinant à accorder une même note à tous les étudiants de leur groupe.

Ces difficultés révèlent aussi la tendance de notre système socio-éducatif à ne valoriser que le seul élément cognitif. Les résultats aux tests écrits demeurent prépondérants à tel point qu'un étudiant pourrait, de l'avis de certains, échouer au terme d'une unité avec une ou deux mauvaises réponses seulement. Aux examens écrits des unités d'APP, les moyennes de classe sont relativement élevées, alors même que le niveau acceptable de performance a été fixé plutôt bas, une situation qui traduirait la clémence docimologique des professeurs. On continue d'en débattre au Comité d'évaluation et au Comité de promotion.

Le système d'évaluation

Nous avons voulu, dès le départ, que notre système d'évaluation soit cohérent avec les intentions éducatives, les méthodes et les buts de la formation du programme d'études prédoctorales. Nous avons ainsi spécifié les objets d'évaluation, tenté de trouver les meilleurs moyens de les mesurer et décidé du type et du moment de l'évaluation aux fins de promotion annuelle.

L'Université de Sherbrooke fonctionne, dans l'ensemble, selon le système de la promotion par matière, c'est-à-dire par activité pédagogique de deux, trois ou quatre crédits (un crédit correspondant à quinze heures d'enseignement réparties sur un trimestre). Seules les facultés de Droit et de Médecine, cette dernière pour son programme d'études prédoctorales, sont régies par un règlement d'exception en ce qui a trait à l'évaluation et accordent la promotion par année de formation. Ainsi, le Comité de promotion doit juger, chaque année, des résultats de l'étudiant à l'aide d'un système de cotes où la note de passage se situe à 1,8 sur un maximum de 4,0 pour la formation préclinique et à 2,0 sur 4,0 pour la formation clinique. Les règles internes prévoient qu'un étudiant ne peut être promu s'il échoue à l'une des unités d'APP. Il doit alors reprendre l'examen de cette unité. En général, ces règlements nous ont bien servis. Quelques étudiants trop faibles ont été exclus du programme; d'autres ont dû reprendre leur année (une fois, huit étudiants ont repris leur 2e année); d'autres n'ont eu qu'à reprendre quelques examens d'unité. Enfin, on a prescrit dans certains cas des consultations auprès de conseillers pédagogiques ou des stages cliniques particuliers. Le nouveau système paraît bien fonctionner mais en pratique c'est comme si la promotion se faisait encore par matière.

Dans l'ancien cursus, les étudiants devaient subir un examen aux trois ou quatre semaines. Afin de diminuer le stress et d'augmenter la capacité d'intégration entre les matières, le nouveau programme n'a prévu des évaluations sommatives écrites que trois fois par année. Cependant, l'intégration souhaitée entre les matières et avec les unités précédentes n'est pas vraiment réalisée. Comme on n'accepte guère l'échec à l'évaluation sommative écrite d'une unité, on se retrouve en pratique dans un système similaire à celui de l'ancien cursus: un examen écrit par matière d'unité. Toutefois les questions ne font plus uniquement appel à la mémorisation des faits isolés, et les examens sont regroupés aux trois mois.

Le débat continue entre les tenants de méthodes d'évaluation spécifiques aux objets d'apprentissage et ceux d'une philosophie éducative plus ouverte, qui laisse l'étudiant apprendre, faire des erreurs, sans se préoccuper de mesurer ses progrès à chaque étape. Ces derniers proposent la tenue d'un seul examen sommatif annuel intégrant toute la matière. Ces deux tendances s'affrontent : assumons, soutiennent les uns, notre mandat social de contrôler régulièrement les apprentissages et d'identifier précocement les candidats à risque; faisons confiance à la capacité d'apprentissage des étudiants, soutiennent les autres, soucions-nous moins de multiplier les vérifications.

Au-delà de ces débats, l'implantation de la réforme et de son système d'évaluation des apprentissages a permis d'atteindre partiellement un but majeur : transformer les apprentissages pour permettre des activités cognitives de raisonnement et d'analyse. La méthode d'APP le permet et les résultats préliminaires de nos travaux de recherche le confirment[7]. On voulait offrir une évaluation cohérente avec la démarche d'analyse suscitée par la méthode d'apprentissage. Le recours à des questions ouvertes, à des questions d'analyse de problèmes, aux examens oraux structurés et même à l'évaluation des tuteurs semble avoir permis d'atteindre partiellement ce but.

Toutefois, les étudiants des dernières cohortes sont moins enthousiastes ou désireux de repousser les frontières de leur savoir que ne l'étaient ceux des deux premières. Cette évolution nous préoccupe beaucoup, car notre système d'évaluation semble la favoriser. Nos moyens d'intervention auprès des étudiants faibles ont une efficacité discutable. On doute même de la pertinence d'y recourir à cause de leur impact sur la motivation et de leur équité discutable sur le plan juridique: doit-on imposer à une majorité d'étudiants «au moins compétents» un système d'évaluation rigide qui peut avoir des effets pervers sur l'orientation de leurs apprentissages? En toute équité sociale, il nous faut choisir le système le moins pénalisant, tant pour l'étudiant qui apprend que pour l'Université qui est responsable de la qualité des diplômes qu'elle décerne.

CONCLUSION

Nous avons testé le construit théorique du nouveau programme par rapport aux intentions initiales. Tout au long de notre évaluation, nous le découvrons progressivement, le nouveau contenu excite moins nos étudiants, leur curiosité s'émousse, ils n'ont plus ce désir de connaître toujours davantage. Nous aurions souhaité que l'effet de la nouveauté persiste plus longtemps. Nous nous laissons affecter par les étudiants qui manquent d'enthousiasme, oubliant que les trois quarts sont stimulés par leurs études. Pourtant, à en juger par certaines observations, les étudiants, une fois parvenus au niveau postdoctoral, retrouvent cette motivation d'apprendre, dans un contexte plus proche de leur future pratique clinique. Reste à démontrer si cette résurgence repose sur les principes mis de l'avant durant la formation prédoctorale.

Nos inquiétudes fondamentales de pédagogue demeurent : le programme peut-il maintenant faire davantage pour permettre la formation du «bon docteur», tant sur les plans cognitif et psychomoteur que sur le plan affectif? Permet-il aux étudiants d'intégrer l'ensemble de leurs connaissances selon un schéma cognitif propice à l'apprentissage et au maintien du raisonnement clinique? Notre programme produit-il les effets recherchés, ou n'est-il plus qu'un jeu éducatif où les problèmes mènent à des objets d'étude déjà transmis par les étudiants aînés? Dans notre système, suffit-il que les étudiants apprennent juste assez de matière pour répondre correctement aux questions d'une banque déjà récupérée des cohortes précédentes? Caricature? Peut-être. Mais plusieurs professeurs qui s'inquiètent de cette situation l'imputent à l'actuel système d'évaluation de l'apprentissage. Pourtant la gamme des instruments de mesure que nous avons développés et implantés pour nos évaluations répondaient, croyions-nous, à nos exigences.

Notre priorité est dorénavant de réviser notre système d'évaluation. La nouvelle culture socio-éducative permet maintenant d'envisager des développements qui auraient été invraisemblables en 1986. Notre milieu s'est enrichi collectivement. La pédagogie cognitive et les ressources d'un Centre de pédagogie médicale nous seront précieuses. Néanmoins, aucun instrument ne pourra remplacer le jugement des professeurs. La société attendra toujours d'eux qu'ils déterminent si les diplômés de médecine ont la compétence requise et sont capables de la performance attendue d'un M.D.

RÉFÉRENCES

1. Bloom, B. S., M. D. Englehart, W. H. Hill, E. J. Furst, D. R. Krathwohl. *Taxonomy of Educational Objectives*, New York, David McKay Company, 1956.

2. McGuire, C. H. «Center for Educational Development, University of Illinois Medical School», in Guilbert, J. J. Guide pédagogique pour la formation des personnels de santé, Genève, Publications de l'Organisation mondiale de la santé, n° 35, 1990, p. 138.

3. Tardif, J. *Pour un enseignement stratégique, l'apport de la psychologie cognitive*, Montréal, Éditions logiques, 1992.

4. Edwards J. C. «Medical School Admission», Academic Medicine, supplément, vol. 65, n° 3, 1990.

5. Blouin D., R. Black, J. E. Des Marchais. «Factors Influencing Problem-based Learning Tutor's Ability to Discriminate in Evaluating Students», in Proceedings of the 5th Ottawa International Conference on Assessment of Clinical Competence, Dundee, Scotland, 1992.

6. Cohen, S. G., P. Blumberg, M. C. Ryan, P. L. Sullivan. «Do Final Grades Reflect Written Qualitative Evaluations of Student Performance?», Teaching and Learning in Medicine, vol. 5, n° 1, 1993, p. 10-15.

7. Patel V., J. F. Arocha, M. Leccisi, J. E. Des Marchais, D. Hollomby. *Biomedical Knowledge and Reasoning by Students in Different Medical Curricula* (inédit).

ÉPILOGUE

LETTRE À CHARLES

par
Jacques E. Des Marchais

Cher Charles[1],

Félicitations à toi et aux collègues de ta faculté pour la courageuse décision que vous venez de prendre d'implanter une réforme pédagogique! Vous serez la première faculté de votre pays à adopter une pédagogie médicale moderne. Je comprends ton désir d'y participer à titre de meneur, puisque je connais tes intérêts pour les innovations pédagogiques. Si tu choisis d'accepter ce mandat, tu entreprendras, je puis en témoigner, une des étapes les plus excitantes de ta carrière professionnelle.

Tu sais comme moi que les programmes de formation médicale prédoctorale ne répondent plus ni aux exigences de la pédagogie moderne, ni aux besoins d'une société en rapide transformation. Hippocrate guidait ses étudiants sur les chemins tortueux de la connaissance. Les données de la psychologie cognitive nous démontrent que l'étudiant ne peut plus, avec les méthodes traditionnelles, se construire des ensembles structurés de connaissances et les utiliser ensuite pour résoudre des problèmes cliniques complexes. Il lui faut avoir accès à des programmes différents pour pouvoir devenir un apprenant autonome, se préoccuper des coûts de la santé et participer pleinement à l'évolution des politiques de santé et de distribution de soins de son pays.

---

1. Charles est un médecin, chercheur clinicien en neurophysiologie et pédagogue médical sans formation spécifique; il vient d'être invité à assumer la responsabilité de la réforme pédagogique du programme prédoctoral de sa faculté.

Tu t'interroges sur ta capacité à mener à terme une réforme pédagogique. Cette aventure, puisqu'il faut bien l'appeler par son nom, comporte toute une gamme d'exigences, de limites et de frustrations. Néanmoins, elle te donnera accès à un monde merveilleux de réalisations personnelles. En réfléchissant aux expériences vécues au cours des huit dernières années à l'Université de Sherbrooke, de même qu'à celles que m'ont communiquées des collègues de tous les continents, je voudrais partager avec toi un certain nombre de réflexions que j'estime fondamentales au succès d'une telle entreprise. Je les ai regroupées autour de quelques thèmes particuliers, dans les trois sections suivantes : préparer la réforme, implanter le changement, institutionnaliser la réforme.

PRÉPARER LA RÉFORME

PRENDRE LE TEMPS DE BIEN S'Y PRÉPARER

Pour le médecin compétent dans sa spécialité, les problèmes cliniques ne posent plus de difficultés. Il devrait en être de même pour toi en pédagogie, l'objet de ton action prochaine. La maîtrise des principes de la pédagogie médicale et de ses étapes de planification systémique te permettra de faire reconnaître ta compétence et d'établir ta crédibilité.

Les processus de changement peuvent être menés de manière intuitive. Cependant, les théories du changement et ses étapes sont connues. Cette connaissance te permettra de décoder et d'analyser, dans le feu de l'action, les situations problématiques. Quel modèle de leadership choisiras-tu? L'université n'est pas l'armée! Les ordres ont peu d'effet. Les universitaires ont une habileté phénoménale à développer des mécanismes de résistance. Comment contourner ces difficultés? L'habileté du leader s'apprend.

OBTENIR UN MANDAT CLAIR

Une réforme d'envergure exige d'être adoptée et supportée par une large portion du milieu social, en l'occurrence les professeurs et les étudiants. Le doyen se doit de l'appuyer constamment et sans équivoque, comme une priorité de la direction de la faculté. Toutes les activités supposent des injections de fonds; les décisions de la direction de la faculté démontreront à quel point on valorise le projet. Ce seront des indicateurs non équivoques des intentions. Cet appui initial doit se répéter tout au long du déroulement de la réforme. Il te faudra peut-être accepter des compromis politiques, mais jamais sur les principes fondamentaux, sur la raison d'être elle-même du projet de réforme.

Si le doyen n'est pas le maître d'oeuvre, comme dans ton cas, tu auras en plus besoin du support des légitimateurs sociaux : les chefs des grands départements, les personnages clés, ceux en qui tous ont confiance.

CONSTITUER UN NOYAU DE COLLABORATEURS («THE TEAM IS THE LEADER»)

Une réforme complètement réussie serait celle que chacun des professeurs adopterait et dont il se ferait le défenseur. Situation idéale, mais impossible! Par ailleurs, un leader ne peut faire cavalier seul. Il lui faut obtenir la participation initiale d'un petit noyau de personnes, qui s'élargira, pour ensuite se multiplier; voilà bien une stratégie des plus fructueuses. Plus vite les collaborateurs deviendront compétents, plus grandes seront les chances de succès. L'esprit d'équipe se crée, se développe et devient productif. Celui qui adopte des comportements moins directifs bénéficie de la créativité et de l'intelligence de ses collègues. Savoir diriger une équipe devient donc une nouvelle compétence à maîtriser.

Même si tu crois en la force de l'esprit d'équipe, il te faudra investir beaucoup d'énergie pour le développer. Les collègues ont besoin d'être écoutés de façon active et de sentir qu'on se soucie non seulement de leur production universitaire, mais aussi de leur cheminement personnel. Construire un esprit d'équipe exige des habiletés dans les relations interpersonnelles; il faut du temps pour cela, de la disponibilité, de l'attention et surtout de la compréhension.

À la Faculté de médecine de l'Université de Sherbrooke, nous avons beaucoup investi pour créer l'esprit d'équipe, en cultivant le sens de la fête. En de multiples occasions, nous avons organisé des réunions spéciales autour d'une table et nous avons reconnu, par de petits cadeaux symboliques, les contributions particulières de chacun. Le temps consacré «à ces petites choses» rapporte des dividendes. Puis, on se prend au jeu : donner devient valorisant.

DÉVELOPPER UNE DESCRIPTION ARTICULÉE DES ORIENTATIONS DE LA RÉFORME

Les orientations, les buts et les objectifs du changement ont besoin d'être connus, diffusés, communiqués au plus grand nombre possible si l'on veut que le milieu se les approprie. Le leader a besoin d'être limpide dans ses orientations et crédible dans ses stratégies. La nécessité d'un document de base, d'un livre blanc, s'impose d'elle-même.

À l'automne 1986, mon collègue Bertrand Dumais et moi-même faisions la tournée des départements avec notre document du canevas du nouveau programme. À plusieurs reprises, le doyen Gilles Pigeon insista pour que nous mettions par écrit le projet de réforme, ses orientations, ses composantes, son évaluation et ses coûts dans un document synthèse. J'ai mis du temps à comprendre la raison de cette insistance. J'aurais dû accepter cette démarche plus tôt, ce qui m'aurait évité d'avoir à y consacrer mes vacances de Noël!

Cet exercice est essentiel au leader. Le document synthèse devient très utile pour informer les autres et rester centré sur les buts du changement; plus tard, il permet de retrouver les intentions initiales au moment d'évaluer l'expérience. L'écriture oblige à préciser les idées et à déterminer la démarche à suivre. La publication d'un livre blanc exige une attitude fondamentale, celle d'accepter de se compromettre et de faire valider son projet par ses plus proches collaborateurs.

IMPLANTER LE PROJET DE CHANGEMENT

FAIRE PREUVE DE PROFESSIONNALISME

Une telle aventure de changement exige du leader un engagement total. On y retrouve les caractéristiques propres du professionnalisme. Pour nos collègues, il nous a fallu devenir des modèles de rôle. La meilleure arme n'est-elle pas celle de l'exemple, qui confère l'autorité morale? Avant d'accepter d'adopter l'innovation, on aura besoin de croire en toi, en ton jugement, en ta capacité de comprendre les situations compliquées, en ton habileté à rassembler les collègues et, surtout, en ta vision à long terme du projet. Cette étape exige de faire preuve de patience, de tolérance, de compréhension, d'attention et d'écoute; il faut être décidé, persistant, ferme et avoir une foi inébranlable dans sa mission.

La nécessité d'atteindre le but implique d'autres exigences. Tu pourras faire des compromis sur des choses secondaires, mais jamais sur les principes fondamentaux de ton livre blanc. Tu risques parfois de te retrouver seul à défendre le chemin à suivre. Tu seras peut-être surpris de découvrir que tes collègues les plus fidèles te font momentanément faux bond. Tu devras parfois assumer des sacrifices personnels; ce prix suscitera chez les autres la confiance au projet que tu portes. Tes collègues accepteront ensuite de prendre des risques en faveur du projet que tu proposes.

CONSTITUER UN RÉSEAU DE CONSULTANTS

Je pense que la compétence d'un leader repose sur un trépied dont l'équilibre doit être constamment maintenu. La connaissance du sujet (pédagogie, réforme, changement) constitue le premier support. Le deuxième support est l'habileté à maintenir une équipe et le troisième, celui de se constituer un réseau de consultants. Il est toujours précieux de pouvoir bénéficier de l'expérience d'experts en la matière, au-delà de leurs publications. Lorsque l'on contestera tes interprétations de leurs écrits ou lorsque l'on voudra te faire dévier des principes fondamentaux, tes consultants te fourniront un appui inestimable.

Chez nous, les consultants ont été engagés dès les premières étapes du changement. Le groupe d'appartenance que constitue le *Network of Community Oriented Educational Institutions for Health Sciences* nous a permis de rencontrer des collègues qui partageaient nos préoccupations. Nous avons maintenu des liens particuliers avec nos consultants. Comme pour les collaborateurs, il te faudra consacrer du temps et de l'énergie pour enrichir tes relations avec les consultants experts. Ceux-ci deviendront en quelque sorte «les amis de la faculté».

FAIRE OEUVRE UNIVERSITAIRE

L'ampleur de la réforme pédagogique exigera beaucoup d'efforts, d'énergie et de temps de la part d'une bonne partie du corps professoral. Tes collègues y apporteront leur concours d'autant plus que cette contribution leur sera profitable sur le plan universitaire, par exemple par la production de communications et de publications. Cette insistance à mener la réforme et ses projets comme une recherche scientifique suscitera un climat de respect, en particuler de la part des chercheurs fondamentalistes. Les querelles d'opinions se transformeront vite en hypothèses de recherche ou en projets qui, chez nous, ont même fait l'objet de subventions.

Plusieurs de nos collègues, qui ne poursuivent pas d'activités de recherche fondamentale ou clinique ont découvert dans la pédagogie et la réforme du programme un terrain propice aux productions universitaires. Cette évolution se réalisera seulement si le système des promotions universitaires en facilite la reconnaissance, ce qui fut notre cas. La pédagogie médicale gagne ainsi peu à peu ses lettres de noblesse.

ASSURER UN RÉSEAU D'INFORMATION

Ton réseau d'information devra avoir deux fonctions : transmettre l'information et la recevoir. Il n'y a rien de plus efficace que de bien informer quelqu'un pour lui permettre de mieux comprendre un sujet et de réaliser que le changement proposé n'est pas si menaçant. C'est une mission difficile que celle d'amener des enseignants, des étudiants, des administrateurs à s'entendre sur la même compréhension des avantages d'une réforme.

À la Faculté de médecine de l'Université de Sherbrooke, deux types d'activités ont contribué à la transmission de l'information. Tout d'abord, les évaluations externes formatives du programme, la tenue d'une vingtaine d'ateliers de visiteurs et les journées annuelles d'évaluation ont fourni l'occasion à des collègues consultants d'observer la mise en oeuvre du programme et de critiquer son adéquation par rapport au projet initial. La deuxième activité a consisté en la préparation d'un ouvrage sur la réforme du programme d'études prédoctorales. Voilà une occasion surprenante de mieux définir, préciser, articuler les différentes composantes de la réforme, puis d'en analyser et d'en critiquer l'implantation. L'élaboration des chapitres, leur correction et leur validation nous ont permis de nous entendre sur une même compréhension de ces composantes.

Quant à la seconde fonction, recevoir l'information, celle-ci se déroule parallèlement à la première. Elle consiste à savoir écouter, comprendre, ne pas chercher à se défendre, de manière à mieux identifier les difficultés d'implantation. C'est une attitude que j'ai trouvée moi-même difficile à acquérir pour un leader engagé dans l'action. Le collègue Bertrand Dumais et moi avons eu de multiples occasions de nous frotter à ces résistances du clan des «prima donna». En aucun cas, n'avons-nous accepté un climat de confrontation. Au contraire, savoir écouter, réagir en expliquant, en situant le projet par rapport aux expériences des autres milieux, reconnaître les limites de ce savoir et nos propres limites, voilà autant d'attitudes combien rentables!

Méfie-toi, il te sera plus facile d'utiliser cette gamme d'attitudes au début qu'en cours de route. L'action épuise les seuils de tolérance.

INSTITUTIONNALISER LA RÉFORME

TRANSFORMER LA RÉFORME EN UN PROJET FACULTAIRE

Une société contribue davantage à des changements lorsqu'elle en perçoit les retombées bénéfiques pour le groupe. C'est vrai pour un pays, une famille et même pour une faculté de médecine. Tous devraient être invités à participer au projet de réforme; professeurs, administrateurs, étudiants, diplômés peuvent chacun offrir leur contribution particulière. Ta stratégie devra faire en sorte que le processus d'implantation soit perçu comme un projet de toute ta faculté.

Au cours de notre expérience, les ateliers de visiteurs, les présentations externes, les publications, les communiqués diffusés par les journaux universitaires et médicaux, la journée d'accueil des futurs étudiants, les bilans annuels, les réunions du groupe de collaborateurs, les projets de recherche, l'évolution du Centre de pédagogie médicale, les visites d'agrément, tous ces événements se sont faits porteurs du même message : la réforme pédagogique, c'est l'affaire de toute la Faculté.

OBTENIR LE SOUTIEN ÉTUDIANT

Notre Faculté doit beaucoup aux étudiants de la première cohorte du nouveau programme. Ils ont constitué nos meilleurs avocats auprès des professeurs. Au moment de l'implantation de l'apprentissage par problèmes, le véhicule de la réforme pédagogique à la Faculté de médecine de l'Université de Sherbrooke, les étudiants de la première cohorte ont collaboré pleinement à l'initiation des professeurs à l'APP. Nous avons constamment sollicité leurs commentaires et leurs réactions. Ils ont eu à remplir de multiples questionnaires d'évaluation. Combien de fois nous leur avons réaffirmé qu'ils étaient nos meilleurs associés pour améliorer le système! Nous étions sérieux et ils le savaient. «Les professeurs sollicitent nos commentaires, disaient-ils; ils les écoutent et prennent des notes, mais ils en tiennent compte trop tardivement, trouvons-nous.»

Nous continuons à considérer nos étudiants comme des partenaires privilégiés pour l'amélioration du système. Ils sont toujours invités aux journées d'évaluation, aux réunions mensuelles des intendants de l'APP et, surtout, aux ateliers de visiteurs. À toutes ces occasions, ils illustrent un tutorial d'APP, ils aident les visiteurs à construire des problèmes, ils commentent leur évaluation du programme.

L'adhésion spontanée des étudiants a entraîné subséquemment celle des professeurs. Le support des étudiants, leur enthousiasme, leur fierté envers leur programme, leur souci de l'améliorer constituent comme «une roue d'entraînement», pour que le système ne retombe pas trop vite dans une «curriculopathie» sclérosante.

LAISSER LES AUTRES TE DÉPASSER

Cher Charles, voici une stratégie des plus difficiles à appliquer. Progressivement, tu verras ton autorité, ton influence grandir avec le succès de l'implantation de la réforme. Il te sera difficile de t'en dissocier personnellement. Il est tentant de se cramponner à la direction. S'il est vrai que les réformes réussies sont associées à un leader en poste durant une décennie, il te faudra cependant songer très tôt à préparer la relève. Le juste équilibre entre, d'une part, le partage des responsabilités et du pouvoir et, d'autre part, le maintien d'une direction ferme et cohérente n'est pas toujours facile à établir.

Le succès de l'implantation de la réforme entraînera des retombées multiples qu'il te faudra aussi partager avec tes collaborateurs. N'oublie pas le but ultime : la réforme doit devenir une entreprise facultaire qui continuera de s'améliorer et de se développer lorsque tu en auras laissé la direction à une équipe soigneusement choisie, formée et responsable. Il n'existe pas de recette infaillible pour choisir les bonnes personnes. Tu devras y exercer avec diligence le meilleur de ton jugement.

En vieillissant avec le programme, tu prendras peut-être un grand plaisir à constater comment tes collègues ont acquis compétence et expérience. Ton objectif deviendra alors de leur prêter tes épaules pour qu'ils aillent plus haut que toi.

PRÉVENIR LA SCLÉROSE

Une dernière tâche t'attendra avant de passer le flambeau à quelqu'un d'autre. Les processus d'institutionnalisation sont nécessaires à la continuité de l'oeuvre; ils lui assurent une certaine pérennité. Or, institutionnaliser, c'est introduire le risque de la «curriculopathie». Quoiqu'on fasse, un jour l'innovation se transformera en tradition. Voilà le sort de toute innovation et celui des institutions! Cependant, tu voudras retarder ce processus en introduisant des éléments qui vont soutenir l'activité du changement, par exemple les révisions, les évaluations internes. Le programme prédoctoral aura toujours à se réadapter pour répondre aux nouveaux besoins émanant d'une société en constante transformation.

CONCLUSION

Cher Charles, j'espère que tu ne considères pas ma série de suggestions comme un plan de vie. Si tu restes le leader de cette réforme durant huit ou dix ans, tu seras beaucoup supporté par le système et par les collègues, à travers chacune de ses étapes. Je sais combien tu souhaites réussir. Je sais aussi que tu possèdes toutes les qualités pour mener la réforme à bon port. Laisse-moi tout de même partager avec toi une dernière réflexion qu'un de mes meilleurs collaborateurs m'a transmise un jour.

«N'oublie pas, m'a-t-il dit, que tout changement est un processus autant affectif que cognitif. Ne te méprends pas, j'ai bien choisi l'ordre de mes qualificatifs. Même si tu t'es acharné à nous faire comprendre les «belles raisons» du changement, à savoir que les nouvelles connaissances issues de besoins nouveaux exigeaient un nouveau système, j'ai d'abord vécu cette expérience de réforme comme un phénomène très affectif. J'avais avant tout besoin de croire en l'aventure, de croire en ceux qui la proposaient. C'est pourquoi je te conseille de continuer à susciter la participation très active du plus grand nombre possible des meilleurs collègues. C'est ainsi et uniquement ainsi qu'on comprend bien les choses, qu'on les intériorise, qu'on y adhère et qu'on a ensuite le désir de les partager.»

Je te souhaite bonne chance, cher Charles.

Jacques E. Des Marchais

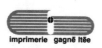

imprimerie   gagné ltée

IMPRIMÉ AU CANADA